幸徳秋水

大久保百人町の大杉栄の家（近代思想社）にて。文字は白いテープのはりつけ。右は堀保子（大杉夫人）、左は大須賀さと子（山川均夫人）。
これは赤旗事件のときの旗である。事件後、大杉栄の手もとにあり、大杉の死後、労働運動社にあったが、大正13年9月、村木源次郎、和田久太郎の福田雅太郎狙撃事件のとき家宅捜索があって警視庁に持ち去られた。

サンフランシスコ埠頭の幸徳秋水（右から４番目）。在米社会革命党の見送り風景。明治 35 年６月５日撮影。

平民社（東京市麹町区有楽町一丁目）にて。前列左から西川光二郎、一人おいて堺利彦、幸徳秋水、石川三四郎。

大逆事件の首謀者・宮下太吉。明治四三年五月十五日（逮捕直前）、明科製材所開所記念日に撮影したもの。首に巻いているのは白い絹のハンカチ。

坂本清馬

革命伝説 大逆事件

①黒い謀略の渦

神崎 清

【監修】「大逆事件の真実をあきらかにする会」

子どもの未来社

【凡例】

一、図版はあゆみ出版版を一部差し替えた。
二、神崎清が入れた注は、〔〕で示した。
三、今回入れた注は、（）または〈〉内に※印で示した。
四、資料の引用文は句読点が付いていないものがあるが、読みやすいよう句読点を付した。
五、ルビはすべて現代仮名遣いによる。

新版『革命伝説　大逆事件』(神崎清著)によせて

「大逆事件の真実をあきらかにする会」事務局長・明治大学副学長
山泉　進

「大逆事件」と聞いても、教科書のなかで教えられた暗記すべき歴史用語でしかない人たちが多くなった。戦後の歴史教育は、「大逆事件」をそのように歴史の一出来事へと変えてしまった。それは、一〇〇年という歳月の長さでもあるし、また、戦後という価値転換の時代の産物でもある。そのことを、私は否定的に捉えているわけではない。戦前の言論統制の厳しかった時代には、「大逆事件」は教えられることもなかったし、公に語ることすらできなかった。たとえば、事件直後に発表された、木下杢太郎の戯曲「和泉屋染物店」(『スバル』一九一一年三月号)は、あきらかに「大逆事件」を背景において、「幸一」という「明るい世界」へと覚醒した人物が、「暗い世界」の日常に生きる家族たちのなかへと突然に出現する、非日常的な一瞬の出来事を描いている作品であるが、「あの主義」をもった「あの仲間」たちの、「世間に知れたら国中がひつくりかへる」ような「あの事件」、というようにしか「大逆事件」を表現できなかった。もちろん、当時においては、そのような表現方法こそが、かえって「大逆事件」の引き起こした漠然とした恐怖感と不安感にリアリティをもたせたことはいうまでもない。しかし、文学作品としてではなく、天皇にかかわる政治的事件としては、弁護人でもあった平出修が、判決の直後に事件の真実についてては「緘黙《かんもく》」を守らざるを得ないと密かに書き記したように、戦前においては、「大逆事件」について論評すること自体が不敬罪に問われるような状況が続いていたのである。

いうまでもなく、一般に「大逆事件」とよばれている事件は、一九一一(明治四四)年一月一八日、明治天皇にたいする暗殺謀議がなされたとして、幸徳秋水ら二十四名に、大審院（現在の最高裁判所）において死刑の判決（二名は有期刑）が下され、そして、ほぼ一週間後に幸徳秋水や管野須賀子ら十二名が東京監獄において処刑された（残りの坂本清馬ら十二名は恩赦により無期懲役に減刑）事件をさしている。戦前の刑法第七十三条には、「天皇、太皇太后、皇太后、皇后、皇太子又ハ皇太孫ニ対シ危害ヲ加ヘ又ハ加ヘントシタル者ハ死刑ニ処ス」という大逆罪についての条文があり、この規定に該当するものとされた。事件の「発覚」は、前年五月、長野県明科での爆弾製造の容疑で、製材所職工であった宮下太吉の逮捕にはじまりる。六月一日、首謀者として幸徳秋水が神奈川県湯河原において逮捕、それから和歌山県新宮の医師・大石誠之助のグループ、熊本県のグループ、大阪・神戸のグループへと拡大された。戦前の帝国憲法においては、天皇は「大権」の総攬者《そうらんしゃ》であり、かつ「神聖」なる存在として、刑法上においても大逆罪や不敬罪によって特別にまもられていた。

戦後、言論の自由が許されて、新憲法公布直後の一九四六年一二月、「大逆事件」についての最初の単行書、宮武外骨編『幸徳一派大逆事件顚末』（龍吟社）が刊行された。この時の龍吟社の構想は壮大なもので、「明治社会主義文献叢書」の第一期全一六巻の刊行が予定されていた。第一巻から第四巻までが「秋水篇」にあてられ、『幸徳一派大逆事件顚末』はその第四巻として刊行されたのである。東京大学の明治新聞雑誌文庫に所蔵されていた新聞資料を中心にして編集されたものである。続いて、渡辺順三著『幸徳事件の全貌』（一九四七年八月）が、平出修遺族に残された公判用に筆写された「訴訟記録」の抜粋を基礎資料として刊行された。それに続いて、神崎清が「革命伝説」という表題のもとに『世界評論』（一九四七年一一月号）に連載をはじめた。以後、一九四八年八月号まで七回掲載された。世界評論社は、ゾルゲ事件に関係した尾崎秀実の『愛情はふる星の如く』や河上肇の『自叙伝』（全五巻）を戦争直後に刊行し、大ヒットさせたことで知られている出版社であるが、河上の「自叙伝」は、同社の月刊雑誌『世界評論』の創刊号（一九四六年二月）から掲載が開始された。また、同じころ、世界評論社は、石川三四郎・細川嘉六・風早八十二・高倉テル・山川均・山本正美・荒畑寒村・向坂逸郎・平野義太郎を編集委員として「幸徳秋水全集」の刊行を進めていた。全集計画は、不況の影響により選集（全三巻）へとかえられ、第一巻が刊行されたのは、一九四八年一一月のことであった。

さて、「革命伝説」の記念すべき連載の第一回は、「天子なき自由国（プロローグ一）」「歴史の時限爆弾（プロローグ二）」「勅題『社頭の松』」「平民書房楼上」「古川〔河〕いきどおる」という構成からなっている。そして、文末には、「すでに歴史のなかに埋れた古い記録と生存者の記憶を発掘して、いわゆる大逆事件とその時代に、統一的な表現と具体的な描写をあたえるのが筆者の念願である。この仕事の完成と内容の正確を期すため、記述のあやまりに気づかれた読者、かくれた資料（文書・伝聞）の所持者から、本誌編集部気付神崎清あてお知らせをいただければ幸いである」という神崎の言葉が添えられている。「古い記録」と「生存者の記憶」を発掘・収集し、しかも、事件全体についての再構成と「統一的」な叙述、人物と場面についての「具体的な描写」、何とも欲張りな、といってみたくなるほどの意欲を抱いて「革命伝説」は連載され始めたのである。その冒頭の「天子なき自由国」の書き出しは、次のようなものである、「明治四十年十一月三日——菊かほる天長節のよき日の朝、サンフランシスコの日本総領事館に、役人の考え方として、おどろくべき不敬事件がおこつた。館員が朝おきてみると、正面玄関のポーチに『睦仁君足下——』と、明治天皇にあてて過激な文字をつらねた檄文が、堂々とはりつけてあつたのである」と。後の一九六〇年に単行本として刊行された中央公論社版『革命伝説（天皇暗殺の巻）』の冒頭は、この文章を土台として、「明治四十年の十一月三日——菊かおる天長節のよき日の朝、サンフランシスコの日本総領事館に、昔の言葉でいえば、おどろくべき大不敬事件がおこった。館員が朝起きてみると、正面玄関のポーチに『ザ・テロリズム』と題して、『日本皇帝睦仁君ニ与フ』と、過激な文字をつらねた無政府党暗殺主義者の檄文（ミメオグラフ印刷）が堂々とはりつけてあったのである」と書き直している。本新版のもとになっている芳賀書店版『革命伝説』（第一巻「黒い謀略の渦」、一九六八年）とあゆみ出版の『大逆事件』（第一巻、一九七六年）も、まったく同じ文章を引き継いだ。これからわかることは、神崎清は、「大逆事件」の出発点を、一九〇七（明治四〇）年一一月三日、サンフランシスコの日本総領事館に貼られたとされる『暗殺主義』（ザ・テロリズム）と題された「檄文」事件においたということである。「大逆事件」とは、天皇暗殺をめぐる事件である、これが初出の「革命伝説」から一貫している神崎清のメッセージである。神崎の、この着想は、判決理由書の冒頭に記された、「幸徳伝次郎ハ、夙《つと》ニ社会主義ヲ研究シテ明治三十八年北米合衆国ニ遊ヒ、深ク其地ノ同主義者ト交リ、遂ニ無政府主義者ヲ奉スルニ至ル」（読点は引用者）云々によっているものと考えられる。権力が造り出した事件のシナリオを同じ時点から読み替えて真実を探りだすこと、ここに神崎の「大逆事件」探究における叙述構成の戦略性をうかがうことができる。ところが、『世界評論』掲載の「革命伝説」は、一九四八年八月号掲載「出獄歓迎記（革命伝説・その七）」、一九〇八年六月の「赤旗事件」で突然に中断してしまった。その理由が出版社の側にあったのか、あるいは神崎清の側にあったのか、いまとなっては知る由はない。

その後、「革命伝説」がどのように書き継がれて、本書に至ったのかについて言及するまえに、神崎清の経歴と「大逆事件」探求にいたる動機について少しふれておきたい。神崎清は、一九〇四（明治三七）年八月、香川県高松市で生まれている。二歳の時に養子縁組をして神崎姓になり、神戸に住むようになった。「大逆事件」で幸徳秋水らが処刑された年、一九一一（明治四四）年には、七歳で神戸市立兵庫尋常小学校に入学した。その後、神戸二中、旧制大阪高等学校へと進んだ。高校生時代には、同級生たちと同人雑誌を刊行したというから、文学的関心と才能は早熟であった。一九二五（大正一四）年、東京帝国大学文学部に入学、上田万年教授から国文学を学ぶかたわら、芥川龍之介に私淑した。他方では、東大新人会に投じた。仲間としては、武田麟太郎、中野重治、亀井勝一郎らがいた。一九二八（昭和三）年、東京大学を卒業、卒業論文は「芥川龍之介論」であった。卒業後、私立大森高等女学校の国語教員となった。二年後には、同じく国語教員であった野村かほると結婚する。一九三二（昭和七）年、木村毅、柳田泉らと明治文学談話会を設立、この会で木下尚江に出会い、社会主義、非戦論、婦人問題、廃娼問題などについて関心をもつようになる。最初の単行本の出版は、一九三七（昭和一二）年の少女小説『緑の教室』、以後、戦前に刊行したものとしては、『女学校ものがたり』（一九三九年）、『現代婦人伝』（一九四〇年）、『吉岡弥生伝』（一九四一年）、『現代日本婦人伝』（一九四二年）、『少年白虎隊』（一九四三年）、『奥村五百子』（一九四四年）など多数を数えている。敗戦後、疎開先の京都から上京し、一九四五（昭和二〇）年九月には『会津籠城』を刊行、その後は、戦前からの問題関心を継続させ、子ども、売春、婦人、基地、平和などの諸問題に積極的に関与し、一九五二（昭和二七）年には羽仁説子らと「日本子どもを守る会」を設立、副会長となった。なお、没後、遺族により『神崎清の追悼』（神崎かほる発行、一九八一年）が刊行されていて、詳しい経歴と著作一覧などが掲載されている。

神崎清の「大逆事件」探求に直接的な動機を与えたのは沖野岩三郎であった。そのことを、先に紹介した中央公論社版『革命伝説』の「あとがき」のなかで次のように記している。「牧師沖野岩三郎からもらった署名本『宿命』の扉に、昭和十年七月という日付が書きしるされている。新宮教会の時代、大逆事件の嵐におそわれた沖野牧師は、長編小説の『宿命』を書くほか、そのおそろしい体験を、有島武郎や与謝野晶子のサロンで、戯画的に話していたようであった。人々は『禁じられた物語』をおもしろがって聞いたが、研究的に取り組む者は誰もいなかった。『君は、調べることの好きな人間だから…』というので、沖野牧師から四回にわたって、系統的なレクチュアをうけた。署名本をもらったのは、受講終了証のようなものであった」と。沖野岩三郎は、「大逆事件」当時、新宮教会の牧師であり、処刑された大石誠之助とも親交があり家宅捜索をうけたりしたが、どういうわけか被告にはされなかった。一九一七（大正六）年、その当時の様子を小説「宿命」としてまとめて大阪朝日新聞の懸賞小説に投稿、二等に当選した。実際に『大阪朝日新聞』に掲載されるのは、翌年の九月から一一月にかけてであった。一九三五（昭和一〇）年に、沖野から「レクチュア」を受けた神崎は、大判ノートに「沖野岩三郎聞書」として記録し、それが彼の「大逆事件」探求の出発点になった。

ところで、『世界評論』に掲載された「革命伝説」は、その後、どのように書き継がれたのであろうか。神崎清が、執念をもって「大逆事件」に関するあらゆる資料と生存者たちの記憶を収集しようとしたことは、本書のなかの随所で知らされることになるが、求めるところには、また集まるもので、とりわけ「獄中手記」と「訴訟記録・証拠物写」との出会いは重要であった。「獄中手記」は、幸徳秋水・管野須賀子・新村忠雄・古河力作・森近運平・大石誠之助・成石平四郎・奥宮健之・内山愚童・新村善兵衛・峯尾節堂が、主として判決から処刑にいたるまでの間に、東京監獄において執筆した文字どおりの遺書にあたるものであるが、一九四七（昭和二二）年一月ごろ、雑誌『真相』を刊行する人民社の佐和慶太郎社長のもとに売り込みがあり、買い取ったものを神崎清が解説や注を付して『獄中手記』（大逆事件記録1、実業之日本社、一九五〇年六月）として刊行した。神崎は、資料を目の前にした時の感激を次のように表現している。「まさしく監獄の鉄の扉がひらかれたのである。約四十年前に絞首台にかけられたこれらの人たちが、民主革命の日をむかえてよみがえり、監獄から釈放されてきたのではないかと思われるような幻覚におそわれたほどであつた。私は、ながい文筆生活のあいだに、いろいろめずらしい資料を発見したけれども、このときのようなふかい感動をうけたことは、まだ一度もなかつた」と。神崎は、これらの手記が被告たちの遺言とは違って、どうして遺族や友人のもとに届けられなかったかを問い、司法省の監獄局で保管されていたものが、戦後、法務府に引き継がれ、杜撰な管理により外部に持ち出されたのではないかと推測している。

また、「訴訟記録・証拠物写」とよばれる資料は、「訴訟記録」全一七冊、約二七〇万字、内容は刑事の報告書、拘引状、拘留状、被告全員の聴取書と予審調書、さらには証人調書を含んでいる。付録の「証拠物写」は全九冊、約六〇万字にも及び、当局が押収した被告や関係者の書簡、日記、住所録、さらには秘密出版物などの写しが掲載され、大逆事件研究の基礎となる資料である。公判のために謄写版が三〇部作成され、裁判後には回収されることになっていた。神崎清が入手した「訴訟記録・証拠物写」（謄本、全冊揃い）は、当時横浜地方裁判所検事正であり、事件に関わった太田黒英記の遺族から譲渡されたもので、大阪で戦災にあったものの土蔵に収蔵されていて戦後まで生き残ったとのことである。しかし、これらはあくまでも予審判事によって有罪にするために作成された記録であり、これを素直に読めば被告全員が有罪になるように構成されている。「訴訟記録」は、再審請求のために全一〇冊の予定で刊行が計画されたが、三冊を出して頓挫、「証拠物写」の部分だけは、神崎清が、『証拠物写』（大逆事件記録刊行会編、大逆事件記録・第二巻〈上下巻〉、世界文庫社、一九六四年五月）として復刻した。復刻版には謄本にはない「目次索引」が付されている。

これらの資料を入手した神崎清は、ライフワークとなる「大逆事件」探求とその作品化についての見取り図をあらためて描いた。それは、資料そのものから教えられた結果でもあった。『獄中手記』に付した「編者の言葉」のなかで、神崎はいう。「さいしよは、私が資料を追いかけていたのが、しまいには資料の方で私を追いかけてくるようになつた。戦災でやけたと思われていた『訴訟記録』が手にはいつたり、所在不明の『獄中手記』がでてきたりしたのは、全く奇蹟としか思えなかつた。だが、歴史に奇蹟はない。沈黙をしいられていた大逆事件が、今や天皇制の封印をやぶつて、みずからその真実を語りはじめたのである」と。このような文章を書くことができた神崎の、まさに至福の顔を容易に思い浮かべることができるのであるが、この時、神崎は目の前に広がっている大逆事件の輪郭、それは裁判の世界をはるかに越えて、政治の世界から精神の世界まで、まさしく近代の日本人が生きてきた天皇制という呪縛の世界を解放することができると本気で考えたと思われる。もともとは、歴史の空白を埋める作業にしか過ぎなかった、神崎の「大逆事件」探究の旅は、いつしか幸徳秋水たちの思想と同調し、時を超えて現代の思想的課題と重なっていく。そうだ、大逆事件そのものが、「天皇制にたいする日本人のさいしょの批判」であり「反抗」であり、幸徳秋水等の目的は、「天皇にたいする盲目的な信仰から日本人を解放すること」にあったのだと。神崎清は、大逆事件のなかに「抑圧的な天皇制の支配から日本人を解放しようとした先覚者の悲劇」と「大逆事件を生んだ支配階級の陰険なフレーム・アップ政策と司法権の悪用」をみることが重要であると考えた。「革命伝説」というタイトルは、神崎清にとって、幻想的な失敗した「革命」の言伝えではなく、伝説化しなければならない「革命」の夢であったと私は考えている。

神崎清は、その後、中央公論社から、『革命伝説』(天皇暗殺の巻、一九六〇年三月)と『革命伝説』(爆裂弾の巻、一九六〇年七月)を刊行、「あとがき」には、沖野岩三郎からの「レクチュア」から四分の一世紀をついやし、「性来の鈍根」を嘆くほかはないと書いたが、また、「絞首台の巻」を書き継ぎたいとも記している。その後、『大逆事件』(ノンフィクション全集一五・河盛好蔵「解説」、筑摩書房、一九六一年四月)と『大逆事件』(GREEN BELT SERIES 33、筑摩書房、一九六四年二月)を出版、事件全体の概略を描いた後に、『革命伝説』(全四巻、芳賀出版、一九六八年六月〜一九六九年一二月）として完成させた。中央公論社版を引き継いだ第一巻には「黒い謀略の渦」、第二巻には「密造された爆裂弾」というサブタイトルが新しく付された。そして、加えられた第三巻は「この暗黒裁判」、第四巻は「十二個の棺桶」とされた。「あとがき」には、「第三巻の九百枚についで、第四巻の千二百枚、合計二千百枚の原稿に、ようやく終止符をうつことができた。第一巻から通算すると、四部作三千四百枚、と自分でもおどろくような分量に達している」「古井戸をくみかえて、わきでる歴史の泉にひたっているようなしずかな満足感である」と記した。『世界評論』掲載から二十数年をかけて完成させたことになる。本新版の『革命伝説　大逆事件』は、芳賀書店版を改題した『大逆事件―幸徳秋水と明治天皇』（全四巻、あゆみ出版、一九七六年一二月〜一九七七年五月）の新版である。あゆみ出版の版は、芳賀書店版の第四巻に収録されていた「大逆事件略年表」を第一巻に移し、新しい事項を年譜に追加したほかは、旧版を踏襲している。もちろん、第一巻の「はしがき」と第四巻の「あとがき」が新しく加えられた。新版を刊行するにあたっては、明らかな校正ミスや誤記を直したほか、適宜、注を加えた。また、読みやすくするために活字を大きくし、読みにくい漢字にはルビを付した。堀切利高、大岩川嫩の両氏の尽力によるものである。

神崎清の『革命伝説　大逆事件』は、「大逆事件」の全体像を描いた唯一の書物であるといっていい。にもかかわらず、これまでは、どちらかといえば正当な評価を受けてこなかった。神崎清の資料への執念は、ともすれば新人会から受け継いだエリート意識と誤解されるところもあった。しかし、その資料にたいする執念がなければ本書は完成されることはなかった。私は、神崎清の『革命伝説　大逆事件』（全四巻）に対して、「大逆事件」探究の前人未踏の金字塔として、つねに敬意をはらってきた一人である。そして、機会あるごとに、その復刊をよびかけてきた。今回、「子どもの未来社」が、新版を刊行することをこころより喜んでいる。「大逆事件」に関心をもつ人は、本書は、まず登ろうとしなければならないゆるやかな坂であるが、「大逆事件」を新たに探究しようとする人にとっては、高く聳えている険しい崖である。

二〇一〇年四月

大逆事件1　黒い謀略の渦●目　次

目　次

■第二巻　密造された爆裂弾　目次

■第三巻　この暗黒裁判　目次

■第四巻　十二個の棺桶　目次

はしがき

このたび、絶版になっていた『革命伝説』全四巻を『大逆事件・幸徳秋水と明治天皇』と改題して、あゆみ出版から刊行されることになった。老年の著者としては、望外のよろこびである。

当時、大逆事件の真相は、「歴史の永遠の謎」であった。昭和十年七月、「君は調べることがすきだから」と、牧師沖野岩三郎《おきのいわさぶろう》の秘密伝道をうけることができた。老社会主義者の木下尚江《きのしたなおえ》は、「あれは睦仁《むつひと》が自分で自分の顔に泥をぬったようなものだよ」と、一言のもとに喝破《かっぱ》した。やっと糸口をつかんだものの、打ち続く十五年戦争と天皇制絶対化の重圧をうけて、大逆事件の解明達成は、ほとんど不可能に近かった。

しかしながら、太平洋戦争の壊滅的敗北と価値転換のはじまりによって、大逆事件の「封印」が、自然に破られた。今まで固く閉ざされていた関係者の口がほころび、埋没された資料が続々と発掘されてきた。著者が雑誌『世界評論』に、「革命伝説」の第一稿を発表したのは、昭和二十二年十月のことであった。

諸研究の集積は、大逆事件のフレーム・アップ（でっちあげ）を明らかにした。大審院の大量死刑判決は、明治天皇・元老山県有朋《やまがたありとも》・首相桂太郎《かつらたろう》に迎合した司法反動による国家的な権力犯罪であった。その背後に、幸徳秋水と明治天皇を対極とする凄絶な政治ドラマが展開されていたのである。

虐殺された大逆事件の死刑囚は、「百年の後の知己を待つ」と、遺書を残したが、天皇信仰の迷信から日本国民を解放しよう、として挫折した彼らの願いは、百年を待つことなく、戦後の天皇人間宣言、新憲法の主権在民・基本的人権・戦争放棄の精神のなかに、色濃くひきつがれている。日本の将来に向かって、この「歴史の教訓」が、総資本と総労働との対立するなかで、さらに大きく生かされていくことを望んでやまない。

昭和五十一年十二月六日

著者しるす

序章　菊かおる天長節

■天子なき自由国

明治四十年の十一月三日――菊かおる天長節のよき日の朝、サンフランシスコの日本総領事館に、昔の言葉でいえば、おどろくべき大不敬事件がおこった。館員が朝起きてみると、正面玄関のポーチに『ザ・テロリズム』と題して、「日本皇帝睦仁《むつひと》君ニ与フ」と、過激な文字をつらねた無政府党暗殺主義者の檄文《げきぶん》（ミメオグラフ〈※謄写版〉印刷）が堂々とはりつけてあったのである。

「足下《そっか》知ルヤ。足下ノ祖先ナリト称スル神武天皇ハ何物ナルカヲ。日本ノ史学者、彼ヲ神ノ子ナリト云フト雖《いえど》モ、ソハ只《た》タ足下ニ阿諛《あゆ》ヲ呈スルノ言ニシテ虚構ナリ。自然法ノ許ササル所ナリ。故ニ事実上彼マタ吾人ト等シク猿類ヨリ進化セル者ニシテ……」

神聖な天皇を猿扱いにする進化論の講義からはじまった『ザ・テロリズム』の檄文は、約四、〇〇〇個の日本文字を動員して、天皇制の積悪をあばいたものすごい脅迫状であり、斬奸状《ざんかんじょう》（築比地仲助《ついひじなかすけ》〈※社会主義者。後述の「革命歌」の作者〉談）であった。

「睦仁君足下。足下ノ命ヤ旦夕《たんせき》ニ迫マレリ。爆裂弾ハ足下ノ周囲ニアリテ、将《まさ》ニ破裂セントシツツアリ。サラハ足下ヨ」

聖寿の万歳を祝うべきこのめでたい天長節の日に、なんという不吉なことであろうか。館員たちは大胆な謀叛《むほん》人《にん》の出現に色をうしなった。いや、シスコばかりでなく、対岸都市のオークランドやバークレーの日本人街で、領事館・銀行・病院・教会などの目ぼしい建物に『ザ・テロリズム』の同じ檄文が数百枚はりだされているという情報がはいってきた。胆をつぶした領事館が、百方探索につとめたけれども、ついにその不敬の張本人を検挙することができなかった。

日本領事館は、「竹内の鉄砲」といわれた社会革命党員の竹内鉄五郎《たけうちてつごろう》と小成田恒郎《おなりだつねろう》に容疑をかけたが、言論自由国のアメリカでは、日本でいう不敬漢をつかまえる法律がないのである。

この天長節の日の大不敬事件は、桑港《そうこう》（※サンフランシスコ）領事館からすぐ「電第一三五号」を以って外務省に打電されたが、外紙の報道をとおして、日本の社会主義者の耳にもはいってきた。アメリカから『ザ・テロリズム』の郵送をうけた社会主義者も、すくなくはなかった。天皇制国家のひくい天井でいつも頭をおさえつけられているような島国の人間にとって、「睦仁君足下」と天皇を君よばわりする大胆な自由感覚が新鮮なショックであり、痛快な報復であった。たとえ暗殺主義には賛成できなくても。

「去年の天長節の当日、米国桑港附近の場所にて、『テロリズム』（暗殺主義）と題する複写版の一新紙を各所の往来に貼付したる者あり。同紙上には、我皇室に対して不敬の言辞を弄《ろう》しありたるやにて、同地日本人間に一大センセーションを惹起《じゃっき》し候由《そうろうよし》」

そのころ、土佐の山奥の郷里中村町にひきこもっていた幸徳秋水が、『日本平民新聞』（明治四一年一月一日号）に天長節の不敬事件を持ちだしている。なんらの主観をまじえない事実の報道だけのようにみえるが、しかし、秋水が暗い海外ニュースをわざわざとりあげた狙いは、政府に対するいやがらせの感情ばかりでなく、天皇制にたいする日本人の盲目的な信仰、ドレイ的迷信をこわしていくことであったにちがいない。

カレンダーを一年分めくって——その次の年の天長節、明治四一年十一月三日には、『ザ・テロリズム』の檄文と内容・形式がちがっても、同じように、神聖な天皇をこきおろした内地製の秘密印刷物が、愛知県半田の亀崎鉄工所の労働者宮下太吉《みやしたたきち》の手に届いていたのである。

労働者宮下太吉が、天長節の日に誰からとも知れず送ってきた小包をあけてみると、なかから『入獄記念無政府共産』という豆本式の小さなリーフレットが、五十部ばかり出てきた。

表紙には、「無政府共産」・「革命」と文字を白ぬきにした四角と三角の旗が赤インクで着色されている。いわずと知れたその赤旗は、同じ年の六月二十二日、神田錦《きん》輝館《きかん》前の街頭で警官隊の襲撃にあい、堺枯川《さかいこせん》（※枯川は号、本名利彦）・大杉栄《おおすぎさかえ》・荒畑寒村《あらはたかんそん》（※寒村は号、本名勝三《かつぞう》）・管野《かんの》スガ子《こ》（※戸籍はスガ。須賀子とも。号は幽月《ゆうげつ》）ら十四名の同志が一挙に投獄された恨みのふかい思い出の赤旗であった。

印刷がわるくて、ひどく読みづらいが、「なぜにおまいは、貧乏する。ワケをしらずば、きかしやうか。天子金もち、大地主。人の血をすふ、ダニがおる」という、社会党ラッパ節の替歌をなかにはさんで、天皇制にたいする呪いの言葉、誰もいわない真実の言葉が光っていた。

「今の政府を亡ぼして、天子のなき自由国に、すると云ふことがナゼむほんにんの、することでなく、正義をおもんずる勇士の、することであるかと云ふに《ママ》。今の政フの親玉たる天子といふのは諸君が、小学校の教師などより、ダマサレテおるやうな、神の子でも何でもないのである……」

労働運動失敗のにがい体験をとおして、天皇制の問題につきあたった宮下は頭にジーンとひびいてくるものを感じていた。そして、一週間後の十一月十日、午前十一時四十二分ごろ（推定）、東海道線を下ってくる明治天皇の御召《おめし》列車が大府《おおぶ》駅（※愛知県）を通過するのをめがけて、駅付近にあつまってきた拝観人の群に、『入獄記念　無政府共産』をくばりながら、日本ではじめて、反天皇制の革命宣伝を公然とおこなったのである。あとで警察が押収した宮下の日記には「十一月十日――欠勤自宅静養。大府駅へ天子ヲ見ニ行ク」と書いてあった。

大府駅前で宮下がばらまいたこの不敬文書は、実をいうと、箱根大平台の林泉寺住職、革命僧内山愚童《うちやまぐどう》が、本尊をおいた須弥《しゅみ》壇の下に秘密印刷所をもうけて、自分ひとりで活字をひろい赤旗事件の報復材料にこしらえたものであった。一千部ほど印刷して、ひろく全国の同志へ密送したが、過激にすぎた感じで、黙殺されたり、焼却されたり、なかには後難をおそれてわざわざ警察へとどけた者さえあったくらい。多くがムダ玉に終ったそのなかで、たまたま亀崎の労働者に命中した一発が、感情的爆発をおこして、暗殺主義ではないが、天皇制への挑戦に立ちあがらせたのである。しかも、次の年の天長節には、宮下の手にわたったこの秘密出版物が、紙の爆弾という形容でなくて、ぶっそうな本物の爆弾に姿をかえていた。おそるべき革命僧の煽動力であり、労働者の行動力であった。

付記すると、十一月十日、一労働者の革命宣伝を黙殺して大府駅を通過した明治天皇の御召列車が、関西巡幸の途中、十一月十八日午前八時三十分、舞子駅を発車しようとして、ビクともうごかなかった。原因は機関車のシリンダーの故障であることがわかり、関係者を大狼狽《ろうばい》させた。目に見えない呪詛《じゅそ》の力といわないまでも、絶対的な天皇の権威になにかとケチがつきはじめていたのである。

■歴史の時限爆弾

明治四二年十一月三日――名古屋の社会主義者で、片山潜《かたやません》系統の鈴木楯夫《すずきたてお》が、日記帳をひろげて、

「今日の新聞は、何《いず》れも紙を増刊して、天皇の天長を

祝して居る。国民は何時《いつ》まで　この愚を許すだらう。如《い》何《か》なる理想も之を弁護することは許さぬ。奴隷的思想は、何時日本国民の脳髄から去る。今日の如き奴隷学者と新聞記者の存する限りは、アア嘆ずべきかな」

と書いて、ため息まじりにペンをおいたのは、奴隷的思想から解放された一人の労働者、鈴木も顔見知りのはずの宮下太吉が、ちょうどこの天長節の日、信州明科《あかしな》の山中で爆裂弾の実験に成功した事実をぜんぜん知らなかったからである。さらにまた、日記を書いた鈴木自身が、その明科の爆弾からおこった大逆事件の爆風にまきこまれ、天長節の記事がたたって、不敬罪で投獄されようなどとは、夢にも考えていなかったことであろう。

　十一月三日の夜、長野県の明科製材所の労働者宮下太《みやしたた》吉《きち》は、できあがった爆弾の実験をするために、明科の裏山にあたる大足《おあし》山中にはいりこんだ。あたりに人なきをうかがって、手製の爆弾を岩角に投げつけてみたところが、耳をつんざく爆発音とはげしい爆風がおこって、あやうく吹きとばされそうになった。

　さすがに豪胆な宮下も、胆をつぶし、下駄をさげて一目散にその場から逃げだしたといっている。話があまり偶然すぎるが、ちょうどその時刻に、三里ほどはなれた松本市で、天長節のよき日を祝う打ちあげ花火の音が、明科の町まできこえていたので、山中の異様な爆発音も、床屋のおやじと駐在所の小野寺巡査が小首をかしげた以外、ほとんど人にあやしまれずにすんだ。

　このときの爆弾に使った火薬の調合は、塩素酸加里十二匁《もんめ》（一匁は三・七五グラム）、鶏冠石《けいかんせき》八匁、それに小豆粒大の小石二十個をまぜて、小さなブリキ罐《かん》につめたものであった。火薬の調合知識は、平民社の幸徳秋水が古い自由党員の奥宮健之《おくのみやけんし》から聞いて、さらに新村忠《にいむらただ》雄《お》が信州の宮下につたえた、という伝達の径路をたどっている。秋水は、宮下の爆弾製造材料に有力な助言をあたえたけれども、しかし、東京にいて宮下の天皇暗殺計画を指図したり、全国の同志から五十人の決死隊をつのったりしていたわけではなかった。

　首謀者の宮下が、爆弾を製造した目的は、明治天皇の御召馬車にその爆弾を投げつけて、「天子モ吾ト同シク血ノ出ル人間テアルトイフ事ヲ知ラシメ、人民ノ迷信ヲ破ラネハナラヌ」（予審調書）と、思いつめた神格否定の乱暴な教育手段であり、そのために命をすてる覚悟をしていたのである。

　共同謀議に加わった管野スガ子や新村忠雄は、単純な宮下の暗殺一本槍とちがい、天皇の暗殺が国民の反感を買って逆効果をまねくおそれのあること、またそれをキッカケにして大衆的な政治行動をともなわなければ、無意味な盲動に終ることを理性的には承知していたが、政府の迫害があまりにもひどくて、天皇暗殺の暗いスリリングな誘惑にうちかつことができなかった。

だが、すでに暗殺の武器として爆弾の製造が完成されたのである。あとはただ、実行の時期と場所の問題だけであった。宮下は、来年の天長節の日、青山練兵場で行われる観兵式への御幸《みゆき》（※天子の外出）の途中が一番よいチャンスだと考えていたらしい。管野と新村、あたらしく仲間に加わった古河力作《ふるかわりきさく》が、役割をきめるために三人でクジ引をした。宮下の持っていた東京地図には、二重橋から桜田門・虎の門・溜池・赤坂田町・一ツ木町・表町をへて青山練兵場にいたる御幸道路に、赤インクで血をながしたような赤線がひいてあった。

では、宮下らがねらっていたという明治四三年十一月三日の天長節観兵式に、果して爆弾が計画どおり投げられたであろうか。

否である。明治天皇の宮廷馬車は無事で、そのまま明治神宮絵画館に残っている。宮下らが描いた虚無党式の天皇暗殺は、一条の白昼夢に終った。第一、雨が降って、三日の天長節観兵式がお流れになってしまった。毎年晴天のつづく天長節の日に、めずらしく雨を降らせたのは、宮下太吉の「涙雨」ということになるのかもしれない。

事実はうらはらになって、天皇暗殺計画が瓦解《がかい》し、首謀者の宮下がつかまって、市ヶ谷の東京監獄にぶちこまれていたのである。全国的な検挙の嵐が吹きすさんで、管野・新村・古河はむろんのこと、「証拠は薄弱であった」（小山松吉《こやままつきち》検事談）が、秋水もつかまっていた。愚童も横浜の根岸監獄からうつされていた。だが、いわゆる大逆事件の連累者二十六名の大部分は、天皇暗殺計画と無縁の人たちであった。事件の捜査にあたって検挙されたり家宅捜索をうけたりした政治台風の被害者は、おびただしい数にのぼった。

煙のように消えかけていた宮下中心の共同謀議が、純法律的に見て、皇室危害罪に該当するかどうかは、いちじるしく疑問である。大逆事件はむしろ、宮下らの空想的な暗殺計画を絶好の口実にして、天皇制国家権力がみずからの安全を守るために、眼ざわりな人間をしいて大逆罪におとしいれた、きわめて大がかりなフレーム・アップであり、一切の社会運動と進歩思想に対して加えた、恐るべき政治的テロリズムであったといいたい。

天長節を前にした十一月一日には、予審判事の手で早くも分あつい大逆事件訴訟記録（十七冊、証拠物写《うつし》九冊）と、「事実証憑《しょうひょう》（※証拠）十分ニシテ、各被告ノ所為《しょい》（※

しわざ）ハ何《いず》レモ刑法第七十三条ニ該当スル犯罪ナリ」と断定した意見書ができあがっていた。天皇の祝日への血なまぐさい貢《みつ》ぎ物である。あとはただ神聖な裁判というカラクリをとおして、大審院《だいしんいん》（明治憲法下の最高の司法裁判所）の判決で危険な社会主義者を地上から抹殺してしまえばよかった。天皇制・戦争・軍国主義・大陸侵略に反対する非国民代表の首をしめることによって、労働者や農民のなかの反抗気分を抑えつければよかった。

　しかしながら、塵一つとどめぬ恐怖と流血の社会粛清がおこなわれたあとでも、日本の革命的エネルギーは、依然として地下水のようにうごいていたのである。

　この天長節の前後、早稲田の学生であった橋浦時雄《はしうらときお》が、「革命と暗流」という小論を書きあげて郷里鳥取の『因《いん》伯《ぱく》（今の鳥取県東部と西部）時報《じほう》』（明治四三年一一月八日号）に投じた。新聞は直ちに発禁になり、若い筆者は不敬罪で投獄されたが、支配階級の逆宣伝にたいする燃えあがるような反撃が、そこにあった。

「彼等の病的なりと謂《い》はるる所以《ゆえん》は、其《そ》の思想の徹底し、観念の純潔なるが為《た》めなり。其の行為の無謀・強悪なりと非難さるるは、彼等の理想に直行し、信念の大胆なるが故なり」「若《も》し幸徳《こうとく》を死刑に処するが如《ごと》きことあらんか、政府は却《かえ》って輿論《よろん》の反感を買はんのみ」

　またこの天長節の前後に、太平洋の向う岸、サンフランシスコの革命社でも、岩佐作太郎《いわささくたろう》が、秋水《しゅうすい》らの死刑反対をさけんで、自分で活字をひろいながら「明治天皇にあたふる公開状」の印刷にとりかかっていた。

「日本天皇及び属僚《ぞくりょう》（※下級役人）諸卿《しょけい》。卿等進んで此の罪業を敢《あえ》てす。過って幸徳伝次郎等の血を見るが如きことあらんか。之《これ》実に卿等及び卿等子孫の安危の岐《わか》るる所なるを覚悟せざるべからず。今の世界は革命の世界なり。今の時代は革命の時代なり。日本豈《あに》独り此《こ》の風潮より超然たるを得んや」

　重大な警告を発した岩佐青年の周囲には、日本の専制政治に抗議するアメリカの社会主義同志がいた。幸徳秋水の刑死に同情する世界各国の労働者階級がいた。

　もちろん、橋浦の「革命と暗流」も、岩佐の抗議文も、ほとんど人の目にふれることなく、反動の波にのみこまれ、忘却の淵に沈んで、天皇の名でおこなわれた残酷な死刑裁判に、なんの影響もあたえなかったように思われた。

　しかし、天皇制国家の反動支配にたいする革命的エネルギーの抵抗と、人道的・国際的プロテストは、時限爆弾のように、四十年近くかかって、帝国軍隊が崩壊し、天皇が神の祭壇から追われた日本敗戦の日に、ついに、火柱をあげて爆発したではないか。

いわゆる大逆事件の発生は、すでにその重大な事実のなかに、天皇制没落の運命を警告し、日本民主革命の前途を、予言していたことを知るべきであろう。

以上、『ザ・テロリズム』からはじまる四つの天長節の日の物語は、この歴史の切口を示した年輪の縞目《しまめ》模様にほかならないのである。

第一章　革命は近づけり

■勅題『社頭の松』

神田三崎町《みさきちょう》の東京座は、初春興行にふさわしく、小屋の前に盛砂《もりずな》をして、青竹をたばね、大きな門松をかざり立ててあった。伊井蓉峰《いいようほう》や喜多村緑郎《きたむらろくろう》の名をそめぬいた旗や幟《のぼり》が、風にはためいているのをみると、新派の大一座がかかっているのであろう。

まさかその新派と競演するつもりではあるまいが、東京座の近くにある吉田屋という貸席の二階でも、東京の社会主義者があつまって、新年会の余興にいろんな趣向をこらしていた。立看板をのぞくと、「第十八回社会主義金曜講演」と書いてあった。

明治四一年一月三日の夜のことである。会場には、年始廻りのかえりか、フロックコートの紳士がいる。詰襟・金ボタンの学生もいる。印《しるし》ばんてんに腹がけの労働者があぐらをかいていた。清国の留学生が、一かたまりになっている。色の黒いのは、インドの亡命志士にちがいない。約八十名をかぞえる会衆のなかには、無論、私服や警察のスパイもまぎれこんでいたことと思われる。

いつも金曜講演の演壇は、元気のいい直接行動（ダイレクト・アクション）や総同盟罷工（ゼネラル・ストライキ）の絶叫でにぎわっていたが、さすがに今日は新年会のこととて、余興本位のプログラムに、楽しいくつろいだ気分が感じられた。

余興の第一は、活人画《かつじんが》で、『革命婦人』トレポフ将軍狙撃の場であった。電燈のあかりが消えて、場内がまっくらになった瞬間、青白いマグネシュームの光にてらされ、白いあごひげをつけて、古い騎兵服をきた堺枯川《さかいこせん》（本名利彦《としひこ》）の扮《ふん》するトレポフ将軍と、ピストルをにぎった洋装の少女ヴェラ・ザスリッチの姿が舞台にうきだしてきた。万雷の拍手はしばらく鳴りもやまなかった。

この革命少女に扮したのは、誰あろう、美青年のほまれの高い山川均《やまかわひとし》であった。きっと女優が払底していたので、女形の役を買わされたのであろうが、新派劇の喜多村緑郎や河合武雄《かわいたけお》が顔まけするほどの美しい女に見えた。

日本の自由民権時代に、革命の花とうたわれたロシアの虚無党のヴェラ・ザスリッチが、社会主義運動のなかにふたたび登場してきたのは、きわめて興味がふかい事実である。ロシアのツァーリズムと、日本の天皇制のあいだに、類推がはたらく。専制政治にたいする人民の必死の抗議――活人画のなかの少女は、扮装とポーズをつけただけでセリフも仕草もないのだが、その訴えんとするところは、以心伝心、電流のごとく観客の胸につよくひびくものがあった。

　余興の第二に、加藤病院のドクトル加藤時次郎《かとうときじろう》が、浪花節『南部坂雪の別れ』の一席を語った。もとより、語る人聞く人のねらいは、浅野後室と大石良雄の主従関係ではなく、赤穂浪士の報復前夜の緊張感にあったのであろう。

　余興の第三は、活人画『メーデーの示威運動』であった。これは、ゴルキーの小説『母』の一場で、堺ため子《こ》がサンエンカ嬢に、守田有秋《もりたゆうしゅう》がバベルに、岡野活石《おかのかっせき》が警官に扮して、世界の労働者が団結の力をほこるメーデーの芸術的宣伝をこころみたのである。

　その他、琴・三味線の合奏や、喜劇『ああ金の世や』などの上演がおこなわれたが、しかし、当夜の会衆のもっとも深刻な喝采《かっさい》をあびたのは、活人画『社頭の松』であったといわなければならぬ。

『社頭の松』は、新年の勅題である。古い天皇信仰とむすびついた神社の境内にそびえたつ松の木のみどりは、天皇制の永遠の繁栄を祝福するのにふさわしい象徴であるかのように思われた。日本の社会主義者は、この神聖な勅題をとらえて、なにを描かんとしたのであろうか。

　舞台の正面、大鳥居のバックのまえに、戸山ガ原から切りたおしてきた松の木をかざって『社頭の松』という勅題の心持がきかせてあった。が、その松の枝にへこ帯をかけて、首をがくりとおとし、両手をダラリとたれた浮浪人がぶらさがっている。

　このうすぎたない浮浪人が、さきほど、ヴェラ・ザスリッチに扮した山川均の早がわりだと気のついた人はすくなかった。しかし、いくら芝居でも、首をくくられてはたまったものでない。わきのしたに帯をとおして、からだを支え、そのはしを松の木にかけてあるのだが、見物席から見ていると、ほんとうの首くくりとしか思えなかった。

　それが、青白いマグネシュームの光にてらし出されて、鬼気人に迫るものがあった。さすがの会衆もいささか毒気をぬかれたかたちで、この痛烈な諷刺的活人画にジッと見いっていた。

堺枯川の語るところによれば、ある人の年賀状に「君が代の社頭の松に首くくり」とあった狂句をみんなが面白がって、新年会の余興に演出したというのである。その枯川の話を裏書きするものとして、大阪から出ていた『日本平民新聞』の元旦号の平民俳句欄に、松亭《しょうてい》の「元旦や社頭の松に首くくり」という句がのっている。

作者の松亭は、都々逸《どどいつ》（情歌）の宗匠鶯亭金升《おうていきんしょう》の門人で、神田神保《じんぼう》町十番地に住む松亭翠升《すいしょう》こと椎橋重吉《しいばしじゅうきち》であった。同門の碌亭永升《ろくていえいしょう》こと大石誠之助《おおいしせいのすけ》とふかい交遊関係があり、権威や迷信を嘲笑する狂句をひねったものであろう。

いずれにせよ、この日本プロレタリア演劇の前史をかざる一シーンは、軍隊と警察、裁判所と監獄でいかめしく武装した天皇制国家の強大な権力に、いくら迫害されても、正面から太刀打ちすべくもなかった当時の社会主義者たちが、勅題の『社頭の松』を右のごとく戯画化することによって、わずかに日ごろのウップンをはらしたものと考えてまずまちがいあるまい。

■平民書房楼上

けれども、金曜講演のメンバーが、吉田屋の二階で腹をかかえて笑うことができたのは、この新年会が最後の機会であった。

一体この社会主義金曜講演は、片山潜《かたやません》・西川光二郎《にしかわこうじろう》らの社会主義同志会と対抗するため、幸徳秋水《こうとくしゅうすい》（※本名伝次郎《でんじろう》）・堺枯川（※本名利彦《としひこ》）・山川均の三名が発起人になって、明治四〇年九月九日、九段下のユニバサリスト教会で旗あげした直接行動派の団体である。

すでに西園寺《さいおんじ》内閣の内相原敬《はらたかし》が、治安警察法を楯に明治四〇年二月二十二日、日本社会党の解散を命じ、結社の自由をうばっていたので、政党あるいは政治結社のかたちをとるわけにいかなかった。

しかし金曜講演のメンバーは、前記三名のすぐれた論客のほか、大杉栄《おおすぎさかえ》・荒畑寒村《あらはたかんそん》・守田有秋・戸《と》恒保三《つねやすぞう》・竹内善朔《たけうちぜんさく》以下、急進的で活動的な青年を多く傘下におさめていたことからして、つねにその会合や行動が政治的・煽動的な色彩をおび、たんなる学術研究機関ともいいきれないふしがあった。

結社の自由のつぎは、集会の自由である。さっそく官憲は手をまわして、ユニバサリスト教会の会場を借りられなくしてしまった。そこで、三崎町の貸席吉田屋の二階の三十畳じきばかりの座敷をかりて、金曜日の社会主義講演をどうにかつづけていたのである。

会衆は多くて七十名、少なければ二十名ぐらい。五銭の会費では、二円五十銭の席料のはらいかねるときがあった。会主の枯川が頭をさげてたのむと、貸席の女将は、義侠心のある女で、「ほんとにお気の毒ですね。いつかは花の咲く日もあるでしょう」とかえってなぐさめてくれたりしたことさえあった。

しかし、やがてまたこの吉田屋にも、警察の手が蛇のようにのびてきて、新年会を打ちどめに、もう会場がかりられなくなってしまった。

会場難におちいった金曜講演では、政府の迫害に歯ぎしりしてくやしがったが、百方手をつくした末、ようやくの思いで、同志熊谷《くまがい》千代《ちよ》三郎《さぶろう》の経営する平民書房の二階に小さな演壇をもうけることができた。場所は、本郷弓町二丁目一番地、真砂町の停留所附近の横町をはいったところにあった。

金曜講演は警察の干渉の為に、会場を断はられました。就ては代りに会場を得る迄、本郷弓町二ノ一、平民書房楼上にて開会致します。時間矢張り六時半から、次回は一月十日です。

一月八日　金曜社

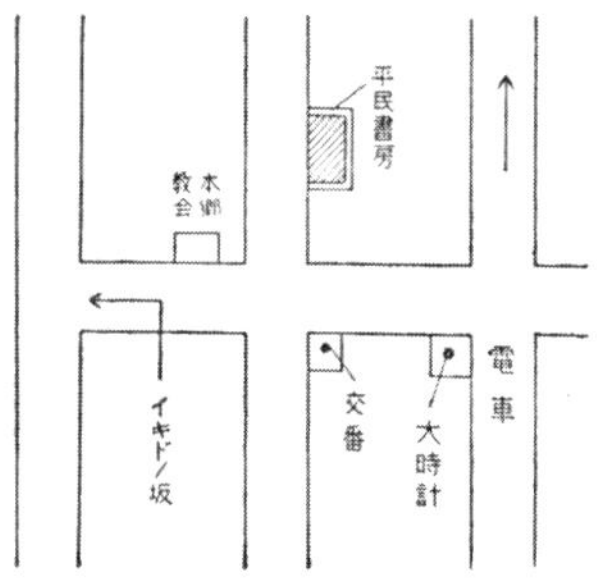

上の案内状（竹内善朔宛）に見える一月十日の集会は、どうやら無事にすんだらしい。だが、日本の警察の蛇のような目ににらまれた以上、社会主義金曜講演のあつまりが彼らの毒牙にかかるのは、もはや時間の問題にすぎなかったのである。

一月の第三金曜にあたる十七日の夜、ひきつづき第二十回目の金曜講演が、平民書房の二階でひらかれた。

会場といっても、六畳と四畳半の部屋のふすまをとりはらったにすぎない。そのせまいところに、六十名近い会衆がギッシリつまっていた。常連の清国《しんこく》留学生の顔も見える。

はじめに、山川均が「開会の辞」をのべ、守田有秋が「ユートピア」という題で、「昔アネモリア国の大使が、金色さんらんたる服装をして、胴に金モールや勲章をかざり立ててのりこんだとき、無邪気なユートピアの少年たちは、さんざん腹を抱えて笑いました」と、語り出したとき、その金モールの肩章をつけた臨席の青柳警部が、いきなり立ちあがって、守田をにらみつけ、

「弁士中止」

とさけんだ。そして、

「この会は解散を命ず」

という暴力的な命令を合図に、つきそいの警官がさっそく会衆の追い出しにとりかかった。満場総立ちとなり、警官の横暴をののしる声が、石つぶてのようにとんだ。

「諸君、一度そとへ出て解散したうえで、またここへあつまってきて下さい。あらためて茶話会をひらきます。神田署の区内で先例もありますから……」

と、機敏によびかけたので、一同はおとなしくひきあげたが、そとへ出ても解散する気配が見えなかった。

「だめだ。こんなに固まっていては、解散とみとめない」

青柳警部が一喝した。あるいはサーベルのつかに、彼の手がかかっていたかも知れぬ。

「じゃ、一まわりしてくればいいんだろう」

誰かがそういったかと思うと、気早な連中が先頭に立ち、隊伍をくんで歩きだした。

　富の鎖を解き捨てて
　自由の国に入るは今
　正しき清き美はしき
　友よ手をとり起つは今……

元気よく「富の鎖」をうたいながら、社会主義者たちが、行列をつくって行進していると、なにごとがはじまったのかと、通行人が立ちどまる。行進のあとにゾロゾロついてくる物見高い弥次馬もすくなくなかった。

■枯川いきどおる

町内を一巡して、またもとの平民書房にもどってくると、警官隊が、入口の戸を立てて、なかへ入れようとしない。一々住所と氏名をしらべるのである。が、あばれん坊の大杉栄や坂本清馬《さかもとせいま》が、その警官をつきとばすようにして、むりやりに家のなかへはいっていった。

ドカドカ階段をふんで、二階の会場へあがった。警官隊にはばまれて、会衆は半分にへったが、それでも三十人ばかりの男女が、緊張した顔つきをしてあつまってきた。留学生のなかに張継《ちょうけい》もいる。清国政府が彼の首に二千元の賞金をかけて探しまわっているのに、なんという大胆な男であろう。

茶話会であるから、調子はくだけたがいい。万事を心得た堺枯川が「米国の恐慌」について話をはじめたとき、臨監の警部がまたまた弁士の中止と解散を命じた。

「ごらんのとおり、仲間だけで茶話会をやっているのだから差し支えないじゃないか」

おんびんに事をはこぶつもりでかけあってみたが、サーベルの柄《つか》をにぎった警部は、頑として応じなかった。

守田の「ユートピア」にしろ、堺の「米国の恐慌」にしろ、中止・解散をまねかないように、こまかい神経をつかって、話題が日本の現実の政治批判に直接ふれるのをわざとさけていたのである。

それまでは、講演会が解散されても、あとで茶話会をひらくことによって、プロパガンダの余地が、まだいくらかのこされていた。が、今日はその手を使おうとして、完全に封じられてしまった。

もうこうなると、臨検の一警部のたんなる横暴や気まぐれではない。西園寺内閣―内相原敬―警視総監安楽兼道《あんらくかねみち》―本郷警察署長―臨検の警部―という命令系統をとおして、天皇制国家の鉄鎚のように重い組織的な暴力が、人民的な批判と行動の自由の一切を粉砕すべく、社会主義者の頭上にくだってきていたのである。

この鉄鎚《てつつい》でグヮンとやられた瞬間、稲妻のようにひらめいた堺枯川の思いは、「ここで、もしわれわれがあとへひいたら、日本の運動、人民の権利は、一体どうなるであろうか」ということであった。

日本社会党の解散によって憲法で保障しているはずの結社の自由、団結の自由が、姿をけしていった。日刊『平民新聞』の発行停止、『大阪平民新聞』や『熊本評論』の発禁つづき、執筆者のひんぴんたる投獄は、出版の自由がどこにあるかをうたがわせた。

そのうえに集会の自由までとりあげられたとすれば、言論の自由、政治の自由は全くの空法になってしまう。平民書房の二階で追いつめられた枯川らは、まさにそのような絶体絶命の危地に立たされていたのである。

「警察のいうとおりにしていたら、奴らがつけあがって、なにをしでかすかも知れない。何十回解散させられたっていいから、何十回でも会合しようじゃないか」

かたわらの同志に耳打ちした枯川のささやきは、彼の顔が青柳警部の方を向いたとたん、大きなどなり声にかわっていた。

「解散させたいなら、一人一人ひきずり出したまえ。われわれは、一歩もここをうごかないから」

ついに枯川の怒りが爆発した。ふだんは警官とのあいだに争いがおこっても、なだめ役にまわる枯川が、めずらしく臨監の警部をどなりつけたのはよくよくのことであると思われた。この社会主義の陣地を死守して、天皇制警察国家の暴圧に反撃を加え、日本人民の基本人権を擁護しようという悲壮な決意が、いわず語らずのうちに闘士たちの胸にたかぶってきたのである。

きっと一騒動おこるにちがいない。山川均が、守田有秋をかげによんで、名簿と会計をソッと手わたした。『東京二六新聞』につとめている守田に、報道の任務を託したのであるが、今一つは妊娠中の守田の妻君のことを考えて、さきにこの場を立ちのかせたのであった。

雨か風か――茶話会場であった平民書房の二階は、堺枯川の怒声とともに、にわかに殺気をはらんできた。

■屋上の大演説

平民書房の階下にある電話のベルが、けたたましく鳴った。自分たちの手にあまるとみた警官が、本郷署に急報して、応援を求めているのである。

「非番巡査を非常召集して、今におおぜいやってくるぞ」

耳ざとくききつけた同志の一人が情報をつたえた。しかし、この警告は、二階の籠城者を狼狽させるどころか、かえって興奮した彼らのヒロイズムを一そうあふりたてることになった。

「なに、かまうことはない。やろう」

きおいたった堺枯川が、ガラリと二階の窓をあけた。平民書房の前の道路には、警官隊にせきとめられて、なかへはいれなかった聴衆が、三々五々かたまって、小さい人の渦巻をつくっていた。二階の窓にあらわれた堺枯川の姿を見つけて、その連中が、よろこんで手をたたいた。なにごとがおこったのか、と近所の人たちが家をとびだしてくる。

小石川《こいしかわ》砲兵工廠《こうしょう》（※元、軍に直属し兵器・弾薬を製造する工場）の裏門から吐きだされる、空の弁当箱をさげた夜業がえりの労働者たちも、好奇心にさそわれて、路上の群衆に加わってきた。平民書房の向いがわの、長くつづいた榊《さかき》子爵邸の塀にそって、刻々数をましてくる群衆は、三百人をこしているように思われた。

絶好の演壇である。

ふだん社会主義の演説などをきいたこともない砲兵工廠の労働者、戦争のために大砲や鉄砲をつくっている日本最大の官設軍需工場の労働者によびかける機会にめぐまれたのは、全くねがってもないことであった。枯川は、二階の窓の敷居からからだをのりだすようにして、道路の聴衆によびかけた。もし平民書房が洋館であったならば、バルコニーのはりだし屋根で演説がなされたであろうが……。

「諸君、政府は、資本家の味方であっても、平民の味方ではない。手ぶらの労働者は、この兇暴な政府資本家の圧迫と、果して戦えるであろうか。いや、諸君には、ストライキという武器がある」

　さかんに拍手がわいてくる。しだいに熱してきた枯川は、数百の聴衆のうしろに、数万・数十万の労働者のつめかけている幻を見た。

「かの電車・電燈・ガス・蒸気機関・鉄道・砲兵工廠・印刷局・紡績・鉱山などではたらいている労働者諸君が、大同団結して、一朝大ストライキをおこしたならば、資本家は、完全に悲鳴をあげるであろう。そのときになっては、政府も、もはや軍隊を動かすことができないであろう。警察を使って労働者を迫害することができないであろう。果してそれは何人の時代であるか」

　まるで木だまがひびくように、

「われわれ労働者の時代である」

と、群衆のなかで答えた者があった。

「然《しか》り、労働者の時代である。しかも、この時代は、今や近づきつつあるのである。諸君、団結は力なり！」

　そのとき、サーベルをガチャガチャ鳴らしながら、帽子のあごひもをかけた警官隊が、群衆をおしのけて、平民書房に近づいてきた。社会主義者たちのはげしい気勢におされて、今まで二階の隅で小さくなっていた警官が、この応援隊の到着を知って、急に勢いづいた。彼らにたいして失われた威厳を回復しなければならぬ。警官が、検束にかかったのをみて、山川がフッとランプの火を吹き消した。その暗闇のなかで、女の悲鳴が聞こえる。警官に袖をつかまれた枯川の妻の堺ため子が、わざと大きな声を出したのであった。

「コラッ、女をつかまえてなにをするか」

　どなられたうえに、つきとばされた警官は、そのつぎの瞬間、二階の階段から下へつきおとされていた。

　応援にきた警官隊が、階段をのぼろうとすると、上り口を固めた連中が、手あたり次第に、座ぶとんを投げつけるので、ウッカリのぼるわけにもいかなかった。

　枯川の演説が終ったあと、山川均や大杉栄が、かわるがわる二階の窓から首をだして熱弁をふるった。注意もなければ中止もない、言論の自由が、あたりを支配していたのである。

　二階で「富の鎖」を歌えば、路上の群衆が合唱した。群衆が万歳をさけべは、二階の同志が、これに答えた。その狂熱的な雰囲気には、赤くやけた鉄のかたまりを思わせるものがあった。

　警官隊は、くやしがったが、しかし、手だしもならず、ただ平民書房を遠巻きにして彼らがつかれてくるのを待つよりほかに出方がなかった。

■張継と金汝春

階段をふんで、堺枯川が二階からおりてきた。つづいて、山川均・大杉栄もおりてきた。

「今日は、完全に目的を達したのだから、おとなしく警察へいってやろうじゃないか」

という約束ができていたので、待ちかまえていた警官隊が、出口で三人の腕をおさえたときも、あえて連行をこばもうとしなかった。屋上演説の花々しさにひきかえ、思いのほかしずかな終幕劇であったが、枯川らは潮時というものを心得ていたのである。活劇を好む群衆は、いささかもの足りない感じで、警官隊に追いたてを食いながらも、なにか異変のおこることを期待して、その場をたち去ろうとしない。

「なにをする」

突然、町の一角に爆弾の破裂するような声がおこって、あたらしい緊張感が、サッとながれてきた。

「日本政府は、清国政府と同じように、われわれを迫害するのか」

うす暗い軒燈の光をあびて、背の高い男が、警官隊と必死にもみあっている。見れば、清国革命党員の張継ではないか。張継は、中国革命同盟会の機関紙『民報』の主筆であった。張継の首には二千元の懸賞金がかかっていた。もし官憲の手におちて暴虐な清国政府にひきわたされたら、首と胴がそのところを異にするのは、火をみるより明らかなことであった。今や張継を守ることは、帝政打倒のために戦っている中国の民主革命を守ることであった。日本の革命家の面目にかけて、警察の手にわたすことはできない。

「やるな。やると恥だぞ」

誰かがどなった。張継と前後して、平民書房の二階からおりてきた金曜講演の若い闘士たちが、張継をとりまく警官隊の包囲線のなかへ、一せいにとびこんでいった。なぐる。ける。つきとばす。はげしい乱闘である。群衆は喊声《かんせい》をあげて、声援を送った。

なにしろ、せまい道路に数百の群衆がひしめきあっているので、それは、祭のなかの喧嘩《けんか》のようなものであった。あごひもをかけた警官隊も、人波におされて、思うようなはたらきができなかったらしい。

乱闘がおわってみると、背の高い張継の姿は、もはやそこにみられなかった。人ごみにまぎれて、たくみに逃げたのであろう。救出は成功した。若い闘士の一人である竹内善朔が、隣国の革命家の無事を祈りながら、その場をひきあげようとしたとき、下駄の鼻緒がプッツリ切れた。

「そいつをつかまえろ」

張継をとりもどされて、くやしがっていた青柳警部が、目ざとく竹内をみつけて、指図を下した。警官隊がとりかこむ。竹内はまるで張継の身代りに検束されたようなものであった。これで、検束者は、四人になった。つづいて坂本清馬がつかまった。彼は警官を投げとばそうと思えば投げとばせたのだが、一ちょうらの木綿の紋付羽織をやぶられては損だと思って抵抗しなかった。

五人の検束者は、警官隊に守られながら、明るい電車通りを歩いて、本郷署へ連行されていった。時折山川が「社会主義は平民労働者の味方だ」とどなっている。興奮してほてった頬にも、さすがに冬の夜風が冷たい。

警察の近くまできたとき、一行のあとを追いかけてきて、不意に警官の手をつかんだ男があった。

「堺や山川をつかまえて、どうしてこのおれをつかまえないのか」

平民書房内外の乱闘であばれまわっていた森岡永治《もりおかえいじ》である。この奇妙な検束志願者の出現に、警官隊はびっくりしたが、いわゆるジュズつなぎのジュズ玉をここでまた一つつけ加えることができた。

地獄の門に似た本郷警察署の入口である。玄関の石段に立った大杉栄が、ゾロゾロあとからついてきた群衆に向かって、

「諸君、政府は、このように社会主義者を迫害するのだ」

とさけんだのは、最後の幕切れにふさわしい大見得を切ったという感じであった。

だが、堺や大杉を留置場へ送りこむまえに、一つの挿話をここへはさんでおきたい。それは、金汝春《きんじょしゅん》（キム・ユチュン。仮名、宮村汝考）、黄泰慶《こうたいけい》（ホワン・テギョン。仮名、吉村）、朴鐘鎮《ぼくしょうちん》（パク・チョンヂン。仮名、金林）という三人の朝鮮革命家が、金曜講演にも顔を出していたし、警察署へおしかけてきた群衆にもまじっていたことである。彼らはなんとかして日本の社会主義者たちを助けだしたいと思って、警察のまえでよりより相談していたが、八方組の伊左衛門という土方の親方の主唱で、抗議運動をおこすために、明日湯島天神の境内にあつまろう、という話がまとまった。

翌日、湯島へいってみたところが、警官隊がはりこんでいて、集会ができず、下谷署へ検束されて、ついに目的をとげることができなかった。しかしこの事実は、日・韓両国の革命運動が、一つの連帯精神でむすばれていたことを裏書きする。いや日・韓両国だけではない。これに清国を加えて、三角同盟という秘密結社が、できあがっていたもののようである。この三角は、ソバの実に

ちなんだ言葉であって、ともに君主制をいただく三国の革命家たちが、ときどきあつまっては、ソバを食べながら、封建的な帝政打破の運動について相談をしていたらしい。

現在名古屋に住む金汝春老人の語るところによれば、日本がわでは、幸徳秋水・堺枯川・仲曽根清和、清国がわでは、孫文・陳其美、朝鮮がわでは、前記の三人が、これに加わっていたというのである。文献の徴すべきものがないので、一個の革命伝説として記録しておくにとどめるが、まんざら架空の談話と思えないふしがあった。大逆事件でとらわれた被告飛松与次郎《とびまつよじろう》の予審調書のなかに、「蕎麦ヲ食フニハ、三角ヲ潰サネハナラヌ。我々ノ幸福ヲ得ルニハ、皇帝ヲ潰サネハナラヌ」という松尾《まつお》卯一太《ういちた》の言葉が、ほうき星のようにあらわれている。松尾は『熊本評論』の主筆で、幸徳秋水《こうとくしゅうすい》と往来していたから、あるいは秋水をとおして、三角同盟有志の言説にふれるところがあったかも知れない。こう考えてみると、大逆事件をうんだ天皇制の危機は、日本だけの孤立的な現象ではなかった。もっと大きく視野をひろげて封建的な君主専制政治の危機と、この三角同盟的なアジア人民の反抗のなかで、理解する必要があるのではないか。

伝説的な三角同盟にくらべて、亜洲和親会《あしゅうわしんかい》は、確実に存在したアジアの民族団体であった。明治四〇年の秋、清国の革命家張継・劉光漢《りゅうこうかん》らが主唱して、日本・印度・安南（※ベトナム）・フィリピン・ビルマ・マレー・朝鮮の代表者があつまり、東京で国際的な会合をひらいている。

彼らの大部分は、日本の幸徳秋水の讃美者であり、金曜講演をいつも聞きにくる常連であった。日本がわから堺枯川・森近運平《もりちかうんぺい》・山川均・大杉栄・竹内善朔・守田有秋らが出席した。くわしくは、『中国研究』第五号（昭和二十三年九月・日本評論社）にのった竹内善朔の「明治末期における中日革命運動の交流」を見よ。

「本会の宗旨は、帝国主義に反抗するに在り。亜洲の已《すで》に主権を失せる民族をして、各独立を得しむるを期す」

「凡《およ》そ亜洲人にして、侵略主義を主張する者を除き、民族主義、共和主義、社会主義・無政府主義を論ずることなく、みな入会することを得《う》」

反封建・反帝国主義を目ざすあらゆる革命思想の混合物にちがいないが、その急進的な部分は、思想的にすすんだ日本の革命家の影響下におかれていたのである。残念なことに、一月十七日の屋上演説事件の余波をこおむり、張継の逃亡や日本有力同志の投獄によって、自然解体をよぎなくされた。もしこの東京における亜洲和親会の運動が正常に発展していたとすれば、日本人はアジアの侵略者という汚名をうけることなく、アジアの解放者としての名誉ある地位に立つことができたであろうに……。

■迫害は来れり

一月十七日の屋上演説事件は、全国の同志のあいだに、憤激の波をまきおこした。土佐の中村町で、しずかに病をやしなっていた幸徳秋水も、ただちに抗議の筆をとって、大阪の『日本平民新聞』(二月五日号)に一文を投じた。この新聞に秋水は、毎号のように「海南評論」をよせて、政見や感想を発表しながら、全国の同志によびかけていたのであった。

「果然迫害は来れり。石川、山口二兄、猶《なお》巣鴨に在り。南・林・山本・井守の諸兄、猶《なお》市ヶ谷にあり。『熊本評論』の新美・松岡の諸君、亦相踵《またあいつ》いで獄に下るの時、更に堺・山川・大杉・竹内・森岡・坂本諸兄の就縛《しゅうばく》せりとの電報至る。小生は、殆《ほと》んど自己の四肢を一時に切落されたるが如くに感じ申し候。病羸《びょうるい》(※病み疲れること)衰敗の身は、直ちに起って、親友の急に趨《おもむ》く能《あた》はず、空しく枕を撫して、東天を睨《にら》むのみ。無限の遺恨、御推察可被下候《くださるべく》」

社会主義の戦線から、相ついで同志がうばわれていく。秋水はわが肉体をえぐられるような苦痛を感じていたのである。

「古来改革の事業が、常に幾千万斛《ごく》の血と涙を要せしが如く、我社会主義の運動も亦、同一の歴史を繰返さずんば已《や》まざる可《べ》く候。是《これ》避けんとし避く能はざる所。唯此際に於ける吾人の覚悟は、是等血と涙の犠牲をして、無益に了《おわ》らしめざること肝要にて候」

「彼の人道の為め、民生の為めに、父母を泣かしめ、妻子を餓ゑしめ、身は寒風骨を刺す鉄窓の下に危坐《きざ》する、諸兄の感懐如何に思ひ到れば、吾人同志は、今や安閑として、生を偸《ぬす》むに忍びず候。誓って我赤旗を押建て、我運動を継続し、政府の迫害に対抗して一歩を退かざるの決心は、是吾人が獄中の同志に対する責務にして、又《また》せめてもの慰藉《いしゃ》にて候」

ここに秋水の不屈の闘志があった。犠牲になった同志にたいする責任感があった。

「独逸《ドイツ》のリープクネヒト氏の一年六ヶ月、仏国エルヴェ氏の一ヶ年の禁錮《きんこ》の外、国に於ては、非軍備主義の伝道や、兵役拒絶や、脱営等の為めに、禁錮、放逐等の処刑に遭《あ》ふもの、頻々《ひんぴん》として数ふるに堪へず候」

秋水の筆は、一転してヨーロッパ諸国の革命運動、実行方法の変遷に及んできた。

「蓋《けだ》し、武器の進歩と軍隊の精練の為めに市街戦《バリカード》の不可能となるや、革命運動は、一転して爆弾・匕首《あいくち》の個人運動となれり。而《しか》て、警察・探偵の警戒厳重にして、是等個人運動の再び困難となるや、革命党は、更に同盟罷工の手段を取れり。然るに、同盟罷工が亦《また》、常に軍隊の為めに鎮圧せらるることとなるや、革命党は、遂に大胆なる非軍備運動を開始し、戦争の罪悪、軍隊の弊害、兵役の苦痛を極言して、兵役の拒絶と軍人の脱営を煽動《せんどう》するに至り候」

秋水は、この反軍国主義運動の発展に、大きな期待をかけていたのである。

「日本の如く、軍人を以て最高の名誉とし、人生の目的の如く称讃せらるるの国に於て非軍備運動の起り来るべきは、何人も疑問とする所なるべく候。但し、理論としては、既に去る明治三十四年中、拙著『帝国主義』に於て、非軍備主義を唱説せるあり。後ち大杉栄兄亦《また》、非軍備主義の論説を訳して入獄し、今日熊本の松尾兄亦、兵役に関する議論にて、罪に問はれたり。何人か、今後此種の議論運動の出でざることを保証し候ふべき」

軍国主義日本においても、すでにその可能性が現実にあらわれていることをするどく指摘した。

「小生、地方に帰りてより、人民の戦争に懲《こ》り、兵役を恐るる者の意外に多く、徴兵除《よ》けの立願《りゅうがん》（※神仏に願をかけること）の盛んに流行するに、一驚致し候。若《も》し、此《この》人民にして、一たび欧洲非軍備運動主義の巧妙なる議論、熱烈なる雄弁を聞きて、自家の徴兵除けの立願が、極めて正当なることの如くに感ずるの時あらんか。権力階級に取って、尤《もっと》も痛心すべきのことに候はずや」

やがて幸徳秋水が、大逆事件に連座して、絞首台にかけられたのも、またさいわい大逆事件をまぬがれた大杉栄が、震災の折に憲兵の手で虐殺されたのも、けっして理由のないことではなかった。

彼らは、もっとも戦闘的な無政府主義者として大胆不敵にも、天皇制国家の大黒柱ともいうべき軍国主義思想に手をかけてゆさぶり、人民鎮圧と海外侵略の武器、大元帥のひきいる軍隊の崩壊を実際によびかけていたからである。

■罰金より体刑

平民書房の楼上で思う存分演説をぶったあと、治安警察法違反といういかめしい罪名で、一月十七日の夜、本郷警察署につながれた堺枯川・大杉栄・坂本清馬ら六名の同志は、山川均の森近運平にあてた「獄中消息」（一月三〇日付）を読むと、すこしもへこたれた様子がなく、ピクニックに出かけた中学生のようにはしゃいでいた。

「本郷署の二夜は、実に愉快な二夜であった。同志諸君の厚志の毛布や衣類にくるまって、一行六人、一脚のベンチの上に、海老の串ざしの様になって寝た。と云ふよりも語り明したのだ。堺君は頻《しき》りに眠たがる。竹内君は大に寒がって居る。森岡君は大分憤慨し居るし、坂本君は無暗《やみ》に嬉しがって居る。大杉君と僕とは、堺君を寝させまいと頻りに話を持ち掛ける。其内《そのうち》初めの三人は、寝入って了《しま》った。翌朝は諸君の厚志で、昨夜の記事を載せた新聞を見た」

　ベンチの上でねる。夜の停車場であった。朝おきて新聞がくばられてくる。まるでホテルの生活ではないか。

　本郷署で二晩留置された六人の同志は、一月十九日の朝護送の箱馬車にのりこんだが、小石川・牛込など五つ六つの警察署をタライまわしにされてから、鍛冶橋《かじばし》の警視庁へ送りこまれた。そして、一月二十日の朝、市ヶ谷にある東京監獄の未決監に収容されたのである。

　在京同志のあたたかい差入れや、全国の同志からあつまってきたつよい激励が、この六人の革命家に、わびしい孤立感のしのびこんでくるすきまをあたえなかった。彼らは、むしろ日本の未来の支配者として、裁判官をさばくような意気ごみで法廷へ出る日を待っていたにちがいない。

　屋上演説事件の公判が、二月七日の午後一時から、森裁判官の下に、東京地方裁判所の第三号法廷でひらかれたとき、傍聴人席は、枯川の妻の堺ため子、大杉の愛人の堀保子《ほりやすこ》をはじめ、在京同志の顔・顔で一ぱいであった。父親の病気で大阪から郷里の横浜へかえっていた荒畑寒村の元気のいい顔もそのなかにまじっていた。

　型のごとく、住所・氏名・年齢・族籍（※華族・士族・平民などの身分）・前科などの調べから、事実の審理にはいったが、裁判官の質問にたいして、被告たちの答弁が、ひどく攻勢的であった。寒村が『日本平民新聞』第十八号（二月二〇日号）に送った傍聴記「東京より」にもとづいて、以下しばらく法廷の問答に耳をかたむけてみよう。

　裁判長「安寧秩序をみだすものとして、解散させられたのか」

　堺　「べつに理由の説明はなかった」

　裁判長「理由は別として、臨監警部が解散を命じたら、なぜ一応解散しなかったのか」

　堺　「一応も二応も解散した。解散しなかったのは三応目である」

裁判長「混雑にまぎれ、スキをねらって屋上に出て演説をした者があるか」
堺　「予がまさにその一人である。しかし、スキをねらったおぼえはない。警官の報告では、屋根にあがって演説したようになっているが、平民書房の二階にひさし屋根はなかった。ただ窓から首を出して、不法な警官の行為を公衆にうったえただけの話である」
裁判長「同志の茶話会まで禁止されたというが、公衆と同志の区別はどこにあるのか」
大杉　「そんなことは、むしろ当夜の警部に聞いてくれ。茶話会を禁止したのが警部なんだから」
裁判長「お前は、巡査をつきとばしたのか」
坂本　「然り。巡査が堺夫人をひっぱろうとしたのを見たから、暗夜にみだりに婦人に手をかけるのはけしからんと思ったので、つきとばしたまでのことだ」
事実審理が終って、検事論告の番になると、三橋検事が立ちあがって、全被告に体刑を要求した。
三橋　「社会主義者の理想と言行は、現代社会にきわめて有害・危険なものである。故に罰金よりは、むしろ体刑に処せられたい」
肉体的な苦痛をあたえることによって、社会主義者を沈黙させようとするのである。この論告は、ちょうど蛙がはらわたを出したように、当時の検事たちの思想的な無理解と野蛮な体罰主義をみずから示す以外のなにものでもなかった。

■無礼な被告たち

ふつうの法廷ならば、検事論告のあとをうけて、弁護士の弁護にうつるところだが、どこをさがしても、弁護士らしい人間の姿が見えなかった。その六人の被告は、強盗やかっぱらいとちがい、ブルジョア的な法律によってめめしく弁護されることを、いさぎよしとしない風がわりな連中であった。みずからの力をたのんで、めいめいが弁論をふるうことにきめていたのである。
山川　「事件の責任は、われわれになくて警察にある。なぜなら、百年前のイギリス人の著書『ユートピア』の筋書を語ったものにたいして、不法にも中止の命令を下し、ひいてこのさわぎをひきおこしたのは、警察だからである。日本の警察は、いかに万能をほこっても、イギリス人の思想まで禁止することはできないのだ」
竹内　「政府・警察は、平民労働者の保護者であるか。はたまた敵としてわれわれを見ているのか。判官《はんがん》（※裁判官）諸公よ、この裁判によって、あるいはかなしむべき結果がおこるかも知れないということをわすれないでもらいたい」
森岡　「資本家大園遊会は無事におこなわれて、われわれ平民労働者の小茶話会はつねに解散させられる。これが不法でなくてなんであるか」

　これは、法律の枠にはまった弁論というものではない。ことごとくが、罵倒であり、揶揄《やゆ》であり、嘲笑であり、攻撃であった。

　さいごに坂本清馬が立ってなにかいいかけたが、法廷の時計の針が四時をさしているのを見て、森裁判長が「結審、結審」とさけび、急いで閉廷を宣告した。もうこれ以上無礼な被告たちによって法廷の威厳のそこなわれるのが、我慢できなかったのであろう。

　手錠をはめられ、深編笠をかぶせられた六人の革命家が、法廷から出ていったかと思うと、突然一大喊声《かんせい》があがって、裁判所の窓ガラスをふるわせた。乱暴な社会主義者が、被告を奪還しにきたのではあるまいか、裁判長も廷丁も、色をかえてとびだした。が、なんのことはない。一足さきに傍聴人席を出た荒畑寒村や堺ため子らの一団が、廊下をひかれていく六人の同志に、「社会党万歳」の連呼をあびせかけていたのである。

　つづいて二月十日、同じ法廷で屋上演説事件の判決の言いわたしがおこなわれた。堺・山川・大杉の三人の刑が、他の三人より十五日だけおもいのは、再犯をかさねているからという裁判長の説明であった。

軽禁錮一か月十五日ニ処ス　東京府豊多摩郡淀橋町柏木一〇四番地　堺　利彦
仝　東京府豊多摩郡淀橋町柏木九一六番地　山川　均
仝　東京府豊多摩郡淀橋町柏木三四二番地　大杉　栄
軽禁錮一か月ニ処ス　東京府北豊島郡雑司ヶ谷村水窪一一五番地　竹内善朔
仝　東京市神田区同朋町二九番地吉田三右衛門方　森岡永治
仝　東京府豊多摩郡淀橋町柏木三四二番地　坂本清馬

判決文を読み終ると、堺枯川が立ちあがった。

「ちょっとうかがいます。保釈をねがってありますが、あれはゆるされないのでありましょうか」

　言葉はていねいだが、相手をからかうような調子である。裁判長は答えなかった。

「今の私らにたいする判決文が、すこしわかりませんでしたから、どうか今一度お読みをねがいます」

坂本と竹内が、かわるがわる裁判長に食いさがろうとした。裁判長は口をとじて答えない。見る見る真赤になった血の気の多い坂本が、われ鐘のような声で、

「ばかめ、おぼえておれ!」

と、どなりつけた。大杉は、カラカラと豪傑笑いをして、赤い舌をペロリと出した。

　堺と山川は、さわぎの仲間にはいらないで、しずかに

退廷した。

　その被告たちを見送るために、堺ため子らが、急いで廊下に出ようとしたが、巡査が傍聴人席の戸をかたくしめて、外へ出さなかった。前回の万歳さわぎにこりて、裁判所があらかじめ予防線をはっていたのである。

　しかし、社会主義者がいかに国家権力を無視するとはいえ、天皇の名でおこなわれた日本の裁判が、被告席からこんなにまでひどい侮辱と愚弄をうけたことは、まだ一度もなかった。あきらかに十六菊の裁判所の敗北であった。

■秋水の牢獄哲学

　労働者の解放と万民の幸福をとなえた社会主義者の逮捕・監禁・投獄がひんぴんとくりかえされている。日本の支配者は、いったいなにをおそれて、この人たちを犯罪者にし、暗い牢獄におしこめる必要があったのであろうか。

　屋上演説事件がおこってのち、『日本平民新聞』第十九号（三月五日号）の紙面にあらわれた幸徳秋水の「牢獄哲学」が、これに回答をあたえた。資本家階級のエゴイズムをえぐりだす秋水のアフォリズム（※警句）には、痛烈骨を刺すようなするどさがあった。

「我が商業を妨ぐるの煽動者を禁錮せよ。其《その》首領を死刑にして、他の無智の群衆を威嚇せよ。大事業を起せ。大利益を得よ。大膨脹を為せ。死後の洪水は、我が知るところに非らざるなりと。是れ『資本』が有する論理なり」

「『資本』は、其所有者等の為めに生を求め、彼等の子孫の為めに死を準備す」

　資本家は、利潤追及の自由をさまたげる社会主義者を強力に排除する必要があった。その文章を書いた幸徳秋水が、やがて大逆罪の名の下に、絞首台にかけられたのも、彼らの怒りにふれたからである。だが、彼らの悪あがきは、墓穴をほるようなもので、終焉の日をいよいよ近づけるにすぎない。

「革命家は公然、資本家の財産を収用せんとす。故に禁錮せざる可《べか》らず。小盗は隠微に資本家の財産を窃取《せっしゅ》せんとす。故に禁錮せざる可らず。革命家と小盗と其牢獄に投ぜらるるの理由は一なり。皆な財産と隔離せらるゝのみ」

　しかし、秋水の論法をもって、小盗と革命家のちがいをあげるならば、小盗は自己の生存または利欲のためにぬすみ、革命家は社会のためにこれを収用する、ということになるであろう。

「資本家制度の下に於ける牢獄の目的は是れなり。資本を保護せんが為め、資本家を保護せんが為め、資本家が依《よっ》て以て資本を獲取せる所以《ゆえん》の制度を保護せんが為め」

牢獄は、資本家的私有財産制度をそのまま保護する大金庫のようなものであった。

「牢獄は所詮《しょせん》一種の経済的制度なり。権力階級が労働者をして、其手《そのて》のみを働かしめんが為めの機関なり。其頭脳——殊《こと》に其口を働かしむるを禁ぜんが為めの機関なり」

牢獄は、労働者の反抗をおさえるが、労働者の血と汗をしぼる資本家の利己主義はおさえなかった。

「嗚呼《ああ》深く深く自己の良智に問《と》ふ時に誰か人の生命を以て、財産よりも軽しとする乎《か》。誰か富の生産者、社会の支持者を以て、驕奢淫逸《きょうしゃいんいつ》暴慢の人よりも悪《あ》しとする乎《か》」

「而《しか》して更に、誰か今の牢獄の存在する所以を以て正義なりとする乎。今の牢獄を繁栄せしむる所以の資本家制度の永続を祝せんとする乎」

こうして秋水は、牢獄を犯罪者の懲罰機関と一途《いちず》に思いこんでいるような人たちの目かくしをはぎとって、牢獄の正体を見せつけようとしていたのである。

今までの考え方ですれば、政府と資本家に楯ついて、投獄された社会主義者は、犯罪者という意味で、火つけや強盗とかわりがなかった。しかし、秋水の「牢獄哲学」で目をひらかれた人たちは、犯罪者どころか、革命のためのいたましい犠牲者として、理解と同情を持つようになってきたにちがいない。

同志の多くは、警察・裁判所・牢獄の抑圧的な三位一体への憤りをあらたにした。資本家制度にたいする反感と反抗が、ますますつのってくるばかりであった。

■社会主義唱歌

三月十一日の朝早く、市ヶ谷富久町《いちがやとみひさちょう》の東京監獄の門の前に、「社会主義」と書いた赤旗をおし立てて、金曜社の守田有秋・佐藤悟《さとうさとる》、佐野同胞会の戸恒保三の三人が先頭にがんばっていた。一ヵ月の刑期を終えて今日釈放される屋上演説事件の同志の出獄をむかえにきたのである。夜来の雪がふりつもって、あたりは一面の銀世界、あかつきの風が骨をさすようにつめたかった。

すると、監獄の裏門から、「万歳、万歳」とさけびながら、威勢よくとびだしてきた男があった。森岡永治である。つづいて竹内善朔と坂本清馬がこおどりしながら、雪のなかをころがってきた。おたがいに感激の握手をかわしたが、胸が一ぱいでろくに言葉も出ない。

待つほどもなく、大雪をついて出迎えの同志が、ぞくぞくあつまってきた。その数が二十人前後になったと思われるころ、彼らの一団は三人の出獄者を先頭に、赤旗をかついでうごきだした。白い雪をけちらし、「革命歌」をうたいながら、町をねってあるく。

ああ革命は近づけり。
ああ革命は近づけり。
起てよ、白屋《はくおく》（※貧しい人の住む家）襤褸《らんる》（※ぼろ）の子。
醒《さ》めよ、市井《しせい》の貧窮児。

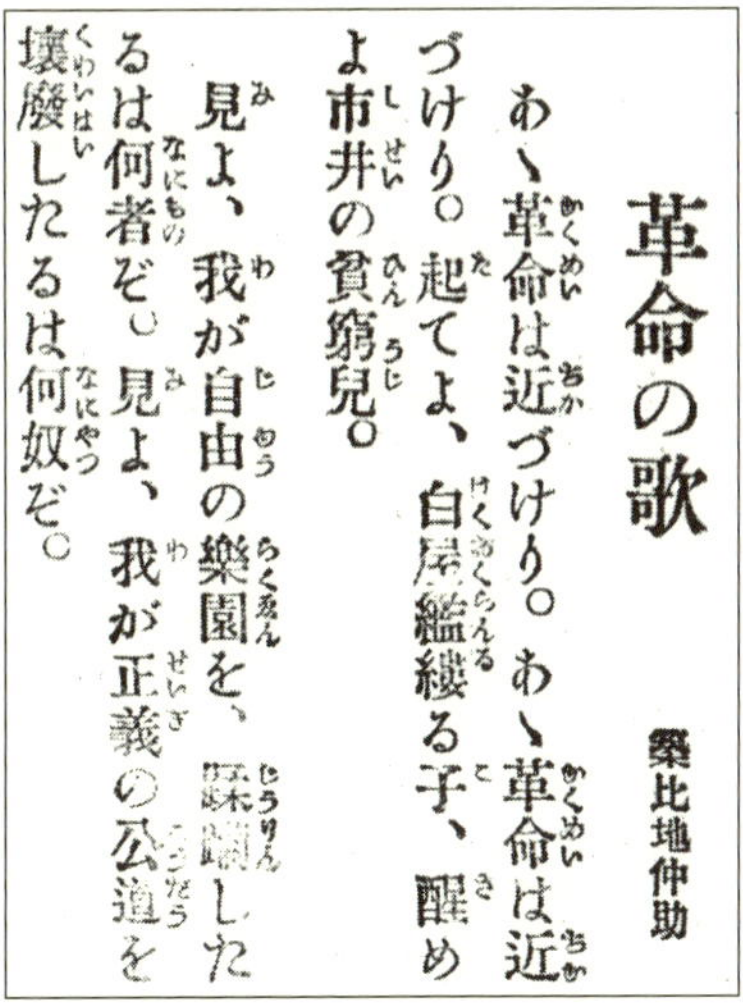
革命の歌　　粱比地仲助
あゝ革命《かくめい》は近《ちか》づけり。あゝ革命《かくめい》は近《ちか》づけり。起《た》てよ、白屋艦縷《はくおくらんる》る子《こ》、醒《さ》めよ市井《しせい》の貧窮兒。
見《み》よ、我《わ》が自由《じいう》の樂園《らくゑん》を、蹂躙《じうりん》したるは何者《なにもの》ぞ。見《み》よ、我《わ》が正義《せいぎ》の公道《こうだう》を壞廢《くわいはい》したるは何奴《なにやつ》ぞ。

『日本平民新聞』第15号所載

ああ革命は近づけり。
ああ革命は近づけり。
見よ、我が自由の楽園を、
蹂躙《じゅうりん》したるは何者ぞ。
見よ、我が正義の公道を、
壊廃したるは何奴《なにやつ》ぞ。
ああ革命は近づけり。
ああ革命は近づけり。

一行は、四谷の大木戸《おおきど》に出て、にぎやかな新宿の大通りを行進していった。むらがる通行人に、千枚以上の宣伝ビラをまいて、気勢をあげたが、この示威《じい》運動は、法律と牢獄のおどかしが、ほとんど役に立たなかったばかりか、彼等の反抗的なヒロイズムをかえって高ぶらせていたことを物語っている。

注意ぶかい読者は、さきの屋上演説事件で、「富の鎖」をうたっていた金曜社の革命青年たちが、この出獄歓迎の示威行進では、「革命の歌」をうたっている音楽的変化に気づくであろう。

「富の鎖」は、呉服屋の店員岡沢某の作詞で、日露戦争前後に平民社を中心として、さかんにうたわれていたが、文句も節もおとなしすぎて、人々がものたりなく感じていたところへ新作品があらわれてきたのである。

この「革命の歌」は、大阪平民社が募集した社会主義唱歌の応募作品の一つで、選者が堺枯川、作者が群馬県出身の築比地仲助《ついひじなかすけ》、『日本平民新聞』第十五号（明治四一年一月一日号）に発表された。選者の枯川がろくな作品がないとなげいたとき、革田命作の仮名で投稿していた築比地青年が、「私のがあるでしょう」といって、強引に入選させたという楽屋話がのこっている。その築比地仲助の『平民社回顧録』（労働運動史研究・昭和三四年五月）によれば、明治四〇年七月、郷里高島村の実家で「雨の日に納屋で雇人たちと作業しながら作った」というのが、「革命の歌」の誕生記である。さいしょ四句一連、十一節からなっていたが、大道演歌師うしお会の添田平吉と佐藤悟が工夫して、「ああ革命は近づけり、ああ革命は近づけり」の二句をつけたし、六句一連にあらため、これに有名な一高の寮歌「ああ玉杯に花うけて」の節をつけてうたいはじめたところ、血わき肉おどる激越な調子が、青年たちの気に投じて、たちまちのうちに普及した。

政府は、「革命の歌」が出た新聞をすぐ発売禁止処分にしたが、しかし、野火のようにもえひろがっていく革命の歌声をどうすることもできなかった。

ああ積年の此《こ》の怨《うら》み、
争《いか》で報いで止むべきや。
我等は寒く飢えたれど、
なお団結の力あり。
ああ革命は近づけり。
ああ革命は近づけり。

ああ起て、君よ革命は、
我等の前に近づきぬ。
農夫は鍬を執《と》って起て。
樵夫《しょうふ》（※きこり）は斧を執って起て。
ああ革命は近づけり。
ああ革命は近づけり。

鉱夫は鶴嘴《つるはし》執って起て。
工女は筬《おさ》（※織機の付属具）を執って起て。
森も林も武装せよ。
石よ何故《なにゆえ》飛ばざるか。
ああ革命は近づけり。
ああ革命は近づけり。

我等の眥《し》血《けつ》下っては、
やがて染めたる赤色旗、（※眥《し》はまなじりの意。敵をにらむまなじりに血がにじみ、その血が染めた赤色旗）
高く掲げて惨虐に、
反逆すべく絶呼せよ。
ああ革命は近づけり。
ああ革命は近づけり。

この「革命の歌」は、思想的に無政府主義の直接行動論と一致していたばかりでなく、感情的にも「ああ革命は近づけり」というリフレインが、反逆的な青年の血をあらあらしく刺激していたのである。いや、変化がおこったのは示威運動の歌ばかりではない。彼らの高くかざした赤旗から、ほどなく「社会主義」の文字が消えて、「革命」「無政府」「無政府共産」などの強烈な文字があらわれてくるのであった。

■両毛《りょうもう》同志大会

一月十七日の屋上演説事件以来、しばらく鳴りをひそめていた金曜講演が、ふた月ぶりに、三人の同志の出獄歓迎をかねて、三月十三日の夜、芝の玉翁亭《ぎょくおうてい》でひらかれた。堺・大杉・山川など、人気役者の顔がまだそろわないので、会衆も大して多くなかった。

会主の戸恒保三が、開会のあいさつのなかで、出獄者にたいする歓迎の辞をのべて、

「われわれは、竹内善朔・森岡永治・坂本清馬の三君が、この苦い経験にこりないで、今後とも運動のため尽力せられんことをのぞみます」

といったとたんに、臨監の警部が立ちあがって、

「弁士中止――解散」

とどなり、サッサと会場から会衆を追いだしてしまった。「横暴、横暴」とののしる者もあったが、警官の警戒が厳重でどうしようもない。

あとにのこった六、七名の同志が、別室でお茶をのんでいると、三名の警官が、眼をとがらしてはいってきた。

「解散しないと、検束するぞ」

むろん戸恒もだまっていなかった。

「ここはべつにかりた部屋だ。会場ではない」

「なにを！　生意気なことをぬかすな」

いきなり警官の一人が、戸恒をつきとばしたので、ひと悶着《もんちゃく》おこったが、なだめる者があって、その場はなんとかおさまった。

しかし、この調子では、演説会をひらいたところで、とてもやっていける見こみが立たないので、金曜講演は、この二十一回目かぎりで、中止することになった。社会主義の演説会は、もう東京の町で事実上ひらけないことになったのである。

言論の自由と集会の自由は、完全に息の根をとめられてしまった。警視庁は、鎮圧策の成功をひそかによろこんでいたかも知れない。しかし、彼らの弾圧が、革命運動の急進分子を非合法に追いやり、自由の窒息《ちっそく》状態からついに天皇暗殺計画がうまれてきたような危険性については、ほとんど責任らしいものを感じていなかったのであろう。

それでも、三月二十六日、一月半の刑期をすませた堺枯川・大杉栄・山川均の三人が、巣鴨監獄から放免されたときも、数十名の同志が赤旗を立ててあつまり、万歳をさけんで気焔《きえん》をあげている。

加重してくる政府の迫害にたいして、一歩もゆずるまいとする革命運動の中央部は、一方では赤旗の街頭示威をくりかえして、反撃の態勢を示すと同時に、他方では有力闘士が直接地方伝道にのりだして、労働者と農民の結合を固めていく必要を感じていた。大杉・山川らの出馬した群馬県の両毛《りょうもう》同志会は、そのあらわれの一つであった。

この両毛同志会は、築比地仲助・長加部《おさかべ》寅吉《とらきち》・近藤《こんどう》政平《まさへい》らを中心とする地方社会主義者のかなり有力なグループで、田中正造《たなかしょうぞう》の谷中村防衛運動や、平民新聞読者会高畠素之《たかばたけもとゆき》の『東北評論』ともつながりを持っていた。すでに二月九日、東京から戸恒保三・守田有秋をまねき、群馬県邑楽《おうら》郡高島村字秋妻で、第一回の会合をひらいたが、運動方針として、議会政策を否認し、直接行動を示威するむねの決議をおこなったことを見てもわかるように、無政府主義的色彩のきわめてつよい団体である。

つづいて第二回の両毛同志会が、出獄してきたばかりの大杉や山川らをむかえて、四月三日、栃木県佐野町の大雲寺でもよおされた。会場に鉱毒事件で名高い田中正造の姿が異彩をはなっていた。出席者は三十五名、人数はすくなかったが、田舎警察のこととて、まだ弁士中止がなく、かなり自由な発言ができたようであった。

開会の辞　近藤政平
農村と革命　山川　均
欧米最近の婦人運動　守田有秋
社会主義ラッパ節　佐藤　悟
同盟罷工と非軍備運動　大杉　栄

なお大会は、栃木県立真岡《もうか》中学の五年生上野某・木幡某の二名が、社会主義的傾向をおびた論文を校友会雑誌に発表したという理由で、停学処分になった事件をとりあげて、つぎのような決議文を満場一致で可決した。

一、本大会は社会主義の思想を有する文章を校友会雑誌に掲載して、停学に処せられたる二名の中学生に対して、満腔《まんこう》の同情を表す。

一、本大会は、斯《かく》の如き迫害に依《よ》って、思想の自由を蹂躙する教育制度を否認し、斯の如き圧迫に依って、革命思想の伝播を防遏《ぼうあつ》（※防ぎとめること）し得たりと思惟《いし》する政府及び文部省当局者の愚劣を憐む。

この真岡中学の事件は、校友会雑誌にどんなことが書かれていたのか、具体的な内容はわからないが、社会主義思想が文芸趣味や反抗精神とむすびついて、地方の中学生に浸透しかけていた事実を裏面的に物語るものとして、注目すべきであろう。

さらに大杉・山川らの一行は、群馬県下の遊説運動にうつり、四月五日は高島村秋妻、四月六日は休泊《きゅうはく》村仲之郷と、二つの社会主義講演会にそれぞれ八十名前後の聴衆をあつめ、大いに熱弁をふるった。

佐藤悟が、東北農民の悲惨な生活状態をあばけは、大杉栄が、ヨーロッパの農民の解放運動の現状を説き、山川均が、労農提携の必要から社会主義社会における農工調和の予想におよぶ、といった風で、論題を農民問題に集中、東京の町からしめだされた社会主義金曜講演が、農村へ移動してきた感じであった。

幸徳秋水が『平民主義』（明治四〇年四月・隆文館）において提唱した地方伝道が、ようやく実践課題になりかけていたのである。

「三十年前、露国革命の初めに当って、社会主義の青年男女は、多数の無知なる人民を教育し、自覚せしめんが為めに、或は教師となり、医師となり、産婆となり、農夫となり、人夫となり、作男となって田舎に住居した。当時之を『人民の中に行く』と称《とな》へたのである。吾人は、我日本の同志も亦《また》、人民の中に行き、人民と共に住せんことを希望する。現に都会に在る同志が、急に業を転じて地方に赴くは容易のことではないが、既に地方に在って相当の職業を有せる諸君は、安んじて其最寄《そのもより》最寄に伝道されんことを希望する」

あきらかにウ・ナロード（※「人民の中へ」の意）の思想であった。しかし、赤旗《あかはた》事件、『東北評論』の発行停止、大逆事件、とあいつぐ政府の弾圧が、せっかく芽生えかけていた労農提携の方向と、ウ・ナロードの段階よりは進んでいた地方社会主義勢力をさんざん痛めつけてしまった。大逆事件の大検挙が、この地方に波及してきたとき、睦仁《むつひと》君足下《そっか》にあてた不敬文書の『ザ・テロリズム』が発見されて大騒動が持ちあがる話は、いずれ検挙段階でふれる機会があるだろう。

第二章　労働者宮下太吉

■東海道遊説日誌

全く偶然というほかはないのだが、東京の金曜講演にあつまった直接行動派の同志が、弾圧の斧をうけて投獄された同じ年同じ日の一月十七日――東海地方を遊説していた議会政策派の巨頭片山潜《かたやません》が、名古屋で大逆事件の首謀者ともいうべき労働者宮下太吉《みやしたたきち》と出会っているのである。

明治四一年の一月四日、東京を出発して、地方遊説の旅にのぼった片山潜は、山梨県を振りだしに、静岡県下を歩き、東海道をくだって、ちょうど名古屋の同志保知《ほち》芝之助《しばのすけ》の家にとまっていたときであった。労働者の宮下は、工場の仕事で亀崎《かめざき》から奈良県の五条町へ出張したかえりに、名古屋にたちよって、遠来の指導者に敬意をはらい、明十八日亀崎《かめざき》の町でひらく演説会の打合せをおこなった。

二人はこの日が初対面であったが、通信をとおして、片山は、宮下のことはよく知っていた。「尾張亀崎より」と題して、片山派の『社会新聞』（明治四〇年一二月八日号）に、宮下太吉の投書がのっている。

「小生は、十六の年から見習をして、機械職工と為《な》り、東京、大阪、神戸、名古屋、各地の大工場を十数年労働して居るので、資本家の圧制手段や瞞着《まんちゃく》手段は、能《よ》く知って居る。貴紙二十六号の横須賀造船所共済会の記事を読み権力階級を頭に戴いた会や組合は職工の不利益になればとて決して利益にならぬ事を能く感じました。左《そ》様《う》いふ職工等は賃銀と云ふ鎖の外に共済合若《も》くは消費組合といふ鎖で二重に繋《つな》がれた様《よう》なものです」

労働者の革命的本能から、すでに宮下が、資本家の利益に奉仕する労働組合の改良主義に、いちじるしい不満を感じていたことが、これでよくわかるのである。

第二インターナショナル（※一八八九年、フランス革命百年を記念し、エンゲルスの指導のもと、二十か国の社会主義者が参加しパリで創立された社会主義諸党の国際組織）の議会政策を守る片山が、幸徳秋水《こうとくしゅうすい》の革命的な直接行動論と対立し、気弱な改良主義者として排斥されていたことを考えると、宮下の投書は、前記『社会新聞』よりは、むしろ直接行動派の機関紙『日本平民新聞』に送られるべきものであったかも知れない。

中央では、急進的な革命主義者の勢力がつのり、元気のいい直接行動論がさかんで、片山の議会政策と改良主義は、「軟派」とののしられて、次第にその支持者をうしないつつあった。むろん宮下も、この情勢の変化を知らないわけではなかった。しかし、彼は、古い労働組合運動の権威として、片山潜の経験と意見にまだ多くの期待をつないでいたのであろう。宮下太吉の日記に、当日の模様が出ている。

「一月十七日――今朝八時十三分、二見《ふたみ》発列車ニテ帰宅ス。帰途名古屋同志名古屋市広小路元市役所前保知芝之助君方ニテ、片山、鈴木両君ニ面回シ（ママ）、万事打合セヲナシ、午後六時弐拾分、名古屋発列車ニテ同七時三十分頃亀崎ニ着シ、同十時ヨリ藩君宅ニテ、藩・宮下・高木・間長（間瀬長兵衛）伊岩（伊藤岩次郎）・原、万事打合セス」

片山、鈴木とあるのが、片山潜とその弟子の鈴木《すずき》楯夫《たてお》である。名古屋で打合せをおこなってから、亀崎へもどった宮下は、夜おそく同志をあつめて、明日の演説会の手筈をきめている。藩以下の六名は、亀崎鉄工所の労働者で、友愛義団という労働組合の幹部達であった。

「一月十八日――席上借入及ビビラ造り、及ビ名古屋ニ打電ス。午後十二時五十六分ニ鈴木氏着ス。藩君宅ニ着ス。午後三時列車ニテ片山氏着、同〔ジ〕ク藩氏方ニ着ス」

これで見ても、会場の借入、ビラの製作、講師との連絡など、宮下が演説会開催の中心になって働いている。十八日の昼すぎ、鈴木がさきにのりこみ、つづいて午後一時五十四分の汽車で名古屋をたった片山が、知多半島を南下してきた。子供の長靴のようにのびた知多半島のむこう脛《ずね》にあたるところに、亀崎の町がある。東海道線の大府《おおぶ》駅で、私鉄の武豊線にのりかえて、三十分ばかりでつく小さな漁港だが、そこに鉄工所や醸造工場があった。亀崎の駅でおりると、宮下がむかえに出ていてくれた。夜の演説会まではまだ時間があるので、副職長の藩好太郎という労働者の家で、一休みすることになった。

「余は、同志諸君より、当地亀崎鉄工場職工に依って成立せる、友愛義団の来歴を聞き、始め（ママ）て此処《ここ》に同志に依《よ》り成る組合あるを喜びたり。更に此《この》組合に依り催されたる演説会に出席する事を無限の快事とせり」（『東海道遊説』日誌）

宮下は、友愛義団の有力なリーダーであった。この小さな町で労働者の組織を発見した片山のよろこびは、組合運動で苦労した人間でなければ味わいえない感激であったろう。

演説会は、午後七時から、相生座《あいおいざ》でひらかれた。当日のプログラムは次のとおりであった。

開会の辞　友愛義団員　杉江順一郎

予は何故に社会主義者となりしや　友愛義団員　宮下太吉

友愛義団の抱負　友愛義団員　高木伴助

自覚せよ労働者　鈴木楯夫

労働者の責任　片山　潜

出席者は、友愛義団百余名、一般町民約三百五十名、亀崎の町にしては、珍しく盛況を呈していた。会場で売りさばいた宣伝用書籍の売上げが、六円四十五銭に達した。

右の演題をながめて、すぐ気のつくのは、四人の弁士のうち、三人が組合的な問題をとりあげているのに、ただ一人宮下太吉だけが自分の体験をとおして、労働者階級解放の理論としての社会主義を信じるようになった径路を公然と告白していることである。

■同盟罷工は悪い

演説会は、午後十一時すぎ散会したが、片山潜は、まだ自由なからだにならなかった。友愛義団の幹部たちが、詰めかけてきて、ひきつづき小集会がひらかれたからである。藩好太郎・高木伴助・原達蔵・田中喜雄・板倉逸平・安藤熊吉・伊藤岩次郎・間瀬長太郎・松田定吉・宮下太吉――いずれも、この町の亀崎鉄工所にはたらく腕ききの機械工であった。

「斯く鉄工諸氏と懇談するは、五、六年来の事にして、往時期成会の隆盛当時を追想し、転《うた》た感慨胸に迫る」（『東海道遊説』日誌）

十年一昔というが、アメリカ新帰朝の片山が、日本の労働運動を開拓するために、労働組合期成会をつくったのが、明治三〇年七月のことであった。封建的な職人根性のぬけきらない労働者のなかで、階級意識に目ざめた鉄工組合の活動の、いかに花々しかったことか。活版工組合・坑夫組合・鍛冶《かじ》工組合・車夫組合・洋服商組合・メリヤス業組合――いろんな種類の組合にとりまかれた片山は、たしかに労働者が団結しつつあると信じることができた。ところが、日露戦争にさいして、アムステルダムでひらかれた第二インターナショナルの世界大会に出席、ロシア代表のプレハノフと握手してきた片山が、久しぶりに帰国したとき、意外な光景におどろかねばならなかった。

それは、平民社の非戦論以来、日本の革命運動が、理論の戦いにふけり、新聞・雑誌や演説会をにぎわすような方向にかたむいていることであった。そのために、かんじんの労働者の組織がおるすになり、一時あれほど盛んであった組合運動が、まるで火の消えたようにさびれていたのである。支配階級の弾圧が、ますますひどくなってくるのに、社会主義者と労働者階級が、一つになっていない。片山の苦心は、どうして工場労働者を組合にひきつけるか、ということに注がれていた。

吉川守圀《よしかわもりくに》（明治〜昭和期の社会運動家）の『荊逆星《けいぎゃくせい》霜史《そうし》』（昭和一一年一二月・不二屋書房）は、そのころ片山がもらした興味ぶかい言葉をつたえている。

「どうも組合が無ければ、どうしても駄目だ。何としても組合を造らなければならぬ。そこで無尽《むじん》組織にして、三か月位に籤を抽《ひ》かせて、反物《たんもの》の一反づつも当るやうにしたら、どんなものだらうね」

組合は無尽会社ではない。しかし、片山は、とにかく労働者の組織さえつくっておけば、教育と訓練によって、階級的自覚を高めることができる、と信じていたもののようであった。

元気のいい亀崎鉄工所の労働者にとりかこまれて、片山は、愉快でたまらなかった。だが、彼のきらいな無政府主義の影響が、この友愛義団の仲間のなかにも感じられた。片山が、選挙権を獲得して、労働者の代表を議会に送りこむ必要を説いているのに、彼らの話題は、議会政策か直接行動か、という問題でにぎわった。

宮下が、口にすることさえはばかられていた天皇制の問題を持ちだして、片山の意見を求めたのも、おそらくこの茶話会の席であろうと思われる。議論の花が咲いて、片山がねたのは、午前三時をすぎていた。

あくる十九日の朝、片山は、宮下に案内されて半田の町まで歩いていった。天皇制の問答は、あるいはこのときの歩きながらの話であったかも知れない。宮下の日記に、右の大切な問題について記述がないのは、全く残念なことである。『衣浦《きぬうら》新聞』の主催で、演説会をひらくことになっていたのだが、片山が半田の町につくと、さっそく警察署によばれて、署長の松田一郎から、厳重な警告をうけた。

「昨夜、片山氏の演説はマアよきも、鈴木氏のは過激に渡れり。同盟罷工は悪ひと云《い》ふも、労働者は、之を為せと云ふと思ふ故に、云うてはならぬ！　当地は、ビール、紡績工場あり。多数の職工ありと雖《いえど》も、皆温和なれば、社会主義を唱道して彼等を喚起するの必要なし。今晩若《も》し言論過激に渡り、又は足尾暴動などを引照して、同盟罷工を論ずる事を為《な》す勿《なか》れ。若し然《しか》らざれは、中止、又《また》或る場合には解散すべし。法規執行により、検束する事あるべし」（『東海道遊説』日誌）

演説会は、午後七時から、葉住座《はずみざ》でひらかれ、二百五十名の聴衆をあつめることができた。宮下は、「予は何故に社会主義者となりしや」という題目で、ふたたび演壇にたっている。片山は、「社会主義の経済」について語った。午後十時、無事に散会。片山の一行が、終列車で半田の町をひきあげるとき、駅にきあわせていた芸者が、「社会党万歳」をさけんで、見送ってくれた。しかし、東京では、片山が根城とたのむ『社会新聞』の内部にまで、無政府主義者の手がのびてきて、除名と分裂さわぎが、片山のかえりを待ちうけていたのである。

■皇室について

右にあげた片山潜の『東海道遊説』日誌は、名古屋で労働者宮下太吉と顔をあわせたこと、亀崎と半田で演説会をひらいたことだけで、それ以上の機微な部分にふれていない。しかし、片山から天皇制とその変革の問題について、説明をきいたことは、のちに大逆事件の被告として囚《とら》われた宮下太吉が、公判廷でのべているのである。

これまで、大逆事件の記録は、一切秘密のうちにほうむられて、外部から絶対にうかがい知れないものとされていたが、敗戦後はじめて、宮武外骨《みやたけがいこつ》（※明治～昭和期の著述家・明治文化史家）の『大逆事件顚末』（昭和二一年一二月・龍吟社）に、大審院特別裁判の判決書があらわれ、渡辺順三《わたなべじゅんぞう》（※大正～昭和期の歌人。プロレタリア歌人同盟の結成に加わる）の『幸徳事件の全貌』（昭和二二年八月・社会書房）に、予審調書の一部があらわれてきた。だが、もっとも重要なのは、公判廷における各被告の自由陳述であった。これが、幸いにも、各被告の陳述を書きとめた、弁護人今村力三郎《いまむらりきさぶろう》の「公判摘要」

公判摘要

（専修大学所蔵）と、同じく弁護人平出修《ひらいでしゅう》の「大審院特別法廷覚書」（平出所蔵）の出現によって、ようやく明らかになってきたのである。

　もとより、鉛筆の走り書きで、陳述の骨子をひろい書きしたメモランダムにすぎないが、伝説のヴェールにおおわれたこの事件の実体にふれた、もっとも貴重な文献として、いま筆者の机上におかれている。

　では片山潜にかんして宮下は、法廷でなにを語ったか。

「亀崎ニテ救済組合ヲ組織ス。皇室ニ就テ、片山潜ノ意見ヲ聴キ、議会カ多数ナラハ、憲法改正モ出来ルト答フ。普通選挙ノ請願用紙ニ調印ヲ求ムル事ヲ頼マル。其時片山カ地方ノ有力者ヲ先ニスル旨ヲ告ケ、被告ノ意反スルヲ以テ、之ヲ返付ス」（公判摘要）

　平出弁護士のメモも、今村メモとくらべてみて、ほとんど異同はない。

「亀崎へ行ク、救済組合、片山ノ遊説、皇室ニ付テ片山ニ聞ク、議会政策ガ進ンテ行ッテ、主義者カラ内閣ヲトレハヨイト云フ、普通選拡運動ヲ頼マル、アマリ賛成ハシナイカ、承諾シタカ、地方ノ有力家ニ求メルト云フノカ先タト云ハレ、少シク面白クナイト思ウタ」（大審院特別法廷覚書）

　労働者の宮下太吉が、なぜ天皇制に疑惑を持つに至ったか――その動機の解明は、次の章にゆずる。このときの宮下の質問は、「あなたのいうように議会にたよっていて、天皇の絶対権力に変更を加えることができるか」という意味のことであったらしい。片山の答弁は、労働者の代表が議会の多数を占め、社会主義者の政党が政権をにぎって、内閣を組織するような時代がくれば、議会多数決によって、憲法の改正が自由にできる、というのであった。

　その憲法の改正が、具体的にどんな内容をふくんだものか、明らかでない。おそらく、軍部帷幄上奏権《いあくじょうそうけん》（※明治憲法下で、軍の作戦計画について、閣議を経ず直接、天皇に決済を仰げる権利）の廃止・枢密院《すうみついん》（※明治憲法下の一八八八年、政党や議会を抑え、天皇を頂点とする軍部・官僚の支配を貫徹するため、天皇の最高の諮問機関として設置された絶対主義的官僚機構。日本国憲法施行の一九四七年まで存続）および貴族院（※一八九〇年、明治憲法下で、衆議院とともに帝国議会を構成した立法機関。議員は皇族・華族および天皇によって任命、衆議院をけん制できるしくみになっていた）の廃止、という程度の部分的な要求であって、天皇大権の制限にまでふれていたかどうか。後年の片山がコミンテルン（※一九一九年に創立された共産主義インタナショナルの略称で、共産党の国際組織。第三インタナショナルともいう。一九四三年解散）の領袖《りょうしゅう》（※集団のかしら）としてとなえたような天皇制廃止論は、当時の彼の頭にまだうかんでいなかったであろう。

だが、天皇制の問題は、人民の意志を代表する議会の決定にゆだねるという点で、敗戦後の日本の議会が、国際民主勢力の支持のもとに、主権在民の宣言をおこない、憲法の改正を決議して、天皇と人民の関係に重大な変更を加えた方式と、一脈通じるものがあったのは、たしかに記憶されていいことである。

当時の天皇制国家は、納税額の高い垣根をめぐらして貧しい労働者のすべてを議会のそとにしめだしていた。片山潜のおこした普通選挙請願運動は、選挙権のない、政治的関心のうすい労働者をひきいて、この議会にわりこんでいこうとする、きわめて抵抗の多い困難な戦いであった。

その上、一代の論客たる幸徳秋水が、日刊『平民新聞』（明治四〇年二月五日号）を舞台に、「余が思想の変化」を公表して、「社会主義の目的を達するには、一に団結せる労働者の直接行動（ヂレクト・アクション）に依るの外はない」と、議会政策の否認をさけびだしたために、議会主義の魅力は、いっそう色あせたものになってしまった。すでに『平民新聞』や大阪平民社の森近運平をとおして、かなりふかく直接行動論の影響をうけていた宮下太吉は、片山から憲法改正や請願運動の話をきかされても、なんだか遠いまわり道のような気がして、心を動かすことがすくなかったにちがいない。

とりわけ、片山が「署名は地方の有力者をさきにしてくれ」といって、請願用紙をわたしたことが、宮下の神経にビリビリひびいた。銀行家や会社の社長など、いわゆる地方の有力者は、ブルジョア階級であり、敵陣営の人間である。片山は、実際的な効果をねらっていたのであろうが、階級意識のつよい宮下にとって、資本家・有力者に頭をさげてまわるのは、敵に降参するにひとしい屈辱としか感じられなかった。腹をたてた宮下は、請願用紙をそのまま片山につきかえした。これで、片山と宮下との関係が、プッツリきれてしまったのである。

片山潜が英文で書いた「日本における労働運動」（『片山潜著作集』第一巻・昭和三四年一一月・河出書房新社）は、全国遊説の当時にふれて、

「我々の主な聴衆は労働者であった。私はたいてい財政問題や経済問題について話した。そして、それは常に社会主義の観点から説明した。我々は、労働者のストライキとか、労働者の組織とか、ボイコットとか、社会主

義あるいは革命というような言葉を使うことができなかった。しかし、我々は婉曲《えんきょく》な言い方で革命的社会主義を表現した」

と、内面的な苦心を語っていた。が、その後さらに自己批判をふかめて、「社会主義者としての僕は、議会主義者であったが、今日の如き革命家ではなかった。然り、僕は合法主義者、即ち日和見《ひよりみ》主義者であったからだ」と、告白している。熱血漢の宮下が生ぬるいものを感じたのも無理はない。

小さな出来事のように見えるが、労働者宮下太吉が指導者の片山潜に背中を向けたことは、あとからふりかえってみると、実に重大な歴史の瞬間であった。日本の革命運動の運命的な分岐点であった。

もしこのとき、片山潜が宮下太吉を説得することに成功していたとすれば、あるいは宮下は、天皇暗殺というような血なまぐさいテロリズムに走らなかったかも知れない。天皇制警察国家の弾圧が加重してきて、労働者階級との衝突はさけられなかったにしても、その必死の反抗は、おそらくもっとちがった大衆的形態をとっていたであろう。

■亀崎の鉄工所

労働者宮下太吉の経歴を調べてみると、明治八年九月三十日、甲府市の若松町にうまれている。亀崎で片山潜に出あったときは、三十四歳の働きざかりであった。学歴は、小学校の補習科をでたばかりだが、研究心のつよい少年であったらしい。貧しい農村の子弟が、生きる道を求めて、都会の工場にながれこんでいたが、宮下もまた、十六の歳に郷里をはなれた。

前記「尾張亀崎だより」にあるように、東京・大阪・神戸・名古屋の大工場をわたり歩いているうちにだんだんきたえられて、腕のいいりっぱな機械工になっていた。その宮下が、亀崎の鉄工所にはいったのは、明治三五年ごろのことと思われる。明治二七年に創立された工場で、製材の機械や蒸汽機関をつくるために、工員・徒弟あわせて百人近くの労働者がはたらいていた。

宮下は、ここで四、五人しかいない出張員の仕事をあてがわれた。出張員は、よほどの技術が必要で、誰にでもできる仕事ではなかった。

当時の日給は、職長が一円、伍長格の労働者で六十銭、出張にでかけたときは、食費が向う持ちで、六銭の割増がついた。なにしろ三円で下宿のできた時代であったから、宮下の生活は、労働者としてかなりめぐまれたものと思わなければならない。

しかし、労働者の血と汗をしぼって、鉄工所は、十割から十五割の配当をつづけている。なぜ労働者だけが苦しまねばならないのか、宮下は、その矛盾を感じながらも、解決の道がつかめないのであった。

幸い、亀崎鉄工所で一緒にはたらいていた宮下の同僚が、まだ数人生きのこっている。その一人の大木悦太郎《おおきえつたろう》の語るところによれば、亀崎にくるまえ、宮下は、大日本車輌会社の熱田工場につとめていたらしく、熱田遊廓に出入りするゴロン棒の仲間であったという。これは、予審調書にもあらわれていない新事実である。が、天皇暗殺計画の犯人の前身が、かりにヨタモノくさい男であったにしても、本書は顔をそむけることをしないであろう。血の気の多い宮下は、不合理な社会にたいして、なにかしら反抗せずにはいられなかった。酒と女の刺激に、ありあまる情熱をすりへらしていたものにちがいない。

どういう径路で手に入れたかわからないが、一枚の『平民新聞』が、社会主義の福音をつたえて、その宮下の目をひらいたのであった。『平民新聞』にもいろいろあるが、おそらく日刊『平民新聞』（明治四〇年一月創刊）のことであろう。大逆事件で検挙されたのち、宮下は、この新聞からうけたふかい感銘を予審廷で、次のようにのべている。

「其《その》新聞ヲ読ミマシテカラ、日々職工ハ労働シテ、剰《あまつさ》ヘ器械ノタメニ足ヲ失ヒ、手ヲ失フモノカアル事ヲ目撃シテ居リ、一方ニハ資本家ハ、左様ナ危険カナク、美衣美食ヲナシテ居ルノテ、総《すべ》テ世ノ中ノ事ハ、不公平ナモノタト感シテ居リマシタ。シカシ、是《こ》レハ生レツキノ運命テ致方《いたしかた》カナイ、ト初メハ思ッテ居リマシタトコロ、同新聞ニハ、ソレヲ救済スル事カ出来ル、トイフ事カ書イテアリマシタタメニ、私ハ感心シタ次第テアリマス」（第一回予審調書）

ここで特に注意したいのは、資本家と労働者、金持と貧乏人――人間の力でどうにもならない、うまれつきの運命として、固定的に考えられていた環境と秩序が、宮下の目の前で、グラグラゆれだしてきたことである。労働者の団結と社会主義の実行によって、資本の搾取《さくしゅ》から労働者を解放できるのだ、と信じることは、さまよえる宮下にとって、大きな救いであった。

向けどころのなかった情熱が、はじめてその目的をみいだした結果、宮下は、熱心な革命の賛成者になった。存在するものは、すべて相対的であり、過程的であり、かつ可変的である。この能動的な認識が、いったん労働者の頭のなかで動きだした以上、天皇制をそのなかにふくめて、絶対的な権威というものは、もはや人間の住む社会には、ありえなかった。

■近世無政府主義

「天皇ハ神聖ニシテ侵スヘカラス」という国体信仰が、たんに憲法の条文ばかりでなく、人民の生活感情をじっさいにつらぬいていた時代であった。皇室の永久の繁栄を祈る「君が代」が、日本の国歌としてうたわれていて、誰もこれをあやしむ者がなかったような時代であった。

労働者宮下太吉が、まだ絶対的な安定感の上に立っていたこの天皇制にたいして、根本的なうたがいを持ち、暴力的な手段でその崩壊を早めようとしたさいしょの動機を明らかにすることは、いわゆる大逆事件の核心にふれる重大な問題である。

明治四一年一月一八日、亀崎の町で片山潜をとらえて、宮下が天皇制にかんする質問をこころみたことは、すでにのべたとおりだが、しかし、彼のなかにわいてきた恐ろしい疑問の正体をつかむためには、さらにそれ以前の時期にまでさかのぼらねばならない。

宮下は、日本の天皇制に反逆をこころみるに至ったそもそもの動機を、公判廷（明治四三年一二月一九日）でつぎのように供述している。

「此企《このくわだて》ヲナシタルハ、煙山専太郎《けむやませんたろう》ノ『無政府主義』ヲ読ミ、早稲田大学ノ某ノ教ニテ森近《もりちか》ヲ大阪ニ訪問ス」（公判摘要）

この陳述にあらわれてくる煙山専太郎の著書は、明治三五年、早稲田叢書《そうしょ》の一冊として、東京専門学校出版部から刊行された『近世無政府主義』のことで、日露戦争以前の発行にかかわるものであった。菊判四百十一頁、かなりの労作である。著者の煙山は、当時有名な外交問題の専門家であって、「近時無政府党の暴行実に惨烈を極め聞くだに胆を寒からしむる者あり。然れども世人多く其《その》名を謂《い》ふを知って其実を知らず。本編聊《いささ》か此《この》欠乏に応ぜん事を期する者なり」と、序言にうたっているように、帝政ロシアを中心として、国際的な無政府主義運動の歴史と現状をくわしく紹介、その具体的な知識を日本の読者に提供した文献であった。

前編　露国虚無主義
第一章　虚無党の淵源
第二章　虚無主義の鼓吹者
一、アレキサンドル・ヘルツェン
二、ニコライ・チェルネシェヴスキー
三、ミハイル・バクーニン

右の目次をひろげてみただけで、ツァーリズム（※十六世紀以後、ロシアを支配したツァーリ〈皇帝〉の専制的支配体制。絶対主義君主制の一種）の銃剣に追われ、毛皮の外套の襟を立てて、地下生活にもぐりこんだロシアの革命家の深刻な活動が、目の前にうかんでくる。もとより著者は無政府主義の讃美者ではなかった。むしろ、無政府主義思想の発生を未然に防ぐために、日本の支配階級に警告をあたえるつもりであったように思われる。だが、労働者の宮下太吉は、この本を読んで、著者の意図とは全く別の感銘をうけとっていた。

「煙山氏ノ『無政府主義』ヲ読ミシ時、革命党ノ所為ヲ見テ日本ニモコンナ事ヲシナケレハナラヌカト思ヒタリ」（大審院特別法廷覚書）

すなわち宮下は、ツァーリズム及び政治上の専制主義を排除するため、世界の革命家が死活の闘争にしたがっている事実を知って、ふかい理論分析をしたわけではなかったが、労働者の階級本能から、日本の革命運動が、晩《おそ》かれ早かれ天皇制の絶対権力と衝突をひきおこす必然の運命を予感していたのである。

しかし、売れ行きが悪くて、早稲田大学出版部の倉庫に眠っていたこの本が、飛ぶように売れだしたのは、アメリカから帰ってきた幸徳秋水《こうとくしゅうすい》が、明治三九年六月二八日、神田錦輝館《きんきかん》の日本社会党大会の席上で、その思想的な転換を表明し、無政府主義と直接行動論を唱え、世人に大きなショックをあたえてからのちのことであった。

平民書房からでた久津見蕨村《くつみけっそん》の『無政府主義』をのぞいて、なに一つまとまった解説書がなかったので、人々は争ってこの本を買い求め、一種の「革命読本」として愛読されたのである。早大出版部は、ストック品の処分ができて、意外な利益をあげたといわれている。

おそらく宮下は、この異常な読書熱の高まりのなかで、煙山の『近世無政府主義』を読んだのであろう。いや、宮下ばかりでない。管野《かんの》スガ子《こ》も読んだ。新村忠雄《にいむらただお》も読んだ。天皇暗殺を企てた三人の共同謀議者が、例外なくこの本を読んで、ロシアのテロリストたちの大胆不敵な行動の魅力に魂をうばわれていたのであった。

歴史の拡大鏡は、大逆事件の伏線が、このころからソロソロうごきだしてきたことを示しているのである。日本の急進的な革命家が、対政府・対資本家の闘争から、さらに一歩を進め、天皇制にたいする直接的な批判と抗争の必要を感じはじめた、という意味において。

■国史をあばく

労働者宮下太吉に、社会主義者森近運平《うんぺい》に会えとすすめた早稲田大学の某なる人物は、残念ながらわからない。今日わかっているのは、会社から大阪方面へ出張を命じられた宮下が、明治四〇年十二月十三日、その足で北区上福島北三丁目百八拾五番地に住む大阪平民社の森近運平を訪問していることである。

「十二月十三日――朝五時大阪着、梅田ニ行キ宿屋ニテ休ミ、平民社へ行ク。十一時四十分汽車ニ乗リ、午後七時二十分亀崎へ」

宮下の日記によると、大阪へ朝早くつきすぎたために、宿屋で一休みしたのち、北区上福島北三丁目にあった平民社の門をたたいている。日記の記事は、会談の内容にすこしもふれていないが、その重大性からいえば、日本の労働者が、天の岩戸をひらいて、系統的天皇制批判に目を向けた最初の日として、記憶すべき日であった。

では森近運平とは、いかなる人物であったか。この年の十一月、東京の鶏声堂（高島米峰《たかしまべいほう》経営）から発行された、堺枯川《さかいこせん》との共著になる『社会主義綱要』の序文によって、彼の略歴を紹介しておこう。

「森近運平君は岡山県の平民なり。少にして農学を学び、同県の属官となる。明治卅七年冬、社会主義を唱ふるの故を以て免職となる。君乃《すなわ》ち一身一家を提げて直ちに社会主義運動の渦中に投ず。君の東京に来るや、先づ平民舎ミルクホールを開店し、次で氷水屋となり、日夜生活難と苦闘しつつ、演説に、遊説に、諸々の運動に、吾党《わがとう》同志と共に盛んに活動す」

「今年春、日刊『平民新聞』の発行せらるるや、君は販売係として其《その》社中に加はり、大いに其事務の才を発揮す。後幾《のちいくばく》もなくして『平民新聞』が迫害の下に仆《たお》るるや、君は又直ちに去って大阪に至り、『大阪平民新聞』を発行し、大いに其文筆の才を発揮す。而して君今や此機関によりて関西社会主義運動の中心を作り、苛察《かさつ》（※細事にわたって厳しく詮索《せんさく》すること）なる迫害の下に於《おい》て、現に其奮闘を継続し居れり」

序文は、堺の筆になる。森近が奇人宮武外骨の助けを借りて、『大阪平民新聞』をおこしたのが、明治四〇年六月一日、このときはまだ地方的な出版物にすぎなかったが、金曜講演の幸徳・堺・山川・大杉らの全面的な支援をえ、同年十一月五日の第十一号より『日本平民新聞』と改題してからは、片山・西川派の『社会新聞』に対抗する直接行動派の全国的な機関紙として発展していったのである。

同志の間では、経営者・組織者として重きをなしていたが、しかし、相当ゆたかな学殖《がくしょく》（※学問の素養）のあったことは、『社会主義綱要』・『ジョン・ハワード言行録』などの著述や、労働者の宮下に日本の歴史の秘密を説いた事実によってでも想像される。宮下は、この森近から天皇制の虚構をはじめてきくことができたのであった。

「私ハ社会主義ヲ読ミ、社会主義ヲ実行スルニ当リ、皇室ヲ如何《いか》ニスヘキカトノ疑問ヲ持ッテ居《お》リマシタ処《ところ》、四十年十二月十三日森近ニ会ッタカラ、日本歴史ニ関シ皇室ノ事ヲ質問シタノテス。スルト森近ハ日本歴史ハ支那ノ文物・制度ヲ受ケタ後、良イ加減ナ事ヲ拵《こしら》ヘタモノテアルカラ信用ハ出来ヌ。神武天皇カ大和ノ橿原《かしはら》ニ即位セラルトイフカ如キハ皆嘘《うそ》テ、神武天皇ハ九州ノ辺隅《へんぐう》（※かたいなか）ヨリ起り、長髄彦《ながすねひこ》等ヲ斃《たお》シテソノ領土ヲ横領シタニ過キナイ。然《しか》ルニソノ子孫ヲ天子トシテ尊敬スルノハ謂《いわ》レナキ事テアルト申シマシタ。其《その》説ヲ聞キ、私ハ愈々《いよいよ》皇室ヲ軽ンスル考ヲ高メマシタ」（予審調書）

森近もまた、公判廷で右の事実をみとめて、彼の歴史観を明かにしている。

「宮下ヨリ日本ノ皇室ニ付質問アッテ、日本ノ皇室ノミカ世界ノ大勢ニ反シテ特別ノ地位ヲ保ツ事ハ出来ヌトノ意味、及《オヨビ》歴史ハ悉《ことごと》ク信スヘカラサル事、即《すなわち》二千五百年モ間違、橿原ノ即位モ、今日ノ如キ観念ナキ事ヲ説明ス」（公判摘要）

この二つの供述によれば、森近は人民主権を重んずる世界史の潮流に逆って、日本の皇室だけが国家組織を支配し、その絶対的権力をいつまでも維持できないこと、日本の古代史が、政治的必要によって多くの神話的装飾を加えていること、国体論者の誇る皇紀二千五百年が歴史の誤算であること、皇室の祖先が、九州からおこって他民族を征服した一豪族にすぎないことを痛烈に暴露したのであった。

いや、森近は、日本の歴史の秘密をあばいたばかりでなく、宮下にちょうど発行したばかりの『日本平民新聞』の第十二号を見せたにちがいない。彼が筆をとった「冷《れい》嘲《ちょう》熱罵《ねつば》」が、天皇制と労働者の問題にふれていたので。

「紡績職工に読ます『工手の母』と言ふ雑誌にこんな事を書いて居る。仕事がいやでならぬ時には、『教育勅語を奉読するか、又は心をしづめて天皇陛下の御精励《おんはげみ》の程を胸中《むね》に浮べて自分を顧みるに限る。』栄養不足と労働過度で疲れて居る者を鞭韃《べんたつ》する為の教育勅語ではあるまい。勅語に『労働者を瞞着《まんちゃく》すべからず』と書いて無いと思うて出放題を吐《ぬ》かすもんぢゃ」

森近は、資本家がつねに天皇制を利用して、労働者を搾取する道具に使うことに抗議していたのである。そんな天皇制が、労働者にとってすこしもありがたい存在でないのは、すでに宮下が、工場生活や労働体験のなかで身をもって痛感しているところであった。

そのころ、神武紀元に始まる日本歴史の虚構に懐疑の目を向け、つくられた天皇制国家の権威を否定したのは、なにも大阪の森近運平や亀崎の宮下太吉にかぎらない。さいはての釧路の町で二十一歳の詩人石川啄木《いしかわたくぼく》が、明治四十一年の当用日記に、紀元節を裸にした感想を書きこんでいた。

「二月十一日――今日は、大和民族といふ好戦種族が、九州から東の方大和に都して居た蝦夷《えぞ》民族を侵撃して勝を制し、遂に日本島の中央を占領して、其酋長《そのしゅうちょう》が帝位に即き、神武天皇と名乗った紀念の日だ」

むろん、啄木は、森近や宮下とはなんの連絡もなかったが、この天皇制維持のギセイになった大逆事件の被告に共感、真実を愛する詩人として、すぐれた記録と作品をのこしたのも、紀元節の日記を読めば、偶然でないことがわかるだろう。

■早稲田の森に

いったい森近運平は、どこからこのような歴史の知識を仕入れてきたのであろうか。この秘密をとく鍵をにぎっていたのが、ほかでもない、御用学者の井上哲次郎《いのうえてつじろう》であった。

記憶のよい人は、大逆事件につづいて、南北朝正閏《せいじゅん》論（※中世の南朝と北朝のどちらが正統であるかについての論争。明治四〇年、政治問題となった。戦前の代表的な学問弾圧事件）が、日本の天皇制の権威をゆるがしたことを思いだすであろう。大逆事件が、外部から加えられた脅威だとすれば、南北朝正閏論は、天皇制の内部からあらわれた一つの危機であったということができる。

ただ、ここで南北朝の正閏を論じているようないとまはない。森近の関係で必要なのは、この問題にかんする諸家の論争をあつめた史学協会の『南北朝正閏論』（明治四四年五月・修文館）に、井上哲次郎の発表した「国民道徳が成立たぬ」の一節である。

「唯科学的一点張で歴史を研究する事は、学者として勿論責むべき態度であるが、俗事に入ると往々飛んだ間違を生ずる。彼《かの》大逆一味の森近運平等は、名前は預るが、一、二の科学的歴史家の門に出入して、事実を事実とした其著書抔《など》を読んで居た。或は如此《かくのごとき》な点から帝室の尊厳を疑ふ様な事に成ったのかも知れぬ」

在京中の森近が接近していたというある一、二の科学的歴史家――事実を事実としたその著書、この疑問符を追いかけて、筆者は、早稲田大学の図書館に足をはこんでみた。なぜ早稲田に目をつけたか。森近の郷里岡山県の高屋町に住む遺族の森近嘉八《かはち》が筆者に送ってくれた運平の蔵書目録に、『早稲田講義録』のあったことを発見したからである。

試みに、早稲田図書館に保存された明治三六年度の大学年報、『第二十二回報告』をひろげてみると、大学高等師範部の歴史地理科に史学科があって、筆者の予想にたがわず、当代の科学的歴史家――久米邦武《くめくにたけ》・吉田東伍《よしだとうご》が、国史の講義を担当しているではないか。

この史学科の講義録を一冊にまとめて、明治三八年十二月、早大出版部から刊行したのが、久米邦武の名著『日本古代史』である。菊判九百三十四頁の大冊で、

「是《これ》までの俗伝には、日本は国土も人民も元はみな伊《イ》弉諾《ザナギ》　伊弉冉《イザナミ》二尊より生れ、其種《そのしゅ》の繁昌したるものにして、他に比類なき国と語りたれど、かかる談は、今は科学の下に烟《けむり》と消えたり」

と、日本の国史の神話性を真向から否定し、科学的・実証的な態度をとって、正確な史実で固めた真実の古代史であった。

「天皇の倭戡定《かんてい》（※武力を行使して戦乱を平定すること）は、国家の開創なるを以て、後に貴族諸家が其歴史に附会して、家譜や地誌に功勲を叙し、其栄を誇耀するは、門閥を重んずる時代の習風にして、信ずるに足らず、紀に橿原経始の詔令を載るは、他の記事に相似ざる西漢様の文にて、全く歴史家の構造なること明かなり」

森近が、宮下の質問に答えて、橿原の即位を大胆に否定した種本は、ここにあったのである。その他、一々出典は枚挙しないが、森近の歴史観が、この『日本古代史』に啓発されていることは、うたがう余地がないのである。

顧みれば、明治二十四年十月、東京大学教授久米邦武は、「神道は祭天の古俗」なる論文を『史学会雑誌』に発表したが、古代史のタブーをやぶったがために、筆禍事件をおこし、遂に官立大学を追われるに至った。この不幸な学者をひろいあげたのが、同郷佐賀でつながる早稲田の大隈重信《おおくましげのぶ》であった。それ以来久米は、政府に一敵国の観のあった早稲田の学園の、奥ふかく立てこもって国史の自由な研究に専心していた。

『日本古代史』の刊行されたころは、よわいすでに七十に近く、その講義はほとんど聞きとれなかったというが、彼の学問的情熱は、すこしもおとろえるところがなかった。この実証的史学の学統をつぐ者として、吉田東伍があらわれ、さらにまた津田左右吉《つだそうきち》が登場してくる。日本の反動時代に、真実の歴史の火を守ってきた早稲田史学の伝統は、もっと高く評価されていいであろう。

さきの『近世無政府主義』とこの『日本古代史』をあげて、都の西北早稲田の森が、天皇制批判の震源地であったといえば、あるいは奇矯《ききょう》の言にひびくかも知れないが、事実はかくのごとく、その学術的な出版物をとおして、日本の革命運動の方向に、決定的な影響をあたえていたのである。

木村毅《きむらき》の『まわり燈籠』（昭和三四年九月・井上書房）によれば、大逆事件の敵《かたき》役、元老山県有朋《やまがたありとも》が、「おれの一ばんきらいなのは、社会主義と早稲田大学だ」と公言していたらしいが、山県の住む小日向の椿山荘《ちんざんそう》からながめわたす早稲田田圃のひろびろとした風景の目ざわりになっているのが、早稲田大学の建物であり、大学をこしらえた政敵大隈重信であった。しかし、社会主義がきらいだといっても、早稲田の森の奥ふかくつつまれていたこの大逆事件の秘密まで知っていたかどうか。

いうまでもなく、久米邦武は、社会主義者ではなかったし、社会主義の同情者であったとも思えぬ。森近が接近をはかったのは、むしろ若い吉田東伍であったかも知れない。彼の『倒叙《とうじょ》日本史』が、歴史家としてはまれにみる情熱をかたむけて、赤旗事件を論じている点から考えて、当時の社会主義者となんらかの交渉のあったことが推定される。

いずれにせよ、久米邦武の『日本古代史』が、一切の権威を恐れず、真実の歴史を語っているがゆえに、社会主義者の森近運平が耳をかたむけ、労働者の宮下太吉が目をかがやかしたのであった。いや、それまで神聖な天皇制の問題にふれることをわざとさけていた日本の革命運動が、政治警察に追われて、否応なく天皇制と対決する必要が生じてきたときに、はじめてこの科学的歴史家の革命的学説をとりあげた、といったほうがよいであろう。

そして、森近が装飾された日本の歴史の弱点を宮下にささやいた瞬間から、人民支配の要具であった国史が、逆に天皇制攻撃の武器にかわってきたのである。森近は、批判の域を出なかったが、宮下は猪突《ちょとつ》して天皇暗殺という形で天皇制の暴力的な破壊をくわだてようとした。御用学者の井上哲次郎が、国史の真実に人民がふれるのをおそれたのも、けっして理由のないことではなかった。

だから、大逆事件の判決書は、この森近と宮下の関係をきわめて重視して、

「被告宮下太吉、心ヲ同主義ニ傾ケタルモ、皇室前途ノ解決ニ付テ惑フ所アリ。明治四十一年十一月十三日、運平ヲ大阪平民社ニ訪フテ之《（ママ）》ヲ質《ただ》ス。運平乃チ帝国紀元ノ史実信スルニ足ラサルコトヲ説キ、自ラ太吉ヲシテ不臣ノ念ヲ懐《いだ》クニ至ラシム」

と、断罪している。

大逆事件で囚《とら》えられたとき、森近運平は、すでに運動の第一線から退いて、郷里で農業の経営に没頭していたし、辛辣《しんらつ》な検事論告でさえ、天皇暗殺の共同謀議者（正犯）に関係のうすいことをみとめて、彼を従犯の列に加えていたほどであった。しかも、その従犯の大多数が死減一等の恩赦に浴したにかかわらず、ついに森近が絞首台にかけられた根本の理由は、天皇制のタブーに手をふれて、労働者の目ざめをうながしたことが、明治天皇及びその忠義な家来たちの心証をいちじるしく害したためといわざるをえない。

■労働者の質問

労働者宮下太吉が、ふたたび大阪平民社に森近運平をたずねたのは、明治四一年二月一日のことであった。製材所の機械をすえつけるために、亀崎から奈良県の五条町へ出張していたあいだに、大阪へ出てきたのである。

「其時私ハ普通選挙ト直接行動ノ疑問ヲ糺《ただ》シタノテス。森近ハ直接行動ヲヤレハ結局暴力革命トナルト云ヒマシタ。夫《それ》カラ私ハ『将来ノ経済組織』ト云フ本ヲ借リテ来マシタ」（予審調書）

さいしょ宮下が、森近をたずねたときは、日本の天皇制にたいする批判が問題になっていたが、こんどは、資本主義をたおして、労働者階級を解放し、社会主義社会

を実現するための政治的手段として、普通選挙か直接行動か、議会への投票かストライキの激発か、という問題がとりあげられていたのである。

アメリカで無政府主義の洗礼をうけてきた幸徳秋水が、神田錦輝館でひらかれた日本社会党演説会（明治三九年六月二八日）の壇上に立ち、「世界革命運動の潮流」という演題のもとに、労働者階級の直接行動の必要をとなえて以来、議会主義の排斥が、全国の同志のあいだで、流行的な話題になっていたが、東京でも、大阪でも、社会主義者が顔をあわせて、この問題で議論をしない日はなかった。

片山派の普通選挙に賛成する者は、臆病な改良主義者であり、幸徳派の直接行動論に賛成する者は、勇敢な革命家だ、というふうに、かなり表面的な裁断批評や機械的分類がおこなわれていたので、いやしくも革命家たる名声をおとしたくない者は、お祭の御神輿《おみこし》をかつぐように、誰でも彼でも、威勢のいい直接行動論にとびついていったきらいが、全くなかったわけではない。

しかし、宮下は、すでに片山潜の説得に耳をかさなかったほどの断乎たる直接行動主義者であった。森近をたずねたのも、疑問をただすというより、彼の所信をのべて、その正しさをこの指導者に裏書きしてもらえばよかったのであろう。

「二月一日――小生ハ午前十時四十二分、二見発ノ列車ニテ大阪へ。平民社へ行〔キ〕森近君に面回《（ママ）》シ、夜ル《（ママ）》ハ茶話会ニ会同シ、武田《たけだ》及ヒ荒畑《あらはた》外数名の《（ママ）》同志ト会談シ、散会後変節漢深尾某ナル者ヲ同志数名ニテ制サイス。大ニ愉快。此夜ハ平民社ニテ百瀬《ももせ》君ト同宿ス。夜ル雨フル」

宮下の日記に出てくる武田九平《きゅうへい》は、カザリ職人、荒畑寒村《かんそん》は『大阪日報』の記者、百瀬晋《すすむ》は『日本平民新聞』の記者で、いずれも大阪平民社の同人であった。裏切り者を制裁する現場にきあわせたのである。

ちょうど二月一日は、平民社の例会で、荒畑寒村や武田のほかにも大阪の同志があつまって茶話会をひらき、金曜講演の屋上演説事件で投獄された東京の同志にみんなで慰問文を出した。その連名のなかに、偶然きあわせた宮下の名前が見える。現在のこっているのは、竹内善朔宛の一通だが、他の在監人にも同文のが送られたにちがいなかった。

「二月一日夜、大阪平民社の例会に出席したる僕等は、連名を以て謹んで獄中の同志に慰問の意を致す。僕等今回の事件に就て大に感ずる所あり。益々奮励努力して、主義の為に貢献せんことを誓ふ。二月一日　大阪平民社

に於いて
岩出白雨《はくう》　佐山如風　百瀬晋　福田武三郎　宮下太吉　三浦安太郎　岡本穎一郎《えいいちろう》　武田九平　山口真二平井迪　森近運平」

なぜか荒畑寒村の署名がおちているが、右の出席者十一名のうち、宮下・森近・武田・三浦・岡本の五名が、あとで大逆事件に連座することになったのである。

歳月の経過はおそろしい。荒畑と百瀬に聞いてみても、この日宮下太吉と顔をあわせたことについて、なにも記憶がのこっていなかった。しかし、さいわいなことには、森近が「脳と手」と題して宮下と会談した模様を書いた記事が、『日本平民新聞』第十三号（明治四一年二月五日号）にのっている。

「先日、片山君の東海道遊説の時、尾張の亀崎町で鉄工所の同志諸君と一夕会談せられたさうだが、其時の話について疑問があると云って、宮下君が本社へ来られた。僕は色々と其話を聞き、諸君の意見や疑問とする理由を伺ったのである。所が僕は一言も答ふる必要もなかった。唯諸君は自ら判断し、僕は先輩の書を読んで、同一の結論に達して居ると云ふ事を告白したのみであった。宮下君等十名の同志は、面倒臭い本こそ読まね、金鎚《かなづち》と鉞《まさかり》とネジ廻しとを以て、器械を組立てる技術を持った人である。其頭脳の明晰《めいせき》なる事、到底帝国大学の先生方の及び能《あた》はざる所であると感じた」

宮下の同志とは、彼が亀崎鉄工所で組織していた労働組合、友愛義団の有志である。これだけでは、宮下の持ちだした疑問なるものの具体的な内容がわからないが、とにかく血気さかんな宮下が、はげしい口調で片山潜の紳士的な議会主義をののしりながら、労働者の直接行動を讃美するのを、かたわらで森近が一々合槌《あいづち》をうっている光景が、ありありと目の前にうかんでくる。

寒い冬のことだ。遠来の客をもてなすために、大阪名物の狐うどんかぬくずしが、宮下のまえにおかれて、白い湯気を立てていたかも知れない。しかし、森近のよろこびは、たんにこの元気のいい労働者が、片山潜に背中をむけて、直接行動の陣営に投じてきた、というだけのことではなかった。宮下のように機械工場できたえられた意識の高い労働者の日常経験をとおしてつかんだ理論と、森近のようなインテリゲンチャにぞくする社会主義者の指導理論とが、今やゼネラル・ストライキから武装叛乱までふくむ直接行動というあたらしい焦点のなかで、理論と実践の一致点を見出したところに、大きな満足を感じていたのであった。一言も答える必要がなかったというが、森近は、みずから進んで宮下になにも語らなかったわけではない。

「宮下ノ質問ニ対シ、社会主義ノ目的ヲ達スルニハ、結局直接行動ニ拠《よ》ラサルヘカラス。而シテ直接行動ヲ為ストキハ、遂ニ暴力革命ト為ル可キ旨ヲ説明シタ。其理由ハ他ナシ。被告ハ議会政策ト雖《いえど》モ、結局ハ反乱ニ因《より》テ解決セラルヘキモノニシテ、暴力革命ハ到底避ケ得ヘキモノニアラス。問題ハ只其時期ニアルコトト信シ居タレハナリ」(判決書)

この「判決書」でも、さきの「予審調書」でも、森近運平が宮下太吉に暴力革命を鼓吹したことになっている。これをそのまま承認すれば、森近は、宮下を煽動して天皇暗殺計画に走らせた過激分子ということになってしまうのである。が、ここではただ、この「暴力革命」が裁判所と検察団がわで、社会主義運動の正しい姿をゆがめて、世人の恐怖心をあおり、二十六名の被告をしいて罪におとしいれるために、たくみにつくりだした犯罪的用語だ、ということを指摘するにとどめておく。やがて、大逆事件の公判がはじまれば、被告席の幸徳秋水や森近運平が立って、これに反駁《はんばく》を加えるであろう。

■議会かストか

大阪平民社の森近運平から、宮下太吉が借りてかえった『将来の経済組織』は、正しくいえば、『経済組織の未来』という題名の謄写版刷りの小冊子であった。この本の出版事情を語ることは、明治天皇の旧憲法の保障していた言論の自由・出版の自由が、日本の労働者階級にとって、見せかけの空証文にすぎなかった事実をあばきだす一方、革命運動の弾圧激化にともなって、非合法的な地下出版物の生まれてくる必然性をあきらかにすることになるのである。

だが、そのプロセスを描くためには、森近・宮下の関係から一時はなれて、日本社会党解散前後のうごきに、少しく視野をうつさねばならない。

明治四〇年二月十七日、神田錦輝館でひらかれた日本社会党第二回大会に出席した幸徳秋水は、日本の労働者が腐敗した議会に見切りをつけて、直接行動に進む必要を力説、大会決議案に修正を加えて、普通選挙運動の撤回をせまったのである。なによりも力づよく秋水の直接行動論を鼓舞したのは、二月四日、噴火山のように爆発した足尾銅山の暴動であった。軍隊が出動し、鉱夫たちを鎮圧したため、暴動は失敗に終ったけれども。

「今日の革命は、労働者の革命である。労働者は議会に上るの必要はない。議会は取れなくてもいい。土地を取ればいい。金を取ればいい。取るべき権利ありと信ずる所のものさえ取ればいい。何月何日から労働者に引き渡すと言うような法律を決めてから取るの必要はない」

壇上に立った秋水は、足尾銅山の労働者の暴動と、同じく足尾銅山の鉱毒から谷中村の農民を救うために、議会で戦ってきた田中正造の運動を比較した。田中翁のためにに、秋水は、明治天皇にあてた直訴状の代筆までしてやったが、谷中村は、ついに滅亡したのであった。

「田中正造翁が二十年間議会に於いて叫んだ結果は、どれだけの反響があったか。諸君、あの古河の足尾銅山に指一本指すことができなかったではないか、然し足尾の労働者は、三日間にあれだけのことをやった。のみならず一般の権力階級を戦慄せしめたわけではないか。暴動は悪い。しかしながら、議会二十年の声よりも三日の運動に効力のあったことだけはみとめなければならぬ。私は今日直ちにストライキをやれとはいわぬ。しかしながら、労働者は団結と訓練によりて充分に力を養わなければならぬ」

堺枯川の形容をかりれば、秋水の演説は、「慷慨《こうがい》激越、其眼は電光を放ち、其口は火焔を吐き」満場の人をよわせるほど、革命的な気魄《きはく》にみちあふれたものであった。

なお、本書の登場人物として、かつての自由党左翼で、そののち大逆事件に連座した奥宮健之《おくのみやけんし》や、大逆事件に抗議した小説家の徳冨蘆花《とくとみろか》が、この大会の来賓席に顔を見せて、秋水の熱弁に耳をかたむけていたことも書きそえておかねばならぬ。

採決の結果、幸徳案が少数の差でやぶれた。これは、政府当局の弾圧と社会党の分裂をおそれた堺枯川らが、普通選挙・直接行動併用の妥協案を持ちだして、大会の収拾につとめたためであった。森近運平も、妥協案に一票を投じたものと思われる。しかし、普通選挙だけを支持するものは、わずか二票にすぎなかった。あとは併用案の二十八票、幸徳案の二十二票、という割合で、たとえ採決にやぶれたとはいえ、日本の社会主義運動が、幸徳秋水のきわめて急進的な直接行動論を枢軸として、大きく左旋回しつつあった形勢は、誰の目にもおおいがたいものがあった。

党則にも根本的な変更が加えられて、第一条の「国法の範囲内に於て社会主義を主張す」が、国法云々をけずって、「社会主義の実行を目的とす」というスッキリした形になった。革命的気分の高揚が、せまい合法主義の枠をぶちやぶったのである。

この形勢におどろいた西園寺内閣は、二月二十日、警視総監安楽兼道の名をもって、治安警察法第八条をうごかして、日本社会党の解散を命じたばかりでなく、大会の記事をのせた日刊『平民新聞』第二十八号の発行を禁止、編集責任者の石川《いしかわ》三四郎《さんしろう》を起訴するに至った。

東京地方裁判所の判決文は、とくに秋水の演説をとりあげて、「現実ニ労働者ノ暴動的同盟罷工ヲ鼓吹シ、社会ノ秩序ヲ壊乱ス」とはげしい憎しみの目をむけている。この裁判の主任検事であった小山松吉は、注意人物として、マークしておく必要がある。彼は、のちに大逆事件捜査の立役者になったのだから。

日刊『平民新聞』は、ほとんど連続的に発禁をうけ、「父母を蹴れ」を書いた山口孤剣《こけん》（孤剣は号。本名義三《よしぞう》）や、クロポトキンの「青年に訴ふ」を訳した大杉栄《おおすぎさかえ》が、ひきつづいて起訴された。社会主義者をおどかして、革命運動を骨ぬきにするために、いわゆる「裁判ぜめ」にかけたのである。

自由主義の看板に偽りがあった。西園寺《さいおんじ》内閣は、四月十三日、発行禁止の兇刃《きょうじん》をふりあげて、この新聞にとどめを刺した。そうでなくても、経営難におちいっていた日刊『平民新聞』は、新富町《しんとみちょう》にあった平民社のまえに「暴悪なる政府、遂に本紙の発行を禁止したり」という抗議の赤い看板を出して、悲壮な解散式をあげた。

もとより、解散は、一時的な後退にすぎなかった。同紙の「廃刊の辞」が「必要は必ず人物を生じ、事業を生ず。吾人今力竭《つ》き戦敗れて『平民新聞』一たび滅亡に帰すと雖《いえど》も、何の日か何の処にか、何人の手にてか遠からずして第二第三の社会主義機関を現出し来るべきは、確信し期待して疑はざる所也」と、予言したとおり、六月一日、森近運平の『大阪平民新聞』が、六月二日、片山潜の『社会新聞』が、六月二十二日、松尾《まつお》卯一太《ういちた》の『熊本評論』が、あいついであらわれて、この空白を能動的にうずめている。

日露戦争に反対した週刊『平民新聞』以来の革命的伝統は、分派の抗争になやみながらも、天皇制警察国家の弾圧に屈せぬ根づよい生命力、反撥力を持っていたのである。

■警視庁の脅喝《きょうかつ》

それにしても、社会党の統一組織と中央機関紙を一挙にたたきつぶされたのは、たしかに大きな打撃であった。指導者の幸徳秋水《こうとくしゅうすい》は、この打撃からたちあがるため、直接行動論に共鳴する多くの青年を自己の周囲にあつめて、運動の再建をはかったが、直接行動の意味がまだよく理解されていないうらみがあるので、なにかまとまった紹介をして、同志のあいだに徹底させる必要を感じていた。そうしたねらいで、病弱の秋水が手がけたのが、名高いイタリアの無政府主義者ローレルの『総同盟罷工論』の翻訳であった。

毛筆でしたためた二十字詰十九行、百七十二枚の原稿が、今でも小泉文書（※小泉三申《こいずみさんしん》。明治～昭和期のジャーナリスト・政治家）のなかにのこっている。

第一章社会的戦闘の武器としての総同盟罷工、第二章総同盟勝利後社会改造の状況、第三章総同盟罷工観念の略史、第四章結論、という組立てで、ゼネラル・ストライキによって、資本主義制度をくつがえし、社会的生産の実権をにぎろうとする強烈なサンジカリストの労働組合万能論であった。

「（如何すれば成るべく早く貴族と資本家の権力を絶滅することが出来ようか）――一個の答もない。……此時に於て、『総同盟罷工』の観念は、実に有効なる、確実なる治療を供するのである。此治療こそ、能く資本家制度を除去して、万人に自由と安寧を齎《もたら》す所のものである」

しかし、今のところでは、サンジカリズムにたいする批判よりも、この翻訳原稿の行方を追いかけていかねばならぬ。せっかく苦心の翻訳ができあがったのに、警視庁の妨害をうけて、出版不能の運命におちいった事情が、公判廷における秋水の陳述を書きとめた、弁護士平出修のメモランダムによってうかがわれるのである。

もともと出版物の検閲は、内務省の仕事であって、警視庁が事前に出版を禁止するような権限のあるはずがない。しかし、いくら官吏の越権をせめてみたところで、そんな理屈のとおるような、ありがたい日本の国ではなかった。

「四十年、日刊新聞、直接行動カ主ナリ、一月ヨリ四月迄（足尾其他ノ同盟罷工熱起ル）、四日政府ノ圧迫ニヨリ新聞禁止」

「総同盟罷工論ヲ翻訳ス、四十年七月、出版セントスル時、警視庁ヨリ脅喝スル為ニ見合ス」

「四十年十月、帰国、支郡人張継ニ示ス」（大審院特別法廷覚書）

もっとも、秋水が『大阪平民新聞』第七号によせた八月二十日付の通信では、目下印刷中で九月上旬完成の見こみとあるが、警視庁の妨害がひどくて、ついに出版不能におちいったのであろう。

「拙訳『総同盟罷工論』は、諸所の印刷屋にて危険なりとして謝絶せられしが為、出版大に遅延し、昨今に至り漸《ようや》く某活版所に托するを得て印刷中に候。多分来月上旬完成致すべく存候《ぞんじそうろう》」

警視庁が手をまわして、印刷屋をおどした結果、赤い印刷物をひきうけてくれるところが、一軒もなくなってしまった。ひとり出版の自由ばかりではない。文筆家として生活の自由までおびやかされるに至った秋水は、郷里の土佐にかえって、しばらく病をやしなうことになった。十月の末帰国のさい、清国留学生の張継に、陽の目を見ない不幸な『同盟罷工論』の原稿を見せたところ、漢訳して出版するといいだしたのである。

そのころ、日本にいた清国留学生の革命運動は、滅満興漢の民族運動であったが、なかには、張継などのように、幸徳秋水らに接近して、社会主義思想の感化をうけた急進派がふえてきていた。げんに張継・劉光漢・何震《かしん》らは、八月三十一日、牛込の清風亭で清国留学生を中心とした社会主義講習会をひらいて、秋水を講師にむかえている。この秋水の講演が漢訳されて、アモイの『衝《しょう》報《ほう》』や、パリーの『新世紀』などの機関誌に発表されている事実を知るならば、清国革命家の張継が、秋水の原稿を助けて、出版をひきうけたことにふしぎはなかった。

こうした国際的連絡によって、新世紀第七年（一九〇七年・明治四〇年）の十一月二十八日に出版されたのが、無政府党員羅列著・秋水原訳『総同盟罷工』の漢訳本であった。白表紙、四六判九十六頁の小冊子で、赤刷の序文がついているが、著作権所有の逆をいって、奥付に「任人翻印」とうたってあるのが、興味をひく。思想の自由、主義の宣伝という立場から、誰が復刻してもかまわない、と大きく出たのである。印刷所は上海になっていたが、神田あたりでコッソリすりあげたものにちがいない。

■たくみな変装

ところが、張継の漢訳本が出て、まだふた月とたたないうちに、東京市雑司ヶ谷百十五番地竹内善朔《たけうちぜんさく》方の麦《ばく》粒会《りゅうかい》にあてて、一個の小包がとどいた。なかからあらわれたのは、『経済組織の未来』という謄写版ずりのパンフレットであった。つやのある鉛紙を袋とじにした、菊判切百五丁のポケット版で、次のような注意書がはさんであったことから、官憲の目をくぐって送られてきた秘密の出版物だ、とすぐにわかった。

「一、本書ノ刊行ハ、多大ナル苦心ノ余ニ成リタルモノナレハ、一読ノ後ハ直チニ他ノ同志ニ廻シテ、思想ノ伝播ニ力メラレンコトヲ切ニ希望シマス。一、本書ノ秘密ナル出版ニ諸君ノ与《あずか》リ知ラサルコトヲ、万一ノ場合ニ証明センカ為メニ、郵便ノ消印アル此包紙ヲ、本注意書ト共ニ保存セラルルヤウ注意シテ置キマス」

書名こそちがえ、このパンフレットが、秋水の訳したローレルの『総同盟罷工論』のたくみな変装であり、日本の革命運動の生んだ非合法的出版物のさいしょの出現だったのである。消印を調べてみると、明治四一年一月十四日神田郵便局のスタンプがおしてあった。差出人は不明だが、むろん全国的にくばられたにちがいなく、同年二月一日、労働者宮下太吉が、森近運平から借りうけたのは、大阪平民社にあてて送られてきた分と考えていいであろう。それを宮下が、予審廷で『将来ノ経済組織』といったのは、のちほどまた同じ内容のものが、『将来の経済組織』として、四六判切判横とじ六十九頁の活字本で出ているので、ウッカリ題名をとりちがえたものと思われる。

では、いったい誰が投獄の危険をおかして、この『経済組織の未来』の秘密出版をあえてしたのであるか。地下印刷局をどこにおいていたのであるか。さすがの警視庁も、ついに発見できずに終った。

山川均《やまかわひとし》の直話によれば、山手平民倶楽部の森岡永治が、苦心して肉筆の原紙を書き、佐野同胞会の戸恒保三が印刷を助けて、柏木にあった山川均の家で半分すり、あと半分を近くの神川《かみかわ》マツ子《こ》の家ですり、全部で約三百部すりあげた、ということであった。出版の費用は、神川がひきうけたらしい。彼女は、二葉亭四迷《ふたばていしめい》・昇曙夢《のぼりしょむ》にロシア語をまなんだこともあり、ロシア文学に出てくるような革命婦人で、赤旗事件のさいに大いに活躍している。森岡も戸恒も、秋水を支持する直接行動派の闘士で、社会党の骨といわれた元気のいい青年たちであった。当局の弾圧の波をくぐって、秘密出版に成功し、革命運動の必要をみたしたよろこびとスリルは、おそらくこの人たちだけが、ひそかに味わいえたものであろう。

「総同盟罷工ノ最モ深奥ナ観念ハ、即チ現時組織ノ根本的変更ヲ目的トスルモノテアル。即チ全世界ノ社会的革命、全然新タナ改造、一切政府ノ旧組織ヲ破壊シ尽スコトヲ意味スル者テ、実ニ羅甸《ラテン》人種（西班牙《スペイン》及伊太利《イタリア》）ノ平民中ニ存スル観念テアル」

「彼等ノ眼中ニハ『総同盟罷工』ハ直チニ社会的革命ノ手始メニ外ナラヌノテアル。故ニ吾人ハ此『総同盟罷工』ヲ、彼ノ賃金増加ノ為メニスル者ヤ、或ハ政治的特権ヲ得ル為ニスル者（政治的大同盟罷工）ト区別スル為メニ、名《ナツ》ケテ『社会的総同盟罷工』ト呼フノテアル」

秘密パンフレットの内容は、ドイツ社会民主党を中心とする第二インターナショナルの改良的な議会主義を攻撃したばかりでなく、労働組合の経済主義や漸進《ぜんしん》主義を非難して、ゼネラル・ストライキのスペイン＝イタリア的観念をこれに対置させている。その一足とびの急進的な社会革命論が、改良主義からぬけだそうとしていた日本の革命運動を異常に刺激したのである。だが、ゼネラル・ストライキの根柢《こんてい》になる労働者の組織的な団結が実際にまだできあがっていなかった。

「このローレルの『社会的総同盟罷工論』は、当時秘密出版のパンフレットとして、可《か》なり広く配布されてゐた。そして実際、その総同盟罷工論に実質上の空疎を感じた人々も（即ち私自身の如きも）、さらばと云って、明確に、適切に、その空疎を指摘して、之に代るべき運動方策を提供することが出来なかったのである」（『日本社会主義運動小史』）

科学的社会主義者、マルクス主義者としての教養をつんできた堺枯川には、空想的なサンジカリズムに満足しきれない感覚があったかも知れないが、同じパンフレットを手にしても、単純で、興奮性のつよい労働者の宮下太吉は、そのブランデーのように激烈な議論によっぱらって、全身の血をわきたたせていたのである。多血質の宮下は、ある意味で日本のスペイン人であった。

■不完全な組合

宮下太吉が『日本平民新聞』第二十三号（明治四一年五月五日号）によせた地方通信を見ると、実際にいくつかのストライキを指導している。大阪からかえった宮下は、森近運平の直接行動論と、ローレルの秘密パンフレットに勢いをえて、赤い火の玉のようにとびまわっていたのであった。

「昨年中小生出張致し居りし紀州日高郡松原村字田畑、日高製材所の職工二十七名は、四月三日、工場監督排斥運動のストライキを為したるに、要求貫徹せず、全部辞職致し候。職工側にも少々の損害はありたるが、資本家は負け惜しみの事はなしたる物の、熟練なる職工は一時に集らず、損害甚しく、稍々《やや》穏和なる人物に手を廻して再雇運動を試み居候。小生等も奔走して、職工は大抵各地工場へ入職致させ候故、此方の損害は云ふに足らず候」

このストライキは、労働者がわの敗北に終ったが、当時の労働者の一般的な気風として、なにか気に入らないことがあれは、一せいに職場をすてて、他の工場へ移っていくという傾向が、とくに目立っている。筆者が亀崎の町に出かけてやっとさがしだした宮下の同僚板倉逸平《いたくらいっぺい》の話で、「紀州の製材所へ出張した宮下が、ストライキを煽動したのはけしからん。あんな職工をよこしてくれては困ると向うの会社からねじこんできた」というのは、このときのことであろう。

「又亀崎町にて東京通ひの和船二十六隻、此船夫三百余名、四月上旬より時々会合して協議を凝らし、遂にストライキを為し、今迄は一航海一名につき十二円五十銭の処、今月は十五円に値上げし、外に一船五円の手当を支給すべしとの要求条項に候。斯《か》くて一時は非常の騒ぎにて、半田警察は亀崎に探偵を入れて狙ひ廻り候。結局亀崎町長の仲裁にて十四円に値上げして落着し、船員側は大勝利と染め抜きたる手拭を染める等、今後の勢力思ひやられ候」

亀崎町・半田町でつくる酒やビールを東京へつみだす和船の船頭のストライキである。筆者は亀崎の町を歩いて、「大勝利」とそめぬいた記念の手拭をさがしてみたが、なにしろ五十年も昔のことで、ついに見つけだすことができなかった。

「尾張国有松鉄工所にても、賃金問題にてストライキを為し、職工側の意見通らず、皆辞職の上、名古屋市熱田セメント会社の機械修繕部に入職し居る所へ、有松鉄工所より同会社注文の機械を納めたるに、検査の際、職工に不正なる個所を発見され大損害の由、何時《いつ》も乍《なが》ら目前の慾のみ見ゆる資本家の短見、笑止の事に候。斯く労働者も段々と自覚致し候。此《この》勢にては政府の迫害は何の効果も無之《これなく》候」

ここにも、向う意気のつよい職人はいるが、階級として形成された労働者の姿を見ることができない。資本家にたいする労働者の反抗が、こうした感情的な反撥力でうごいているのは、宮下のストライキ指導の影響というより、むしろ封建的な職人気質から、まだぬけきっていない労働者一般のひくい意識水準と、おさえがたい闘争本能に、その原因があった。

政府の迫害などはなんの効果もないと、大見得を切った宮下も、実のところは、資本家の切りくずしや買収にあうと、労働者の組織が御用組合化していく傾向に、ふかい悩みを感じていたのである。

「小生も種々考へ候処、ストライキなぞやるには、不完全なる組合等は無き方宜しき様に候。組合等あれば却って資本家より注意を受け、少々の改良位に終り、充分の行動やれず候。尚ほ充分研究を要し候」

不完全な組合にたいする不満から、宮下の気持が労働組合そのものの否認にかたむいている。労働者の団結があてにできないなら、個人的な英雄主義にたよるほかはない。革命を夢見る宮下の情熱が、テロリズムの誘惑に走り、天皇暗殺の幻影に進んでいく現実の第一歩は、地道な組織活動への興味をうしなった瞬間からはじまっているのである。この危険な心理的傾斜は、彼が亀崎鉄工所のストライキに失敗したとき、いっそうけわしいものになってきた。

「其後、救済組合ニストライキヲヤラウトシテ失敗シ

タ。救済組合ハ会社ニトラレル」（大審院特別法廷覚書）

「会社ハ危険ヲ感シ、地方出張ヲ命シ、被告（宮下）ハ出張不在、高木ハ病気ノ為メ団体ヲ会社ニ取ラレ、過激ノ運動ヲナササレハ駄目タト思フトキ、『無政府共産』ノ秘密出版カ来ル」（公判摘要）

会社がわでは、指導者の宮下を出張させて、その留守中に友愛義団の切りくずしをはかった。圧迫と買収の結果、宮下が心血をそそいでつくりあげた友愛義団が、資本家と闘争するどころか、御用組合になって、ぎゃくに宮下をしめだしたのである。

「宮下は、労働者が戦うには同盟という武器がある。立ちあがれ、立ちあがれとみんなを煽動していたが、あまりいうことが過激なので、幹部の連中もいや気がさして、宮下をのけ者にするようになった。もっとも、高木伴助だけは、宮下の主義に共鳴していた」

当時の仲間の一人であった板倉逸平が、友愛義団の内情を語ってくれたが、おそらく宮下は、ローレルの『総同盟罷工論』を意識のひくい労働者にそのままぶつけて、逆効果をまねいていたのかも知れない。

どちらにしても、宮下は、精力的なアジテーターであり、勇敢なストライキマンであったが、冷静でねばりづよいオルガナイザーではなかったように思われる。鉄工所の仲間に危険視された宮下は、むろん労働者の弱腰をあざけっていたであろうが、警察や会社からもにらまれるし、赤旗事件がおこって、秘密出版の『無政府共産』がまいこんでくるまでは、ものぐるおしい情熱をおさえながら不平満々、ただおとなしくはたらいているよりほかに仕方がなかったのである。

■森近の監獄改良論

直接行動派の全国機関紙『日本平民新聞』をあずかっている大阪平民社は、その意味で革命運動の第二中央部であった。リーダーの森近運平は、土佐へかえった幸徳秋水は別として、東京における堺枯川のような地位にいたものと考えていいであろう。その故にこそ、労働者宮下太吉の訪問を二回にわたってうけたのである。しかし、無人の大阪で孤軍奮闘していたために、政府のいわゆる裁判責めがはじまってみると、敵の攻撃が彼の身辺に集中してくるのをどうするわけにもいかなかった。

さいしょの筆禍事件をひきおこしたのは、『大阪平民新聞』第三号（明治四〇年七月一日号）に書いた「更に一歩を進めよ」と題する森近の社説であった。これが新聞紙条例違反として告発され、同年八月二日、大阪地方裁判所で、編集兼発行人の森近が、四十円の罰金刑をいいわたされたのである。

裁判長川島常三郎の判決文に、「労働者に対して暴動を煽動し、以て社会の秩序を壊乱する記事」とあるが、森近の社説は、「改良的な社会政策に期待することなく、頑迷なる権力者は、労働階級の激烈なる反抗を受くるに到りて、始めて遽々然《きょきょぜん》（※恐れおののく）として、之を採用する者の如し」と、直接行動の必要を説いたもので、直接に労働者の暴動をあおった文章ではなかった。

しかし、この判決がまだくだらないうちに、『大阪平民新聞』第四号（明治四〇年七月一五日号）にのせた「大阪巡航船会社の亡状」と題する記事をとらえて、会社からストライキ煽動の告訴をうけた。記者の森近が、従業員の劣悪な労働条件をとりあげて、つぎのような待遇改善の要求案を示したのが、過激な行動と思われたのであろう。

一、労働時間は、一日九時間以内とする事。若し其上働く時は、一時間を普通の二時間に計算して増賃を払ふこと。〔注、一日の労働時間実に十五時間！〕

二、毎週一回の休暇を与へる事。休暇の順序を定めて認可の手続を廃するは勿論とす。〔注、月二回休暇、休むと月給から日割をさしひかれる〕

三、賃金は船長最低一か月二十五円より四十円位迄昇給すること。所員の最低は十八円。〔注、船長が十円から十六円。所員が十一円から十三円。切符売が六円から八円五十銭〕

その他積立金・退職金・病気の扶助などにおよぶ実際的な要求項目であった。七月十六日から制服巡査が大阪平民社へきて立番をはじめたかと思うと、十七日には、花田予審判事の一行がのりこんできて、「大阪巡航船会社の亡状」の原稿を証拠品として没収するとともに、令状を示して、森近運平・百瀬晋と小野木守一《おのぎもりいち》の三人を拘引していった。

罪名は治安警察法違反ということで、かんたんな取調べをうけて帰宅をゆるされたが、この実際のうごきを見ても、裁判所や警察が、会社がわの、つまり十五時間労働の味方をしているかのような印象は、ぬぐいがたいものがあった。

公判は、十月十六日、大阪地方裁判所の第二号法廷でひらかれたが、矢追裁判長が、被告の百瀬少年をつかまえて、「十七や十八で社会主義がわかるか」とののしり、大村検事が、「各地にストライキがおこって、社会の治安をみだすのは、社会主義者がむやみと煽動するからだ」

と断定した。

つづいて十月二十一日、裁判長の判決があって、森近運平と小野木守一が各重禁錮一カ月・罰金三円、百瀬晋が重禁錮二十三日・罰金三円の言渡をうけた。この判決を不服として、三人がすぐ控訴の手続をとったことは、いうまでもなかろう。

抗告の結果、年をこえて明治四一年二月十七日、控訴院の判決では、森近が重禁錮十五日・罰金二円、百瀬と小野木の二人が無罪となった。十五日ぐらいならというので、森近は服役することにきめて、二月二十三日、大阪の堀河監獄の門をくぐった。この入獄中の「獄中雑感」が『日本平民新聞』第二十号（明治四一年三月二日号）にのっている。

「六万坪の中一万坪に二階建の家を作りて、住居と集会所と研究所に充てよ。一万五千坪を以て、工場と倉庫の敷地となし、五千坪を空地と通路に充てよ。而して残る三万坪を園地となし、蔬菜《そさい》（※野菜）・果樹・花卉《かき》を植ゑよ。数十頭の牝牛を畜へよ。工場に於ては、労働者の必要品を作れ。温室と園地の産物は、優に三千人に給して余あるべく、残滓《ざんし》物は乳汁となりて、病者と小児とを養ふべし。穀物と肉類と薪炭とは、工場の産物と交換して之を得ん。何の犯罪かあらんや。何ぞ又剣と煉瓦塀とを要せんや」

一場の空想談と笑うことはできない。暗い監獄の懲罰主義が影をけして、近代的な生産主義・教育主義の光がさしこんでいるのだ。彼はのちにまた『ジョン・ハワード言行録』（明治四三年四月・内外出版協会）を書いて、世界的に有名なイギリスの監獄改良論者の業績を説いた。天皇制の政府が、大逆罪の名のもとに、この森近運平を絞首台にかけたとき、一個のすぐれた監獄改良論者をうしない、非人間的な監獄の生活を実際に改善する機会をうしなったのである。

■農民のめざまし

三月八日の朝、半月の刑期をおえた森近運平が堀河監獄の門をひらいて出てきたときにも、出迎えの同志が赤旗をうちふり、「社会党万歳」「森近君万歳」をさけんで、市中を行進している。その夜、大阪平民社の楼上に、荒畑寒村・百瀬晋・佐山春水・三浦安太郎ら二十数名の同志があつまって、さかんな森近の出獄歓迎会をもよおした。東京でも、屋上演説事件の同志が出獄してきて、気勢をあげていたころであった。

しかし、蛇のように執念ぶかい法律の執行人たちは、獄門を出たばかりの森近に追い討ちをかけ、彼が入獄中に、発行人・編集人の名儀変更の手続をとらないで発行したことを理由に、またもや新聞紙条例違反事件として告発してきたのである。

その裁判が、三月十八日、大阪区裁判所でおこなわれ、即決で罰金三十円を申しわたされたが、どういうわけか、その後森近のうけとった判決書を見ると、三十円のはずの罰金が二十円にかわっていた。不服をとなえて抗告した結果、三月二十七日、大阪控訴院で公判がひらかれ、三月三十日、山口裁判長から原判決を取り消して罰金十円の判決が下り、森近のふところが二十円だけ助かることになった。

けれども、『日本平民新聞』第二十三号（明治四一年五月五日号）の附録として、四ページのリーフレット『労働者』の農民号を出したとき、ついに森近は、敵の決定的な攻撃をうけたのである。

新聞の発送が終って、ホッと一息ついた五月七日の夜、突然二人の刑事が大阪平民社にふみこんできて、「新聞のことで用事があるから警察へきてくれ」といい、「新聞ののこりがいくらあるか」とたずねて、農民号の残部を没収してしまった。

「奇なる哉《かな》、新聞紙条例違反の罪を以て、劈頭《へきとう》（※最初）より拘引せられたる者ある事、吾人の曽《か》つて聞かざる所、発売頒布禁止の旨を伝へずして、恣《ほしいまま》に新聞紙の残部を捜索する事、吾人其の何の意たるかを知らず」

「日本は世界無比の国体なり。西洋諸国の学説を直輸入する者は、極力圧迫せざるべからざる也」

と、森近が、熊本評論社の松尾卯一太にあてた手紙（五月一二日付）のなかで憤慨しているが、実際はおとなしく曽根崎警察署に連行され、一晩留置場の南京虫に苦しめられたのち、八日堀河監獄につながれたのである。

事件は、附録のリーフレット『労働者』農民号、『農民のめざまし』にのせた山川均の「百姓はなぜ苦しい乎《か》」、堺枯川の「貧乏人と金持の喧嘩《けんか》」、原霞外《はらかがい》の「血まつり」の三篇が、秩序壊乱の罪に問われ、発行兼編集人の森近が、新聞紙条例違反として起訴されたものであった。

「大地主に年貢を払うて安楽に暮させておくのも百姓である。都会に工場や銀行を有して居る金持の高い品物を買うて、栄誉・栄華をさせて置くのも百姓である。政府に税金を納めて、鉄砲や軍艦を作らせるのも百姓である。そして一朝戦争が初まれば、忠義な百姓の息子が、其《その》先に立って死にゆくのである」（山川均）

「貧乏人が勝利を占めて、金持連を亡ぼして了《しま》へば、今まで金持連の持って居た土地も財産も、鉱山も山林も、工場も機械も、鉄道も船舶も、皆んな我々の共有になって、金持の無くなると同時に、貧乏人も無くなって了《しま》ふ。そして、本当な自由・平等の社会が出来る。是が即ち社会主義の考へである」（堺枯川）

　山川は農民の生活難の根源をつき、枯川は重要な生産手段の共有による社会主義の社会へ農民の目を向けようとしていた。霞外の「血まつり」は、昔の百姓一揆の反抗をうたった詩である。

お代官とて用捨（ママ）があろか、
かうなるからは百年目、
百姓じゃとて人じゃもの、
食わずに生きて居られうか、
どうせ死ぬなら此の怨み、
晴らして死のう、喃《のう》太郎作よ。

　森近は、もともと熱心な農民運動の開拓者であったが、同志の助けをかりて、この農民号の特集を出したことは、日本の革命運動が、さきの両毛同志大会に見られたような、労農の結合を目ざす地方伝道へのうごきと無関係には考えられない。新聞紙条例をつきつけた権力者は、社会主義者が農民へ接近することをおそれていたのである。

　五月十四日、大阪地方裁判所で公判がひらかれたとき、検事が責任者である森近の禁錮と新聞の発行禁止を請求した。新聞紙条例の違反ぐらいで、容疑者をすぐ投獄したような前例がない。形勢重大と見て、東京から山川均が応援にやってきたが、本人の森近は、十六日に保釈・出獄をゆるされ、十九日の判決言い渡しで、禁錮刑のかわりに六十円の罰金が課せられ、新聞の方は、かろうじて発行禁止の処分をまぬがれた。

　けれども、この前後四回にわたる裁判責めの結果、森近のうけた打撃が致命的なものになり、大阪平民社はとうとうかなしい落城の日をむかえたのである。

■大阪平民社の落城

　それまでの『日本平民新聞』は、毎号十六ページの紙面に、かなり充実した内容を見せていたのに、五月三十日の最後の号外は、ただの一枚刷で、休刊の事情を読者にうったえ刀折れ矢つきたという感じであった。

「森近は近来少しく健康を損じ、暫《しばら》く保養するにあらざれば事務に耐へず。在京同志中の一人代って事に当るにも、稍《や》や困難なる事情ありて、止むを得ず暫時《ざんじ》休刊し、更に東京に於て、次号以下を継続するの準備に着手せんとす。此旨同志諸君の御諒恕《りょうじょ》（※許すこと）を乞ふ」

相つぐ迫害に新聞経営の困難を感じていた森近は、四月のはじめ上京して、堺枯川《さかいこせん》・大杉栄・山川均らと相談、発行所を東京にうつして、あたらしい発展策をはかることになっていたが、その準備ができあがらないうちに、四度目の強襲をうけたため、六月一日の一周年記念の日を目の前にして、休刊のやむなきに至ったのである。しかし、新聞の行きづまりは、政府の迫害だけが原因のすべてではなかった。森近は『熊本評論』第二十五号（明治四一年六月二〇日号）に「敗北の一年」をよせて、紙面の欠陥について若干の自己批判をこころみている。

「敗北の一年間に於て思ひ当った事は、新聞・雑誌の目的が如何にあるべきかと云ふ事である。多く売ると云ふ事と、着実に研究すると云ふ事と、果して一致するや否や。労働者に伝道する目的と、紳士国〔閥か〕の論客に対抗する目的と調和するや否や。新聞・雑誌と、伝達配布用小冊子、及び研究的著述との関係如何《いかが》。こんな問題は互《たがい》に考へ物ではあるまいか。僕は多くは言ひ得ないが、地方でやる物は、地方的色彩と云ふ条件の外に、学究的ならずして伝道的なりと云ふ条件が必要ではないかと思ふ」

もともと大阪で売るつもりの新聞が、いわゆる分派問題がおこってから、直接行動派の全国的機関紙としての名誉ある重荷をおわされたところに大きな無理があった。高度の理論闘争と声高い急進主義が支配したために、紙面が地方的色彩をうしない、意識のひくい労働者からうきあがってしまった。森近は、社会主義的刊行物のいろいろな種類に区別を立てて、どこまでも労働者と農民の大衆的な獲得に力を入れようとしていたのである。

いいかえるならば、そのころの森近は、改良的な議会主義にたいして、革命的な直接行動論を支持していたけれど、運動が孤立することをおそれ、大衆化の方向を見うしなうまいとしてなやんでいた。性格的に見ても、危険なテロリズムに走る男ではなかった。その森近が、やがて兇悪なテロリストとして断罪されようとは、なんという運命のいたずらであろう。

右の号外を出しておいて、五月二十二日の夜、大阪平民社の悲壮な解散式がおこなわれた。しかし、地方グループの活動のために必要であるとして、武田九平・岡本穎一郎・三浦安太郎・福田武三郎・岩出金次郎らを中心に、大阪平民倶楽部《クラブ》がすぐに結成されて、運動の火が消えるようなことはなかった。

と同時に、平民社の看板を東京の淀橋町柏木九百二拾六番地の金曜社にうつした。『日本平民新聞』の再刊のための用意である。もし赤旗事件がおこらなかったとしたら、東京の同志に森近が加わって、新聞の継続発行ができたかも知れないのだが……。

こうして、やや身がるなからだになった森近運平は、五月二十四日、大阪から汽船にのって、瀬戸内海を走っていた。その船中で熊本の松尾卯一太に書いた葉書（五月二十六日付）がのこっている。一つは保養がてらということもあるが、今後の運動方針について、土佐の幸徳秋水としたしく相談するための旅行であった。

「監獄から通信する筈《はず》であった者が、どういふ風の吹き廻しか、船室に横〔たは〕って端書《はがき》を書くことになった。
△油を流したやうな海の上を進行しながら、風致に富んだ瀬戸内海の島山を眺めるなどは、僕にとって分外の事だ。
△昨夜から一学生・二商人に主義を説き、英文『青年に訴ふ』を一冊と、『社会主義大意』とを二冊配布した。
△船は今伊予の高浜に寄港する。明日の夕には、なつかしい秋水兄にあふことができる」
エンジンのひびいてくる船室で、熱心に社会主義の伝道をしている男――まるで啄木の歌のなかの人物ではないか。

第三章　赤旗事件おこる

■メーデーの由来

三本の赤旗のひるがえるところ、天皇制警察国家のサーベル権力と急進的な社会主義者の一団が、市街戦を思わせるような激突にはいって、一大センセーションをまきおこしたいわゆる赤旗事件は、日本革命運動史を色どるエポック・メーキングな出来事であった。が、世人をおどろかした赤旗は、なにもこの日突如として街頭にあらわれたわけではない。赤旗事件の前奏曲として、日本の労働者階級が赤旗をふりかざすにいたった径路をたどってみることも、まんざら無意味ではないだろう。しかも、この赤旗のうごきは、日本におけるメーデーの歴史と、わかちがたくむすびついているのである。

石川三四郎《いしかわさんしろう》の「日本社会主義史」（明治四〇年日刊『平民新聞』連載）がとりあげ、木村毅《きむらき》の『明治文学展望』（昭和三年六月・改造社）が詳説して以来、中江兆民《なかえちょうみん》の高足（優秀な弟子。高弟）酒井雄三郎《さかいゆうざぶろう》が、明治二十三年の七月、『国民の友』によせた、「社会党の運動」、「五月一日の社会党運動について」が、日本にメーデーをさいしょに紹介した文献として、一般の定説になっている。

この年（一八九〇年）は、第二インターナショナルの決議にもとづいて、「万国の労働者、団結せよ」の旗じるしのもとに、全世界の労働者が、はじめてメーデーの示威運動をおこなった年で、当時フランスのパリにいた酒井がふかい感銘をうけて、その情報を東京へ通信してきたのであった。原文についてみたい人は、『明治文化全集』社会篇（昭和四年二月・日本評論社）をひもとくがよい。しかし、筆者の所見によれば、徳富蘇峰《とくとみそほう》の『国民の友』より四年も早く、福沢諭吉《ふくざわゆきち》の『時事新報』が、アメリカのメーデーを報道している。すなわち、明治十九年六月三日の記事に、赤旗という文字が見えるが、おそらく赤旗伝来記の第一ページをかざるものであろう。

「今またメール新聞にのせる桑港《そうこう》通信をみるに、米国にては此《この》流行尤《もっと》も甚だしく、同国労役人（註・労働者）の諸会社（註・労働組合）は、前以《もっ》て申し合せ、労働時間を一日八時間に短縮する目的にて、五月一日を期して総掛りの同盟罷業《ストライキ》を行ひ……」

「同じ頃シカゴ府にても無政府党等が赤旗を押し立て、行列を為して街道を押し歩き、道先にある馬車を取ってなぐる抔《など》、頗《すこぶ》る乱暴を極め、一日此輩が集会を催ほし、過激乱暴の演説を為せる折柄、警吏と争端を生じ、暴民等は警吏の中にダイナマイト破裂弾数ヶを投げ入れたれば……」

この年（一八八六年）の五月一日、アメリカでおこなわれたさいしょのメーデーが、一月おくれて、日本の新聞をにぎわしているのは、メーデーの国際的投影として、注目すべき事実である。労働運動の春の燕が、赤旗をくわえて、太平洋をわたってきたのだけれども、当時の日本には、まだそのとまり木ができていなかった。

明治一九年といえば、甲府市山田町の雨宮製糸工場に働く婦人労働者百余名が、労働時間の延長（午前四時半から午後七時半まで、実に十五時間！）と賃金値下げに反対して、日本でさいしょのストライキをおこした年であったが、メーデーと赤旗が、この国の労働者の階級意識にあらわれてくるためには、それからまだ二十年の歳月を要したのである。

けれども、日清戦争後、産業革命の発展と工場労働者の増大にともない、労働運動の波が高まってくると、団結と示威の力を示すメーデー的な要求や旗じるしの必要が、全く感じられないわけでもなかった。片山潜《かたやません》・西川《にしかわ》光二郎《こうじろう》共著の『日本の労働運動』（明治三四年五月・労働新聞社）によれば、労働組合期成会が、明治三一年の四月三日、神武天皇祭の日を期し、上野の花見をかねて、労働者の大運動会をひらこうとしたとき、警視庁の命令で禁止されている。

ところが、期成会では、これに屈せず、四月十日の遷都三十年祭のにぎわいにまぎれて、八百名の労働者が、片山潜の指揮のもとに、組合の旗を春風にひるがえし、『進行歌』をうたいながら、隊伍をくんで、市中を行進した。

進行歌　　鈴木純一郎作

天に聳《そび》ゆる富士の山も
一簣《いっさく》（※ひと積み）の土の塊《かたま》りぞ
我同業よ同業よ
右と左に手を握《く》みて
進むも退《の》くも諸共に
かたく結びて団《つど》ふべき
時も来れり今ぞいま
きそへきそへ富士の山に

奮《ふる》はばなにかならざらむ
奮はばなにかならざらむ

ぶじ上野の山についた一行は、弁当をひらき、酒をのんで散会したが、労働者の団結をよろこんだ点では、国際メーデーに参加するまでの、これが変則的なメーデー日本版であったらしい。片山潜にしろ、高野房太郎《たかのふさたろう》にしろ、期成会の指導者は、アメリカがえりの新知識が多かったから、あるいは、行進中に赤旗をふったかも知れないのだが、日本の労働運動史は、残念ながら、こうした実証的研究をいちじるしく欠いているのである。杉浦正男の『メーデーの歴史』（昭和三一年四月・五月書房）も、明治前史にふれるところがない。

■労働者観桜会

その後、四月三日の大衆的集会は、二六新報社《にろく》の手にひきつがれ、明治三四年、向島で日本労働者懇親会をひらいて、一万五千人の労働者をあつめることに成功した。会場の中央に黒丸の旗がひるがえっていたというが、労働運動を圧迫することしか知らない、天皇制警察国家への労働者の根ぶかい反感が、日の丸の赤を黒くぬりつぶさせたのではないだろうか。

砲兵工廠や印刷局などの官営工場では、労働者が右の集会に参加することを禁止した。板橋火薬廠《かやくしょう》では、祭日であるにもかかわらず出勤を命じ、神田の活版所は、潮干狩に労働者をつれだして、当日の会合を妨害した。警視庁は、千人の警官隊をくりだして、会場をとりまいていたのに、あばれだした資本家がわの暴力団をすこしもとりおさえようとしなかった。明治三四年三月九日、明治天皇の名において公布された治安警察法は、基本人権をふみにじって、労働者の集会やストライキを自由勝手に禁止できるおそろしい悪魔の力を持っていた。

あくる年の懇親会は禁止されたが、団結を欲する労働者の階級的本能は、この悪法をおそれなかった。明治三六年の四月三日、上野で社会主義労働者観桜会をひらこうとして、むらがる警官隊のためにけちらかされてしまった。メーデーをふくめて、日本の労働者の示威運動が、いつも警官隊との大乱闘や小ぜりあいを演じて、検束さわぎをくりかえした暗い運命は、幼児の時代からその額に烙印《らくいん》されていたのである。

だが、明治三七年の四月二日（日曜日）屋外集会禁止という鉄条網をやぶっておこなわれた上野の労働者観桜会で、日本の労働者が、はじめて赤旗をふった記録を持っている。観桜会の宣伝ビラには、「銘々大小の赤旗を用意し置き」「ドンを合図に其赤旗を現し、竹の台の中央に集る事」と、注意書がそえてあった。

その日、有楽町の平民社に勢ぞろいした数十人の社会主義者と労働者は、「社会主義万歳」、「社会主義伝道隊」などの文字を大書した赤旗を押したてて、太鼓をたたきながら、勇ましく銀座の街頭を行進、日本橋・神田をへて、上野の山にのりこんだ。そして、正午のドンが鳴りひびくと、三々五々ものかげにかくれていた労働者たちが、手に手に赤旗をふり、口々に「社会党万歳」をさけびながら竹の台へなだれこんで、警官隊に検束されるまでのごくみじかい瞬間ではあったが、上野の森に赤色広場をつくりあげたのである。

ついでにいえば、このとき赤旗をかざした群衆の中に、西村イサック（伊作）（※大石誠之助《おおいしせいのすけ》の甥。のち文化学院を創始）の姿がみられた。新しがりやの西村青年は、そのころ社会主義にウルシのように赤くかぶれていたが、大逆事件がおこったのち、虎の皮のオーバーをきて、ピストルを腰にぶらさげ、オートバイにのって、西部活劇のカウ・ボーイのようないでたちで、ふたたび本書に登場してくることを予告しておこう。

明治三八年の観桜会も、警官隊のサーベルで叩きつぶされたが、しかし、五月一日には、日本さいしょのメーデーが、有楽町の平民社（現在の日劇附近。〈※現在の有楽町マリオン付近〉）でもよおされた。石川三四郎がたって、万国労働者の記念日としての由来を説き、堺枯川がメーデーの国際的意義をのべ、木下尚江が政治的自由獲得の必要をさけんでいる。余興に落語があり、ハンド・オルガンの越後獅子があった。まことにささやかな室内メーデーではある。だが、人は、この室内メーデーが、さきの赤旗行進とともに、日露戦争の激流にさからって、強行されたことを思わねばならぬ。それはまた、片山潜がアムステルダムの第二インターナショナル大会に列席して、ロシア代表のプレハーノフと握手したあの劇的光景ともつながっていた。

当時の平民社を中心として国際的な反戦運動のつばさのかげに、日本の社会主義思想、および労働者階級の革命的な成長があったのである。

■「赤色旗」によせて

もえあがる階級闘争は、革命のシンボルとして、赤旗の光をうつくしく照らしはじめた。幸徳秋水《こうとくしゅうすい》の長篇漢詩「赤色旗」は、東洋的な表現のなかに、日本の革命家の感情の高揚をうたいあげている。

漢皇《かんのう》赫怒《かくど》六師《りくし》を発し
朔辺《さくへん》大漢駆馳《くち》に任ず
烽火連年壮丁尽く
老者壑《がく》に転じ幼者飢う
民生倒懸《とうけん》日既に久し
市朝只見る盗賊滋《しげ》し

漢皇といっても、中国の故事ではない。秋水は、あきらかに日露戦争によってひきおこされた人民の生活の荒廃をなげいているのだ。

「若《も》し戦争に謳歌せず軍人に阿諛《あゆ》せざるを以て、不忠と名《なづ》くべくんば、我等は甘んじて不忠たらん。若し戦争の悲惨・愚劣・損失を直言するを以て国賊と名くべくんば、我等は甘んじて国賊たらん」（撃石火）

ミリタリズムの銃剣を恐れることなく、戦争に反対しつづけていた秋水は、ついに筆禍事件をおこして、暗い監獄にぶちこまれてしまった。

指を屈すれば一百五十日
刑余の身兼ぬ病余の姿
肉落ち骨立ちて形鬼の如し

禁錮五ヵ月の刑をおえて、獄を出てきた秋水のやせおとろえた姿である。しかし、秋水の意気は、おとろえを見せるどころか、ますますさかんなものがあった。

嗚呼此身《このみ》繋ぐべし手縛《しば》るべし
千秋の正気羈《つな》ぐべからず
由来活気暗中に動く
人心の嚮《むか》う所又奚《なん》ぞ疑はん
風雲の会決遠きに非《あ》らじ
山河の革命日期すべし

秋水は、あくまで社会主義革命の実現性を信じてその志をまげなかったのである。

君見ずや露都の冬宮風雲の夕
王冠砕飛して血淋漓《りんり》
又見ずや鉄血宰相虐政の日
布衣《ほい》高く掲ぐ赤色の旗
〔註・布衣は粗末なきもの、転じて平民の意〕

帝政ロシアでは、人民の革命がおこり、兵士の叛乱と労働者のストライキが、ツァーリズムの悪政をくつがえそうとしている。かつてドイツ帝国でビスマルクが、社会主義鎮圧法をしいたとき、革命的労働者が赤旗をかかげて反抗したではないか。独・露の王冠は、そのときまだくだけ散っていなかったけれども、秋水は、こうした世界革命の必然性において人民の自由と労働者の解放をはばむ日本の天皇制将来の運命を言外に諷《ふう》していたのであった。

『平民新聞』の筆禍《ひっか》事件で、明治三八年二月、巣鴨監獄に投げこまれたが、「赤色旗」は、その在監中の作品である。五百韻という形式をとった漢詩で、囚人が獄中の通信に使う四枚折の紙石盤《かみせきばん》をビッシリ五百個の漢字がうずめていた。あまりの見事さに、典獄が惜しんで、そのまま宅下げをゆるしてくれた、と旧妻の師岡千代子《もろおかちよこ》が語っている。

ほかに、山口孤剣《やまぐちこけん》の「労働赤旗」という新体詩もあるが、まだ筆者の目にふれていない。その年の十一月四日、アメリカにわたる秋水が横浜を船出したさい、波止場にあつまった平民社の同志たちが、赤旗をふって見送った。このときの赤旗は、紙の小旗ということであった。

明治三九年、四〇年と、ひきつづき日本でメーデーが挙行されたかどうかは、記録の徴すべきものがなくて、よくわからない。しかし、西園寺《さいおんじ》内閣の下に、はじめて結成をゆるされた日本社会党が、明治三九年三月、東京で電車賃値上げ反対の市民運動を展開したとき、その先頭にへんぽんと赤旗がひるがえっていたのである。

五月十一日、日比谷公園でひらかれた市民大会に持ちこんだ四本の赤旗は、吉川守圀《よしかわもりくに》の前出『荊逆星霜史《けいぎゃくせいそうし》』によれば、「電車賃値上反対、日本社会党」、「大示威運動、日本社会党」などと大書してあったというから、むしろ、平家の赤旗を思わせる長いノボリのようなものであったにちがいない。社会党はこの赤旗をおしたて、多数の市民を動員して会社や新聞社をおそい、さいしょの大衆的カンパーニヤ（※大衆闘争）に成功をおさめた。

だが、つぎの十八日の市民大会にあつまってきた群衆が、興奮のあまり、会社に石を投げたり、電車を焼打ちしたりして、暴動化したため、兇徒聚集罪《きょうとしゅうしゅうざい》の名の下に、西川光二郎《にしかわこうじろう》・大杉栄《おおすぎさかえ》・吉川守圀・岡千代彦《おかちよひこ》・山口孤剣ら、多数の同志が検挙されてしまった。こうして有力な闘士が投獄されたあとだけに、この年のメーデーは、流産したものと見てまちがいないであろう。

けれども、明治四一年の五月一日には、日本のメーデーが、室内からぬけ出して、上野の山で気勢をあげたことが、幸徳秋水の雑誌『自由思想』第二号（明治四二年五月二日号）の記事によって判明してきた。これは赤旗事件で千葉監獄につながれていた荒畑寒村《あらはたかんそん》が、愛人の管野《かんの》スガ子にあてた手紙を同誌が転載しておいたものであった。

「去年の今日はメイデイで、上野で大いに騒いだっけ。噫《ああ》なつかしい、東京！　東京の埃《ほこ》り、東京の香、東京の響き！」

この四一年のメーデーには、堺枯川《さかいこせん》・山川均《やまかわひとし》・荒畑寒村・竹内善朔《たけうちぜんさく》・管野スガ子など急進的な社会主義者が約三十人、日比谷公園にあつまり、赤旗をかついで宣伝ビラをまきながら銀座の街頭を行進していった。その途中、ビラをひきさいた学生を、激怒した寒村が赤旗の竿でなぐりつけるなどの活劇を演じたが、とにかく上野の森に辿《たど》りつき、革命歌を高唱して、さかんな示威をこころみたのである。

同じ五月一日、横浜では曙会《あけぼのかい》の田中佐市《たなかさいち》が伊勢佐木町でメーデーの宣伝演説をして検挙され、大阪の平民社では、森近運平を中心に記念茶話会をひらくなど、全国的にのびていく勢いをさえ示していた。二日には、片山潜が浦賀にでかけて、メーデー記念講演会を持っている。

その後、赤旗事件・大逆事件と、大弾圧をうけたため、日本のメーデーは、地下に陥没してしまったが、大正九年、千人の労働者が参加したいわゆる第一回メーデーまでに、はだかローソクの火を守るような明治前史のあったことを見おとしてはならない。

■国旗をださぬ人

堺ため子《こ》夫人の話によると、正月がきても堺枯川は、日本の国旗をけっして立てたことがなかったそうである。年の暮、もの心ついた娘の真柄《まがら》に、「どこの家でも旗をだすのに、どうしてうちには旗がないの」と、せがまれてみると仕方がない、子ぼんのうの枯川は「よしよし、お父さんがこしらえてあげる」といって、真柄をよろこばせたが、しかし実際にできあがったのは、たて二尺よこ三尺くらいの緋《ひ》ガナキン（※堅くよった細い糸で織った薄い綿布）に社会主義と墨で書いた赤旗であった。正月がきて、近所となりが日の丸の旗でうずまっているのに、枯川は、平気な顔でその赤旗を門口にたてた。真柄が五つのころというから、おそらく明治四〇年の正月のことであろう。

へそまがりの枯川が、日の丸の旗をわざと出さなかったのは、反労働者的な日本の天皇制の権威にたいする無言の拒否と見てさしつかえあるまい。それにたいして、平和な旗日に赤旗をたてたのは、社会主義国家建設のユートピアであり、社会主義の思想が、枯川の日常生活の感情にまでしみとおっていたことを物語っている。

金曜講演の屋上演説事件で、獄につながれたその堺枯川が一ヵ月半の刑をおえて出てくるとき、鬼の女房になんとやらのたとえで、ため子夫人が、娘の真柄に持たせる小さな赤旗をこしらえてやった。寸法は、たて七寸よこ一尺三寸くらい、赤いネルの生地に白カナキンを切って「革命」という文字をのりではりつけ、旗のはしをふくろぬいにして竹竿をとおすようにしてあったが、素人のわりによくできたと、ため子夫人が自慢していた。おそらく日本の婦人の手でぬわれたさいしょの赤旗であろう。よろこんだのは、娘の真柄よりも、同志の青年であった。赤旗事件にさいして、この子供のオモチャのような革命旗を死守して十八歳の少年百瀬晋《ももせすすむ》が奮闘するのである。

明治四一年三月二十日の朝、堺枯川・山川均・大杉栄の三人が、巣鴨監獄から出てきたときは、数十人の同志が数流の赤旗をならべて出むかえ、万歳をさけんで革命歌をうたいながら、街頭示威をおこなった。六歳の少女、堺真柄もその行進の中で、小さな赤旗をふっていたにちがいない。

そこには、荒畑寒村をはじめ、直接行動派の猛烈な闘士を中心として、屋上演説事件をとおしてあらわれてきた、天皇制警察国家の暴力をはねかえそうとするすさまじい革命的反撃があった。彼らは、その勢いにまかせて五月一日、勇敢なメーデーをおこない、六月十九日、上野駅前でうばわれた赤旗をとりかえし、六月二十二日、ついに赤旗事件の大衝突をおこしたのである。

■孤剣《こけん》を迎えて

日本天皇制が、いわゆる忠孝思想からながめて、封建的な家父長権につながっていたことは、あきらかな事実である。親が子にたいして、夫が妻にたいしてふるう絶対権力は、天皇制の小さな家庭版といってもよかった。

この旧制度をくつがえして、人間の自由をさけぶ者は、この日本古来の「美風醇俗《じゅんぞく》」の破壊者として、手あらく罰せられねばならない。日刊『平民新聞』四十九号（明治四〇年三月二七日号）に「父母を蹴れ」を書いて投獄された孤剣・山口義三《やまぐちよしぞう》は、そのさいしょの犠牲者であった。

自由なき民にそそぎし熱涙の
　価はつひに鉄鎖なりしか
小夜嵐いたくな吹きそふるさとの
　衣《きぬ》ぬふ母の指冷ゆらしも

この獄中吟《ぎん》を見てわかるとおり、孤剣は人民の自由のためにたたかった解放戦士であり、あたたかな人間愛の持主であり、すぐれた社会主義歌人であった。筆禍をまねいた「父母を蹴れ」は、なにも両親を足げにかけよ、というような非人間的な主張ではない。闘争する社会主義者にむかって、封建的な家族制度からの完全な独立を求めたにすぎなかったのである。

　孤剣の親友であった歴史家白柳《しらやなぎ》秀湖《しゅうこ》が、筆者に提供してくれた新資料によれば、大逆事件は、山口孤剣が日刊『平民新聞』の第三十三号から第七十四号にわたって書きつづけた「妖婦下田《しもだ》歌子《うたこ》」に端を発したことになっている。当代の才媛とうたわれた華族女学校の学監下田歌子のスキャンダルをあばいたこのばくろ記事は、政界上層部の腐敗を白日の下にさらけだしたが、そのなかでももっとも打撃をうけたのは、穏田《おんでん》の怪行者、飯野《いいの》吉三《きちさぶ》郎《ろう》であった。

　日本のラスプーチンといわれる飯野は、下田歌子をあやつって、宮廷に陰然たる勢力をはっていたが、それ以来社会主義者をにくむことはなはだしく、大逆事件の裏面に暗躍して幸徳秋水以下の大検挙を生むに至った、というのである。秀湖の新説は、事件の真相をつらぬくものではなくても、たしかに一面観としての興味をうしなっていない。本書の読者は、やがて幸徳秋水が、奥宮《おくのみや》健之《けんし》にさそわれて、この怪行者を訪問する奇怪な場面に出あうであろう。

　また山口孤剣は、神田錦輝館で彼のためにひらかれた出獄歓迎会から、はしなくも赤旗事件が突発し、大逆事件の遠因を生んだという意味でも、この事件につながっている。しかし、一年二ヵ月半の刑期をおえて、明治四一年の六月十八日、仙台監獄を放免された孤剣が、夜汽車にゆられて、あくる十九日の午前九時半、上野駅につき、久しぶりに東京の土をふんで、同志の出むかえをうけたとき、彼の足もとからおそろしい竜巻がまきおこって、三日後に十四名の仲間をさらっていこうなどとは、おそらく夢にも考えていなかったにちがいない。

　駅前には、「山口君歓迎」「社会主義」「革命」などと書いた赤旗が、朝風にひるがえっていた。出むかえた同志は、吉川守圀の前出『荊逆星霜史』に七十人とあるが、『熊本評論』第二十六号（明治四一年七月五日号）に投じた三木生の「官権と同志の大衝突」（赤旗の擁護）では、金曜講演派十数名、東京社会新聞派十名足らず、木下尚《きのしたなお》江《え》、逸見《へんみ》斧吉《おのきち》その他数名、あわせて三十人くらいになっている。

　むろん、七十人であろうと、三十人であろうと、大した問題ではない。が、問題は、同じ一つの事実が、報告者の立場のちがいにより全くちがった二つの事実にわれて、記録や談話にあらわれてくることとである。

三木生は、いわゆる硬派の直接行動派にぞくする森岡《もりおか》永治《えいじ》のペンネームであった。「西川の来るを待つこと後一時間、彼は来るや否や直に孤剣を俥で自宅に拉し去った。敵も味方もアッケに取られた様子であった」と、西川の専横なふるまいに腹を立てている。これに反して、いわゆる軟派の議会政策派にぞくしながら、反片山派の闘将であった吉川守圀は「ソコココに型の如く警官との小競《こぜ》り合《あい》が始まった。西川は山口の身を気遣って、彼を人力車に乗せて、本郷座前の東京社会新聞社に引き上げた」と書いて、西川の処置を非難していない。

要するに、硬派の同志は、山口孤剣を凱旋将軍のようにむかえて、大いに気勢をあげるつもりらしかったが、軟派の西川らは、出獄してきたばかりの孤剣が、検束さわぎの巻きぞえをくらうことをおそれ、硬派の機先を制して、サッサと車にのせてしまったものであろう。官憲の弾圧を別とすれば、社会主義陣営内部における、こうした硬軟両派の党派的・感情的な対立が、赤旗事件をかもしだしたばかりでなく、大逆事件にもわざわいしていくのである。

■上野から本郷へ

圧制・横暴・迫害に、
我等いつまで屈せんや。
我脈々の熱血は
飽くまで自由を要求す。
ああ革命は近づけり
ああ革命は近づけり

山口孤剣をのせた人力車のわだちが、上野の人ごみに消えていったかと思うと、いずれ大杉栄か荒畑寒村の音頭とりであろうが、赤旗のまわりにあつまった青年たちが、「革命の歌」を元気よくうたいまくっていた。そして、四本の赤旗を先頭にして、示威行進にうつりかけたときである。十数名（荒畑寒村の記憶では四、五名）の巡査をつれて警戒にあたっていた下谷署の警部が、その行進をはばんで、「旗をまけ」と命令を下した。だが、権力に屈せぬ青年たちには、警官の命令にしたがって、おとなしく旗をまくことが、たえがたい恥辱に思われたにちがいない。四本の旗は、反抗そのもののような色にもえて、一段と高くかかげられた。

絶対権力の命令を強制する者と、こばむ者のあらそいが、小ぜりあいのかたちでおこってきた。警官隊はそのなかでも、いちばん猛烈にあばれまわっている赤旗の旗手に向って、とびかかっていった。赤旗を守った荒畑寒村は、警官隊の暴力にたいして、一人の人間のなしうる最大の抵抗をこころみていた。もみにもんで、もみちらしたあげく、両手を高くうしろにねじあげられた寒村が、「無政府主義万歳」をさけびながら、駅前の交番へズルズルひきずられていく姿が見えた。つづいて、二人の警官に両手をおさえられた百瀬晋が、交番へおしこまれたが、膝がしらで警官の急所をけあげたり、駒下駄でけとばしたりして、抵抗をやめない。

どうしてこの同志が見殺しにできよう、大杉栄と村木源次郎が火の玉のようにころがって、交番のなかへとびこんでいった。なかで万歳をさけべば、そとでも万歳をさけぶ。それに勢いをえた同志の人々が、ワーッと交番を目がけて、洪水のように押しよせたが、その人間の大波がひいたあとには、検束された人間も、うばわれた赤旗も、なに一つ警官隊の手にのこしていなかったのである。四本の赤旗はふたたび行列の先頭にひるがえった。熱狂した彼等は、「革命の歌」を怒号しながら、上野の広小路へねりだしていった。

我等に自由なからずば
寧《むし》ろ墳墓を選ばんと
我が同胞《はらから》は露国にて
絶叫しつつ在らざるか。
ああ革命は近づけり
ああ革命は近づけり

吉川の『荊逆星霜史』に、駅前交番の乱闘が書いてないところからみると、軟派の連中は、あるいは加勢しなかったのかも知れないが、武勇伝のすきな点では、彼らもまたけっして大杉栄らにひけをとるものではなかった。

せっかくの獲物をにがした警官隊が、なおも追いかけてきて、広小路の交叉点あたりで、またまた大衝突がおころうとしたが、そのときあらわれた西川派の菅原一という闘士が、指図をしている警部の首に、柄のまがったステッキの柄をひっかけて、力まかせにひっぱったから、たまらない。いばりかえった金モールの警部が、あおむけにひっくりかえった見苦しい図は、北沢楽天《きたざわらくてん》のポンチ絵にしてのこしておきたいほどであった。二、三人の警官が、とびついてきたが、菅原は、これを投げたおしてたくみに姿をくらましてしまった。

さすがの警官隊も、かんじんの大将の寝首をかかれて、マゴマゴしているあいだに、赤旗の行進は、本郷へむかっていった。急をきいて、下谷署から応援隊がかけつけてきたときには、もはや一行が湯島の切通し坂をのぼり、本郷署の管内にはいっていたので、手のつけようがなかった。百瀬の話では、上野の裏通りをとおった記憶がある、というから、百瀬たちだけは、警官隊の追跡をさけるために、山下あたりから安全な道をえらんで、湯島へぬけたのかも知れない。駅前と広小路の難関を突破した赤旗の行列は、もはや途中でなにものにもさえぎられることなく、春木町をへて、金助町《きんすけちょう》にある東京社会新聞社の前に到着、山口孤剣の出獄万歳をさけんで、ぶじに解散したのであった。

「実に近来に珍らしい勇壮な示威運動であった。殊《こと》に一回捕へられたる人と旗とを奪ひ返して、思ふ様警察権を蹂躙《じゅうりん》して、而《し》かも何の失ふ事もなしに、斯《か》かる勇壮なる示威運動を成し得た云ふことは、一同の歓びに堪へない次第であります」(赤旗の擁護)

と、レポーターの森岡永治が鬼の首でもとったようによろこんでいるが、強力無比をほこる天皇制警察国家のサーベル権力としては、全くまれに見る完全な黒星であった。

■紳田の錦輝《きんき》館で

キリスト教社会主義者の石川三四郎が、戦線統一の立場から、硬軟両派の合同で山口孤剣の出獄歓迎会をひらこうと考えたのは、十分理由のあることであった。

日刊『平民新聞』の編集・発行人として投獄された石川は、「社会党大会」の記事で四ヵ月、山口孤剣の「父母を蹴れ」で六ヵ月、大杉栄の「青年に訴ふ」で三ヵ月、合計一年一ヵ月の刑期をつとめあげて、ひと月ほどまえの五月十五日に、巣鴨監獄を出てきたばかりである。ついでに、孤剣の刑期一年二ヵ月半の内わけをいえば、さきの「父母を蹴れ」で三ヵ月、そのほかに、『光』の発行責任者として、号外の「貧富の戦争」で一ヵ月半、大杉の「新兵諸君に与ふ」で八ヵ月が加算されている。この二人のからだに加えられたむらさき色の鞭のあとをかぞえてみただけでも、言論弾圧のむごたらしさが、ヒシヒシと感じられてくるではないか。

石川が自由放免になったのをよろこんで、さっそく軟派の西川光二郎《にしかわこうじろう》や吉川守圀《よしかわもりくに》らが、五月三十日、上野公園の三宜亭《さんぎてい》で、出獄歓迎会をひらき、四十数名の出席者にすしと菓子がくばられた。それから数日おくれて、六月七日、硬派の堺枯川や大杉栄らが、十二社《じゅうにそう》の桜山に石川をむかえて、さかんな園遊会をもよおした。出席者は五十数名、豆入のにぎり飯が出た。

しかし、石川にしてみれば、この両派が合同で歓迎会をしてくれていたら、もっとうれしかったにちがいない。そこへまた山口孤剣が出獄してきて、歓迎会の相談が持ちあがったのである。

「両方別々にひらくのは、費用も損だし、当人もつかれていて迷惑に思うだろう。今までに多少のいきちがいがあったにしても、孤剣の歓迎会くらいは、一しょにやれそうなものだ。それを機会に、両派の感情がすこしでもとけたら、なおさら結構なことじゃないか」

そういった趣旨で、周囲の賛成をもとめた石川は、会の発起人として、自分のほかに、中立系の野沢重吉《のざわじゅうきち》・斎藤兼次郎《さいとうかねじろう》・幸内久太郎《こううちひさたろう》の三人をえらんだ。いずれも、平民社以来の古い闘士で、両派にうけのよい人たちであった。

山口君歓迎会
一、六月廿二日午後一時より
一、上野公園三宜亭
一、会費　金弐十銭
御来会を乞ふ

前列左から２人目が山口孤剣

時日は六月二十二日、会場も、右の案内状（竹内善朔《たけうちぜんさく》宛）にあるとおり、上野公園の三宜亭を借りうけることにきまっていたが、先日の赤旗行進の一件を根に持った下谷署の妨害があってだめになり、近くの東花亭《とうかてい》にかけあってみたが、警察の手がのびていて、やはり、ここも話をこわされてしまった。

それでは、河岸をかえて神田にしようということになって、急に会場を錦町《にしきちょう》の錦輝館《きんきかん》に変更した。錦輝館は、明治二十四年十月にできた木造洋館のクラブ・ハウスで、当時はよく活動写真や演説会に使われていた市民になじみのふかい会場であった。期日も、予定どおり六月二十二日の午後一時から、ということにきまった。

だが、石川三四郎の善意と苦心とにもかかわらず、その四名連記の案内状は、やはり党派的なあつかいをうける運命をまぬがれなかった。『熊本評論』二十六号（前出）に「東京便り」をよせた岡野活石《おかのかっせき》（※活石は号。本名辰之助《たつのすけ》）は、右の案内状をうけとったものの、「生は全く所謂《いわゆる》西川派の会合と合点いたし、賛同せざりしものに御座候」といって、主催者にたいする露骨な不満をぶちまけている。

岡野辰之助は、いわゆる硬派につながる社会主義者であったが、同じ硬派のなかでも、大杉栄や荒畑寒村などの主力をなす青年たちは、べつに出席をこばむような気配を見せていなかった。といって、それは彼らが超党派的な立場から、歓迎会の趣旨に賛成していたことにはならぬ。むしろ、逆にこの集会を利用して、石川の精神主義や西川の改良主義をからかってやろう、というような、いたずらっぽい計画を立てていたからであった。

なによりもまず、無政府主義の旗幟《きし》をあきらかにするために、大杉が、あたらしく赤旗をつくることの必要を考えた。

牛込田町の大杉の家へ寒村がやってきたときに、たちまち相談がまとまり、仕入れた材料を持ってかえった柏木村の寒村の下宿先で、同居人の百瀬や、近所に住む山川・宇都宮・佐藤にも手つだってもらい、素人細工で二枚の赤旗をこしらえあげた。大はばの緋ガナキンをたて三尺よこ四尺くらいの大きさにぬいあわせ、そのはしをふくろぬいにして竹竿がとおるようにしてあった。金具の旗がしらをつけた今のりっぱな組合旗とちがい、きわめて素朴な赤旗である。

一本の赤旗には「無政府」、他の一本には「無政府共産」と、ななめに白テープで書いた文字をのりではりつけてみたが、それだけでは心細いので、寒村の下宿している家のおかみさんにたのんで、さらにミシンをかけてもらった。

「これなんですの?」とおかみさんに旗文字の意味を聞かれて、寒村は笑いながら、「世の中がよくなるようにというオマジナイですよ」とごまかして答えていた。

当日、荒畑寒村らが、会場へ出かけるとき、この二本のほかに、堺枯川の家から、いま一本小さな赤旗を借りて持っていっている。これは、妻のため子が娘の真柄のためにこしらえてやったもので、たて七寸よこ一尺三寸くらいの三角形赤ネルの生地に、白カナキンで「革命」という文字のはりつけてある、赤旗とはいいながら、全く子供のおもちゃ同然の旗であった。

■直接行動の一団

六月二十二日の午後一時すぎから、神田錦町の錦輝館の楼上でひらかれた山口孤剣の出獄歓迎会は、すでに発起人代表の石川三四郎の開会の辞、両派代表の西川光二郎・堺枯川の歓迎の辞、山口孤剣の挨拶などがすんで、余興のプログラムにはいっていた。

七十名をこえる来会者は、みんなに愛される孤剣の人柄と、両派合同という石川のもくろみが、すくなくともかたちのうえで成功したことを物語るものであろう。いつもの闘争的な演説会とちがって、女や子供の姿の見えるのが、この会合の空気を家族的なものにやわらげていた。

青白い顔にひさし髪をおもたげにのせている管野スガ子(荒畑寒村の愛人)、男のように肩をいからしてわき腹に手をあてている神川《かみかわ》マツ子《こ》、ながい時計の金ぐさりを肩からかけた丸顔で美人の大須賀《おおすが》さと子《こ》(山川均の愛人)、小柄で神経質な感じのする小暮《こぐれ》れい子《こ》、野草のようで目立ったところのない堀保子《ほりやすこ》(大杉栄の愛人)、しかし、堺ため子の姿が見えないのは、娘の真柄が熱を出して、その看病のために家があけられないからであった。

有志の寄附した余興は、なんとなく革命家の気分を高めるようなものがえらばれていた。伊藤痴遊《いとうちゆう》の講談『来《くる》島恒喜《しまつねき》』は、大隈外相の馬車に投げつけた爆弾の音が、会場のガラスに、ビリビリひびくような気がした。寺尾彰のさつま琵琶『大塔宮吉野落』を支えている村上義光《よしてる》のヒロイズムや、同じく端山静得のさつま琵琶『川中島』の古い戦争描写も、来会者の戦いの感情を刺激するところがすくなくなかった。だが、木島正道の剣舞『捨児行』になると、会場の気分がソロソロだれてきたのであろう。「つまらないから、やめろ」という弥次がとびはじめた。石川三四郎の話では、どうも堺枯川の声のようであったといっている。

つづいて木場が『本能寺』の剣舞にうつり、「敵は備中にあり、汝よく備う……」と吟じて、思い入れよろしくポーズをきめたときであった。本能寺の明智光秀ではないけれども、ふいに立ちあがった大杉栄・荒畑寒村・百瀬晋らの一団が、場内の一隅に立てかけてあった三本の赤旗を持ちだしてきて、「無政・無政・無政府党万歳」「アナ・アナ・アナ・アナーキー」と、さかんに旗をふりながら、彼らのエールを高唱した。

この奇妙なエールは、野球の応援団から思いついたものらしいが、あるいはまた、大杉のどもりから生まれて来たのかも知れなかった。そのエールの蛮声が、「革命の歌」にかわったかと思うと、彼らの一団は、赤旗をかかげて、場内をねり歩きはじめた。

我が子は曽《かつ》て戦場に
彼等の為《ため》に殺されき
老いたる父もいたましく
彼等の為に餓死したり
ああ革命は近づけり。
ああ革命は近づけり。

ああ積年の此の怨み、
争《いか》で報いで止むべきや。
我等は寒く飢ゑたれど、
なほ団結の力あり。
ああ革命は近づけり。
ああ革命は近づけり。

勢いにまかせて、大杉が、手に持った「無政府」の赤旗を吉川守圀の鼻さきにつきつけたりするので、吉川は「てっきり挑戦したのだな」と直感したが、同じ派の西川や赤羽がしずかにしているし、せっかくの歓迎会をぶちこわしてもと思い、じっと我慢して相手にならなかった。司会者の石川も、形勢があやしくなってきたのを見てとって、「今日はこれで散会します」と、す早く幕をひいてしまった。

誰も制止する者がないし、混乱もおこってこない。ただ見る赤旗の乱舞と革命歌の絶叫――いわゆる硬派の完全な勝利で、青年たちの得意は、まさに絶頂に達していた。十分に示威の目的をとげた彼らの一団は、大杉の赤旗を先頭に、階段を勢いよくおりていった。だが、この青年の激流をはばむ者が行く手にあった。神田警察署の巡査部長大森今朝太郎が、多勢の警官をひきつれて、会場の出口に待ちかまえていたのであった。

■ひるがえる赤旗

「無政府」の赤旗をかついだ大杉栄が、会場をあとに、前庭をよこぎり、錦輝館の門を出ようとしたとき、そこで、待ちかまえていた大森今朝太郎・瀬戸佐太郎・石丸次郎ら数名の警官につかまった。

大森巡査部長が、「旗を持って歩いてはいかん」と声をかけて注意したというのだが、相手の大杉の耳にはいっていないし、ほかの巡査も知らなかった。よしんば注意されたことがわかっていても、大杉のような反抗児にとって、警官の命令におとなしくしたがうのは、たえがたい屈辱を意味していた。警官隊がとびかかって、赤旗を押収しようとしたが、すなおにわたすような男ではない。この大杉と警官隊とのもつれあいは、とりもなおさず、革命家の自由意志と天皇制国家権力の先端とが衝突を開始した合図の花火であった。

そこへまた、「無政府共産」の赤旗をかざした荒畑寒村の姿が出てきた。生理的必要にせまられた彼が、館内の便所にはいって用足しをしていたひまに、ワーッという喊声《かんせい》が聞こえたので、赤旗をさげてあわてておもてへとびだしてみると、すでに一番乗りの功名を大杉にとられたあとの祭であった。宇治川の先陣争いではないが、負けた寒村は口惜しくて仕方がなかったのである。

この二番目の赤旗をみると、警官隊のうちの杉浦孝八・溝口永之助・小林三郎ら、数名の巡査が、いきなり寒村をとりかこんで、大切な赤旗をとりあげようとした。

「理由をいえ、理由をいわねば、ぜったいに旗はわたさん」

寒村が、顔を真赤にしてどなりつけていた。そのとき、たとえ警官が法律上の理由をならべてみたにしても、やすやす彼が敵の手に赤旗をわたす気づかいはなかった。つづいて、小さい「革命」の旗を持った百瀬晋と宇都宮《うつのみや》卓爾《たくじ》が出てきたが、この形勢におどろいて、さっそく寒村と白服の警官のあいだに割ってはいった。これで「無政府」「無政府共産」「革命」と、大小三本の赤旗が、今や殺気をはらんだ神田錦輝館前の街上にひるがえっていたのである。

村木源次郎・森岡永治・佐藤悟・徳永保之助ら同志の面面と、管野スガ子・神川マツ子・小暮れい子・大須賀さと子・堀保子ら婦人同志が、会場から出てみると、「理由なく所有権をうばうやつは、強盗じゃないか」と大杉栄がいきり立って、赤旗をとりあげようとする警官をつきはなしているところであった。

血の気の多い村木や森岡らは、群がる警官をおしのけ、すぐさま大杉のまわりに人垣をつくって、赤旗の旗手を助けようとした。堺枯川と山川均の姿はまだ見えないが、さいしょの小ぜりあいから、革命の赤旗をうばおうとする者とこれを守ろうとする者のはげしい争奪戦にかわってきたのである。

「神田警察署は指呼の間にあるなり、されば忽《たちま》ちにして三十余名の第一回応援隊は、其の剣欛《けんは》（※剣のつか）を握りて疾風の如く来りぬ。群衆は動揺《どよめ》きぬ。此状を見て憤怒せる我同志は、其の赤旗の奪はれざらんこと誓ふ。於是乎《ここにおいてか》、土場《（ママ）》の活動は演ぜらるるに至り」

「斯《か》くて三流の赤旗は、或は高く揚り、或は低く隠る。其の低く隠れたるは敵に奪はれたるの時にして、其の高く揚りたるは、敵の手より奪ひ還したるの時なり。戦線は漸《ようや》くにして広がり行きぬ。東は神田署前より西は一ツ橋通りに至り、北は神保町より南は神田橋通りに及べり」

同志竹内善朔が、直接行動派の機関紙『熊本評論』第二十六号（明治四一年七月三日号）によせた「廿二日の無政府党の活動」と題するレポートは、一種の革命的な戦記文学として悲嘆慷慨《ひたんこうがい》の調子につらぬかれている。

三流の赤旗は、或は高く揚り、或は低く……もとよりバリケードをきずいた市街戦ではないが、パリ・コンミュンにあこがれて、赤旗の下に生死をちかったこの時代の青年たちの英雄的な幻想のなかの戦闘であったといえるだろう。

荒畑寒村と百瀬晋は、竹の旗竿をむやみにふりまわしていたので、さすがの警官たちも、あぶなくて近よることができなかった。しかし、神田署から応援隊が到着してみると、グズグズしているわけにいかぬ。一人の警官が、身がまえをして近づいてきた。ふと顔をみたら、年よりの警官ではないか。こんな老巡査をなぐってはかわいそうだと、人情家の寒村が、心をひるませた瞬間であった。数名の警官が、バッタのようにとびかかってきた。

「革命」の赤旗をふりまわしていた百瀬は、旗竿から旗がぬけて、今にもおちそうになっていることに気がついた。そのときもはや彼は、警官に左の腕をつかまれていたけれども、す早くその旗をふところにねじこんで、敵の手にわたすことをしなかった。

なぐる。ける。つきとばす。乱闘をくりかえすうちに、寒村は、いつの間にか、警官隊の包囲のなかにおちこんでいた。が、竹の旗竿にしがみついて、いくらなぐられてもはなさなかった。百瀬と宇都宮も加勢して、必死になって「無政府共産」の赤旗を守ったが、多勢に無勢の悲しさで、あらゆる抵抗もむなしく、旗竿にしがみついたまま、ズルズル警察署の方へひきずられていった。

もっとも、寒村は百瀬少年をつれて、その前日、浅草公園へ出かけ、十二階の凌雲閣《りょううんかく》にのぼって「当分東京の町も見納めか」と名残を惜しみ、さんざん遊んでかえったというから、囚《とら》われの身になることも覚悟の前であったにちがいない。

■白服の応援隊

神田錦町三丁目の錦輝館の建物は、今の学士会館のよこを三十間ばかりはいった右がわにあった。現在は日本教育図書販売株式会社に姿をかえてしまって、ほとんど誰もその歴史を知る者がない。となりは、百科学校といって、清国留学生の学校があり、電気学校の校舎と軒をならべていた。モダン・ゴシックの学士会館は、昔東京外国語学校のあったところで、そのならびの東京工科学校が、東京法学院（明治大学）分校の敷地あとに立っている。そこから、神田警察署までのあいだに、正則英語学校や正則中学校や国民英学会が校舎をつらねて、いわゆる神田の学校街の半分くらいが、その一画にあつまっていたのである。

時ならぬさわぎにおどろいた学生や生徒が、方々の学校からとびだしてきた。赤旗のまわりにいる髪の毛をふりみだした男は、たぶん社会主義者なのであろう。こうした警官隊相手の乱闘は、金を出してもめったに見物することはできぬ。学生たちは、はじめのうちこそ遠まきにしてながめていたが、数がましてくるにつれて、だんだん大胆になり、格闘の現場に近よってきて、角力の見物人のような喊声をあげていた。

荒畑寒村らが、竹の旗竿にすがりついたまま、だだっ子のようにひきずられていくあとから、ものめずらしそうに学生たちが、ゾロゾロついてくる。道の両がわの校舎の窓から、首を出した学生たちが、ワアワアはやしたてていた。彼らの意志は、社会主義者を声援しているのか、警官隊を激励しているのか、まるでわけがわからなかった。異常な出来事をよろこぶ群集心理のなかには、警察の暴力行為にたいする反感もはたらいていたであろうが、しかし、迫害された社会主義者を救うために手をかした者は、一人もいないようであった。

同じく錦輝館のまえで、警官隊ともみあっていた大杉栄は、彼らのエネルギーが、寒村のグループへさかれて、いくらか手うすになったすきに、白服の包囲線をやぶって、「無政府」の赤旗をかついだまま、強引に一ツ橋通りへ押しだしていった。警官隊のうちの宮園仲・催市助らが、追いかけてきたけれども、村木源次郎や森岡永治や佐藤悟など、元気一ぱいの連中があばれて、そばへよせつけなかった。

今は共立講堂と如水会館のあいだに、ひろい道路が走っているが、当時は、東京高等商業学校の構内であって、一ツ橋の電車通りが、柳の並木道になっていた。かくて、赤旗を中心とした人の渦巻がながれて、この高商まえの道路を舞台に、またあたらしい激闘の場面をうもうとしていたのである。

ここへまた第二回目の白服の応援隊が、サーベルをガチャつかせながら、かけつけてきて、あたりの空気は、いっそうものものしくなった。それに勢いをえた警官隊が、赤旗をとりあげようとして、旗手の大杉に狼のようにおそいかかった。

一段とはげしい乱闘がくりかえされた。大杉は、一個の肉体が発揮しうる最大の戦闘力をしぼりだして、群がる敵とたたかっていたが、ついに力つきて、赤旗からひきはなされてしまった。大杉をとりかこんだ警官隊が、手どり足どりして、そのまま警察署の方へひっぱっていった。それでもまだ抵抗をつづけ「ムム無政府主義万歳」とどもりながら声をからしてさけんでいる大杉の姿には、傷ついた猛獣のような感じがあった。さきに場内で、大杉栄や荒畑寒村に、赤旗をふって挑戦された西川光二郎や吉川守圀ら、いわゆる軟派の『東京社会新聞』に属する人々や、司会者の石川三四郎は、錦輝館の二階の手すりから、この街頭のさわぎをながめていた。

しかし、あらあらしく警官隊にひき立てられていく大杉の姿を見、大杉のさけび声を聞くと、さすがにジッとしておれなくなった吉川守圀が、同志をとりかえそうとしてかけ出していったが、あとから追いかけてきた斎藤兼次郎や渡辺政太郎《わたなべまさたろう》のために抱きとめられてしまった。

「あの連中が乱暴するから、いつもこちらまで迷惑しているじゃないか」

「巡査があんなに大勢いる。君ひとりとび出してみたところで、大杉がとりかえせるわけのものでもない」

社会主義陣営の分裂が、いかに支配階級をよろこばせ、人民の勝利にわざわいするかを見よ。直接行動派と議会政策派、いわゆる硬派と軟派の対立感情が、警官隊の暴力の自由な支配をゆるし、迫害される同志をかえって孤立無援の状態においていたのである。

■黙殺か撲殺《ぼくさつ》か

闘将大杉栄は、ついに敵の手におちたが、それでもまだ「無政府」の赤旗は、村木源次郎が死守していて、五月の花よりも赤くあざやかであった。警官隊の後藤栄吉・前田惣吉に、さきの宮園・催の両巡査が加わって、ようやく村木をひきはなしたあとでも、赤旗は、佐藤悟が守り、けなげな婦人同志がかばって、敵の手にわたしていなかった。

偶然のことといいながら、若き日の加藤勘十《かとうかんじゅう》（※大正・昭和期の労働運動家・政治家）が、ちょうどそこへ通りあわせて、赤旗さわぎを目撃しているのである。そのとき彼は、十七歳の少年で、日本中学の三年生であった。なにか用事があって、京橋の家から、神田まで出かけてきた折、たまたま錦輝館のそばをとおって、ぶっつかったのが、この歴史的事件であった。赤旗のあとについていって、「一ツ橋通りのT字形のところ（高商前）で、あれが管野スガ子だろうが、女が巡査を投げとばすところを見た」と語っている。

しかし、巴御前《ともえごぜん》の武勇談とちがって、社会主義の女が巡査を投げとばしたという事実はない。おそらく婦人同志をまじえた一団が、警官隊ともみあって、つきとばしたり、つきとばされたりしていた混戦状態の映像が、年がたつうち、そんなふうにかわってきたものであろう。

このあたりで、いよいよ堺枯川と山川均の二人を登場させねばならぬ。彼らは、一番おしまいに錦輝館から出てきた。山川は、堺とわかれ、YMCAのある美土代町《みとしろ》の方をまわって家へかえるつもりであった。ところが、おもてに出てみると、黒山のような人だかりのなかで、さかんに赤旗の争奪戦が演じられていたのである。

すてておけないので、二人は、さっそく同志と警官隊のあいだにはいって、赤旗さわぎをしずめようとした。なかでも老練な枯川は、「そんな乱暴なまねはしなくてもいいだろう」という調子で、興奮している警官たちをなだめにかかったが、結局、「それでは、旗をまいていけばよろしい」ということになり、一応休戦条約がまとまった。

そこで、枯川と山川は、憤慨する同志たちを説得して、「無政府」の赤旗をまかせ、「女なら間ちがいはおこるまい」というわけで、神川マツ子に持たせることにした。このさばきによって、今日の戦塵《せんじん》も、ようやくおさまるのではないかと思われていた。

「寒村が神田署へひっぱられたんですって。私、面会にいってくるわ」

一たん同棲したのちにわかれた相手ではあるが、管野は、かつての愛人の寒村が警官の手にとらえられた知らせを聞くと、そのままにしておくことができなかった。

「じゃ、私もついていってあげるわ」

男まさりで、すぐ腕まくりするくせのある神川は、まいた赤旗を堀保子にあずけておいて、管野と二人づれで元きた道をひきかえし、神田警察署へ急いでいった。枯川と山川の二人も、つかまった大杉栄をもらいに、同じく神田署へいくことにして、赤旗の一行とわかれたのであった。

　そのあとで、「無政府」の赤旗は、堀保子の手から、大須賀さと子の手にわたされた。彼女たちは、家へかえるつもりで、神保町の方へ歩いていたが、まいてあった旗がふとした拍子にほどけたのを見とがめて、巡査横山玉三郎が、いきなりとびついてきた。

「話はついているはずじゃないか」

ただひとりの男性徳永保之助が、か弱い旗手を守って、巡査の接近をさえぎろうとした。

「旗をまいていけというのに、命令にそむくのはけしからん」

　さらに巡査石丸次郎が加わって、赤旗をもぎとろうとする。徳永が巡査の胸倉をつかんで、ふせいでいるあいだに、大須賀はにげようとしたが、ついに力およばず、柳の木の下で、さいごの赤旗を敵の手にうばわれてしまった。

　このときの話であろう。小暮れい子が、「黙殺せよ、黙殺せよ」とさけんで、巡査と組み打ちしている徳永をなだめていたのが、横山巡査の耳には、「撲殺《ぼくさつ》（※なぐり殺すこと）せよ、撲殺せよ」と聞こえて、大いに肝をつぶしたというのは。無政府主義者をふくめて、一般に社会主義者をなにか悪魔的な存在に考えたがる笑うべき誤認の多くは、しばしばこのようなたわいもない錯覚から生まれていたのである。

■侮辱された婦人

　一ツ橋通りから神田警察署までの距離は、二町（※約二一八メートル）ぐらいあるかも知れぬ。神田署へのりこんだ管野スガ子と神川マツ子の二人は、つかまった荒畑寒村に面会を申しこんでみたが、「とんでもない話だ」と、一言のもとにはねつけられてしまった。

　腹は立つけれども、仕方がない。二人があきらめて、警察の玄関を出たとき、分捕品《ぶんどりひん》の赤旗をかついでかえってくる巡査の横山玉三郎と滝沢豊治にバッタリ出あった。赤地に白く「無政府」の文字が読める。ここへくるとき、堀保子にわたしておいた命より大事な赤旗ではないか。

「その旗は、さきほどあなた方も承知のうえであずかった品ですから、かえして下さい」

　きかん気の神川が、いっぱし抗議したつもりでいると、一人の巡査が、返事のかわりに、

「貴様の顔に見おぼえがあるぞ」

と、どなりつけて彼女の手をつかんだ。今一人の巡査も、ボンヤリあそんではいなかった。神川のそばに立っている管野をイキナリつきとばしたのである。不意をうたれた管野は、よろめいて地面にたおれたが、おどろいて立ちあがろうとするところを、こんどは腕をねじられて、神川といっしょに、警察の建物のなかへひきずりこまれた。

ああ、なんという侮辱であろう。たださえ逆上しやすい管野は、からだじゅうの血がにえくりかえるようであった。この一警官の暴行のなかに、天皇制国家の暴力を見た彼女は、自分のためにも、同志のためにも、また圧制に苦しむ日本の人民のためにも、泣寝入りに終ることは、どうしてもできなかった。

復讐である。革命である。それまで一婦人記者にすぎなかった管野スガ子が、強烈な無政府主義者になり、いかなる手段にうったえても、日本の国家の暴力支配の根元をくつがえそうと決意するに至ったのは、六月二十二日、サーベルの十字架のしたで野蛮きわまる警察の洗礼をうけてからのことであった。のちに管野スガ子が大逆事件のヒロインとなって活躍したのは、全く天皇制警察国家の白色テロリズム（※体制側からする政治的弾圧）が、みずからまねいた政治的反作用といわなくてはならない。

堺枯川と山川均は、二人の女性のあとにつづいて、神田署の近くまできたが、考えてみると、今日の様子では検束者を釈放してもらえそうにもないので、「家へかえって、毛布でも差し入れてやろう」という話になり、きびすをかえして、元の一ツ橋通りへ出ることにした。

高商前の道路で、さいごまで赤旗を死守して健闘していた佐藤悟が、山川に出あって、五十銭銀貨を一枚もらったのも、この途中の出来事であろう。乱闘の結果、佐藤の着物の袖がちぎれて、ズタズタにやぶれていた。彼は、電車にのって神田橋方面へ脱出しようとしたが、とうとう非常線にひっかかった。今一人の森岡永治も、つかれて道ばたで息を入れているところを警官隊につかまってしまった。

一ツ橋の通りへ出た枯川と山川は、赤旗をうばわれて、ガッカリしている堀保子・大須賀さと子・小暮れい子・徳永保之助の一行と合流した。神保町の停留所から新宿行の電車にのって、柏木の家へかえるつもりで道を急いでいると、一ツ橋通りの交番の前でよびとめられた。

「君たちは錦輝館のかえりか」

「そうです」

と答えた瞬間、交番のそばで待ちかまえていた警官隊が、一行をとりかこんで、堀保子をのぞくあとの五名をそのまま神田警察署へひっぱっていった。これで無政府派の目ぼしい闘士に婦人を加えて、十四名の同志が一網打尽に検挙されたのである。偶発的な事件のように見えていても、社会主義運動の頭部に加えられた戦慄的な打撃であったことは、いうまでもあるまい。

竹内善朔のレポートは、真昼の夢のように消えていった赤旗の悲劇を、つぎのように描いている。

「我同志は、或は蹴られ或は殴打《おうだ》されたれども、赤旗は猶《な》ほ味方の手中にありたり。而《し》かも我同志が群衆の裡《うち》に各々其形影を失うて四散するや、多勢に無勢、遂に敵すべくもあらず。先づ『革命』の旗は何処《いずこ》かに没し去れり。次いで『共産』の旗も巻かれたり。唯《た》だ『無政府』の旗のみ、最後まで其の色鮮かに外国語学校附近に於て大活動をなし居《お》りたりしも、是《こ》れ亦《また》七時頃に至りて、数十名の敵のために奪取《うばいと》られたり」

往年の赤旗旗手荒畑寒村は、「錦輝館を出たとき、そとがまだ明るかったから、午後の四時よりおそくはない」と語っているが、右のレポートをはじめ、新聞記事、判決文、いずれも午後六時ごろと記録しているから、神田街上の赤旗争奪戦は、やはり午後六時ごろにはじまって、一時間ばかりつづき、明るい町の外光を赤旗の色に染めて、七時ごろ終ったものと見るべきであろう。

第四章　日本皇帝陸仁君

■謎の内閣総辞職

赤旗事件のまきおこした社会的興奮がおさまって間のない七月の四日、公爵西園寺公望《さいおんじきんもち》のひきいる政友会内閣が、白柳秀湖《しらやなぎしゅうこ》の表現を使えば、「風もなく音もなく」突然に総辞職して、世人をおどろかせた。

五月におこなわれた総選挙で、政友会は百八十五名の当選者を出して、衆議院の絶対多数を占め、貴族院の研究会・木曜会をひきつけて、わが世の春をほこっていたのである。

西園寺首相は、健康がゆるさぬことを表面上の口実にしていたけれども、誰しもが、その奥にかくされた真実の理由の発見に苦しんだ。なかでも首相官邸の招待会や過半数祭の祝い酒に酔っていた政友会の代議士たちは、色青ざめてさわぎだしたが、総裁西園寺は一顧もくれず、サッサと内閣の椅子を投げだしてしまった。

この政治常識で考えられぬ西園寺内閣の総辞職は、明治政治史の大きな謎とされているが、政界消息通の前田《まえだ》蓮山《れんざん》が、『政変物語』（大正六年三月・文成社）に語るところを聞いてみよう。

「併《しか》し、西園寺の辞職は、決して唐突ではなかった。四十一年の予算編成の時に、元老の干渉を受けた時から其意《そのい》があったのである。世間では、総選挙で絶対多数を得、イザ是《こ》れからだと云ふ場合に辞職したのは不思議であると言って居たが、西園寺でも原でも、衆議院の絶対多数のみで政権は維持されるものでないと言ふ事を知って居る」

日本の政治を私していた元老なるものが、ここへグロテスクな顔を出してくる。明治四一年度の予算編成にあたって、約一億五千万円の歳入不足に苦しんだ西園寺内閣が、紙幣増発の計画を立てて財政難をきりぬけようとしたとき、元老の松方正義《まつかたまさよし》と井上馨《いのうえかおる》が猛烈に反対して、増税を断行しても財政の基礎を固めなければならぬと、政府に干渉してきた。その結果、政府が屈服して、予算を組みかえ、一部は事業のくりのべ、一部は大衆負担の増税をおこなって、収支の均衡をたもつことになったのである。

長州の井上が三井財閥の、薩州の松方が三菱財閥のかくれもなき利益代弁者であったことを思えば、日本の金融資本が元老の手をかりて、西園寺内閣を圧迫していた情景が、目のまえにうかんでくるであろう。

三叉《さんさ》・竹越与三郎《たけこしよさぶろう》の『陶庵公《とうあんこう》』（昭和五年二月・叢文閣）は、日露戦争後にわかに擡頭《たいとう》してきた千万長老・百万長者の資本家勢力が、政界に加えてきた圧力をつぎのように描いている。

「彼等は自然に政治社会に対して、一種の経済階級を組織してしまった。彼等は平生においては、政治家や新聞記者に財宝を給与するので、政治上の株主であることを自覚し、事あるときは公債その他のことについて政府から相談を受くるので、国家の要素であることを自覚して来て、政治上の種々なる註文をつけて来た。従来の政治家は、ただ政党員や浪人のみを駕御《がぎょ》（※自分の思うように他人を使役すること）するの才幹（※うでまえ）あれば足れりとしたが、今やこの他に更にこの経済階級を操縦する力量あることを必要としたが、松田はその人でなかった」

松田正久《まつだまさひさ》は、西園寺内閣の大蔵大臣であった。彼は、自由党以来の政界の長老で、壮士仲間の人望をあつめていたが、財界の事情にうとく、中上川彦次郎《なかみがわひこじろう》（藤原あき子の父）が三井の総支配人であることさえ知らなかった。

「政府に此の経済階級を操縦する力がないと見た官僚派は、全力を尽して、此の階級に接近して、種々の妨害をし出した。かういふやうな訳で、西園寺公は、内閣の前途は財政難にありと見て、むしろ苛烈な政争をせずに退却する方が、国家のためによいと考へて、一鞭《ひとむち》高く春風に馬を躍らして退却したのであった」

むろん、西園寺は、政友会の絶対多数にものをいわせて、財閥・官僚とむすんだ元老の圧迫と戦おうと思えば戦えたのである。が自己保存のためか、彼は正面衝突をさけ、公卿の長袖をひるがえして後退、政権維持の努力を放棄したのであった。

徳富蘇峰の『公爵桂太郎伝』（大正六年二月・伝記刊行会）は、この内閣総辞職をみちびいたふかい経済的暗礁にふれるところがある。

「当時財界の形勢は、甚《はなはだ》しき悲況に陥り、公債支弁の事業は、総て阻止せられ、随《したがい》て第二十四議会に提出して、其協賛を経たる四十一年度予算は、到底之が遂行を許さざるものあり。是《ここ》に於て乎《か》、内閣は既定事業に対して、再繰延を断行し、更に行政を整理し、事業を緊縮し、以て財政の根本的匡救《きょうきゅう》策を講ぜざるを得ざりしと雖《いえど》も、軍事費の繰延に至っては、陸海軍大臣の反対にありて行はれざりき。是れ西園寺内閣が、五月の総選挙に於て殆《ほとん》ど過半数を占めたる与党を味方とせるに拘《かかわ》らず、総辞職のやむべからざるに至りたる所以《ゆえん》なりし也」

公債の相場を調べてみると、五分利公債が八十円に下落している。これは不景気ということの外に、財界の政府にたいする不信用を物語るものであろう。

予算の実行難におちいった西園寺内閣は、編成がえをしようと思っても、軍閥の強硬な反対があって、軍事費の削減に手をつけることをゆるさないため、動きがとれなくなっていた。

日露戦争後、あたらしい勢いをもって、朝鮮と中国の侵略にのりだした日本のミリタリズムは、おさい銭の少い西園寺内閣をつぶして、さらに有能な軍事費の調達者を求めていたのである。

■西園寺毒殺説

けれども、西園寺内閣の総辞職は、財政的な理由のほかに、思想問題で急所をつかれたのではないか。すなわち、社会主義ぎらいでカンシャク持ちの元老山県有朋《やまがたありとも》が、明治天皇に密奏をおこない、西園寺内閣に毒薬をもって頓死《とんし》させたという伝説が、一部に信じられているのである。

早稲田大学の吉田東伍《よしだとうご》博士が『倒叔日本史』第一冊（大正二年一〇月・早大出版部）に、この毒殺説を大胆にとりあげて、山県一派の陰険な倒閣手段をばくろしている。『倒叔日本史』は、日本の歴史家が現代史批判に情熱をかたむけたまれにみる著述であった。

「前内閣派は外交・財政に就いて、元老をして速に内閣を詰責せしめしのみならず、遂に某・某を通じて宮中に入り、政友会は、西園寺首相を初め、原・松田等総べて仏蘭西《フランス》学系統に属し、随ひて共和政治を喜ぶ者にして、近時我国に於ける社会主義・無政府主義者の取締を緩慢に付するも、全く之が為なるのみならず、此多数党たる政友会議員の議決せる新刑法の如きも社会主義を含有し、又近時教育上に於いて、社会主義の加味し来りたるは、全く我国体を傷くべき危険の政策なりと云為せしめたりといふ。蓋《けだし》、西園寺侯、此飛語《ひご》に駭《おどろ》き、病に託して辞職す。世論これを以て、官僚は西園寺を毒殺したりと言ふに至る。中《あた》らずと雖《いえども》、遠からじ」

西園寺内閣が、はたして社会主義者の取締りに怠慢であったかどうかは、本書の読者がよく知っている。にもかかわらず、政党内閣の進出、民主的傾向の増大によって、藩閥・官僚勢力の衰退をおそれた元老山県は、共和主義ないし社会主義にたいする日本の天皇制の本能的な恐怖を利用して、西園寺を弾劾したもののようである。

　もとより、六月二十二日の赤旗示威は、西園寺内閣打倒を目的としたものではなかった。が、その赤旗事件を利用した倒閣陰謀が、巷《ちまた》のうわさとなって、右から左、社会主義者の耳にはいっていたらしい。『熊本評論』第二十七号（明治四一年七月二〇日号）がのせた克水《こくすい》・坂《さか》本清馬《もとせいま》の「東京通信」は、天機もらすべからざるはずの宮廷情報をいち早くキャッチしている。

「内閣の瓦解《がかい》・更迭をして斯《か》く迅速ならしめたる、勿論多くの原因の之れあることと存じ候へども、『二十二日の反逆』も亦《また》其の一因なるやに承り候。そは山県侯が『彼の危険なる無政府党をして、爾《し》かく速かに跳梁《ちょうりょう》・跋《ばっ》扈《こ》せしめたるは、これ西園寺内閣の取締緩慢なりしに因るものなれば、今にして武断的内閣を組織し、断乎たる鎮圧を為すにあらずんば、国家の前途や洵《まこと》に憂ふべきものあり』てふ中傷的奏聞を致され候ふ事にて候。九重の奥雲深くましまして、吾人匹夫《ひっぷ》の身を以て之れが虚実を知るべくもあらざれど……」

　もしこの点だけを大写しにすれば、日本の社会主義勢力、無政府主義者の反抗が、内閣の運命を左右するほどの大きな政治的要因になっていたわけである。

　しかし、毒殺された西園寺自身は、なんと考えているであろうか。三申《さんしん》・小泉策太郎《こいずみさくたろう》の『随筆西園寺公』（昭和一四年一〇月・岩波書店）は、つぎのような談話筆記をかかげて、毒殺説を否定している。

「いろ〳〵の説が伝はってゐるが、わたしは毒殺されたとは思はない――私註に、毒殺されるやうな間抜けではないと云ふ意にも聞えたり、と記せり――いづれの時にも、政敵といふものがあるから、蔭ではどんな事が行はれたか知らないが、社会主義に関することで、何人からも苦情を持ちこまれたり、忠告を受けたりした覚えはない。あの時罷《や》めた――内閣を――のは、以前からの予定の行動で、原・松田などには其意を伝へて置いたが、選挙もあって、党員に失望させてはいかぬといふので、時の切迫するまで、ある程度の秘密を保った。しかし、社会主義を取締ることに就て、ある方面に多少の物議があったのは事実であらう。わたしは頓着しなかったが、原などはそれに気が着き、いくらか取締りの方針を改めたかも知れない」

　いかにも元老の権威と余裕を示した西園寺スタイルの発言である。もしも盛岡の土蔵のなかでながいあいだ眠っていた『原敬《はらたかし》日記』（昭和二六年・乾元社）を嗣子《しし》（※あとつぎ）の原奎一郎《けいいちろう》が思いきって公開しなかったら、西園寺内閣総辞職の真相は、依然として謎のままにのこっていたことであろう。

■元老山県の密奏

日記の示す事実によれば、六月二十二日、赤旗事件のまきおこした政治旋風が、西園寺内閣の内相原敬を事件のあくる日、宮中に参内《さんだい》させていたのである。書類提出で間にあわせていたのが、情勢の激化におどろいて、急きょ参内ということになったのであろう。

「六月二十二日――先日徳大寺《とくだいじ》侍従長より社会党取締に関し尋越《たずねこ》したるに付、病中故警保局長を差出さんと返事をせしに、書面にて送附ありたしと云ふに付、取調書差出し置きたるも、尚本日参内し親しく侍従長と内談せしに……」

その侍従長の内談から、山県密奏の事実がわかってきた。陛下の「御心配」とは、未知の社会主義に対する本能的な恐怖感をあらわしている。

「同人の内話によれば、山県が陛下に社会党取締の不完全なる事を奏上せしに因り、陛下に於《おか》せられても御心配あり、何とか特別に厳重なる取締もありたきものなりとの思召もありたり。山県が他人の取締不充分なりと云ふも、然らばとて、自分自ら之をなすにも非らずとて、徳大寺も山県の処置を非難するの語気あり。徳大寺の如き温厚なる人の口より此の如き言を聞くは意外なりき」

「兎《と》に角《かく》、山県が右様讒構《ざんこう》（※ないことをつくりあげて人をそしること）に類する奏上をなしたりと云ふに付、尚ほ詳細今日まで取締の現況を内話して奏上を乞ひ置きたり」

宮中の習慣として、臣下の拝謁《はいえつ》・上奏は、午前中に制限されていたものらしい。その日は、すでに正午をすぎていたので、原内相は万事を徳大寺侍従長に依頼して退出したが、陰険な山県の策謀に対する憤激を当日の日記のなかでぶちまけている。

「山県の陰険なる事、今更驚くにも足らざれども、畢竟《ひっきょう》（※つまるところ）現内閣を動かさんと欲して成功せざるに煩悶《はんもん》し、此奸《かん》（※よこしま）手段に出たるならん」

山県の宮中工作は、自分ひとりが忠臣で、社会党取締りをおこたった西園寺・原は、陛下の「宸襟《しんきん》（※天子の心）」をなやましたてまつる不忠の臣、という排他宣伝である。この山県の謀略をうちくだき、天皇の信任を回復する必要から、内相原敬は、一日あいだをおいて、ふたたび宮中に参内した。

「六月二十五日――参内して徳大寺に面会せしに、同人より大体奏上し、陛下に於せられても、俄《にわ》かに如何《いかん》ともなすべからざる事情を御了解ありたりと云へり」

「次で拝謁して前内閣已来今日に至るまで、取締の沿革、政府の方針、在米国の社会党に対する処置、長崎に居る露国社会党の状況、並に時々来朝する露国社会党に対する処置、其他将来我社会党に対する処置は、教育、社会状態の改善、取締の三者相《あい》待つ《(ママ)》に非ざれば、其功を奏し難き事を奏上《そうじょう》（※天子に申しあげる）し、陛下に於せられても俄かに如何ともする事能《あた》はざる事情御了解ありたるが如く拝察せり」

明治天皇に拝謁した場所は、たぶん宮中の御学問所であったかと思われる。治安の責任者として、原内相はソツのない行き届いた説明をしている。しかし、天皇の「御了解」をえたような判断をしているのは、認識の不足であった。結果的に見て、山県密奏でショックをうけた天皇の動揺と不安はしずまっていなかった。

その証拠に、明治天皇は、西園寺首相が辞表を提出したとき、すぐにうけとって、いつものような慰留の言葉をかけていないのである。社会主義鎮圧の強化をのぞんで、政権交代の必要を考えていたのであろう。

内相原敬が宮中から退出してくると、政界の悪気流をさけて、首相西園寺は、すでに大磯の有隣庵へ退避したあとであった。

「六月二十七日――西園寺より余と松田に内談あるに付、大磯まで来会あらん事を求め超したるに因り、本日十時、松田と共に大磯に赴き西園寺に面会せしに、近年多病にて今日まで強て留職せしも、到底其任に堪へず。依て辞職せんと云ふ」

なるほど西園寺は、病気を理由にしているし、かねがね辞職の機会をねらっていたのかも知れないが、しかし、二十二日の赤旗事件、二十三日および二十五日の原内相宮中参内、二十五日の大磯逃避行、二十七日の辞意表明――こう直線的にむすびつけてみると、赤旗事件の描いた宮廷の硬化と政界の波紋が、やはり、西園寺をその渦中にまきこんで、総辞職のキッカケになっている事実は、うちけすことができない。

「わたしは毒殺されたとは思はない」と強がりをいっても、山県にもられた毒薬が、西園寺のからだにまわってきたのである。六月三十日、政敵の山県・桂とコッソリ会見して、政権譲渡の諒解をあたえたのも、西園寺の抵抗力がマヒしていたからであろう。もっとも、このヤミ取引きで、桂の次にはまた西園寺、という政権タライマワシの密約をむすんでいたが、譲歩・後退であることにかわりはない。

政党政治を守る立場から、原と松田は、しきりにひきとめたが、西園寺は、七月四日、閣議に持ち出して、むりやりに総辞職を断行した。政党の総裁にそのような独断専行がゆるされるのか、とふしぎに思う人は、この内閣の組閣にあたって、明治天皇のいわゆる大命が、政友会総裁としての西園寺でなく、個人としての西園寺に降下していたのを知らないからである。

西園寺は、文明政治家の風格があり、自由主義者としてみとめられているが、その実際の行動について見れば、人民の意志を代表する民主的政党の代表者というよりも、日本の天皇制から政党に派遣された堂上《どうじょう》（※殿上人）華族という観がふかかった。

■対社会主義方針

杉山其日庵《すぎやまそのひあん》（※本名茂丸《しげまる》）の『山県元帥』（大正一四年四月・博文館）は、日本の社会主義運動の敵役としてにくまれた元老山県有朋が、明治三九年一月、すでに西園寺内閣の組閣当時、内相原敬にたいし、その取締り方に注文をつけていたことをあきらかにしている。

「内務大臣に就任した原敬が、椿山荘に就任の挨拶に来た。其の時山県は就任を賀したる後、社会主義者の取締に就いての注意を促した処、原は言下に『閣下、其の儀は御配慮に及びません。日本には社会主義者と称するものは、僅《わずか》に七十余人しきゃ居りません。のみならず、彼等主義者と称する連中は、恰《あたか》もパンに飢ゑたる痩犬《やせいぬ》の遠吠に止り、人に噛みつく気力もなにもないのであります』と答へた。山県は其の確信あるが如き言葉に対して、夫《それ》以上何んの追窮もしなかったのである。が、其後間もなく神田に於ける赤旗事件が起ったので、有繋《さすが》の原敬も面食《めんくら》はざるを得なかった」

其日庵は、杉山ホラ丸でとおった山県系の策士であるから、右の記事はそのつもりで割引して読む必要がある。原敬が日本の社会主義者をみくびって「僅かに七十余人」「痩犬の遠吠」と形容したかどうかわからないが、とにかく剛愎な彼が、山県の忠告をありがたく拝聴しなかったことだけは事実であろう。

しかし、組閣当初は、桂前内閣の弾圧方針をゆるめて、日本社会党の結成（二月二四日）をはじめてみとめるなど、社会主義の運動にめずらしく宥和《ゆうわ》政策をとっていた西園寺内閣が、途中からだんだんその態度を硬化させてきたのは、やはり、山県一派の反動攻勢に押され気味だったのではないか。

「道路伝ふるものあり、曰く『現内閣の対社会主義方針が、初め甚だ寛にして、後甚だ厳となりしは、山県系の政治家より攻撃されし結果なり』と。事の真偽は知らざれども、之を耳にして間もなく、吾人は『太陽』誌上に於て、清浦奎吾《きようらけいご》氏の社会主義論を読み、同時に『国民新聞』紙上に於て、徳富氏の社会主義論を読みたれば、道路の言を信ぜざるを得ず。山県系の政治家は、一方に於て現内閣を刺激して、社会党撲滅に鋭意せしむると共に、他方に於て其《その》部下文筆あるものをして、社会党攻撃の筆鋒を振はしめ始めしものと思はざるを得ず」

『光』第二十八号（明治三九年一一月一三日号）がのせた西川光二郎の「山県系の政治学と社会主義」は、西園寺内閣の対社会主義政策転換のうしろに、元老山県一派の猛烈な策動と牽制を見ぬいていたのである。

とはいえ、西園寺内閣の対社会主義方針が、山県系の策士にひきずりまわされるほど、よわよわしく受動的なものであったとは考えられない。西園寺と住友財閥、原敬と古河財閥とのふかい縁故に思いをいたすならば、古河資本をおびやかした足尾銅山の暴動が示すような階級闘争の激化にともない、彼等の階級的本能が宥和政策をすてて天皇制と資本主義擁護の立場から、警察国家的な弾圧方針へしだいにかたむいていったと見るべきであろう。

「七月七日――山県等が忠義顔して取締を云々するも、現内閣が社会党など寛仮《かんか》（※おおめに見ること）せしことなし。但し、其手段は彼等一派の為すが如く狂暴ならざるなり」

内相原敬が弁明するとおり、日刊『平民新聞』の発行禁止、足尾銅山暴動の武力鎮圧、日本社会党の解散、金曜講演派の投獄、赤旗事件の大量検挙――いずれも、西園寺内閣によっておこなわれた血なまぐさい弾圧であり、黄金の魔神の祭壇にささげられたいたましい犠牲《いけにえ》の羊であった。

公平なはずの裁判所もまた、政府と調子をあわせて、社会主義者をしめつけていた。が、明治天皇は、それでも満足でなかったらしい。

「七月二日――先頃は社会党に対する取締の緩慢なる事を内奏し、其他新刑法は不敬罪等に対して緩なるは現政府が忠君の念慮に乏しき為めなりと内奏し、夫が為めに裁判官等謁見の際、特に侍従長より大審院長及び検事総長に質問あり。横田・松室等奉答したる事ありと言ふ」

『原敬日記』の宮廷情報によれば、山県密奏にあおられて社会主義者なるものに脅威を感じた明治天皇が、大審院長横田国臣《よこたくにおみ》、検事総長松室致《まつむろいたす》を前にならべて、司法機関最高首脳の忠誠を点検し、取締りの強化をうながしていた。俗語でいえば、ハッパをかけたのである。

その効果はテキメンであった。東京市電の電車賃値上反対運動に参加して、電車焼打事件（明治三九年三月一五日）に連座した当時の社会党員西川光二郎《にしかわこうじろう》・山口孤剣《やまぐちこけん》・吉川守圀《よしかわもりくに》・岡千代彦《おかちよひこ》が、七月一日、七月四日、とつぜん宮城控訴院の命令で保釈取消しとなり、東京監獄に強制収容されてしまった。

あきらかに山県密奏と赤旗事件の余波である。とりわけ気の毒なのは山口孤剣であった。六月十八日、保釈・出獄してきたかと思うと、二十二日の赤旗出獄歓迎会の騒ぎがたたって、わずか半月でまた監獄へ逆もどりのうき目を見ている。

この電車焼打事件の被告は、東京地方裁判所の第一審判決（明治三九年七月七日）で全員無罪。東京控訴院の第二審判決（明治四〇年九月五日）でも全員無罪。ところが大審院では裁判長鶴丈一郎《つるじょういちろう》が、検事上告をとりあげて、明治四一年二月七日、前判決を破棄し、宮城控訴院に事件をさしまわした。吉川守圀の『荊逆星霜史』によると、無罪判決破棄の理由は「被告らが暴行に関係のなかった事実をみとめるが、内心暴行に賛成の意志があったかどうか、この点をよく再審せよ」ということであった。犯罪行為がなくても「犯意」があれば処罰する、という態度である。これで形勢逆転。政治干渉の危機を感じた弁護人鵜沢聡明《うざわそうめい》が、東京からかけつけて、五月十九日、仙台の法廷で司法権の独立を叫んだ三時間の大雄弁もむなしく、六月十三日、全員に有罪の判決が下った。

西川の重禁錮二年、山口・吉川・岡らの重禁錮一年六ヵ月など、今までになかった重い体刑である。被告一同が不服をとなえて大審院に上告中、保釈取消しになったところで西園寺内閣がたおれた。ついで桂内閣が成立して間のない七月十四日、大審院が上告を却下して強引に有罪を決定してしまった。

二年間の裁判経過と判決の変更は、司法権の独立が名ばかりで、権力政治のつよい影響と支配をうけていたことを物語っている。

明治天皇の忠誠点検をうけて神経を硬直させた両首脳が、部下の司法官僚を督励《とくれい》しながら、社会主義者の断罪に積極的な態度でのりだしてきたことは想像にかたくない。菊のご紋章のかがやく裁判所は、もともと天皇制の付属機関であったけれども、社会主義者の厳罰方針が、このころから急に目立つようになってきた。

とくに社会党被告の全員無罪の判決を差し戻して、全員有罪に切りかえる法律的操作にあたった大審院判事鶴丈一郎の名前をわすれることができない。なぜなら、鶴丈一郎はその人権無視の決断力が買われて、大逆事件の裁判長に登用されたとき、作為的な検事論告をそのまま鵜《う》飲《の》みにして、二十四名の被告に死刑の判決を下し、天皇制裁判のなかにかくれた暴力を全裸的に見せてくれたからである。

■仮面の帝大教授

六月二十二日の赤旗事件は、しかし、西園寺内閣総辞職の原因ではなかった。なぜなら、問題の山県密奏が、二十二日の以前においておこなわれていたからである。赤旗事件は、すでに毒がまわって、なにかのキッカケでたおれる状態にあった西園寺内閣のつまずきの石のような出来事であった。総辞職を促進したけれども、原因とはいえないだろう。

このクーデターにも似た山県密奏は、社会主義取締りの問題を訴えて明治天皇をつよく刺激した、という以外に、密奏の具体的な内容がいまだにわからなかったのである。しかし、元老山県が毒殺手段に使った材料はなんであったか、毒殺材料の提供者は誰であったか、という点に狙いをつけて、二人の民間史家、竹越三叉と白柳秀湖が真相を追及していた。二人とも西園寺びいきで、山県が毛虫のようにきらいな文民派であった。

前記『陶庵公』を書いた竹越三叉は、東京帝大教授・法学博士高橋作衛《たかはしさくえ》（大正九年九月一二日死亡）なる人物をつかまえてきて、その秘密の仮面をはぎとっている。

「高橋作衛が、アメリカから帰ってきて山県を訪問し、アメリカにゐる日本人に兇暴な社会党があって、本国の同志と私《ひそ》かに策応してをって、何事かを目論《もくろ》んでゐる。これは、政府の取締の緩慢なためであるから、よろしく一網打尽すべしなどと説いたので、山県まで乗出して、政府に強圧政策を要求した」

これでは、情報の提供者というより、弾圧の煽動者である。その結果、山県が宮中に参内して、社会主義の陰謀をにぎったという高橋国際情報を毒殺手段に使うことになるわけであった。

高橋作衛は、戸水寛人《とみずひろんど》・上杉慎吉《うえすぎしんきち》らとともに、日露開戦を首唱したいわゆる東大七博士の一人であり、当時有名な国際法学者であった。この高橋と山県の関係にさらにふかくメスを入れて、高橋博士を国際スパイなりと摘発したのが、白柳秀湖の『続財界太平記』（昭和五年五月・日本評論社）である。

秀湖説によると、日露戦争後、博士は官命をおびてアメリカにわたり、東部ニューヨークにあって、日本の対米宣伝につとめていたが、しかし、彼のするどい目は、西部サンフランシスコを中心とする在留日本人の社会主義運動にそそがれていた。

「当時サン・フランシスコには幸徳秋水が居り、岡繁樹《おかしげき》氏の桑港平民社を中心として、彼地の日本人間に盛に社会主義の宣伝を行って居た。高橋作衛は、自身サン・フランシスコに出張して、具《つぶさ》に彼等の活動を視察し、その矯激《きょうげき》なる言説と奔放なる行動とを眼のあたりに見て、それが日本の国際関係に及ばす悪影響に就き深憂《しんゆう》を懐き、数次密書を山県に寄せて、彼等の取締を厳重にすべきことを進言した」

高橋作衛法学博士

矯激なる言説というが、言論の自由なアメリカでは、日本人社会主義者の活動は、なんらの制限をうけていなかった。また、秋水は明治三九年六月に帰国したから、高橋博士の渡米とのあいだに、約一年半のひらきがあった。両人は、シスコで顔をあわせていない。

「何でも高橋博士は、当時非常な危険を冒して、桑港かロスアンゼルスかに置かれた社会主義者の巣窟《そうくつ》をさぐり、或る時は彼等からピストルの猛射を受けながら、死線をこえて、国家の為に奔走したなど、鳴物入りで家人を喜ばせていたらしい」

まさしく探偵小説そのままのスリルにみちた大冒険であった。が、博士は、帰国後なぜかこの手柄話を大学関係者の誰にも語っていなかった。

「ただ穂積陳重《ほづみのぶしげ》博士が、幾分その内情を知って居たものか、或る時、或る人との対談中、『高橋は今度外務省から別に旅費を取った。それは何でも派遣された仕事の外に何か別の仕事をして来たといふので請求したのださうである』と話して居られたことがあるさうである」

「別の仕事」というのは、在米中の秘密諜報活動で、その特別報酬を請求したものらしく、かくて学者の憂国の精神が、手垢のついた金貨に姿をかえたのである。

ところが、ふしぎなことに、当時さかんに運動していた桑港平民社岡繁樹や麦嶺《バークレー》革命社の岩佐作太郎《いわさ さくたろう》に聞いてみても、高橋博士のことはぜんぜん知らないといっている。ましてや、博士を相手にピストルを猛射した話も、耳にしていない。社会主義を相手にピストルをまわした博士の武勇伝は、諜報の価値を高くするための西部劇だったのであろうか。

けれども、三叉説、秀湖説は正しかった。やはり、高橋博士が政界の謎とされた西園寺内閣毒殺の調剤者であったことは、うごかしがたい事実のようである。

三叉・秀湖は、毒殺の共犯者である高橋博士をつかまえることはできたが、博士のカバンのなかまで調べることができなかった。さいきんそのカバンの中味の一部が出てきたらしく、稿本『在米日本人社会主義・無政府主義運動史略年表』（昭和三四年一一月）の、「明治四十年十一月」の項に「中旬、東京帝大教授高橋作衛法学博士サンフランシスコに来り、社会主義者の動静に注目する。密偵巽《たつみ》・川崎らに接触」という記事がのっている。

国際法の大家である高橋博士の渡米目的は、排日運動でヒビのはいった日米関係を改善するために、カーン基金を利用して、日本人の移民問題を調査してくることであった。出発前、元老山県から在米日本人社会主義者について行動内偵の密命をうけていたかどうかは、まだ明らかでない。

が、明治四〇年十月二日、横浜を出帆した高橋博士が、太平洋をわたって、十月十八日、シアトルに上陸、バンクーバーをへて、十一月三日、菊かおる天長節をポートランドでむかえ、ここで「日本皇帝睦仁君ニ与フ」の大不敬事件に出くわしたのは、まるで革命劇の上演を見物にきたようなものであった。

爆裂弾の匂いのする『ザ・テロリズム』の出現で、めでたいはずの天長節がメチャクチャになってしまった。領事館の狼狽《ろうばい》。愛国的居留民の憤激。領事館は、ひたかくしにかくすつもりで、日本人街にはりだされた不敬文書の回収に骨を折っていたが、十一月十一日、アメリカ社会党機関紙『コール』が、日本語で書かれた公開状の原物写真を入れて、『ザ・テロリズム』事件を大きく報道したために、日本皇帝睦仁《むつひと》君もまた、ロシア皇帝やスペイン皇帝と同じように、暗殺者にねらわれている専制君主というみじめな姿で、全米的に、世界的に宣伝されていった。

ひどい国辱である。日本では想像することさえできない異常な混乱と興奮と侮辱のなかで、国際法学者の高橋博士は、なにを見、なにを聞いたであろうか。

■『ザ・テロリズム』

黒潮のながれる太平洋沿岸サンフランシスコと、その対岸の小都市を舞台に、天皇暗殺という兇暴な形で、実は、天皇制批判の第一声をあげた『ザ・テロリズム』は、前記『コール』紙上の写真版（隅谷《すみや》三喜男《みきお》所蔵）に面影をとどめているが、残念ながらその現物は、在米日本人社会主義者の草分け、桑港平民社の岡繁樹や麦嶺革命社の岩佐作太郎の手もとにものこっていないらしい。

しかし、日本の宮廷を架空の爆裂弾で震撼《しんかん》させたばかりでなく、大逆事件とも海底電線のようなふかいつながりを持つこの歴史的革命文献の重要性を考えて、近代日本史料研究会が復刻した内務省警保局『社会主義者沿革・第二』(絲屋寿雄《いとやとしお》所蔵)に調査資料としてはいっている「暗殺主義」の内容を再録することにしてみたい。戦後版の『明治文化全集・社会篇』(昭和三〇年一〇月・日本評論新社)のうち「米国ニ於ケル日本革明(ママ)党ノ状況」にも収録されているが、長文の引用をいとわないのは、半世紀前の印刷物が、ごく少数の特殊研究家をのぞいて、日本人の眼にまだふれていないと思うからである。(※原文は句読点なし。適宜、付した)

Vol.1 No.1 The Terrorism Nov.3 1907

○我徒ハ暗殺主義ノ実行ヲ主張ス

暗殺主義 第一巻 第一章

An open letter to Mutsuhito Emperor of Japan from an artists—— Terrorists.

日本皇帝睦仁君ニ与フ

日本皇帝睦仁君足下《そっか》 余等無政府党革命党暗殺主義者ハ、今足下ニ一言セント欲ス。

抑《そもそ》モ天地間ニ存在スル総テノ物体ハ、一分時一秒時ト雖《いえども》、静止ノ状態アルコトナシ、人類界マタ然り。昨ノ人類ハ、今日ノ人類ニアラズ。今日ノ人類マタ、明日ノ人類ニアラス(ママ)、或《あるい》ハ人遙《はるか》ニ溯《さかのぼり》テ人類ノ祖先ヲ尋ヌレハ、ソレハ猿類ナリシヲ知ルヘク、猿類ノ祖先マタ、ソレ以下ノ動物タルヤ明也《あきらかなり》。之レヲ精細ニ比較考究セバ、其間ニ進化律ノ存スルアリテ、斯《かく》ノ如ク変化シ、斯ノ如ク進歩、発展シテ、殆《ほと》ント以前ノ形骸ヲダニ認メザルニ至ル。

足下知ルヤ。足下ノ祖先ナリト称スル神武天皇ハ何者ナルカヲ。日本ノ史学者、彼ヲ神ノ子ナリト雖、ソハ只《た》ダ足下ニ阿諛《あゆ》(※おもねりへつらうこと)ヲ呈スルノ言ニシテ、虚構ナリ。自然法ノ許ササル所ナリ。故ニ事実上、彼マタ吾人ト等シク猿類ヨリ進化セル者ニシテ、特別ナル権能ヲ有セサルコト、今更余等ノ喋々《ちょうちょう》ヲ待タサル也。彼ハ何処ニ生レタルヤニ関シテハ、今日確実ナル論拠ナシト雖、恐クハ土人ニアラズンバ、支那或ハ馬来《マレー》半島辺ヨリ漂流セルノ人ナラン。遮莫《さもあらばあれ》(※不本意であるが、そのとおりにしておこう)、彼ハ其ノ附近ヲ掠奪《りゃくだつ》シテ、多クノ奴隷ヲ作リ大ニ暴威ヲ揮《ふる》ヘ(ママ)タルコト、今日足下カ吾人ニ向ツテナシツツアルト敢テ異ナラザルベシ。

其《その》当時ニ於テ最モ残忍、(ママ)刻薄ナル彼神武ハ、主権者ナリ統治者也テフ名目ノ下ニ、アラユル罪悪、汚行ヲ専ニシ、其子マタ父ニナラヒ、其子マタ父ニナラフテ(ママ)、遂《つい》ニ百二十二代ノ足下ニ至レリ。噫《ああ》、二千五百有余年間！此間、足下及ヒ足下ノ祖先ハ、足下等ノ権ヲ維持センガタメニ、足下等ノ虚栄心ニ満足ヲ与ヘンガ為メニ、如何《いか》ニ多ク吾人ヲ苦シメタルヨ、如何ニ多ク吾人ヲ屠《ほふ》リタルヨ、如何ニ多ク吾人ノ富ヲ奪ヒタルヨ、吾人ハ之ヲ思フ時ニ当リ、足下等ノ首ヲ斬リ、足下等ノ肉ヲ灸《あぶ》リテ食フモ、猶《なお》アキタラザル心地ス。敢テ問フ、足下等何処ヨリ権力ヲ得タル。若《も》シ足下等カ生レナガラニシテ得タリトセバ、足下等ニ迫害サレ、蹂躙《じゅうりん》セラレツツアル吾人モマタ得ザルベカラズ。然《しか》ルニ事実ハ之ニ反セリ。余等、足下等ヲ目シテ残忍、刻薄《(ママ)》ナリト云フハ、実ニ之ガ為メ也。

　権力ハ暴威也。暴威ヲ以テ他ヲ厭（壓ノ誤ナラン）スルノ力ナリ。故ニ暴威益々《ますます》盛ナレバ、権力益々盛也。足下ノ祖先ノ或者ハ、タマ〳〵他ヨリ権力ヲ害セラレタル時ハ、暴威ヲ他ヨリ害セラレタルノ時ナリキ。今日足下ハ、足下ノ権力ヲ他ヨリ害セラレザランガ為メニ、而《しか》シテ（※また同時に）其権力ヲ絶大、無限ナラシメンガ為メニ、其機関トシテ政府ヲ作り、法律ヲ発シ、軍隊ヲ集メ、警察ヲ組織シ、而《しか》シテ他ノ一方ニハ、人民ヲシテ足下ニ従順ナラシメンガ為メニ、奴隷道徳、即チ忠君愛国主義ヲ土台トセル教育ヲ以テス。マタ務メタリト云フヘシ。而シテ其必然的結果トシテ生シタルハ貴族也、資本家也、官吏ナリ。此等ノ輩《やから》ハ、常ニ足下ノ威ヲカリテ、暴逆《(ママ)》無道、人民ヲ苦シムル、恰《あたか》モ木偶《でく》漢ヲ遇スルカ如シ。如斯《かくのごとく》ニシテ日本人民ハ、奴隷トナリタル也。自由ハ絶対的ニ与ヘラレザル也。足下ハ、神聖ニシテ侵スヘカラサル者トナリ、紳士閥（※資本家。ブルジョア）ハ泰平楽ヲナラヘテ、人民ハイヨイヨ苦境ニヲチイレリ。

　睦仁君足下。足下ヨク自由ナクシテ「人」タルヲ得ルカ。思フニ得サルベシ。足下ノ人タルヲ得ザル如ク、吾人モマタ得サル也。如何トナレバ、人ハ「人」ニシテ初メテ人ナレバ也。嗚呼《ああ》、誰レカ人ノ如ク生レテ「人」タルヲ欲セサル者アランヤ。吾人ハ実ニ人タランヲ欲スル也。故ニ奴隷ノ位置ヲ棄《す》テ、自由ノ位置ヲ得ザルベカラス。今日ノ学者、能《よ》ク人生ノ意義ヲ語ル。然レ共、彼等ノ語ル処ハ、人生ノ意義ニアラズシテ、奴隷ノ意義ニアラズヤ。現在、所謂《いわゆる》「人間」ノ意義ニアラズヤ。自由ナクシテ何ノ人生ゾ。人ハ自由ニシテ生キ、自由ニシテ初メテ進歩、発達ス。然ルヲ、足下ノ権力及ビ其機関ハ、常ニ其生ヲ害シ、進歩、発達ヲサマタゲツツアルニアラズヤ。

　茲《ここ》ニ於テカ知ル。足下及ビ足下ノ機関ノ存在ハ、吾人五千万ノ日本人ヲシテ「人」タラシメサルナリ。如斯《かくのごとく》ニシテ吾人ハ猶足下ニ向テ敬意ヲ表シ、陛下ヨトイハザルベカラザルカ。

睦仁君足下。曩《さき》ニ足下ハ、足下ノ暴威ノ範囲ヲ拡張センカ為メニ、隣邦支那ト戦ヘリ。近クハ露国ト戦タリ。此時ニ於テ足下ノ幇間《ほうかん》ハ、挙国一致ヲ説キ、忠君愛国ヲ語リツツ、殺戮《さつりく》ヲ奨励シタリ。嗚呼、日本ノ平民ニ何等ノ怨恨カアル。彼等ノ多クハ日本人ヲ知ラサルカ如ク、日本人モ亦《また》彼等ヲ知ラサルナリ。故ニ其間ニ何等ノ利害、得失アルヘキ筈《はず》ナシ。況《いわ》ンヤ、剣ヲ抜キ砲ヲ取リテ戦フニ於テヲヤ。然ルニ、足下ノ奴隷道徳ニ養成サレタル或者《あるもの》ハ、「国家ノ為メ」ト叫ヒ、或者ハ足下ノ法律ノ強制ニヨリテ戦場ニ走リヌ。斯《か》クシテ彼等ハ、足下ノ名ニヨリテ数百万ノ富ヲ強奪シ、又強奪サレ、或ハ消費シ了ハンヌ。

彼等ノ多クハ、何ノ為メニ戦ヘシカヲ能《よ》ク解セサレ共、其ノ結果ハ、能ク吾人ニ何ノ為メナルカヲ語ルナリ。戦後ノ足下ハ、一等国ノ君子トナリシニアラスヤ。貴族ハ爵位ヲ得シニアラスヤ。而シテ自ラ銃砲ヲトリテ戦ヘシ平民ノ子ハ、戦場ノ露ト消ヘ、或ハ傷ケラレ、或ハ捕虜トナリ、幸ヒニシテ帰リシ者ハ重税ヲ課セラレ、十億ノ国債ヲ荷《にな》フテ猶、饑餓《きが》ト戦ヒツツアルニアラスヤ。君ヨ、足下及《および》足下ノ周囲ナル権力階級ハ、失フコトナクシテ得ル処大ナルヲ。君ヨ、平民階級ハ、失フトコロ大ニシテ得ル処一モナキヲ。

人ハ生ヲ欲ス。コレ、足下ト吾人ト等シク欲スル所ナリ。人ハ生ヲ愛ス。コレ、足下ト吾人ト等シク愛スルトコロナリ。総テノ動物ハ、生ノ自由ヲ有ス。鳥ノ生存スルハ、鳥ノ自由也。人ノ生存スルハ、人ノ自由ナリ。此《この》自由アリテ、人ハ初メテ幸福ニ、鳥ハ初メテ幸福也。故ニ吾人ノ生存ハ、吾人ノ自身ノ幸福ノ為メニ生存スルモノニシテ、足下ニ束縛セラレ、蹂躙センガ為メニ生存スルニアラス。足下ノ権力ハ、常ニ此生存ノ自由ヲ無視シツツアリ。足下ノ命令ニ依リテ殺戮サレタルハ、足下ノ自ラ手ヲ下シテ殺戮シタルト等シキ也。足下重税ヲ課シテ饑餓セシメタルハ、足下自ラ手ヲ下シテ饑餓セシメタルト等シキ也。此意味ニ於テ、足下ハ謀殺者也《（ママ）》。逆殺者也。如此《かくのごとく》ニシテ猶吾人ハ、足下ニ向ツテ忠実ナル奉仕ヲナスト《（ママ）》義務（若シアルトシテ）アリト云フカ。

睦仁君足下。足下ハ只《た》タ足下ノ権力ヲ維持センカ為メニ、斯クマテモ大ナル犠牲ヲ作リテ敢テ顧ルトコロナキカ。而シテ日本ノ自由論者ハ、足下ニ何ヲ語リ、足下ニ何ヲ要求シツツアルカニ耳ヲカタムケサルカ。余等ハ知ル。足下ハ、只タ単ニ耳ヲカタムクルコトヲサヘナサスシテ、却《かえっ》テ彼等ヲ迫害シ、圧制シツツアルヲ。自由ヲ叫ヒタル新聞、雑誌ヲ《（ママ）》発行ヲ禁止サレ、罰金ヲ課セラレタルニアラスヤ。自由ヲ叫ヒタル新聞、雑誌記者ハ、入獄ヲ命セラレタルニアラスヤ。自由ヲ要求シタル労働者ノ一群ハ、軍隊ニ射殺サレ、投獄サレタルニアラスヤ。単ニ憲法ノ範囲内ニ於ケル自由ヲ主張シタル日本社会党者カ、解散ヲ命セラレタルニアラスヤ。ココニ於テ、吾人ハ断言ス。足下ハ吾人ノ敵ナルヲ。自由ノ敵ナルヲ。而シテ足下カ自由論者ニ向テナシタル行動ハ、自由論者ニ向テ挑戦シタルノ行動ナリト。ヨシ、然ラハ吾人ニモマタ吾人ノ覚悟アリ。吾人、徒《いたず》ラニ暴ヲ好ムモノニアラス。然レ共、暴ヲ以テ圧制スル時ニハ、暴ヲ以テ反抗スヘシ。然リ、吾人ハ最後ノ血滴ヲソソガンマデモ足下ニ反抗シ、現在ノ秩序ニ逆ヒテ反抗スヘシ。遊説ヤ煽動ノ如キ緩慢ナル手段ヲ止メテ、須《すべから》ク暗殺ヲ実行シ、間諜者、圧制者ハ総テ、其人ノ如何ナル地位ニアルヲ問ハス、盡クソヲ謀殺スヘシ。

足下ノ政府ハ、意ノ欲スルガママ余等ヲ絞殺シ、又或一部ノ革命団体ヲ圧服、撲滅スルヲ得ン。余等ハマタ、足下ノ政府カ革命ノ肝要ナル機関ヲ打破スルニ於テ成功シ得ヘキヲ認メン。然レ共、ソハ到底事物ノ有様《ありよう》ヲ変更スルノ力ヲ有セサルヤ明《あきらか》也。

春来リテ花咲クハ、何ノ為メゾ。ソハ自然ノ力也。夏来リテ実ヲ結フハ、何ノ為ソ。ソハ自然ノ力也。夫レ革命ノ起ルヤ、起ラントシテ起ルニアラズシテ、自然ニ起ルモノナリ。革命ハ、決シテ個人ニ関係セシ事ニアラスシテ、寧《むし》ロ社会有機体ノ進行也。国民ノ不平ハ、不平トシテ生セスニアラデ、自然淘汰ノ作用ニヨリテ生出シタル也。而シテ其作用ノ最後ニ起リタルハ、実ニ余等ノ暗殺主義其者也。

ソレ等ヲ単純ナル紙上ノ空論ト誤認スル勿《なか》レ。暗殺主義ハ、今ヤ露国ニ於テ最モ成功シツツアリ。仏国ニ於テマタ成功シタリ。余等ノ暗殺主義ハ、コレ等ノ先進者ノ成敗ニ鑑《かんが》ミテ、一層秘細ナル研究ヲツミテ生シタルモノ也。足下ハ、コハ実ニ怕《おそ》ルヘク、驚クヘキモノニアラスヤ。然リ、コレ実ニ悲シムヘキモノノ最也。然レ共、コハ足下自己ノ自ラ作リシモノナリ。又如何トモスヘカラサル也。

睦仁君足下。憐レナル睦仁君足下、足下ノ命ヤ旦夕《たんせき》ニ迫マレリ。爆裂弾ハ、足下ノ周囲ニアリテ、将《まさ》ニ破裂セントシツツアリ。サラハ足下ヨ。

千九百〇《（ママ）》七年十一月三日　足下ノ誕生日

無政府党暗殺主義者

（此原文ヲ英、仏、独ノ三国語ニ翻訳シテ、世界万国ニ配布シタリ）

右の『暗殺主義』を英・仏・独の三ヵ国語に訳して、世界各国にほんとうに配布したかどうか、ハッキリしていない。日本に配布されたものは、「表が英文で裏面に邦文で訳してあった」と、群馬県邑楽《おうら》郡高島村の築比地《ついひじ》仲助《なかすけ》が語り、菊池邦作《きくちくにさく》の『群馬県社会運動の歩み・上』（昭和三四年九月・労働運動史研究）も採用しているが、正確にいえば、原文が日本語であるから、英文の翻訳をそえてあったことになるわけで、日本には、一枚の紙の表裏に印刷した和英両文のものを送ってきていた模様である。

築比地仲助の『平民社回顧録2』（昭和三四年七月・労働運動史研究）によれば、「築比地あてに三枚、同村の岩崎松元あてに三十枚送られてきた」と証言している。大逆事件が発生して、高島村に手入れがあったとき、村の助役蟹江鉦三《かにえしょうぞう》の家宅捜索がおこなわれ、紙質が上等なので、着物を入れる梱《こうり》の敷紙に使っていたのが発見されて大騒ぎになり、入手径路をたどった結果、岩崎松元が不敬罪で起訴され、懲役五年の刑罰をうけるという村の出来事があった。

この一例を見ても、天皇制警察国家が、アメリカから送られてきた『ザ・テロリズム』の伝播《でんぱ》を極度におそれて、「革の根を分けても」という意気ごみで、八方探索にあたっていたことがわかるのである。

■竹内の無鉄砲

この明治天皇にあてた公開状は、「暗殺主義」のレッテルがはってあったために、頭から犯罪的な印象をやきつけてしまったが、中身は、堂々たる日本人民権利宣言であり、天皇制からの奴隷解放宣言であった。

全体の思想的骨組が、ダーウィンの自然進化論であることは明らかで、その上に社会進化論をかさねた二重構造になっている。むしろ、社会主義以前のものであったが、人類の起原、猿類の時代から説きおこして、神武天皇が代表する日本歴史の暗い神秘主義に、進化論の照明をあびせて、天皇神格説を完全に否定し、「神の子」の天皇を人間の世界にひきずりおろしたのは、天皇制批判の中心命題といわなければならない。

公開状の起草者は、天皇と国家権力がむすびついた天皇制の歴史を美化することをゆるさなかった。人皇《にんのう》（※神代と区別して神武天皇以後の天皇）百二十二代にわたるという皇統連綿のなかに、抑圧された人民の迫害・蹂躙・苦痛の暗黒史を見いだしたのである。「足下等ノ首ヲ切り、足下等ノ肉ヲ炙リテ食フモ、猶アキタラサル心地ス」という極端な形容にしても、残虐された人民の怨恨の探さを示そうとする憎悪拡張の言葉であった。

現在の天皇も、政府・法律・軍隊・警察の組織権力と、忠君愛国主義教育・奴隷道徳をとおして、人民を奴隷化している。表向きは近代国家でありながら、「足下ハ、神聖ニシテ侵スヘカラサル者トナリ、紳士閥ハ奉平楽ヲナラヘテ、人民ハイヨく苦境ニオチイレリ」という大きな社会矛盾が出ているではないか。

「吾人ハ実ニ人タランヲ欲スル也。故ニ奴隷ノ位置ヲ棄テ、自由ノ位置ヲ得サルヘカラス」この強烈な人間的平等・人間的自由の要求こそが、日本人民の無権利の状態を打破しようとした天皇あて公開状の真精神であった。フランスのルッソー、アメリカのリンカーンやパトリック・ヘンリー、日本の福沢諭吉や中江《なかえ》兆民《ちょうみん》の自由思想が、在米日本人のなかで一個の果実をむすんだ日本人民権利宣言、抑圧的な天皇制からの奴隷解放宣言として正しく評価すべきものであった。

起草者は、明治天皇が膨脹主義をとって、中国やロシアとのあいだに戦争をおこしたことをはげしく非難した。戦争の相互殺戮によって、天皇と周囲の権力階級は、大きな利益をあげたが、人民は犠牲をしいられただけで、得るところは一つもなかった。明治天皇は自由をさけんだ新聞・雑誌を弾圧し、記者を投獄し、労働者を射殺し、日本社会党に解散を命じた。天皇を「自由の敵」として断罪せざるをえないのである。

この天皇制批判という点で、『ザ・テロリズム』は、「天子なき自由国」を説いた林泉寺《りんせんじ》の革命僧内山愚童《うちやまぐどう》の『入獄記念 無政府共産』や、『日本古代史』によって開眼された大阪平民社の森近運平《もりちかうんぺい》の革命宣伝と、共通の性格を持っている。まだ体系化してはいなかったが、幸徳秋水の断片的な天皇制批判を組み立ててみたら、やはり、共通思想の構築ができあがるであろう。

ただ、同じ天皇制批判にしても、愚童の秘密出版物と森近の革命宣伝の影響をうけて意識化した労働者宮下《みやした》太《た》吉《きち》は、当用日記（明治四一年）の皇室欄に「寄生虫ノ集合体、革命ノ時ハ皆殺ス」と書き入れをしていた。『ザ・テロリズム』の暗殺主義と同一の激情に圧迫され、実際に爆裂弾を製造して、危険な天皇暗殺計画に潜入していったことを思いあわせると、偶然の暗合だけではかたづけられないような気もするのである。

宮下の暗殺主義が、自主的なものであったのか。輸入的なものであったのか。確証はないけれども、アメリカから密送されてきた『ザ・テロリズム』が、あるいは森近運平の手をへて宮下太吉にわたり、異常な刺激と興奮をあたえたことが、一つの仮定として考えられないことはない。『ザ・テロリズム』が、本国の同志に及ばした影響、とくに宮下との関係は、天皇暗殺、大逆事件の震源地を発見する意味で、今後の重要な追及課題になっている。

本文にもどって、天皇あての公開状が、「暴ヲ以テ制圧スル時ニハ、暴ヲ以テ反抗スヘシ」と宣言したのは、圧制された人民の普遍的な抵抗の権利であり、権力者の暴力攻撃を排除するためのやむをえない対抗手段であって、暴力そのものを目的とした暴力主義ではない。しかし、ここまでは理性的な天皇制批判であり、正当な権利宣言であったものが、一転して「遊説ヤ煽動ノ如キ緩慢ナル手段ヲ止メテ、須《すべから》ク暗殺ヲ実行シ……」と、暗殺主義を全面的に押しだしてきたところに、焦燥と逸脱があり、重大な疑問点があった。

ましてや、「足下ノ命ヤ旦夕ニ迫マレリ。爆裂弾ハ、足下ノ周囲ニアリテ、将ニ破裂セントシツツアリ」という爆裂弾の脅迫に至っては、極左的言辞をもてあそんで一時の痛快をむさぼったにすぎない反面、社会主義・無政府主義の認識をあやまらせ、革命に対する無用の恐怖心をうえつけたばかりでなく、海をわたって、明治天皇の神経を過度に刺激しすぎた結果、社会主義鎮圧体制の強化をうながして、本国の同志をよけいに苦しめ、はては大逆事件の犯罪製造に悪用されたフシがあるなど、数々の逆効果をまねいた責任は、けっしてかるいものではなかった。

『社会主義者沿革・第二』の領事館報告は、この過激文書の張本人を「竹内鉄五郎《たけうちてつごろう》之カ起草ノ任ニ当リ、小成《おなり》田恒郎《だつねろう》之ト通謀乃至教唆シタルモノノ如ク、岩佐・倉持等亦《また》関係ヲ有スルナラン」と推定していたが、関係者のうちで現存する岩佐作太郎も、べつだんこれを否認していなかった。

しかし、領事館報告が、文書宣伝の動機を「日露戦役論功行賞ノ報頻《しきり》ニ伝ヘラレ、受勲爵者ノ続出スルヲ見テ不平ニ耐ヘス、遂ニ同年十一月三日、各地在留本邦人ノ挙《こぞ》ッテ天長節奉祝会ヲ開クヲ機トシ……」と、まるで褒賞もれの不満の爆発のような見方をしているのは、あたっていない。色眼鏡という言葉があるが、ゆがんだレンズをとおしたゆがんだ海外報告は、本国政府の判断と対策をあやまらせることにしか役立たないものである。

前記の関係者は、いずれも、サンフランシスコ対岸の小都市バークレーの労働者下宿太平洋旅館（経営者植山《うえやま》治太郎《じたろう》）を根城とする社会革命党の本部党員であった。この労働者下宿が建物の外がわを赤ペンキでぬり、楼上に赤旗をひるがえしていたので、通称レッド・ハウスとよばれて、安宿と就職口を求めてくる日本人労働者の出入りが多く、在米日本人社会主義者の活動センターになっていた。

同志岩佐に批評させると、竹内鉄五郎は、「東に山口孤剣・坂本清馬あり、西に竹内鉄五郎あり」と、幸徳《こうとく》秋水《しゅうすい》にほめられたというほどの熱烈な革命家、小成田恒郎は不言実行式の活動家で、ちょうど火と水のような性格の対照があったが、学歴のひくい在米日本人のなかでは、二人とも仙台の東北学院を出たインテリで、天皇あての公開状をつくる能力を持っている。おそらく二人で相談しながら、「竹内の鉄砲」という綽名《あだな》を持つ竹内が、まとめたものであろう。その天皇制批判の勇気と識見は、高い評価にあたいしているが、暗殺主義の短慮と逸脱には、「竹内の鉄砲」正確にいえば「無鉄砲」がたたったものにちがいない。

けれども、本質的な問題は、誰が書いたかということよりは、なぜ日本人街のレッド・ハウスから、険悪な暗殺主義の針をふくんだ天皇制批判の過激文書があらわれてきたか、という必然性の根拠である。そのためには、渡米中の秋水が「落莫《らくばく》たる生活的砂漠」と評した在米日本人の生活実態を直視する必要があるだろう。

戦後、東大教授隅谷三喜男《すみやみきお》が、このバークレー地方を踏査したとき、太平洋戦争中、日本人のキャンプ強制収容によって、当時の関係資料がほとんど全滅していた。それでも、カルフォルニア大学図書館で、『暗殺主義』の写真版を掲載した米紙『コール』や、タブロイド版の『革命』、その他重要資料を発掘し、レッド・ハウス＝太平洋旅館の経営者であった植山夫人を発見している。

つれあいの植山治太郎は、労働者の下宿と職業紹介をかねた労働ボスであった。アメリカ人から求人の電話がかかってきても、日本人労働者は英語ができない。その電話を受け付けて、希望者をつのり、求人先へつれていくのが、植山夫人の仕事であった。

はじめ教会に出入りしていた植山治太郎が、秋水の影響をうけて社会主義者になって以来、過激な青年たちがあつまってきて、夫人はヒヤヒヤしていた。レッド・ハウスの評判をとったのも、夫人の不在中をねらって、みんなが建物を赤ペンキでぬりかえてしまったからである。

しかし、竹内鉄五郎のことは、わるくいってない。はたから見ていてこわいほど運動に熱中していたが、アメリカ人の電話に出て自由に応対ができるほど英語が達者であったし、コックとしていい腕前を持っていた。社会主義ぎらいの植山夫人が、なつかしげに竹内鉄五郎の思い出を語った、ということであった。

追記。問題の印刷物『暗殺主義』（第一巻第一号）は、これまで内務省警保局の『米国ニ於ケル日本革命党の状況』や『社会主義者沿革』第一のなかの転載文書か、米紙『コール』の部分的な写真版でしか見ることができなかった。しかし、その後、大逆事件再審請求の新証拠をさがしているうちに、栃木県足利郡坂西町栗谷百七、製糸業和田陽三《わだようぞう》の家の土蔵の奥から、この『暗殺主義』の実物が発見された。幸徳秋水・築比地仲助《つきひじなかすけ》らと交際のあった亡父和田英吉《わだえいきち》の遺品で、現在は弁護士森長英三郎《もりながえいざぶろう》の所蔵に帰している。

タブロイド型の西洋半紙に、五段組みのガリ版印刷、漢字、平仮名まじり文で約四千字をかぞえる。絲屋寿雄が、「新たに発見された『明治天皇への公開状』」と題して『労働運動史研究』（昭和三六年三月・大月書店）に、全文を発表している。

「表に英文、裏に邦文訳」というのは、築比地仲助の記憶ちがいで、表に邦文、裏面は白紙のままであった。

第五章　アメリカ亡命記

■天皇の毒手から

サンフランシスコの日本人街は、明治三七年三月、岩《いわ》佐《さ》作《さく》太《た》郎《ろう》と赤《あか》羽《ば》巌《がん》穴《けつ》が美以（ME、メソジストの略語）教会で社会主義演説会をひらいて、大きな声で非戦論をさけんでも、ほとんど耳をかたむける者がなかった。反響といえば、非国民・国賊・乱臣賊子《ぞくし》（※謀反《むほん》人）と、居留民相手の邦字新聞にきたたない言葉でたたかれただけのことであった。

アムステルダムの社会主義インターナショナルにアメリカまわりで参加する途中の片山潜《かたやません》をむかえたときに、社会主義協会をつくり、また早大野球部の選手をつれて安部《あべ》磯雄《いそお》が渡米したときも、社会主義講演会をひらいてみたが、さらに手答えがなかった。

岩佐作太郎の「在米運動史話」（『平民新聞』・昭和二二年五月二八日号）が「なんといっても、我々の運動が日本に対して一敵国の観を呈するに至ったのは、幸徳《こうとく》秋《しゅう》水《すい》が米国に渡来したおかげ」と語っているとおり、文名高き秋水が、太平洋の波濤《はとう》をこえて、明治三八年十一月二十九日シアトルに入港、アメリカ大陸に上陸第一歩を印したときから、在米日本人社会主義者の運動が急に電燈がともったような活気をおびてきたのである。

この滞米中、アメリカの国際舞台で、世界革命の潮流に自分の肌でふれた秋水が、無政府主義思想の洗礼をうけて帰国したことは、ひろく知られているが、しかし、田中惣五郎《たなかそうごろう》の『幸徳秋水《こうとくしゅうすい》』（昭和三〇年一〇月・理論社）が、渡航前、アメリカの同志アルバート・ジョンソンに送った秋水の手紙（明治三八年八月一〇日付）を持ちだして、通説に異議をはさんだことに注目したい。

「事実を申せば、私は初め『マルクス』派の社会主義者として監獄に参りましたが、其の出獄に際しては、過激なる無政府主義者となって娑婆《しゃば》に立ち戻りました」

「私が獄中で読みました沢山の書物」をあげて、「特にあなたのお送り下されたラッドの『ユダヤ人及クリスチャンの神話』と、クロポトキンの『田園・工場・製作所』とは、幾度となく読み返しました」

「私は所謂『罪悪』ということに就いて深く考へると

ころがあり、結局、現在の政府の組織、裁判所―法律―監獄が、実際貧窮と罪悪とを誘発するものであるとかたく信ずるやうになりました」

『共産党宣言』の訳者であり、正統派社会主義の秋水を権力否定の無政府主義につくりかえたのは、天皇制の暗い牢獄とクロポトキンの著書、ということになるわけだが、右の手紙を読んでみると、すでに平民社の国際連帯を通してアメリカの無政府主義者と連絡があったし、自覚的な無政府主義者として渡米したという印象をうけるのである。けれども、ジョンソンに申し送った秋水の欧米漫遊目的は、無政府主義の研究に限られたものではなかった。

「一、コムミニスト又はアナーキストの国際的連合運動に最も必要な外国語の会話と作文を学ぶため。

二、多くの外国革命党の領袖《りょうしゅう》を歴訪し、そして、彼等の運動から何物かを学ぶため。

三、天皇の毒手の届かない外国から、天皇を初めとして、其の政治組織及経済制度を自由自在に論評するため」

日本の革命運動を国際的に発展させようとする大きな夢を秋水は見ていた。だが、牢獄のなかでマルクス派社会主義からぬけだしたはずなのに、依然として「コムミニスト又はアナーキストの国際的連合運動」という併存思想をのこしている点が目につくし、この矛盾が、またあとあとまで尾をひいていく。

『ザ・テロリズム』との関係では、「天皇の毒手」といううどぎつい表現の底に、出獄してきたばかりの秋水の、恐怖と警戒と憎悪の入りまじった複雑な感情がくみとれるだろう。

「此の国〔日本〕に於て無政府主義を宣伝することは、死刑又は無期徒刑、若《も》しくは有期徒刑を求めることにほかならず、危険千万でありますから、右無政府主義の拡張運動は、全然秘密に之を取り運ばざるを得ません。而して、之が進歩と成功を見るには、幾久しき長年月と忍耐を要すると考へます」

新聞紙条例違反のかどで投獄された秋水は、禁錮五ヵ月の刑を終えて、東京巣鴨監獄からやっと出てきたが、天皇の支配するこの日本の島国全体が、秋水にとっては大きな牢獄であった。監房の看守のするどい眼から解放されたかと思うと、こんどは警官が張番に立ち、私服の尾行がどこまでも追いかけてくる。自由な人間の生存できない恐怖の谷底である。

屈服か。妥協か。抵抗か。由由民権運動以来、つねに一貫して人民の自由と権利、平和と幸福を主張してきた

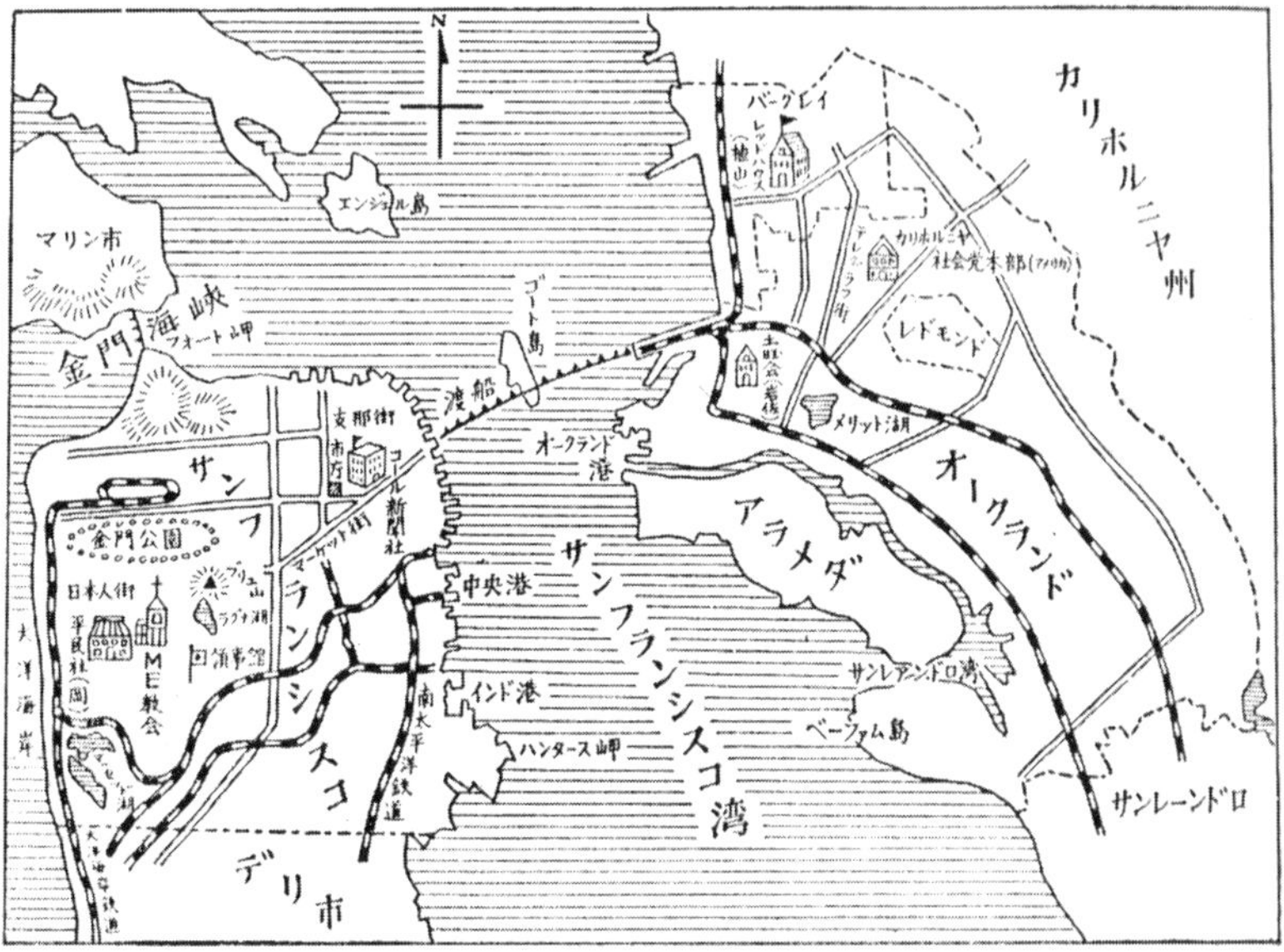

在米日本人社会主義運動要図（あゆみ出版版を複写）

秋水が、警察国家の迫害をうけて、おそろしい恐怖の谷底に追いつめられたとき、この「天皇の毒手」をのがれようと思えば、海外に活路を求めるよりほかに道がなかった。言論の自由なアメリカの天地で、日本の天皇および天皇制国家組織、資本主義制度を誰に気がねもなく自由に論評したいという気持をおこしたのも、秋水が屈服・妥協をいさぎよしとせず、勇敢な抵抗路線をえらんだからである。

「彼の地へ行けば、第一に健康の恢復、第二に彼の地在留日本人の同志糾合、日本との運動連絡、それから出来得べくんは、日本法律の下にて成し能《あた》はざる議論・意見を彼地にて発表することに力《つと》めたい」（明治三八年一一月一四日付）

山形の笹原《ささはら》定治郎《さだじろう》にあたえたこの秋水の手紙も、日本の法律支配下ではとうてい不可能な天皇制批判の意欲が九ヵ月の胎児のようにうごいていたことを証明している。

これまでの秋水は、天皇制に反抗しないで、彼の『社会主義神髄』（明治三六年七月・博文館）のなかでも、天皇制と社会主義が一致するというふうに説いていた。

「朕《ちん》は即ち国家なりと妄言したルイ十四世の如き極端な個人主義者は、元より社会主義者の敵である。衆と偕《とも》に楽しむと云った文王の如き社会主義者は、喜んで奉戴《ほうたい》せんとする所である。而して我日本の祖宗・列聖の如き、殊に民の富は朕の富なりと宣《のたま》ひし仁徳《にんとく》天皇の大御心の如きは、全く社会主義と一致・契合するもので、決して矛盾する所ではないのである。否な日本の皇統一系連綿たるは、実に祖宗・列聖が、常に社会・人民全体の平和と進歩と幸福とを目的とせられたるが為めに、斯る繁栄を来したのである。是れ実に東洋の社会主義者が誇りとする所であらねばならぬ。故に予は寧《むし》ろ社会主義に反対するものこそ、反って国体と矛盾するものではない歟《か》と思ふ」

右の皇室観なり、天皇制論なりが、日本歴史の分析から出発したものとは考えられない。むしろ、社会主義の伝道を警察国家の攻撃や国体論者の妨害から守るために天皇制を利用した安全装置のような気がするのである。

しかし、非戦論の唱道以来、日本の天皇制が、秋水の社会主義的利用をゆるさないほど、つめたくきびしく、じゃけんなものになってきたとき、秋水の社会主義もまた、古いお守札をすてて、天皇制と対決する姿勢をとりはじめていたのであろう。が、この天皇制との対決が、現実になにをもたらすかを考えると、恐怖の深淵《しんえん》をのぞく思いで、秋水の心は暗かった。

「嗚呼《ああ》。余何が故に日本を去りしや。他なし、止《とど》まる能はざれば也。政府の迫害が平民社を倒潰《とうかい》せしめて後、余の病と貧とは余をして何事をも為す能はざらしめたり、去八日の夜、同志の送別会に、木下君〔註、尚江〕は予を送りて手負の勇士を送るの感ありといへり、予は勇士にはあらざるも、確かに敗軍の落人が世を忍ぶ隠れ家を求めんとて行くなり。再挙何の時ぞ。前路茫々たり」

太平洋をわたる伊予丸の船中でしたためた秋水の『渡米日記』の一節（明治三八年一一月一七日付）を見ても、灰色の霧のようなペシミズム（※厭世主義。悲観論）におおわれている。たしかに秋水の渡米は、挫折した革命家の日本亡命であった。だが、単なる逃避行ではなかった。「前路茫々たり」とはいいながらも、躍動する世界革命の渦潮を目ざし、天皇制批判の開拓を夢見たあたらしい冒険の旅であったことに、変りがない。

この秋水の渡米を新橋駅から横浜埠頭まで見送った石川三四郎の「幸徳秋水兄の出発」（『新紀元』明治三八年一二月号）が、天皇制を問題にしはじめた社会主義同志のフンイキをよく描いている。

「日本皇帝陛下が伊勢大廟《たいびょう》（大神宮）御参拝の途に就かせられたる十一月十四日、我幸徳兄は遂に日本の国土を去って渡米の途に就いた。午前九時新橋発の列車は、即ち幸徳兄と我等社会主義同志数十名とを横浜に送った。是れ陛下御出発の数時間前のことである。車中同志の一人笑ひを含んで曰く『市民万乗の君主を奉迎せんと欲して、先づ乱臣賊子の社会党を送る。何等の奇異ぞ。今若し我党にして一点謀心《ぼうしん》あらば、真《まこと》に是れ大事ならずや』と。応じて言ふ者あり。『何ぞ謀心と言ふや。我党に唯真理あり。真理は時に水となり時に火となるのみ。時に水となって地下に潜流し、時に火となりて山嶽に噴出するのみ。是れ真理の運行のみ。豈《あ》に謀心あらんや』と」

明治天皇の行幸《ぎょうこう》（※天皇のお出まし。みゆき）当日、という偶然の作用を別にしても、日本の社会主義者全体が天皇制と対決せざるをえない段階に進んでいたこと、天皇を話題にするときはすぐ謀心＝暗殺の陰謀という形をとっていたことがわかるのである。

しかし、秋水の天皇制批判は、「真理の運行のみ。豈に謀心あらんや」であった。これが対決の正しい姿勢というものであった。

アメリカ大陸に上陸してから帰国まで、約半年間にわたる行動のうちで、亡命中の幸徳秋水が、ロシア無政府主義者との接触からうけた影響、また秋水の言動が在米日本人社会主義者にあたえた感化、とくに『ザ・テロリズム』の天皇制批判・暗殺主義に及ぼした影響――という核心的な問題をとりあげていきたいが、秋水に代ってまずいえるのは、太平洋沿岸の日本人街に天皇制批判の材料が石ころのようにゴロゴロころがっていた、という事実である。

■君を軽しとなす

シアトルの日本人街が、明治三八年十二月一日、遠来の名士幸徳秋水を日本人会堂に迎えて、演説会をひらいたところ、五百名の聴衆がつめかけてきて満員の盛況を呈していた。

「会堂の正面には、両陛下の大きな影像が懸って居る。其左右には、東郷だの、乃木だの、数十人の英雄の勲章だらけの肖像が、ズラリズッと並んで居る。横の壁には、伊藤博文の大字扁額《へんがく》がかかって居る。当時の日本は、能く此一堂の装飾に代表せられて居る。予は入口より一見して微笑しました。朝憲紊乱《びんらん》（※乱すこと）を以て問はれた刑余の浪人が、此正面の壇に上って非戦争論・社会主義論を演説するに至ったのは、をかしなコントラストもあるものです」

本国の『光』（明治三九年一月二〇日号）に送った秋水の感想は、皮肉が先に立っていて、まだ天皇制批判といえるようなものでなかったが、「警部も巡査も平服の刑事も居ない処で、去《さる》二月入獄以来の沈黙を始めて破り、自由に正直に『戦後の日本』てふ問題に就て、所見を陳ずる一時間半、少しく胸が透いたやうに思ひました」と、天皇の毒手をのがれて、自由の空気をすい、解放感を味わった秋水のよろこびは大きかった。

サンフランシスコの『日米』は、社長安孫子久太郎《あびこきゅうたろう》、主幹米田実《よねだみのる》、発行部数一万という代表的な邦字新聞であった。いろんな意味で貧弱な在米日本人の生活実態にふれた秋水が、『日米』に数篇の論稿をよせている。「日本移民と米国」（明治三九年二月二〇日号）も、その一つである。海外発展の美名にかくれて、日本人の安価な労働者をさかんに輸出していたが、聞くと見るとは大ちがい、排日の火の手はあがるし、成功の夢をやぶられた青年の多数が、ハウス・ワークといって、台所の皿洗や庭掃除にこき使われているような幻滅と不満と呪詛《じゅそ》の時代であった。

秋水は、この深刻化してきた移民問題をとらえて、天皇制国家の無責任・無能力を非難し、人民革命の必要を力説したのである。

「太平洋沿岸にある米国子女は以為《おもへ》らく、日本人とは米国子女の為めに、スクール・ボーイ若《もし》くはハウス・ウォークを為す人種也と。予は必ずしもスクール・ボーイ、及びハウス・ウォークを以て恥辱《ちじょく》なりとするものにあらず。否な、予は職業に貴賤なきを信ず。然れども思へ。若し我同胞諸公にして、其の衣食・金銭の為めに駆らるるなくんば、誰か外国子女の為めに、日々皿を洗ひ窓を拭ふを喜ぶ者あらんや。誰れか四千浬《かいり》（※一浬は一八五二メートル）の異域にお三・権助（※下女・下男のこと）となって、叱咤され頤使《いし》さるるに甘んずる者あらんや。然り、我日本の国家にして、能く諸公を保護し諸公を教育し、諸公を生活せしめ安堵せしむるあらんには、諸公何ぞスクール・ボーイ人種たり、ハウス・ウォーク人種たることを好む者ならんや」

海外の問題を日本の国内政治にひきもどしておいて、移民青年の屈辱と不満のエネルギーを天皇制国家の攻撃に集中させていく秋水の論法のたくみさよ。

「而《しか》も我国家、日本てふ国家は、吾人人民の生活を保障すること能はざる也。日本人民の多数は、常に飢凍《きとう》の憂を免れざる也。日本てふ国家は、同胞諸公をして、其愛する故郷の山水を棄て、其愛する父母・骨肉に分れしめて、外国子女のお三・権助たるの已むなきに至らしめて、而して之を名《なづ》けて民族の発展と称し居れる也。国体宇内《うだい》に冠絶《かんぜつ》せる国家、神洲の国家、君子の国家は、其人民を養ふ能はざるの国家なる乎《か》。嗚呼、是れ誇る可きの国家なる乎」

天皇という直接表現こそないが、天皇制国家の実体と神聖観念に、これほど痛烈な有効打を加えた日本人は、秋水のほかに誰もいなかった。

「欧洲の学者は謂へり。『君主なきの国家は之れ有り。人民無きの国家は、未だ曽《かつ》て是れ有ることなし』と。支那の賢人は云へり。『民を重しとなし、君を軽しとなす』と。若し其人民を保護し、教育し、生活せしめ、安堵せしむることなくんば、国家たるもの竟《つひ》に何の用ある乎。何の存在の理由あるか。兵役を徴する権利ある乎。租税を課するの資格ある乎」

この秋水の国家論は、主権在民論であり、福祉国家論であり、明らかに天皇制軍事国家の否定論であった。

「同胞諸公は、国家を愛せり。国家を敬せり。日本国家の忠良なる臣民たるを栄誉となせり。然れども、今の日本国家は、諸公に向って軍資の献金と公債の応募を勧むるの外、諸公と何の交渉ありや。世に其女《そのむすめ》を娼廓《しょうかく》に売りて、美衣・美食するの残忍なる父母多し。外国に辛苦《しんく》せる臣民に向って輸金を迫るの外、何の恩恵・利益をも与へざるの国家は、果して之に類せずや」

秋水の批判はまた、アメリカで孤立している在外日本人のおちいりやすい愛国主義の幻想（日本人会堂にかざられた御真影が代表するような）をうちくだこうとして、仕送りに悩む遊女のたとえ話まで持ちだしている。

さらに秋水は、人口の過剰、貧困の増加云々の俗説をしりぞけ、移民問題の本質にメスを入れて、その正しい解決の方向を明示した。

「貧乏の増加は、富を生産する能力なきに非ず。唯だ之に要する資本が一部に占有せられたるが為めのみ。而して土地は常に大資本の為めに兼併され、中等以下の商人は常に大資本の為めに圧倒され、小作人と賃銀労働者、日に増加して貧富は愈々《いよいよ》懸隔《けんかく》し、地方の田野は益々《ますます》疲弊・荒廃し、都会の人口は益々充溢《じゅういつ》す。是れ、今日の我日本の情状にして、同胞諸公の生活・衣食を遠く四千浬の異域に求むる所以《ゆえん》の原因なり。是れ、豈《あ》に今の経済組織・社会組織・政治組織の不良なるの致す所に非ずや」

社会主義という言葉は使っていないが、社会主義の立場から、貧乏の理由、海外出稼ぎの原因を追及して、最後に国家改造という大きな目標を打ちだしたのである。

「在米の同胞諸公よ。若し今日我国の政治組織・経済組織にして長く如此《かくのごと》くなる以上は、如何に諸公が本国に向って献金し公債に応ずるも、如此に本国の少年子弟を続々輸出して、スクール・ボーイ人種、ハウス・ウォーク人種となすとも、日本の貧乏は、到底救治の期なかる可き也」

「諸公にして真に諸公の故郷を愛し、真に諸公の父母・妻子・兄弟・姉妹を愛し、真に将来日本国民を愛して、彼等の幸福・安寧《あんねい》・進歩を企図せば、先づ日本の国家に向って、一大革命を試みざる可《べか》らず。斧を其根に置かざる可からず。果して然らば、如何に今日の国家組織を改革せんか。他なし。日本の政権と金権を全く人民全体の手に移すにあるのみ」

天皇の政権と資本家の金権を人民全体の手にうつすという革命思想は、もっとも純粋な民主主義であり、社会主義である。天皇制の存在、ましてや天皇の特権のゆるされる余地がない。秋水の国家改造論は、まだ論理学の域を出ていなかったが、日本法律の支配下では不可能な自由論評のなかで、在外日本人の国家的幻滅のあいだから、実体的な天皇制批判を打ちあげたところに、大きな意義があった。

■愛する日本よ

「在米日本人の生活は幸福なりや。是れ疑問也。然り大疑問也。故国に在る同胞は皆想へり。米国は楽土也。自由にして且《か》つ富めり。在米の日本人は幸福なる哉《かな》と。予来って在米同胞の状を見る。未だ必ずしも然らざるに似たり」

秋水が同じ『日米』（明治三九年二月二五日号）をかりて、「在米同胞は幸福なりや」と訴えたのも、海外出稼ぎ人の不安定でみじめな生活実態を見せつけられて、黙視するにしのびなかったからである。

「思へ。本国の日本人は、実に餓死の憂ひあり、凍死の虞《おそ》れあり。然れども、少なくとも皆一個の和楽ある家庭を有す。而も在米日本人にして家庭を有する者に至っては、殆《ほとん》ど寥々《りょうりょう》（※数が少なくてさびしいさま）晨星《しんせい》（※まばらで、まれなさまのたとえ）にして、其大部分は、皆な水草を逐《お》うて転移する漂泊《ひょうはく》の蛮人と一般の生活を為せるに非ずや」

「家庭なき人生は、燈火なき闇夜也。婦人なき酒席也。寂莫《せきばく》也。陰欝《いんうつ》也。殺伐也。残忍也。定住なくして漂泊する生活は、責任の念薄くして、放縦に陥り易く、所謂《いわゆる》『旅の恥』を掻《か》き棄てて顧みざる者、比々是《ぜ》なるに至る」

かつて「東京の木賃宿」を書いた秋水は、アメリカにきてまた、西洋の木賃宿、洋館のドヤ街に巣食う浮浪的な日本人労働者の群を発見して、家庭喪失者の孤独と悲哀に同情をよせるのであった。

「彼等が要するものは、深厚の同情也。而も、今や在米日本人は、白人三尺の童子にすら、侮蔑せられ、嘲罵《ちょうば》せられ、道路を行くも、殆ど敵地に在るが如きのみならず、日本人自身の社会に在てすらも、相互の間に殆ど同情・惻隠《そくいん》の念あるなく、有る所は競争・嫉妬・排擠《はいせい》（※人をおしのけてしりぞける）の情のみ。三千里外の他郷に在て、人天の間、我身の外は、一人の頼むべきなく、親しむべきなく、人を見れば直ちに盗賊と為さざるを得ず。如此の境遇に処して、偏僻《へんぺき》（※心がかたよりひがむ）・冷酷ならざらんと欲するも得んや」

民族差別と同胞分裂。まるで荒涼たる沙漠のような生活環境である。多少の金がとれても、人間らしい生活といえなかった。

「然れども、是れ在米同胞の罪にあらざる也。今日に於て餓死・凍死の憂ひなからんと欲せば、金銭を羸《あま》し得て生活の安定ならんことを欲せば、何人も此の荒漠なる沙漠を旅行せざる可《べか》らず。此旅行に競争し、困苦し、疲《ひ》倦《けん》（※疲れてあきる）し、或者は終《つい》に斃死《へいし》（※のたれ死に）せざる可らず。是れ現時の社会組織の罪也。是が根本的治療は、唯だ現時の自由競争制度を破壊して、社会主義的制度を実行するに在るのみ」

アメリカの誇る経済的繁栄、自由競争制度の裏面から、飢餓の自由を意味する排他的な生存競争の原理をえぐりだした秋水は、アメリカの社会革命実現のなかに在米日本人労働者の利益と幸福を期待していたのである。

滞米中の秋水が、日本代表のような資格で、アメリカの社会党や労働組合の幹部と接触しているのは、国際経験の摂取という渡米目的からいって当然の話であった。アメリカ人の集会にまねかれて、たびたび講演しているし、アメリカ社会党本部から党員章（社会文庫所蔵）までもらっていた。

しかし、資本と労働の世界気流が渦巻くなかで、秋水にもっとも強烈な感銘をあたえたのは、大西洋の彼方から遠雷のようにとどろいてくるロシア革命の爆発音であった。

一九〇五年のロシア暦一月九日（一月二十二日）、ペテルブルグ（現レニングラード）の宮殿前で、請願運動の民衆にツァーの軍隊があびせた射撃の銃声と、ネバ河畔の流血を合図にして、俄然うごきだしたロシア革命の機運は、労働者の抗議スト、農民一揆、ソビエト組織、武装蜂起、ゼネラル・ストライキ、ツシマの敗戦、ポチョムキン号の叛乱という最高潮の時期をへて、小休止の段階にはいっていたが、つぎの大きな爆発を思わせるような不気味な鳴動がつづいている。（※本書はソ連崩壊以前の執筆のためこのような表記になっているが、原文を尊重した。レニングラードは現在のサンクトペテルブル

グ）

万国社会党本部（第二インターナショナル）のアピールにもとづいて、アメリカ社会党が、露国赤色日曜（レッド・サンデー）の記念集会を各州・各市でひらいたが、渡米中の秋水、在米日本人社会主義者約四十名もまた、一月二十一日夜、オークランドのメール・ホールでひらかれた記念集会に参加して、四百名をこえる同志が、ロシア革命を支持する国際連帯の精神をハッキリ示していた。

「電燈煌々《こうこう》たり。緑葉青々たり。会は悲壮・激越なるマルセーユの曲を以て始まり、兼て指名されたる四個の演説者は、各々約二十分を限れる演説を為せり。先づ『世界工業労働組合』代表者アンソニー氏は、従来の資本労働調和主義の組合を排して革命的の急務を主張し、次リオリープ・ジョンソン夫人は、昔時《せきじ》マルクス等の組織せるインターナショナル・アッソシエーションの性質より説起して、労働者革命の万国的なるを宣言し、火の如き雄弁を振へり。第三に『社会党』（元の社会民主党の改名せるもの）のマウスチン・ルイス氏、無比の快弁を以て、露国政府の暴横を縦横に冷嘲《れいちょう》・熱罵《ねつば》し……」

「最後に、予は日本同志を代表して、露国同胞の革命は世界革命の先鋒なり。予等は之れを助けんが為には、予等の全力を尽すべき旨を述べたり。四名の演説中、満場の拍手・喝采は断へず潮の如く湧きて、予の演説の了《おわ》るや、十数名の同志は直に演壇に駈集りて、感謝・感謝と叫びながら、予の握手を求めたりき。而して、其の多数が露国より此地に流離せる同志なりしは、予の尤《もっと》も愉快とする所なりき。此夜、露国に送らんが為め徴集し得たる金銭五十八弗《ドル》余なりき」（一月二七日記）

日露戦争の直後という時代を背景において、アメリカの舞台でロシア革命の熱烈な支持を声明した日本代表の幸徳秋水は、この国際集会を支配した社会主義の英雄であったにちがいない。翌一月二十二日の夜も、サンフランシスコのリリック・ホールでひらかれたレッド・サンデー記念集会にまねかれ、秋水のロシア革命支持演説が千名をこえる参加者にふかい感動をあたえたのである。

それから三年後、日本の天皇政府が、大逆事件を口実にして幸徳秋水を投獄したことがわかったとき、アメリカの社会党はもちろんのこと、世界各国の同志がいっせいに立ちあがって秋水の処刑反対をさけび、国際的な抗議運動の波をまきおこしたのも、単純な同情ではなくて、こうした国際舞台での活躍をとおして、秋水に対する尊敬と信頼が、各国の同志のあいだにひろく根をはっていたからであろう。

天皇政府は、国際抗議を無視して、ついに秋水を絞首台にかけてしまったが、しかし、「露国同胞の革命は世界革命の先鋒なり」という秋水の評価の正しかったことは、その後の世界史発展の事実が証明しているとおりであった。

この記念集会の模様を本国の『光』(明治三九年三月五日号)に送信した「桑港より」には、別に秋水の閑日《かんじつ》月《げつ》を示すつもりか、一月二十六日、シスコ平民社岡繁樹《おかしげき》夫人、『新世界』主幹川崎巳之太郎《かわさきみのたろう》ら居留民の一行六名とつれだって、大平洋海岸にピクニックにいった記事が出ている。

海浜のクリフ・ハウスで休憩して、アイス・クリームにのどをうるおしたが、よせてはかえす波の彼方に、母国の日本があった。

「相顧みて曰く、日本は遙か海の彼方に在りと。眼を水平線に注ぎて、感慨之を久しくしたりき。嗚呼《ああ》、愛する日本よ。汝縦令《よしんば》我を憎み、我れを詛《のろ》ひ、我れを逐《お》ふも、我遂に汝を棄つるに忍びざる也」

ホーム・シックというほどではないだろうが、亡命革命家の胸裡にふとうかんだ望郷の詩であり、愛国の歌である。救民の声であり、日本の魂である。

しかし、そのとき秋水は、自己の運命に黒い影をおとしている悪魔的な男が、すぐそばにいたことに気づかなかった。桑港日本人会の顔役で、新聞記者の川崎巳之太郎が、日本からきた幸徳秋水をはじめ、在米日本人社会主義者の情報をあつめて、桑港領事館にコッソリ売りこんでいたスパイであったとは……。

■治者暗殺のこと

レッド・サンデー記念集会の感激は、よほど秋水を興奮させたらしく、ロシア革命を讃美した「一波万波」(二月一二日記)を書きあげて、東京の『光』(明治三九年三月二〇日号)に送っている。

「革命は来れり——革命は来れり。革命は初まれり。革命は露国より欧洲に、欧洲より世界に、猛火の原を燎《や》くが如く蔓延しつつあり。今の世界は革命の世界也。今の時代は革命の時代也。我は時代の児也。革命党たらざる能はず」

「露国羨《うらや》むべし——十八世紀末より十九世紀の初にかけて、仏国大革命が欧洲諸国を震撼《しんかん》したるが如く、露国の革命は、二十世紀に於ける世界万国の社会組織、経済組織を改善せずんば已まざらんとす。然り、露国革命を以て露国一国に止まるものと為すこと勿《なか》れ。彼《か》れ、其れ世界に瀰蔓《びまん》せる労働革命の熱火が、唯だ其噴火口を露国の地に求め得たるのみ」

ロシア革命を発火点として、今や労働者の世界革命がおころうとしているのである。島国の日本は、果してその例外でありうるだろうか。

「日本は堅牢なる乎《か》。――日本は神州なりと云ふ乎。宇内《うだい》に冠絶すと云ふ乎。能《よ》く世界の大勢、時代の潮流以外に、卓然・超然たり得べしといふ乎。能く革命の大海《だいかい》嘯《しょう》（※大津波）を免る可しと云ふ乎。日本の社会組織は、爾《しか》く（※そのように）堅牢なる者なる乎。爾く神聖なる者なる乎」

日本の神聖観念に対する挑戦である。秋水の反語法は、世界革命の大津浪《つなみ》がおそかれ早かれ、国体の防波堤をのりこえて、日本の天皇制国家の矛盾におそいかかってくることを予想したものであり、間接的な天皇制批判であった。

しかし、問題は、ロシア革命の内容・発展について正しい一般的評価を下している反面、渡米中の秋水が日常生活的に接触したロシアの亡命革命家が、社会民主党員（ボルシェビイキ）（※多数派の意）でなく、社会革命党系統の無政府主義者であった、というところからおこってきた。

秋水の『渡米日記』を読むと、一二月五日、サンフランシスコについたとき、かねて文通のあった無政府主義者ジョンソン老人が埠頭《ふとう》まで出迎えていた。七日には、ジョンソン老人の家に招待され、露国革命家フリッチ母子や無神論者キッダーと歓談している。秋水の宿舎にあてた岡繁樹《おかしげき》の桑港平民社が、人の出入りが多く、おちつかなくて困っていると、ジョンソン老人が早速交渉してフリッチ夫人の住居（オーク通五三七番地）の一室を提供してくれることになった。十二日に引越してみると、老人の家と背中合せで、裏口から行ききができるほどの距離であった。

「予等の室は十四、五畳で、入口から正面は、街上を見下した硝子《ガラス》窓、左の壁の中央には、ストーブの上にクロポトキン翁の大きな肖像が掛って居る。右の壁には、同じ大きさのバクーニン先生の肖像があり、其他深山や平野の画が飾られてある。ストーブに並んだ棚には、ゴルキーやゾラや、クロポトキンなぞの沢山の著述や、写真などが並んで居る」（一二月一五日記）

チェーホフ劇の舞台装置を思わせるような感じの部屋であるが、フリッチ夫人がクロポトキンを崇拝する無政府主義者であり、十七歳になる娘のフリッチ嬢も革命党員であるということ以外、経歴がわかっていない。教養のある点から考えると、おそらくロシアの貴族出身で、ツァーの迫害をうけてアメリカに亡命してきたものであろう。ジョンソン老人にしても、知られているのは、シスコの川蒸気の釜たきということだけである。しかし、亡命中の秋水は、虚無党奇談からぬけだしてきたような流浪のロシア革命家の群れに、なにか人間的に魅力を感じていたらしい。

このフリッチ夫人邸の一室にうつってから、秋水は、英国にいるピーター・クロポトキンに手紙を書いて同志の挨拶を送り、翻訳権の許可を求めた。英国のプロムレーで返事を書いたクロポトキンの手紙（一九〇六年九月二五日付）がある。

「親愛なる幸徳君よ。フリッチ嬢は、貴下の書簡を予に転送し、且つ貴下が桑港にて彼等と同居・滞在せられたることを報告し来り候。貴翰《きかん》を我同志に示したる処、彼等は、始めて日本に於ても自由主義伝道（Libertarian Propaganda）の既に開始せられたることを承知致候。一同の歓喜は申迄《もうすまで》も無之《これなく》」

「貴下は予の論文の翻訳の許諾を求められ候処、右は予の非常に歓迎する処に候。予の著書中貴下の希望せらるる者あらば、何なりとも喜んで送呈可致《いたすべく》候」

日本におけるリバテリアン・プロパガンダが、なにをさしているかよくわからないが、秋水の最後の出版物となった『自由思想』は、このカテゴリーに属するものであった。名著『パンの略取』の翻訳許可は、クロポトキンのもう一つの手紙（一九〇七年五月三〇日付）にくわしいが、秋水とクロポトキンのあいだを取り持ったフリッチ母子の働きを見のがすことができない。

微妙な問題は『共産党宣言』の訳者であった日本の幸徳秋水が、これらの無政府主義者との日常生活的な接触をとおして、意識的にまた無意識的に、どのような思想的影響をうけたか、あるいはうけなかったか、ということである。

秋水の『渡米日記』から、重要と思われる三つの検討資料をひろいあげてみると、

「十二月十六日――夜八時、サター街ゴールデン・ゲート・ホテルに演説会を開く」

「十二月十七日――フリッチ夫人、大に普通選挙の無用を論ず」

「十二月二十三日――フリッチ夫人来って、大に治者暗殺のことを論ず」

十六日の集会は、平民社桑港支部の主催で、シスコ社会党の幹部も応援にきた日米合同演説会であった。壇上の秋水は、「戦後に於ける日本国民の堕落と窮民の状を述べて、普通選挙と社会主義の実行の急を訴へること一

時間半ばかり」（桑港より、一月八日発）というのだから、演説の論旨が、社会党の議会政策からはなれていない。

渡航前、ジョンソン老人あての手紙で「過激なる無政府主義者」になったと告白した秋水も、社会党の集会では、依然として議会政策の立場を守っていたことがわかるのである。

つぎの十七日、フリッチ夫人が秋水をつかまえて、「普通選挙の無用」を論じたというのは、たぶん前夜の演説会で聞いた秋水の普選論に不満を感じて、彼女の持論を熱心にのべたてたものであろうか。

よい例が目の前にある。アメリカの労働者は選挙権を持っているが、彼らの投票でえらんだシスコの社会労働党市長は、賄賂《わいろ》と利権で疑獄をおこし、労働者の期待を裏切って、市政を腐敗させてしまった。ドイツの社会民主党は、普通選挙で大きな議会勢力になったけれども、改良主義におちいって、革命の実現からは遠ざかるばかりである。警察・軍隊のほかに、議会解散権や憲法停止権を持つ皇帝、首相の権力に、とても対抗ができない。

フリッチ夫人の普通選挙無用論の内容はわからないけれども、秋水の帰国第一声が議会政策の否認であった事実と考えあわせてみると、思想転換の刺激剤の一要素になっていたことが想像されよう。


しかし、『渡米日記』のなかで一番気になるのは、十二月二十三日の「フリッチ夫人来って、大に治者暗殺のことを論ず」というくだりである。

■眼に王侯なく

先入観に支配されやすい人々は、『渡米日記』のなかの「治者暗殺のこと」という刺激的な文字にだけ眼を光らせて、おそろしい暗殺主義、天皇暗殺計画にすぐむすびつけて考えてみたくなるのではないか。しかし、それが速断というものであり、独断というものであろう。

クロポトキンを崇拝する無政府主義者フリッチ夫人については、ロシア本国を追われた母子連れの亡命革命家で、その思想内容も、大胆なテロリズムを実行したウ・ナロードの残党、社会革命党の系統か、という以外に詳細なことがわからない。

でも、もし文学的空想がゆるされるならば、クロポトキンやバクーニンの肖像のかざられた大部屋で、あかあかともえるストーブの火に頬を赤くそめたフリッチ夫人と幸徳秋水、国境をことにする二人の革命家が、ウォトカをくみかわしながら、警視総監トレポフ将軍をピストルで狙撃したヴェラ・ザスリッチや、一八八一年三月一日、皇帝アレキサンダー二世の馬車にテロリストの爆弾が投げられたとき、ハンカチをふって合図役をつとめたソフィア・ペロフスカヤ、シベリア二〇年の流刑にも屈せず、つねに革命の前線に神出鬼没して「ロシア革命の祖母」とうやまわれているエカチリナ・プレシコウスカヤの英雄的行動を語り、「治者暗殺」のことを論じたこの日の精神風景のどこかに、しいたげられた者の復讐感やテロリズムの魅惑が、あやしい妖気となってただよっていたことであろう。

しかし、誤解をふせぐために強調しておきたいのは、シスコの宿舎でフリッチ夫人に教えられるまでもなく、日本の幸徳秋水が、ロシア革命の歴史とテロリズムの役割について、かなり正確な知識と判断を持っていたことである。さらにいえば、日本の政治史を背景に、秋水自身の暗殺観が形成されていて、それがまた自由民権の青年期から社会主義の壮年期にかけて、変化と成長のあとを見せていることであった。

明治二二年二月十一日、帝国憲法発布の日に、大礼服をきた文相森有礼《もりありのり》が刺客西野文太郎《にしのぶんたろう》に暗殺され、西野もまたその場で斬殺された、というセンセーショナルな事件がおこった。このとき秋水は十九歳、フランス学者中《なか》江兆民《えちょうみん》の書生をしていたが、刺客西野文太郎にささげる弔文を書いて、「後のかたみ」にのこしている。暗殺された森文相は、欧化主義・進歩思想の犠牲者になったが、「一片報国ノ至誠、至忠ノ衷情」と、古い言葉を使って、秋水が刺客西野に同情をよせているのは、暗殺思想の讃美というより、反政府感情の表出と見るべきものであろう。塩田庄兵衛《しおたしょうべえ》編『幸徳秋水の日記と書翰《しょかん》』（昭和二九年一月・未来社）に収録された「後のかたみ」は自由民権の青年志士の感情記録として、興味がふかい。

中江兆民からもらったという法制局『英国国会選挙訴願判決例全』（社会文庫所蔵）の裏表紙に、そのころの秋水の落書がのこっていた。まったくめずらしいもので、みじかい落書のなかに青年革命家のアンビション（※大望。大志）が、大きな羽根をひろげているような感じである。

日本革命党首領
　幸徳秋水之蔵書
亜細亜共和国大統領
　眼無王侯
　手有鈇鉞

「眼に王侯なく」は、帝王の権威の否定であるし、「手に鈇鉞《ふえつ》（※おのとまさかり）あり」は、東洋流の刺客思想である。有名な暴君、秦の始皇帝をおそった張良《ちょうりょう》が、詩的発想のモデルであった。同じ暗殺思想でも、西洋のテロリズムとちがうのは、実行性・計画性がうすく、英雄的な悲壮感が誇張されている点であろうか。

兆民の門下生として、ルソーの民約論、フランス自由主義、自由党左翼の感化をうけた青年秋水のなかに、「日本革命党」「亜細亜《あじあ》共和国」など、天皇制国家、アジア的専制支配に対するアンティ・テーゼの空想が、早くも芽生えていることがわかったのは、あたらしい発見であった。

やがて、秋水は、おもい鉄鉞をペンに持ちかえて、いかなる権威もおそれることなく、天皇制批判にまで突きすすんでいった。社会民主党をおこし、平民社非戦論の先頭に立ったのも、まず日本革命党の首領の資格にふさわしい働きであった。亜細亜共和国はできなかったが、秋水の周囲にあつまった清国・朝鮮・インドなどの亡命革命家の結合は、アジア連帯の精神でつよくむすばれていた。

しかも、秋水の革命行路のデッド・エンドとなった大逆事件は、天皇暗殺を名目にしているのだから、若き日の秋水が「眼に王侯なく、手に鉄鉞あり」と悲嘆慷慨した刺客思想の最後をかざる流血のフィナーレであった、ともいうことができるだろう。

理論的に見て、秋水の暗殺観が確立したと思われるのは、明治三四年六月二十一日、壮士伊庭想太郎《いばそうたろう》が東京市会のボス星亨《ほしとおる》を暗殺したとき、『万朝報《よろずちょうほう》』（明治三四年六月二七日号）に発表した「暗殺論」である。それまでの主観的・感傷的色彩が消えて、客観的・批判的な態度が、りっぱに固まっている。

「国際公法が国際間の紛議を判決するの能力なき如く、経済組織が資本家と労働者とを調和すること能はざるが如く、個人若しくは党派の行為に就て、社会の法律も良心も、全く其是非・利害を判断し、及び之を刺戟《しげき》するの力を喪失することあり。若くは喪失するに似たることあり。而して此社会の判断と制裁とに絶望したるの人、或は隠者となり、或は狂者となり、或は自殺者となり、或は即ち暗殺者となる。暗殺は誠に罪悪也。然れども、彼をして絶望せしめたるの社会は、一層罪悪に非《あら》ざるか」

暗殺の現象から、暗殺が発生してくる社会的原因にメスを入れたのである。そして、暗殺者とは「個人若くは党派の行為に就て、社会の判断と制裁の力なきに絶望して、自ら社会に代って、此判断と制裁とを行はんとする者」という定義を下した。

「吾人は、総ての暗殺者が如此《かくのごと》くなりとは言はず。彼等は虚名の為めにするもあり。発狂の為めにするもあり。私怨の為めにするもあり。猶ほ非義の功名の為めに戦争し、不法の利欲の為めに同盟罷工する者あるがごとし。然れども、真に当時の社会に絶望して、之を以て社会唯一の活路となせるの暗殺者は、明らかに多数民生の味方たらずんばあらず」

秋水は、正義と民衆に代って不正の権力者をたおす政治的暗殺者だけに問題をしぼっていたのである。

「吾人は恐る。社会の腐敗・堕落が、今日の勢にして滔々《とうとう》底止する所なくんば、独り一の暗殺者を出すに止らずして、将来多くの虚無党を出し、多くの無政府党を出すに至るやも、未だ知る可《べか》らず。是れ猶《な》ほ腐敗せる食物を食ふて、急劇の下痢を催すが如きのみ。寒心す可らずや」

このころの秋水は、社会党と虚無党・無政府党を区別して、社会党の立場から、虚無党のテロリズムはいうまでもないこと、無政府党も危険な暗殺者の集団であるかのような見方をしていたが、暗殺者を非難するよりも、発生原因の除去・防止に努力の重点をおくことが、秋水の結論であった。

「然らば即ち腐敗・堕落を救治する如何《いかん》。他なし。今の経済組織を根本的に改造して、衣食に於ける自由競争を廃滅するに在り。而して、生活の困苦を除去して、金銭崇拝の気風を掃蕩《そうとう》（※はらいのぞくこと）するに在り。而して、万民平等に教育を受くるの自由を有して、社会的智徳を増進するに在り。而して、万民平等に参政の権を有して、国家・社会の政治・法律を少数人士に特占せしめざるに在り。換言すれば、則《すなわ》ち近世社会主義の実行に在り」

秋水の暗殺観は、権力者の暗殺という政治犯罪をこのようなものとして理解していたのである。暗殺を讃美してもいないが、暗殺の必然を否定してもいない。

フリッチ夫人と「治者暗殺のこと」を論じた秋水が、革命史を赤い血で色どった虚無党・無政府党のテロリストに、よしんばふかい同情と共感をよせたにしても、この客観的・法則的な暗殺観の基本思想を一夜にして変化させた、とは考えられないのである。

■個人的武力事件

一月二十二日、ペテルブルグで火をふきだしたロシア革命の爆発が、日本にも震動をつたえてきたが、そのなかで秋水は、週刊『平民新聞』廃刊のあとをうけた『直言』（明治三八年二月一九日号）に「露国革命が与ふる教訓」を公表している。

ロシア革命のそもそもの由来から説きおこして、秋水が社会民主党および社会革命党とテロリズムの関係に言及した点をとりあげてみたい。

「武力手段に関しては一八九八年（明治三一年）第一回の大会に於て左の如く決議した。大会は組織的の武力の攻撃を以て、未だ其時期に達せざるものと宣言する。併し、個人的武力事件の起った場合には、之を以て労働者の政治的自覚を発達せしむるの手段として利用すべきである」

この社会民主党の決議で、個人的武力事件、すなわちテロリズムに対する党の態度がうかがわれるが、社会革命党のほうは、テロリズムの採用にもっと積極的であり、情熱的であった。

「去る一九〇二年（明治三五年）第一回の大会宣言には、其目的は社会主義の基礎の上に社会を改造せんとすること、併《しか》し、我等は専制政治の下に在って、現制度に対する一言の批評も出来ない故に、先づ政治上の自由を得ねばならぬことを主張して居る。而して、其手段としては一面腕力を用ゆること、一面多数を団結するの必要を説き、殊に暗殺の手段は、敵の勢力を分裂せしめ、平民の戦闘的精神を鼓吹し、探偵及び裏切を防ぐのには已むを得ぬと称して居る」

しかし、秋水は、ロシア革命の推進力として、暗殺手段よりも、同盟罷工を高く評価していたのである。

「是《こ》れまで、何国の歴史でも、政治的革命が先づ完成して、然る後ち経済上の革命運動が始まって居る。前者に於ては、多く腕力・武力を用ゐたが、後者は投票権及び同盟罷工を武器とする、順序になって居る。独り露国に至っては、民権自由の革命と、社会主義の革命が同時に来たので、個人的の腕力手段と、社会的の同盟罷工とが同時に用ゐられて居る。而して、今回の革命運動に就ても、暗殺手段よりも、同盟罷工の方、遙かに効果多きは、何人も之を認むるであらう」

従来、秋水の総同盟罷工論は、渡米中アメリカの急進的なサンジカリズム（※急進的・革命的労働組合主義）運動の影響を吸収してきたものと考えられていたが、根源にさかのぼれば、むしろ、ロシア革命の運動効果からまなんでいた点を重視すべきであろう。

秋水がテロリズムの讃美者でなかったことは、交戦状態にあった帝政ロシア治下のロシア社会民主党に、「社会主義の眼中には、人種の別なく、地域の別なく、国籍の別なし」とみずから筆をとって戦争反対の国際連帯を訴えたあの有名な「与露国社会党書」（週刊『平民新聞』明治三七年三月一三日号）を見ても、きわめて明白である。

「一千八百八十四年、諸君が虚無党以外、テロリスト以外、別に社会民主党の旗幟《きし》を擁《あら》して……」

「諸君と我等は、虚無党に非ず。テロリストに非ず。社会党也。社会主義者は、万国平和の思想を奉持《ほうじ》す。社会主義が戦闘の手段は、飽《あく》まで武力を排せざる可らず。平和の手段ならざる可らず。道徳の戦ひならざる可らず。言論の争ひならざる可らず」

さらに秋水は、人道主義・平和主義の立場から、武装叛乱の停止を勧告していた。

「我等は、憲法なく国会なき露国に於て、言論の戦闘、平和の革命の極めて困難なることを知る。而して、平和を以て主義とする諸君が、其事を成すに急なるが為に、時に干戈《かんか》（※たてとほこ）を取て起ち、一挙に政府を顚《てん》覆《ぷく》するの策に出でんとする者あらん乎。我等は切に其志を諒《りょう》とす。而も是れ、平和を求めて却って平和を攪乱《こうらん》する者に非ずや」

この秋水の戦争反対をさけんだ平和アピールは、世界的反響をよんだが、ロシア社会民主党機関紙『イスクラ』の回答文が、「露国社会党の日本社会党に答ふる書」として、週刊『平民新聞』（明治三七年七月二四日号）に発表された。回答文は、レーニンが執筆したものとつたえられていたが、当時の『イスクラ』は、メンシェビキ（※少数派の意）のプレハーノフとマルトフが編集者であった。普仏戦争にさいしてドイツ社会党のリープクネヒトやベーベルが、アルサス・ローレンの合併に反対する宣言を発表して、社会主義インターナショナルのために不朽の功績をのこしたのと同様、日本労働者階級の進歩せる代表者のアピールは、重大な歴史的意義を持つ文書であると激賞しながら、しかし、武装叛乱の停止勧告には応じていない。

「力に対するには力を以てし、暴に抗するには暴を以てせざるを得ず。されど、われらがこの言をなすは、決してニヒリスト、またはテロリストとしてに非ず」

「われらはさきに露国社会民主党を建設して以来、テロリズムを以て不適当なる運動方法となし、かつてこれと戦ふをやめたることなし。しかれども、悲しむべし、この国の上流階級はかつて道理の力に服従したることなく、また将来しかすべしと信ずべき些少の理由だに発見する能はず」

同志のしかばねの上にきずきあげられた力学的な革命理論と、文筆活動をとおしてうまれた秋水の思索的な平和革命論との食いちがいが、そこにあった。

しかし、ここで必要なのは、本質的に考えて、秋水がテロリズムの煽動者でなかったことを論証すればいいのである。

　日露戦争とロシア革命にするどい反応を示した平民社非戦論は、天皇制国家権力の集中攻撃をうけて、週刊『平民新聞』の廃刊、『直言』の発行停止、幸徳秋水らの投獄という大きな犠牲を払いながら、抵抗をつづけていた。

　政府の迫害をのろった秋水は、獄中で「過激なる無政府主義者」になったといい、日本の法律の支配下をのがれて、アメリカに亡命したのである。在米日本人を相手にした自由論評には、実体的な天皇制批判があらわれていたし、在米日本人社会主義者との接触もおこたっていなかった。

　国際的な交流は、第二インター系統のアメリカ社会党の組織とつながっていて、無政府主義者のジョンソン老人やフリッチ夫人との関係は、個人的な接触がふかく、それだけにまた人間的な親密さを加えていた。秋水の思想傾向にとって、社会主義は入籍した正妻であり、無政府主義は愛人のような感じであった。

　そのうち、サンフランシスコの大震火災に出あい、若い日本人社会主義者を中心とした社会革命党をつくっておいて、日本に帰国したのであるが、後出のように、帰朝第一声のなかで、革命手段としてのテロリズムを「皆な十九世紀前半の遺物のみ」と否定している事実を考えてみると、フリッチ夫人と「治者暗殺のこと」を論じたり、若い日本人社会主義者と暗殺論を戦わしたりしたからといって、その部分だけを色眼鏡で過大視することは、公平な観察といえないであろう。

■桑港震災の実験

　クロポトキンやバクーニンの肖像をかざった部屋で、無政府主義者のジョンソン老人やフリッチ夫人にとりまかれてくらしていた秋水を、グッと大きく無政府思想へ傾斜させたのは、明治三九年四月十八日、サンフランシスコにおこった空前の大震火災であった。

　秋水の宿舎は山の手の高台で、町を見おろす三階建の前面の部屋に陣どり、望遠鏡を手にして三昼夜にわたるシスコ市街の大火災と混乱の状況をながめていたが、日本によせた第一報（四月二二日付）に、「真に偉観・壮観なりき。予想ふ。是れ有史以来稀《ま》れに見る所の物、楚人の咸陽《かんよう》の炬《きょ》（※たいまつの意）、羅馬《ローマ》ネロ王の放火の光景、僅《わずか》に以て比すべし」とあって、シスコ大震火災の様相を資本主義滅亡の劫火《ごうか》（※全世界を焼く尽くす大火）と見ていたことがわかるのである。

　本国の『光』（明治三九年五月二〇日号）に送った第二報「無政府共産制の実現」は、秋水の思想開眼を意味するような重要な通信であった。社会的機能のマヒにともなっておこった一時的な資本私有制の消滅と無階級平等社会の出現から、稲妻のひらめきのようなインスピレーションをうけたのである。

「予は、桑港今回の大変災に就て有益なる実験を得た。夫《そ》れは外でもない。去る十八日以来、桑港全市は全く無政府的共産制(Anarchist Communism)の状態に在る。商業は総て閉止、郵便・鉄道・汽船(附近への)総て無賃、食料は毎日救助委員より頒与《ぶんよ》する。食料の運搬や、病人・負傷者の収容・介抱や、焼迹《やけあと》の片付や、避難所の造営や、総て壮丁が義務的に働く。買ふと云っても商品がないので、金銭は全く無用の物となった。財産私有は全く消滅した。面白いではないか。併し、此理想の天地も、向ふ数週間しか続かないで、又元の資本私有制度に返るのだ。惜しいものだ」(四月二四日付)

無警察状態におちいって、空巣ねらい、かっぱらい、火事場泥棒のたぐいが横行したが、しかし、秋水の無政府思想がこのような社会的混乱をよろこんでいた、というふうに誤解してはならない。

当時シスコに居住して、秋水とともに大震火災を体験した岩佐作太郎が、「在米運動史話」(『平民新聞』昭和二二年六月一八日号)を書いて、混乱のなかの秩序を強調している。

「社会党の市長シュミッズは、戒厳令を布告し、全食糧倉庫は公私共にこれを開放し、罹災《りさい》者に対し一人あたり幾《いく》らとだけ制限をつけ、勝手に在庫品を持ち出し得べきことを宣言した。そして、各市民が、老いも若きも、はた男も女も、よくその分を守り、いやしくも相奪い相争うような場面は見られなかった。配給品を受取る場合も、やはり同様であった。それは、実に非常時において、人々はよく相寄り、相扶《たす》くるところの本性を発きするものであることを実証したものであった。幸徳君は、この有様をもって無政府共産の実現なりとして、日本に報道した」

秋水は、資本主義経済機能のマヒ状態に重点をおき、岩佐は、市民生活のなかで発見した相互扶助本能に力点をおいていたものの、大震災という不幸な大破壊が、人類の未来社会の見とおしをさまたげていた古い社会機構、古い既成概念をたたきこわしてくれた瞬間に、人類の相互扶助能力を最高度に組織化した無政府・無権力の共産的自治社会のユートピアを垣間《かいま》見たのである。

それを革命の蜃気楼と批評することは、自由であろう。しかし、一切の権力を否定するこの秋水の無政府共産思想は、天皇制国家、資本主義国家の権力支配と激突する危険思想であるにしても、人類の幸福を目ざした解放思想の一形態であることにまちがいはなかった。

だが、同じ無政府思想でも、幸徳秋水と岩佐作太郎は、かなり大きな意見の対立を見せている。前記「在米運動史話」によれば、岩佐がはじめて秋水と会談したとき、社会主義と無政府主義との関係について、はげしい討論があったらしい。秋水いわく、

「私は、日本人からお前は何主義者かとたずねられるならば、言下に〝無政府共産主義者〟だと答えるにちゅうちょしない。だが、異国人にそうきかれるならば、〝社会主義者〟だと答える」

「それはまた、どういうわけか」

「社会主義の世の中がさきにきて、それから無政府主義の世がくるのではないか、というように考える」

そこで、岩佐が反論した。

「そんなおかしなことはない。社会主義者が政権を掌握するようなことはあるかも知れぬ。社会党が天下をとるということと、社会主義が実現されるということは別である。社会主義の現実は、無政府主義の実現によってのみ実現されるのだ」

この討論は、無期延期になって、結論が出なかったそうだが、秋水の「社会主義の世の中がさきにきて、それから無政府主義の世がくるのではないか」という段階論は、きわめて重要な意味をおびている。

マルクスとプルードンの対立以来、社会主義と無政府主義は、敵対関係をつづけてきたが、段階論をとった秋水においては、両者の併存が可能だったわけである。アメリカ社会党本部と連絡しながら、一方でロシアの無政府主義者と接触していた疑問も、これでとけるであろう。純粋なアナキストの岩佐作太郎の立場から、主義の不徹底に見えたのは、いうまでもないことだが。

桑港大震災のもう一つの実験は、日本政府の出先機関である領事館や、御用団体の日本人会が、居留民の救済問題でその正体をばくろしたことであった。

当時、岩佐作太郎らは、『日米新聞』社長安孫子《あびこ》久太《きゅうた》郎《ろう》の経営する桑港福音《ふくいん》会の夜泊施設に止宿《ししゅく》していたが、多数の日本人罹災者のために、傷病者と老幼者の一時収容所として開放する方針をきめて、居留民保護の責任を持つ総領事館と日本人会に通告し、医者と医療資料をまわしてくれるように要請した。非常事態にふさわしい処置である。

「傷病者や老幼者は続々やってきたが、こまったことには、領事館からも日本人会からも、医師も資料も少しもよこさないのだ。領事館に行って見ると、領事はじめ

在留有志たちは、葡萄《ぶどう》酒やビールの満を引いている。そして、いま相談しているところだという。あきれてものがいえない。あわや一騒動もち上るところまでになったが、あやうく事なきを得た。それよりいよいよ福音会と彼等との間柄は、悪くなったのである。〝福音会のやつらは生意気だ〟といえば、〝領事や日本人会のやつらは不らちだ〟というのである」

アメリカに上陸した秋水が、在米日本人に向って、「日本てふ国家は、吾人人民の生活を保障すること能はざる也」と痛論したのも、けっして的はずれではなかった。桑港の大震災で多数の日本人罹災者を出していたのに、出先官憲の領事館員が、居留民保護をサカナにして酒をのんでいた、というのだから、まったくお話にならない。

この天皇制国家を代表する外務官僚の領事館と、正義感にもえる若い日本人社会主義者とのあいだに発生した険悪な敵対感情が遠因となって、やがて、天長節の日の『ザ・テロリズム』の事件をおこし、また逆に在米日本人社会主義者の誇大な陰謀情報になったりして、煽動者と目された幸徳秋水をジリジリ死地に追いこんでいく斜面が、大地震の震動でつくられていたような気がするのである。

■一人という表現

さいわい桑港平民社は焼失をまぬがれたけれども、大震火災で若い日本人社会主義者が、家を焼かれたり、仕事先をうしなったりして、対岸のオークランドへ避難した者が多かった。それにつれて、旅先の秋水も、焦土《しょうど》のシスコからオークランドへ移動することになった模様である。

「オークランドに在る同志は、其運動の本部を打建つべき、且《か》つ僕に身を容《い》るるの地を供すべく、熱心に貸家・貸間を探し求めたるも、市中総て避難者を以て充填《じゅうてん》し、一家の明家《あきや》を見出す能はず、偶《たま》ま之れあれば、法外の高価を徴するが故に、未だ適当の処を得る能はず。同志は数日前、僅かに日本人某教会の三階なる屋根裏の一室を借り、数個の寝台を据ゑ付けて宿泊処に宛てて、数名の青年、日々革命気焔《きえん》を吐けり。同志の一人竹内鉄五郎君は、其労働せる家にて宛《あて》がはれたる一室を特に僕に貸し与へ、自身は右の屋根裏の倶楽部《クラブ》に行きて宿泊す。僕今猶《な》ほ彼れの室に滞す」

本国の『光』（明治三九年六月二〇日号）によせた「桑港より」の一節で、青年たちが秋水を敬愛して不自由な思いをさせまいと奔走している様子がよくわかるのだが、五月二日、オークランドへ避難してきて、特別待遇をうけていた秋水が、月末には、美以教会三階屋根裏の革命クラブで寝とまりをして、談論風発の仲間入りをするようになっていた。

革命の梁山泊《りょうざんぱく》である。久しぶりに兆民門下の昔にかえったような気分の秋水は、青年たちの情熱にあおられていたらしく、本国の『光』（明治三九年六月二〇日号）にすこぶる威勢のいい通信を送っている。

「若し予等をして、一棟の建物と一台の印刷機械とを有せしめば、僕は信ず、米国太平洋岸に在る数千の健児の間に革命の風雲を捲起《かんき》する、決して難事に非《あら》ざるを」

しかし、星根裏の革命家たちは、いたずらに大言壮語をたのしんでいたのではない。運動の中心機関をつくるために、熱心な努力をかさねていたのである。

「此地の同志は、目下這個《しゃこ》（※「この」の意）運動の機関を具備《ぐび》せんが為めに、奔走せり。労働せり。貯蓄せり。故国の同志諸君よ。僕今『枕するに処なし』水艸《すいそう》を逐《お》ふて漂泊するも、此地同志の苦心の結果は、数月を出でずして、必ず故国の運動に向って、多少の援助を供するを得可《うべ》し」

なおしばらく秋水は、アメリカに滞在するつもりだったらしいが、ここで急に帰国することになったのは、他にいろいろな原因があったにしても、おそらく財布の中身の欠乏によるものであろう。

五月三十一日、シスコからたずねてきたジョンソン老人に、名残を惜しんで「留別」の漢詩をおくっている。しかし、秋水がアメリカにのこした置土産は、在米日本人社会主義者をまとめた社会革命党の結成であった。

この社会革命党は、六月一日の夜、オークランド・テレガラフ街のアメリカ社会党本部の建物をかり、竹内鉄五郎《たけうちてつごろう》・小成田恒郎《おなりだつねろう》・岩佐作太郎・倉持善三郎《くらもちぜんざぶろう》ら在米日本人同志約五十名があつまって、堂々と結党式をあげたものである。秋水がみずから筆をとって作製した社会革命党の宣言・綱領・党則が、『光』（明治三九年七月二〇日号）にのこっている。宣言のなかの「一人」という表現に、天皇から大統領に至るまで、すべての権力代表者がふくまれるが、なかんずく日本の天皇を指向していたことは、あらためて説明するまでもないであろう。

社会革命党宣言

吾人は茲《ここ》に満天下に向って社会革命党の結党を宣言す。

夫《そ》れ一人をして飽暖《ほうだん》・逸居《いっきょ》（※安楽に暮らすこと）せしめんが為めに、百万民衆常に貧困・饑餓《きが》に泣くの時に於て、労働なるもの果して何の神聖ぞや。一人をして其私利・私福を恣《ほしいま》まにせしめんが為めに、百万民衆全く自由・権利を剥奪せらるるの時に於て、人生なるもの果して何の価値ありや。一人をして其野心・虚栄の心を満たしめんが為めに、百万民衆常に侵略の犠牲になるの時に於て、国家なるもの果して何の尊厳ぞや。

然《しか》り、是《これ》実に苦痛なる労働に非《あら》ずや。悲惨なる人生に非ずや。惨酷なる国家に非ずや。而して実に不正・不義なる社会に非ずや。今や世界多数の人類が、其の苦痛・悲惨・残酷なる境遇に煩悶《はんもん》する叫声《きょうせい》は、日は一日より高く、其の自由と幸福と平和とを求めて苦闘するの熱心は、月は一月より熾《さかん》なり。而して此煩悶と苦闘とを看過して漫然其趨《おもむ》く所に任ずるは、豈《あに》人情あり道義あるものの能く忍び得る所なる乎《か》。

否《いな》、現時の不公・不正なる社会を改革して、善美なる自由・幸福・平和の社会を建設するは、是れ吾人が祖先に対し、同胞に対し、子孫に対する責任也。義務也。而して亦《また》実に吾人の権利也。吾人の社会革命党を組織する、唯《ただ》此の責任・義務を竭《つく》し、此の権利を行はんが為めに外ならず。

吾人茲に満天下に向って社会革命党の結党を宣言し、別に定むる所の綱領に得て社会的大革命の実行に従ふ。同志の士恵然来りて躊躇《ちゅうちょ》する事勿《なか》れ。

綱領

一、我党は現時の経済的・産業的競争制度を廃滅し、一切の土地・資本を挙げて万民の共有となし、貧困者の跡《あと》を絶たん事を期す。

一、我党は現時の迷信的習俗的階級制度を改革し、万民をして平等の自由と権利とを保有せしめん事とを期す。

一、我党は現時の国家的・人種的・偏執《へんしゅう》・僻見《へきけん》を排除し、四海《しかい》兄弟・世界平和の真義を実現せしめん事を期す。

一、我党は以上の目的を達せんが為め、世界万国の同志と聯合《れんごう》・協力して社会的大革命を行ふ必要を認む。

党則

第一条　我党は社会革命党と称す。

第二条　我党は本部を合衆国キャリホルニア州バークレー市に、支部を世界各地に置く。

第三条　我党の趣旨・目的を賛同するものは、男女・国籍・人種の別を問はず加入することを得。

第四条　我党の費用は党員及び同情者の寄附金を以て支《し》辨《べん》（※金銭の支払い）す。

第五条　我党は幹事数名を置きて党務を処理す。

第六条　我党々則は党員多数の決議により改正することを得。

一千九百〇《ママ》六年六月一日

社会革命党

さすがに名文である。格調の高い修辞学をとおして、秋水の革命的理想と情熱がほとばしっているし、とりわけ宣言の「一人」や綱領の「迷信的習俗的階級制度」という表現のなかで、アメリカ上陸以来の天皇制批判を凝結させた感がふかい。

社命革命党という党名をえらんだことから、ロシアの社会民主党に対立する社会革命党〔エス・エル党〕をつくった、という誤解が一部にあるようだが、秋水の意図としては、社会党の改良主義・議会主義にあいそをつかして、社会党の革命化・急進化を意味する革命的社会党をつくるつもりだったのではないだろうか。

気がつくのは、議会政策や普通選挙の看板のはずされていることである。しかし、「社会的大革命」をおこなうと豪語しながら、一切の土地・資本の共有という以外に、革命の目的が抽象的すぎるし、革命の手段や順序の具体的説明がなかった。社会主義というよりも、社会主義以前の自由主義・人道主義の匂《にお》いのほうがつよかった。無政府主義から見ても、権力否定の表現がまだ十分といえなかった。

それには、在米日本人の同志の大多数を、不安定なデー・ワーカー（日雇労務者）が占め、不平・不満のかたまりであっても、社会主義の基本知識がなかったという事情が、大きく作用していたようである。またアメリカの社会において、無政府主義を名のる団体に加わることが、労働者の解雇と失業を意味している現実の配慮から、権力否定・強権排除の表現をよわめておく必要もあったにちがいない。

しかし、秋水の帰国後、この社会革命党は、さっそく活動をはじめて、六月十日、オークランドのフランクリン街で術頭演説をこころみたが、あらかじめ警察の許可をとっていなかったために、アメリカの官憲と衝突をおこして、竹内鉄五郎と西条了の二人が拘引されてしまった。

また六月二十日には、アメリカ海員同盟のストライキに対して、岩佐作太郎・西条了が、スキャップ（※スト破り）防止運動の応援を申し入れたばかりでなく、社会革命党の名前で「同胞労働者諸君に檄《げき》す」「再び労働者諸君に告ぐ」というチラシをくばって、日本人労働者が海員同盟のストライキ破りに使われないように、労働者の国際連帯の立場から、熱心によびかけていた。

　こうした労働者の階級政党らしい実践活動のあった反面、社会革命党の本部がバークレーのレッド・ハウスに移動してから、党の極端な文書活動が『革命』事件や天長節の『ザ・テロリズム』事件をひきおこし、天皇制批判は別としても、威嚇《いかく》的な挑発行為に走りすぎたきらいがあった。「社会的大革命」をあせった中心党員の意識内容に問題のあることはたしかだが、秋水が置土産にした社会革命党の宣言・綱領・党則のどこかに欠陥のあったことも否定できない。社会党を革命化するつもりで、結果的にはエス・エル党ができあがったのではないだろうか。

　秋水の『渡米日記』を読むと、帰国直前の六月三日、「オークランド白人社会党に行き、書籍を貰ふ」という記事が出ている。いったいどんな本を貰ったのか。東大教授隅谷三喜男が調べたところでは、マルクス、エンゲルス、カウツキー、ウンターマンなど、社会主義の一流の本ばかりであった。

　オークランド社会党の機関紙『ソーシャリスト・ヴォイス』(明治三九年六月一六日号)が、日本の幸徳秋水が党の事務所によって、社会主義の本を貰っていったが、「筋の通った本しか貰わなかった。さすがに、レベルが高い」とほめているそうだが、この本の選択にかんするかぎり、秋水は依然として正統派の社会主義者であって、無政府主義者ではなかった。

　社会主義と無政府主義のふしぎな併存という矛盾をはらんだまま、秋水はまた太平洋の黒潮にのって、日本の島国にかえっていくのである。

■爆弾乎《か》匕首《あいくち》乎《か》

　滞米半年の生活を終えて、幸徳秋水は、明治三九年六月五日、サンフランシスコから香港丸にのって、帰国の途についた。このとき、日本で印刷機械を買い入れるために香港丸に同船した桑港平民社の岡繁樹が、船中で秋水から天皇暗殺論を聞いたというのである。この話は、戦後岡老人が帰朝したとき、秋水の思い出として筆者にも語ったし、荒畑寒村《あらはたかんそん》の『日本社会主義運動史』にものっている。

　岡繁樹《おかしげき》は、秋水と同郷の土佐出身で、秋水の万朝報社時代に記者をしていたことがあり、明治三五年アメリカにわたって桑港平民社支部をひらいた在米日本人社会主義運動の開拓者の一人であった。岩佐作太郎の仲間とはソリがあわなかったが、渡米中の秋水をなにかと世話していた親しい間柄だし、船中の天皇暗殺論も、秋水を傷つけるためのつくり話とは思えない。

太平洋上は、まだ言論が自由なせいであろうか、秋水は岡青年に対して、日本で革命をおこすには、天皇をたおす必要があることを強調し、「君が帰国したら、天皇に近づくために、貴族院の守衛を志願したらどうか」と熱心にすすめたあげく「岡君、革命が成功したら、この香港丸が後世の歴史にのこる」といって、意気さかんなものがあった。

社会革命党の岩佐作太郎も、オークランドの屋根裏の革命クラブに青年同志があつまって雑談をしていたとき、テーブルの上にあった皇室画報かなにかを手にとってながめていた秋水が、うつくしくきかざった皇族の娘の結婚式の写真を見て、「こいつをみんなで強姦したら、痛快だろうな」と、青年同志をおだてるような話をした、と筆者にもらしている。寄生的な天皇一族に対する反感が、きたない嗜虐《しぎゃく》的な表現をとるのも、めずらしいことではない。

しかし、ただこれだけの断片で、渡米中の秋水が天皇暗殺のテロリズムにかたむいていたと見るのは、早計であろう。天皇制に対する反撥からうまれた大言壮語・侮辱言辞の域を出ない感情排泄《はいせつ》と考えてみたいのである。

六月二十三日、横浜についた秋水は、久しぶりに日本の土をふんだが、六月二十八日、神田錦輝館でひらいた日本社会党主催の演説会にのぞみ、「世界革命の潮流」と題して、帰国第一声をあげた。その大要が『光』(明治三九年七月五号)にのっているが、テロリズムの全面否定論であった。

「欧米の同志は、所謂《いわゆる》議会政策以外に於て、社会的革命の手段・方策を求めざる可《べか》らず。而して此方策や、能《よ》く王侯・紳士閥の金力・兵力・警察力に抵抗し得る者ならざる可らず。少くも其鎮圧を免がれ得る者ならざる可らず。而して彼は能く之を発見せり。何ぞや、爆弾乎、匕首乎、竹槍乎、蓆旗《むしろばた》乎。否な、是等は皆な十九世紀前半の遺物のみ」

「将来革命の手段として欧米同志の執らんとする所は、爾《か》く乱暴の物に非《あら》ざる也。唯《ただ》だ労働者全体が手を拱《きょう》して何事をも為《な》さざること、数日若《も》くは数週、若くは数月なれば即ち足れり。而して社会一切の生産・交通機関の運転を停止せば即ち足れり。換言すれば、所謂総同盟罷工《ゼネラル・ストライキ》を行ふに在るのみ」

日本の同志をおどろかした秋水のアメリカ土産は、改良主義・議会主義の停滞を打破して、社会主義運動の革命化をうながすための直接行動論であり、総同盟罷工という新兵器であった。古いテロリズムではぜったいになかったのである。

むろん、この公的態度の表明は、秋水の革命意識の片隅に「十九世紀前半の遺物」がのこっていたことまで否定するものではない。が、警察的な偏見の支配をふせぐためには、帰国第一声にあらわれた秋水の基本思想とテロリズム否定の事実をここでハッキリ確認しておくことが必要であろう。

天皇制批判も大切な問題ではあるが、日本法律の厳重な支配下にはいったために、秋水が公然化をさけたのも、やむをえないことであった。翌年二月の社会党大会で「国法の範囲内に於て社会主義を主張す」という党則第一条に秋水がユサブリをかけて、合法主義のせまい枠をとりこわし、「社会主義の実行を目的とす」という改正をおこなったとき、天皇制批判の可能性をつかもうとする秋水のかくれた意図も働いていたのではないか。

■日米戦争の予言

しかし、ほんとうをいうと、もっと大きなアメリカ土産を秋水は持ってかえっていた。日米戦争の必然を予言し、両国民に警告した「日米関係の将来」を『日米』（明治三九年一月一一日号）に発表し、『平民主義』（明治四〇年四月・隆文館）にも再録した警世の努力が、ほとんど誰の注意もひかなかったのは、たいへん不幸なことであった。その意味で秋水は孤独の革命家であった。

「予は此地に来りて感ぜり。我日本にして、今より十年或は二十年、或は三十年、五十年の後ち、更に他の強国と戦端を開くことありとせば、其敵手たる者は、仏に非ず、独に非ず、墺（※オーストリア）に非ず、無論、英・伊の二国にも非ずして、必ず現時我と尤《もっと》も親善たりと称せらるる北米合衆国其者ならん。吾人及吾人の子孫は、今に於て宜《よろ》しく此戦争の防止に尽力せざる可らずと」

それから三十五年目に太平洋戦争がおこって、秋水の予言がピタリと的中したのである。

レーニンの『帝国主義論』に先立つこと十五年、ジョン・ホブソンの『帝国主義論』よりも一年前、すでに秋水には『廿世紀の怪物帝国主義』（明治三四年四月・警醒社）の著述があった。ドル帝国とよばれるアメリカの空気を実際に呼吸してみて、資本主義の生産過剰、海外市場の争奪、軍備の拡張、移民労働者の排斥、民族的憎悪感の発生など、危険な徴候を発見した秋水は、誰よりも早く、東洋を舞台にして日米両国の軍事的衝突がおこることを見ぬいていた。

「今の国際間の葛藤《かっとう》が、尽《ことごと》く商工・経済の利害の衝突に因由《いんゆ》（※ことのおこり）せざるなきは、今更予の贅《ぜい》するを須《もち》ゐざる所。故に今後万国の平和を保ち戦争の惨禍を免かれしめんと欲せば、唯だ列国の経済的競争を廃するにあるのみ」

「思へ、米国は何故市場を東洋に求むるや。汝の貨物生産過剰なるが故に、其販路に苦しむといふや。汝の国内には数百万の貧民、其衣食の欠乏を訴へつつあるに非ずや。何ぞ其貨物を強て東洋人に押売することをやめて、自国同胞の欠乏に応ぜざるや……」

この資本主義の内部矛盾から、戦争の危機がうまれてくるのである。

秋水の説いた戦争防止策は、外交官の駆引《かけひき》でなく、クリスチャンの祈りでなく、戦争のガンの摘出という外科手術であった。資本主義体制から社会主義体制への転換による経済機構・経済体質の革命であった。

「社会主義は、今の競争を主とせる経済組織に反対して、一国共同の生活を営まんとするもの也。世界共同の生活を営まんとするもの也。世界労働者の利害を協同・一致せしめんとするもの也。故に社会主義の眼中には、国境の別なく人種の別なく、在る所は四海同胞の主義のみ。米国に在て、日韓人排斥に反対するもの尤も熱心なる者は、社会主義者なるを知らざる可らず。故に予は結論す。将来日米両国間の利害の衝突、感情の発離を融和し、之より生ずべき戦争の憂を防止せんとせば、両国の労働者中に社会主義を鼓吹し、其勢力を拡張し、其実行を図るより急なるはなしと」

秋水の平和の訴えは、日露戦争の防止に失敗していただけに、いっそうの深刻さが感じられたのである。

「嗚呼《ああ》、日露戦争は、吾人に悲痛の教訓を与へたり、十数万の死者、二十億の負債、八十万の失業者、無数の寡婦《かふ》・孤児！　戦争の惨毒も亦大なる哉《かな》。若し将来、富強無比なる米国の如きと、利害・感情屡々《しばしば》衝突するが如きに至らば、生民の禍之より大なるはなし。天の未だ陰雨せざるに其戸牖《こゆう》〔註、まど〕を綢繆《ちょうびゅう》〔註、つくろう〕するは、君子の努むべき所也。予は両国人士に警告す。諸君宜しく提携して以て社会主義の弘通《ぐつう》に力《つと》めよ。将来の戦争を防止する者、唯だ社会主義なるのみ。社会主義は実に平和の天使なりと」

日米開戦から日本敗戦まで見とおした秋水は、国民を戦争の惨禍から救うために、戦争防止をさけんで、平和世論の開拓にのりだそうとしていた。しかし、日米両国の政治指導者は、秋水の警告に耳をかさなかった。市場獲得と軍備拡張の白熱的競争が、ついに不幸な太平洋戦争をうみ、原子爆弾の投下となり、軍事基地や安保条約に姿をかえて、戦争の惨禍がなお現在にまでおよぶ半世紀の歴史経過は、「生民の禍之より大なるはなし」と指摘した革命家秋水の予言の正しさをそのまま裏書きしているようなものであった。

一方では、秋水が予見していた社会主義体制をとる国々が、ソ連・中国をはじめとして、地球の三分の一を占める広大な地域にひろがり、資本主義をのりこえたあたらしい経済機構を確立して、平和な社会建設にいそしんでいる。（※この部分の内容は、現在の状況と異なっており、また、事実とも違うが原文を尊重した）

こうした思想と現実の対比のなかにおいてみると、秋水のようなすぐれた革命家、平和の予言者を大逆事件でころされたことが、日米両国民と人類の平和にとって、どんなに大きな損失であったか、誰の目にもハッキリうつってくるであろう。

それにつけても、アメリカから帰国した秋水をさんざん追いまわしたあげく、絞首台にかけて得々としていた天皇制国家の無知・残虐・暴力は、日本を破滅にみちびいた政治的犯罪行為として、まったくゆるしがたいものであった。

第六章　屋根裏の革命家

■ミカドの顚覆《てんぷく》

本書『革命伝説　大逆事件』の筆者が渡米中の幸徳《こうとく》秋水《しゅうすい》に手をとられて、国際法の大家東京帝大教授・法学博士高橋作衛《たかはしさくえ》をサンフランシスコですこし待たせすぎたようである。しかし、当の高橋博士は、元老山県有朋《やまがたありとも》の密命をおびていたにせよ、いなかったにせよ、天長節の日に領事館をあわてさせた大不敬文書『ザ・テロリズム』事件の真相調査に首をつっこんで、十一月八日から十四日までのシスコ滞在中、いそがしくとびまわっていた。

アメリカの法律では、日本の天皇を脅迫しても、実行がなければ犯罪にならない。「先生、なんとかならんもんでしょうか」と、領事館員や新聞記者から、質問あるいは相談を持ちこまれた高橋博士は、国際法のレクチュアよりも、『ザ・テロリズム』の背後にかくれた在米日本人社会主義者の探索に、異常な興味と関心を示したのである。

その博士に、在米日本人社会主義者の組織や行動についてくわしい情報を提供してくれた二人の熱心な男があった。一人は、『新世紀』の記者、『東京日日新聞』の寄稿家で、桑港日本人会幹事の肩書を持つ川崎巳之太郎《かわさきみのたろう》である。秋水の『渡米日記』にも、川崎巳之太郎の名前が出てくるが、これがなんと領事館にやとわれたスパイであった。今一人の巽鉄男《たつみてつお》も、オークランド日本人会幹事ということになっていたが、社会革命党員にばけこんだ領事館のスパイであった。

『ザ・テロリズム』事件がおこってから、外務省からヤイヤイいって報告を求めてくるのだが、社会主義者と交際はないし、領事館に人手はないし、困りぬいた松原事務代理が、川崎・巽の二人にたのんで、レッド・ハウスの動きを内偵させたり、情報をあつめさせたりしていたのである。

松原事務代理が桂《かつら》外相に送った「『暗殺主義』ナル印刷物ニ関スル件」（明治四〇年一一月二六日付）と題する報告のなかに、「本件ニ関シ、特ニ小官ヨリ内密ニ取調ヲ命シオキタル川崎巳之太郎・巽鉄男《たつみてつお》ヨリ、別紙写《うつし》ノ通リ（二通）報告ヲ差出《さしいだし》候ニ付差進《さしまいらせ》候云々《うんぬん》」ということで、二人の名前がハッキリ出ている。

この二人の素人スパイは、帝大教授の前ではさすがにスパイの身分をかくしていたらしいが、半ば愛国者気どりで、渡米中の幸徳秋水や在米日本人社会主義者の悪口をさんざんいいふらした。博士に提供した情報がくわしい反面、煽情的《せんじょう》、誇張的であったのも、職業的にさけられなかったことであろう。

この二人のスパイの機密漏洩《ろうえい》が、めぐりめぐって東京で問題化したとき、責任者の桑港総領事小池張造から、外務省政務局長山座円次郎《やまざえんじろう》に送信した「革命党員ノ行動偵察方ニ関シ高橋作衛ノ挙動報告方ノ件」（明治四一年三月一四日接受《せつじゅ》〈※受けとること〉）と題する機密電報が、この間の事情を説明している。

「此両名ハ、無政府党員ノ行動偵察方ニ関シ、本官ニ於テ従来使用シタルモノニ有之《これあり》、且《か》ツ巽ハ本官ノ為メニ情報ヲ得ルノ目的ヲ以テ、先頃無政府党ニ加盟シタルモノニ有之候。本官ハ、最初同人等ヲ使用スルニ当リ、本件ニ関スル偵察ハ極メテ之ヲ秘密ニスヘク、又《また》偵察ノ結果ハ決シテ之ヲ他人ニ口外スヘカラサル旨ヲ言含メ置キタルニ拘《かかわ》ラス、同人等ハ、高橋作衛ト数次《すうじ》談笑ヲ重ネ懇親ヲ結フニ従ヒ、高橋ノ地位ニ対シ信用ヲ置キ、話次《わじ》（※話のついでにの意）自然何気ナク本件ニ関スル同人等探知ノ結果ヲモ高橋ニ漏シタルヤノ疑有之《うたがいこれあり》候」

小池領事の弁解は、厳重な注意をしてあったのに、本人たちが高橋博士の肩書を信用してウッカリしゃべってしまった、というわけだが、領事館スパイを旅先で手なずけて機密情報をフンダンにまきあげた、この帝大教授は、相当の政治的手腕家であったとみなければならない。

白柳秀湖《しらやなぎしゅうこ》の前出『続財界太平記』に、高橋博士が非常な危険をおかして、「社会主義者の巣窟《そうくつ》」をさぐりにいったというのも、おそらくスパイの川崎や巽に案内されて、レッド・ハウスの社会革命党本部や、貧乏な日本人社会主義者がのみにいくきたないクラブや酒場などの社会探訪に出かけたことを意味するものだろう。

ピストルの猛射云々は、話の尾ヒレである。右の文書にも、高橋博士の性行は「多少事ヲ誇大シ、或《あるい》ハ想像ヲ交ヘタルカ如キコト無之《これなき》トモ難申《もうしがたく》」とあるくらいだから、シスコの場末町のどこかで聞いたピストルの銃声が、いつのまにか高橋博士の社会主義者退治・アメリカ冒険談の音響効果を高めることになっていたのではないか。

川崎・巽からいろいろ話を聞いているうちに、高橋博士がおどろいたのは、オークランドからバークレーに移動してきた社会革命党の連中が、天長節の『ザ・テロリズム』事件の以前にも、同じような不敬文書をばらまいて、大騒動をひきおこしていることであった。

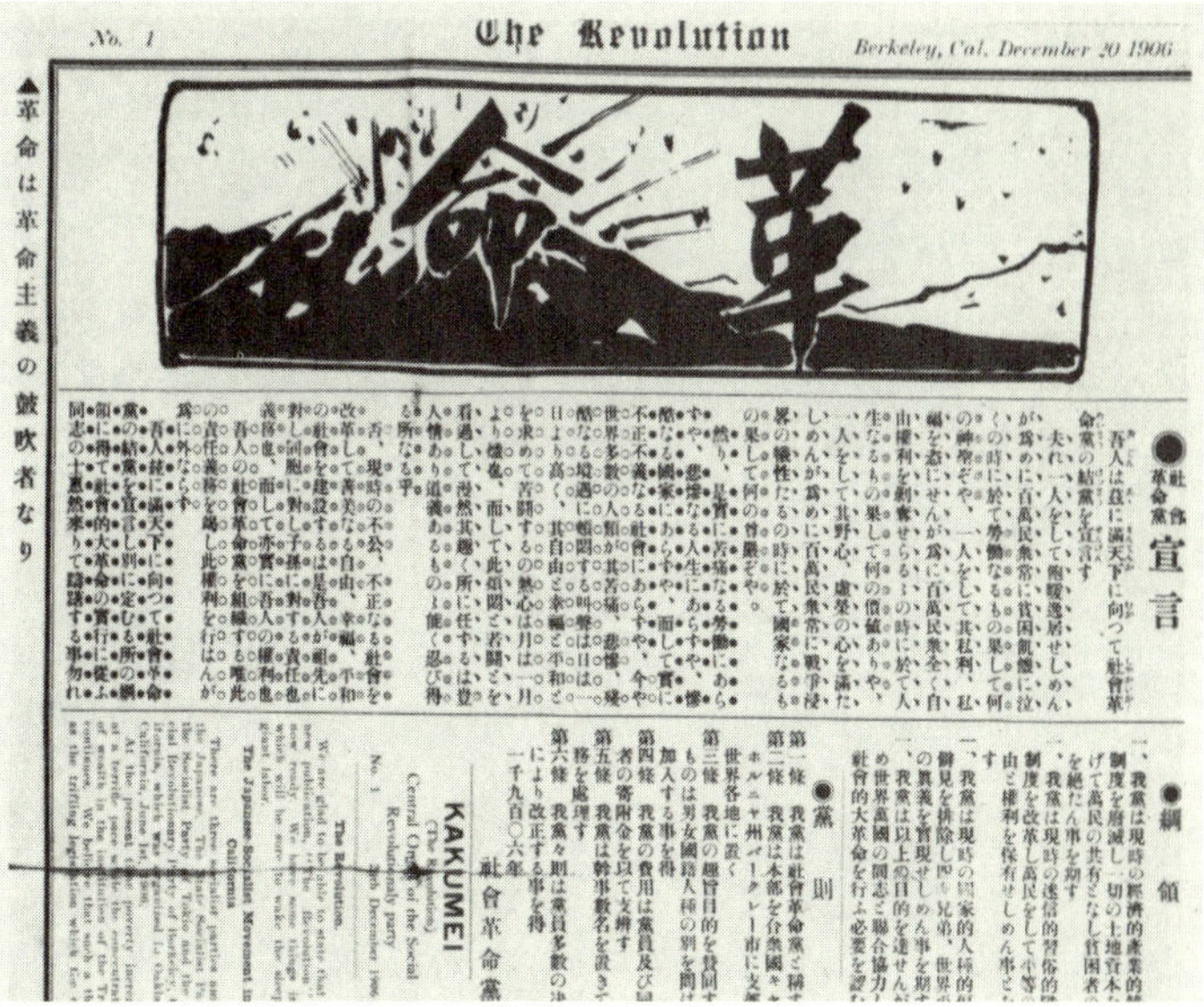
No. 1　The Revolution　Berkeley, Cal. December 20 1906

革命

▲革命は革命主義の鼓吹者なり

社會革命黨 宣言

吾人は茲に滿天下に向つて社會革命黨の結黨を宣言す

夫れ一人をして飽暖逸居せしめんが爲めに百萬民衆常に貧困飢餓に泣くの時に於て勞働なるもの果して何の神聖ぞや、一人をして其私利、私慾を恣にせんが爲に百萬民衆全く自由權利を剝奪せらるゝの時に於て人生なるもの果して何の價値ありや、一人をして其野心、虛榮の心を滿たしめんが爲めに百萬民衆常に戰爭殺戮の犠牲たるの時に於て國家なるもの果して何の尊嚴ぞや。

然り、是實に苦痛なる勞働にあらずや、悲慘なる人生にあらずや、慘酷なる國家にあらずや、而して實に不正不義なる社會にあらずや、今や世界多數の人類が其苦痛、悲慘、殘酷なる境遇に煩悶する叫聲は日一日より高く、其自由を希ふと平和ごを求めて苦闘するの熱心は月一月より熾也、而して此煩悶ご苦闘ごを看過して漫然其趨く所に任するは豈人情あり道義あるものゝ能く忍び得る所なる乎

否、現時の不公、不正なる社會を改革して善美なる自由、幸福、平和の社會を建設するは是吾人が祖先に對し同胞に對し子孫に對する責任也義務也、而して亦實に吾人の權利也吾人の社會革命黨を組織する唯此の責任義務を竭し此權利を行はんが爲に外ならず

吾人は茲に滿天下に向つて社會革命黨の結黨を宣言し別に定むる所の綱領に得て社會的大革命の實行に從ふ同志の士奮然來りて躊躇する事勿れ

綱領

一、我黨は現時の經濟的產業的…制度を廢滅し一切の土地資本…げて萬民の共有となし貧困者…を絶たん事を期す

一、我黨は現時の迷信的習俗的…制度を改革し萬民をして平等…由と權利を保有せしめん事と…す

一、我黨は現時の國家的人種的…僻見を排除し四海兄弟、世界…の眞義を實現せしめん事を期…

一、我黨は以上の目的を達せん…め世界萬國の同志と聯合協力…社會的大革命を行ふ必要を認…

黨則

第一條　我黨は社會革命黨と稱…

第二條　我黨は本部を合衆國…ホルニヤ州バークレー市に支…世界各地に置く

第三條　我黨の趣旨目的を賛同す…ものは男女國籍人種の別を問は…加入する事を得

第四條　我黨の費用は黨員及び…者の寄附金を以て支辨す

第五條　我黨は幹事數名を置きて…務を處理す

第六條　我黨々則は黨員多數の決…により改正する事を得

一千九百〇六年　社會革命黨

KAKUMEI
(The Revolution)
Central Organ of the Social Revolutionary party
No. 1　20th December 1906

The Revolution

The Japanese Socialist Movement in California

『革命』第1号

バークレーのレッド・ハウス〔太平洋旅館〕に立てこもった竹内鉄五郎《たけうちてつごろう》・小成田恒郎《おなりだつねろう》・岩佐作太郎《いわささくたろう》らは、社会革命党の機関紙『革命』タブロイド判八ページの発行に着手していたが、その『革命』第一号（明治三九年一二月二〇日号）の英文欄で、「カリフォルニア州における日本社会党の運動」と題した記事のなかに、「ミカド・王・大統領の顛覆」という表現のあったのが、事のはじまりである。

日本人排斥の材料をさがしていたアメリカの新聞が、それに食いついて、「ジャップ・アナキストが、アメリカの大統領を暗殺しようとしている」「ルーズベルト大統領が帰化権をあたえようという日本人は、その実こんな危険な連中である」と、民族的偏見をあおり立てたために、一時は騎馬巡査がのりだしてくるほどの大騒ぎが持ちあがった。

明治四〇年の一月三日、移民局が移民条令違反の容疑で『革命』署名人の竹内鉄五郎をよびだして取り調べたが、竹内は、アメリカ人の同志に知恵をつけられたらしく、「英語が不十分なために、進化〔エボリューション〕と革命〔レボリューション〕をとりちがえた」というとぼけた返事をして、ピンチを切りぬけた。

取調べの結果、原語の「オーバー・スロー」が、大統領の「顚覆」にあたり、大統領の「暗殺」でなかったことがわかったので、ようやく無罪放免になったのである。
ところが、このとき、桑港領事上野季三郎が外務省に送った『革命』事件の情報では、問題の「オーバー・スロー」が、「ミカド・王・大統領ノ一類ヲ挙ケテ之ヲ殲《せん》滅《めつ》セント欲ス」というふうにおそろしく改変されている。
「オーバー・スロー」が、「ミカドの顚覆」と「ミカドの殲滅」とでは、語感ばかりでなく、たいへんな意味のちがいになってくるのではないか。前者は「天皇制の廃止」という政治目標であり、後者は「皇室の皆殺し」という殺人行為になるだろう。

語学の得意なはずの外交官が、政治目標の「天皇制の廃止」を殺人的な「皇室の皆殺し」とわざわざ誤訳したことは、その重大な誤訳が天皇制国家の権力中枢に強烈なショックをあたえ、社会主義恐怖心を過度に刺激して、気ちがいじみた鎮圧へ暴走させる要因の一つになっていく点を考えると、睦仁《むつひと》君足下《そっか》を架空の爆裂弾でおどしあげた『暗殺主義』の過激青年を非難する資格が、どこにもない。（※今日では使われない差別的表現があるが、原文を尊重した）

問題になった『革命』第一号の邦文欄にも、「唯一ノ手段ハ爆裂弾ニアリ。革命ノ資《し》ヲ得ルモ爆裂弾ナリ。紳士閥階級ヲ破壊スルモ爆裂弾ナリ」というぶっそうな記事があった。この爆裂弾にとりまかれた「紳士閥階級」〔註・ブルジョアジー〕が、約一年後の『ザ・テロリズム』のなかで、最高権力の「日本皇帝」にかわっていたのである。

血気さかんな社会革命党の竹内鉄五郎らは、『革命』事件にこりるどころか、ますます調子にのり、放火少年のように騒ぎをおもしろがって、実在してもいない無政府党暗殺主義者の仮名で、菊かおる天長節に『ザ・テロリズム』の紙の爆裂弾を投げつけた、という順序になっている。

岩佐作太郎の材料をとり入れた村雨退二郎の『史談蚤《のみ》の市』（昭和三二年二月・北辰堂）によると、関係者の一人小成田恒郎は、「渋沢栄一（※明治・大正期の実業家）がサンフランシスコに来遊した時、人糞《じんぷん》を包装して贈呈したような悪戯《いたずら》好きの男で、文章はわりにうまかった」というから、檄文《げきぶん》の貼《は》り出しだけですませたのは、日本皇帝睦仁君足下にまだ相当の敬意を払ったつもりなのであろう。

■神話中の人物

大逆事件における天皇制批判と暗殺主義の源流をたずねて、明治四〇年十一月の『ザ・テロリズム』第一号から、さらに明治三九年十二月の『革命』第一号にまでさかのぼると、太平洋沿岸のサンフランシスコやオークランドと結んだ小都市バークレーが、大逆事件の高天原《たかまがはら》（※日本神話で神々がいたという国。天照大神《あまてらすおおみかみ》が支配したという）であり、赤ペンキぬりのレッド・ハウスに集まった社会革命党員の竹内鉄五郎・小成田恒郎・岩佐作太郎・倉持善三郎あたりが、神話中の人物に見えてくるから、ふしぎなものである。

むろん、サンフランシスコに降臨した幸徳秋水を天照大神に見立てることは無理だけれども、「竹内の鉄砲」とあだ名された竹内鉄五郎は、天の岩戸びらきの手力男《たぢからおの》命《みこと》の役割にふさわしい。天皇の権威をおそれないで「ミカドの顚覆」をさけび、「日本皇帝睦仁君足下」に爆裂弾の強迫状を送った屋根裏の革命家らは、英雄・豪傑のかたまりである。しかし、『革命』事件の内幕を書いた岩佐作太郎の前出「在米運動史話」をのぞいてみると、神話中の人物に意外なほど弱虫が多かった。気のつよい岩佐老人の告白で、激烈な反逆性・攻撃性のうらにかくれているものがわかってきた。

『革命』第一号の発行日が、明治三九年の十二月二十日であった。十二月二十九日、関係者の岩佐と倉持が第一号の広告料集金と第二号の広告とりにサンフランシスコへいき、そのついでに同志山内八重子夫人をたずねたところ、「今日はふしぎなことがあった」といい、アメリカ人の新聞記者がいくたりも桑港《サンフランシスコ》平民社《へいみんしゃ》の岡繁樹《おかしげき》の家にやってきた事実がわかった。『革命』のことをかれこれ質問された岡は、得意になって答えたり、カメラにおさまったりしたそうだが、どうも様子が変である。

夜の八時ごろ、バークレーのレッド・ハウスにもどってきたら、竹内鉄五郎がオドオドしていて、アメリカの騎馬巡査が建物をとりまき、本部の部屋にふみこんできたが、岩佐がいないのでひきあげていったという。さすがの竹内も、心臓のとまるようなショックをうけたらしく、眼つき、顔色が恐怖におびえ、ふだんの元気はどこにも見られなかった。

「このさい、なにをおいても『革命』の第二号を出す必要がある。竹内君は第一号の責任をとってくれたまえ」

岩佐は台風にさからっていくような強気の方針を出したが、署名人の竹内が承知しない。

「それはできない。老人がやれというからやった。書けというから書いたんだ」

老人というのは、岩佐のニック・ネームであった。

「そうか。それでは、こういいたまえ。ぼくはただの署名人で、一切は老人がやった。老人に責任があると」
「いやだ。四人でやったんだから、四人でやったという」
口には出さないけれども、「竹内があんな無茶さえ書かなかったら……」という不満が、岩佐の腹の底にある。それにまた竹内の感情が反撥して、責任問題の収拾がつかない。結局、アメリカ官憲の追及をのがれるために、竹内を国外のメキシコに脱出させることをきめ、「万事はそれから」ということになった、やがて、レッド・ハウスをぬけだした竹内の姿が、夜の闇のなかに消えていった。

この竹内の逃亡について、レッド・ハウスの住人、二俣松太郎の日記は、家主に追いだされた、と書いている。張本人がいるために、暴徒に焼打ちをかけられるようになっては困るというわけである。
「家主大狼狽《ろうばい》、関係者を追い出して呉《く》れ、この家が焼かれるかも知れんとの心配。植山君頗《すこぶ》る頭痛、本日の各新聞とも首領者不明で、大に探して居《い》るらしい。分って居るのは竹内君だけで、他は一人も知れて居《お》らん。連中相談の上、家主とコールの新聞記者立会の上、竹内君を逃がした。そは植山君の家主に対する申訳の為《た》め」
『コール』は、社会党の機関紙だから、騒ぎが大きくならないよう、なにかと知恵をかしてくれていたのであろう。

三十日の朝、ひろげてみたアメリカの新聞がたいへんであった。どの新聞も、「ジャップ・アナキスト、大統領ルーズベルトの暗殺を企つ」という大見出しで、『革命』事件の記事がほとんど全紙をうずめていた。『革命』の英文欄を写真にとって、そのままのせたのや、暗殺の張本人として岡繁樹の顔写真をル大統領や日本の天皇とならべて出したのがあった。レッド・ハウスは、文字どおり「赤」の家になっていた。

アメリカ新聞の総攻撃には、社会革命党の豪傑《ごうけつ》連もまいってしまった。小成田と倉持の二人が、シスコへ日本人街の様子をさぐりにいったが、その反響のいいはずがなかった。岡は総領事館にいっていいわけをしている。大統領の生命や排日の問題がからんできたので、領事館は大狼狽。邦字新聞は、このときとばかり毒筆をふるい、日本人会は、日本人の面よごしとして過激青年の断乎《だんこ》処分を議論していた。

まさに四面楚歌である。腹背の挟撃である。アメリカの政府と新聞だけの動きであれば、署名人竹内のメキシコ亡命でなんとか切りぬけられるだろうと考えていた岩佐も、日本人街が騒ぎだしてきたのでは、『革命』の広告料がとれないし、第二号の発行は、思いもよらぬことであった。

革命的幻影がこなごなにくだけたときのみじめさ。レッド・ハウスも、もはや落城の運命がせまっている。その夜また一人、同志の小成田がどこかへ姿を消していった。

三十一日の朝はきたが、くるはずの騎馬巡査がやってこない。日本でいえば大晦日である。止宿の労働者が故郷をしのぶ晦日そばの仕度をしている。最後にのこったのは、岩佐と「老人、ぼくは英語が話せないから、どこまでもいっしょに……」という倉持の二人であった。

アメリカ政府は、自分たちをどうするつもりなのか。法律のことが心配になってきた岩佐らは、アメリカの大学にいる友人をたずねて、いろいろ法規をしらべてもらった。

「アメリカは乱暴だ。これは、九年くらい食らいこむぞ。ぶちこまれてはつまらんから、早くずらかれ。君たちが町からいなくなれば、あとはなんでもあるまい」

結果論からいうと、未熟な法学生におどかされにいったようなものであった。急に臆病風《おくびょうかぜ》にふかれた岩佐らは、あわててそこをとびだした。

「逃げるとなると、もうすこしも落ちつきをもたなくなる。今から思えば、それはこっけいであった。木にもかやにも心をおく。そのとおりだ。私たちは本通りに出られなかった。電車にはなおのる気になれない。道のない草原に近道をとった。大みそかで十五夜の満月。この夜の満月ほど身にしみておぼえた月はない。実にいい月であった」

岩佐老人の回想は、敗残の革命家の逃亡心理を描いて、あますところがない。

やっと波止場にたどりついた二人は、連絡船で対岸のサンフランシスコにわたって、停車場にかけつけたが、メキシコ行の最終列車が出たあとであった。仕方なく福音会の友人の部屋で一夜をあかし、翌朝一番列車にのって、安全地帯のメキシコに向った。

新聞を買って読みたいのだが、こわくて手が出ない。パラアル駅で買った新聞をおそるおそるひろげてみると、新聞の論調がガラリとかわって、落ちつきをとりもどしている。そのなかで、日本人亡命家の救いの神と思われたのは、最高裁判所判事の談話記事であった。

「日本人が発行した『革命』の記事中、帝王も大統領も、政府という政府はオーバー・スロー（顚覆）すべきだとあるが、そのオーバー・スローを暗殺と曲解し、それにルーズベルトをつけたして、ルーズベルト大統領を暗殺するのだ、というのは乱暴だ。彼らはアナキストであっても、すでにアメリカに三ヵ年以上居住している者であるから、国外に追放することはできない。政府は、彼らに対してなんらの手段もとりえない」

まるで最高裁から無罪の判決をうけたような感じであった。新聞をなんどもくりかえして読んだ。もう大丈夫である。岩佐らはメキシコ亡命をやめて、途中のサンノゼで下車した。

■暗殺主義の理由

花園都市で知られたサンノゼには、岩佐の友人で土地の顔役のケー・イワ（岩佐喜三郎）がいた。日本の労働運動の草分け、高野房太郎《たかのふさたろう》とも親しかったという世話ずきの男で、岩佐らが身をよせると、

「どうしたかと心配していたが、ここにきたからには、どんなことがあろうとも、アメリカ官憲の手にわたしはしないから」と、心よくひきうけてくれた。

しばらくここで時を待つことにしていたが、どこをどう追いかけてきたのか、岩佐にあてて「スグコイ」というシスコからの電報がまいこんできた。発信人は誰だかわからない。スパイの巧妙なおびき出しなのであろうか。

心配した顔役のケー・イワが、わざわざサンフランシスコまで様子をしらべにいってくれたが、その報告では、日本人街の空気が険悪で、とうてい帰れそうもない。そこへまた「エンゼツカイヨウイデキタ、スグコイ」という電報がとびこんできた。発信人の名前を見ると、三十日の夜に別れた同志の小成田であった。

運動再建・反撃開始の召集令状である。元気をとりもどした岩佐と倉持の二人は、電報をうけとるとすぐ、顔役のケー・イワがとめるのをふりきるようにして、大急ぎでサンフランシスコにかえっていった。

あとでわかったことだが、三十日の夜、同志に別れをつげて、レッド・ハウスを出た小成田は、すぐ隣のホテルの一室に身をひそめて、はからずも『革命』がまきおこした政治台風の動きをジッと見つめていたのである。そして、元日の朝刊で、天候回復のキザシをつかむと、ただちに行動を開始して、演説会の会場の手配をする一方、メキシコ亡命に出かけた同志の竹内・岩佐・倉持に召集電報をうつなど、まさしく電光石火の働きであった。

「身のたけ抜群、容貌《ようぼう》カイイ、一文字にかたくむすんだ口元、はっきり二分された下アゴは、〝断〟の一字の所有者たることを表わしていた。生来の無口、不言実行は彼のためにできた文字かのような男だった」

岩佐老人は、革命家の典型として小成田恒郎をほめち

ぎっている。

『革命』事件でさんざんたたかれた社会革命党の反撃戦法は、この小成田が、演説会場を小都市のバークレーでなく、大都市サンフランシスコのサター街にえらんだことであった。しかし、大震災の直後で、かりられるようなホールがなかった。一月五日にひらいた演説会の会場は、新築工事中の商館の建物をかりうけたもので、電燈もなければ腰かけの椅子《いす》もなかったが、おおぜいの聴衆があつまってきて、道路にまではみだすような盛況ぶりであった。

「われわれの先輩が、社会主義の旗をあげて運動をはじめたころは、まだ会場に電燈もなく、かけるべき椅子もなかった。ローソクの光をたよりに、板じきの上に坐ってやったものである。今夜、日本の同志の催しも、昔にかえってローソクの光をかかげ、板じきの上でやっている」

応援に参加したアメリカ人の同志の激励演説が、シスコの暗黒にいどみかかっていくようなふしぎな情熱をかき立てた。勢いをもりかえした社会革命党員は、岩佐・小成田らがこもごも立って、アメリカ官憲の不法弾圧、排日系新聞の言論暴力に抗議し、日本人官民の卑屈な言動をこきおろして、久しぶりに溜飲《りゅういん》をさげることができた。

日本領事館のがわから見れば、「憎まれっ子世にはばかる」ということになるのであろうか。

前記『在米日本人社会主義・無政府主義運動史略年表』は、演説会のつぎに、社会革命党が、一月十三日、バークレー臨時総会をひらいた事実を記録している。機関紙『革命』が物議をかもして、社会革命党を混乱させた苦い経験から、別に印刷物専門の革命社を独立させて、機関紙の発行をこれにまかせることになった。

革命社のメンバーは、岩佐作太郎・竹内鉄五郎・小成田恒郎・倉持善三郎・植山治太郎・小川金治の六名であった。従来の左派四名に右派二名を加えて、紙面の暴走をふせごうとした配慮も感じられるが、二月一日発行の第二号から再出発した『革命』には、天皇の御真影《ごしんえい》（※天皇・皇后の写真の意の尊敬語）問題など、相かわらず偶像破壊的な天皇制批判の記事が多かった。

とくに「『ミカド』ニ対スル日本人ノ迷信」は、『ザ・テロリズム』の基本思想であり、この迷信打破の目的で労働者宮下太吉が天皇暗殺をくわだてたという意味で注目にあたいしている。

「科学上ニテハ『ミカド』ハ猿ト血統ヲ同フス（ママ）。然《しか》ルニ日本ニテハ、動物状態ヲ基礎トセル国民教育ノ結果、彼ヲ神トシ崇敬スルナリ。社会主義思想ノ増進ニ連レテ『ミカド』ナルモノハ、衆人ヲ奴隷ニスル目的ニテ、現時ノ支配者階級カ左右スル道具ニ過キサルコトヲ日本国民カ了解スルノ日到ランコト近カルヘシ」

暗殺主義に関しては、「同志者ニ告ク」と題した無署名の小論があった。もしこれが秋水の寄稿だとすれば、彼の煽動《せんどう》はスレスレの所まできていたといわなければならない。

「世間固《もと》ヨリ何人カ流血ヲ見ルヲ欲スルモノアランヤ。然《しか》レトモ、余輩《よはい》ハ実ニ已《やむ》ヲ得サルナリ。到底社会的及《および》政治的ノ迫害ハ、暗殺主義ノ母ナルコトヲ承認セサルヘカラス。之《これ》ヲ事実ニ見ルモ、露西亜《ロシア》及伊太利《イタリア》ニ於《おい》テ、迫害ハ暗殺主義ヲ産出シ、又《また》現に産出シツツアリ。而《しか》シテ現時ニ於テ資本家ハ、世界到処《いたるところ》ニ於テ激烈ナル暗殺主義者ヲ産出シツツアルナリ。殊《こと》ニ日本ニ於テ最モ其ノ然ルヲ見ル」

十一月三日、天長節の日にはりだされた『ザ・テロリズム』第一巻第一号が、別に無政府党暗殺主義者を名のって、形式的に社会革命党ともまた機関紙『革命』とも、無関係の立場をとっているのは、威嚇《いかく》的効果をねらうと同時に、『革命』事件のときのようなトラブルをさけようとしたものであろう。

『革命』事件が大統領のオーバー・スローで、アメリカ人を刺激したとすれば、『暗殺主義』事件の睦仁君足下と爆裂弾は、日本人街を震撼《しんかん》させたばかりでなく、その強烈な余震が日本本国におよび、彼らの予想しなかった逆作用をさえうんだのである。

しかし、勇敢な屋根裏の革命家たちは、さきの『革命』事件に対して、反撃の演説会をひらいたのと同じ戦法で、『暗殺主義』事件のまきおこした非難の嵐につつまれながらも、やはり対抗的な演説会をひらいている。事件直後の十一月十一日、オークランドのアメリカン・フォレスター会館に時局問題演説会を持ちこみ、竹内鉄五郎が「殺人制度と革命の根本義」、岩佐作太郎が「国家の衰滅」、という演題で暗殺主義の熱弁をふるったのも、その頑固な反逆精神を誇示するつもりがあったにちがいない。十二月九日には、バークレーでも、同一趣旨の演説会をひらいた。

言論自由のアメリカ大陸は、日本の島国でそだちにくい天皇制批判の発芽・成長を助ける大きな温室のような役割をはたしていた。が、問題は、『ザ・テロリズム』事件が端的に示しているとおり、なぜ暗殺主義が、日本人社会主義者の天皇制批判と癒着したような形で出てきたのか、ということである。

日本皇帝睦仁君足下にあたえたあのオープン・レターを読んでみると、覆面の無政府党革命党員が暗殺主義を採用するに至った理由として、「暴ヲ以《もっ》テ圧制スル時ニハ、暴ヲ以テ反抗スヘシ」という対抗手段、無用の長物を清算していく「自然淘汰ノ作用」からうみだされた「国民ノ不平」の最後的爆発、神武天皇以来「二千五百有余年間」の専制支配をつづけてきた「足下等ノ首ヲ切リ足下等ノ肉ヲ炙《あぶ》リテ食フモ猶《なお》アキタラサル心地ス」という解放奴隷の復讐《ふくしゅう》感情、帝政ロシアにおける暗殺主義の成功などをかぞえあげてから、「コハ足下自身ノ自ラ作リシモノ也《なり》」という天皇自責論で総括している。暗殺主義者といえば、いかにもおそろしく聞こえるが、みずから墓穴を掘りつつある天皇のために、墓掘人足の役目を買って出たにすぎない、といいたげな調子であった。

■天皇偶像の破壊

しかし、暗殺主義と天皇制批判の密着した理由は、そればかりでなく、屋根裏の革命家たちの現実的な生活条件や抑圧された人間感情のなかにも、ふかい原因があったのではないか。この設問に対して、岩佐作太郎の前記「在米運動史話」が、若干のヒントを提供してくれている。

岩佐老人が「アメリカは、私たちにとってはまるで墓場であった」「右を見ても左を見ても死人ばかりで、どんなにわめいても叫んでも、何んらの反きょうも起らなかった」というとき、自由の国アメリカの内部が、日本人移住者にとっては、言語・皮膚・民族・生活様式の分あついカベで遮断された閉鎖的社会であり、とりつく島のない孤島であったことがわかるのである。

なるほど個人の自由はあたえられていたが、その解放感のよろこびよりも、相手にしてくれる者が誰ひとりいない孤独感・寂寥《せきりょう》感のほうが、はるかにつよかった。海外雄飛、新天地開拓の夢にやぶれた青年たちの幻滅の悲哀は、たのみとする在米日本人社会の実態がわかってくるにつれて、むしろ、腹立たしい焦躁《しょうそう》感・絶望感へ変化するのは、自然の道行というものであろう。

「在留同胞は、日本における同胞よりも時代におくれていた。いや、それは眠っていた。彼等は、日本を立つ時の日本以外を知らなかった。それればかりか、時のたつに従って、日本の空気を忘れるのであった。しかも、アメリカにいながら、アメリカの空気に無関心であった。かくして彼等は、時代の空気と絶えんしているのであった」

アメリカの日本人街もまた、おそろしく閉鎖的な社会であった。孤島のなかの孤島であった。領事館や日本人会は、ちょうどその島の酋長《しゅうちょう》政治にあたるものであった。あとは毎日の生活の維持と郷里への送金に追われていて、傷ついた青年の心をなぐさめたり、はげましたりしてくれる者が誰もなかった。

高慢なアメリカ人社会と俗物的な日本人社会の両方からしめだされた青年たちは、悲しい孤独からまぬがれるために、サンフランシスコの美以《メソジスト》教会や福音会にあつまるようになっていた。そこへ、日本からの週刊『平民新聞』や平民社非戦論の輸入、片山潜《かたやません》の渡米などによって、社会主義の種子が持ちこまれてきたのである。

キリスト教と社会主義という二つの価値体系のちがいが、だんだんわかるようになってきた。キリスト教会の福音が、忍従の美徳であり、魂の解放であったとすれば、社会主義の福音は、抵抗の倫理であり、あらゆる種類の奴隷的状態からの人間としての労働者の解放であった。

サンフランシスコの美以教会や福音会に出入りしていた青年の一部、岩佐作太郎・赤羽巌穴《あかばがんけつ》・竹内鉄五郎・小成田恒郎らが、社会主義運動のなかへとびこんだ急進化現象も、社会主義理論を学術的に研究した結果ではない。純真で正義感のつよい青年の内部に、人間回復と権力否定の情熱がもえあがってきたからであろう。

彼らの叫びは、嵐のなかの歌のように消えて、日本人街に反響をおこさなかった。が、そのままあきらめる無気力な集団ではなかった。「したがって、私たちの運動目標は、四千浬《かいり》外の故国日本を相手とすることとなりがちであった」という岩佐老人の体験告白は、天皇制批判と暗殺主義の密着関係を解明する上で、とりわけ重要なカギになっている。

シスコで幸徳秋水の渡米をむかえ、オークランドで社会革命党を結成し、さらにバークレーに移動してレッド・ハウスに立てこもった屋根裏の革命家たちが、「四千浬外の故国日本」を相手に、猛烈な遠距離攻撃を加えていた裏面には、大陸のアメリカ人社会・日本人社会から拒否された反抗エネルギーの現実逃避がたしかにあった。

が、それればかりではない。海外雄飛・新天地開拓の夢がはかなくもやぶれた幻滅の廃址《はいし》に立って、故国日本の姿をあらためて見なおしたとき、天皇の繁栄と資本家の利益だけが守られていて、国民の生活は貧しく、海外の移民といっても、その実、棄民《きみん》ではなかったのか、という深刻な懐疑と不信がわいてきたのである。

出先の領事館が居留民につめたいのも、結局は、島国日本を支配する天皇の政治がわるいからだ、という責任所在の追及がすすむにつれて、その懐疑と不信が、さらに反感と憎悪にまで高められ、反抗エネルギーの焦中点に明治天皇の肖像画があらわれてきたのは、いってみれば、政治の物理作用のようなものであった。

こう考えてくると、東京からとおくはなれたバークレーの町の屋根裏に住む若い革命家の手で、大胆な天皇制批判がおこなわれ、その内容が社会主義以前の日本人民権利宣言であり、奴隷解放宣言であったことにも、必然的な理由が存在していたわけである。渡米中の幸徳秋水に煽動《せんどう》されて、というような根のあさい反逆ではなかった。

歴史的な価値を持つ天皇制批判が、暴力的な暗殺主義と密着していた問題については、この革命家たちが渡米したときはまだ、日本で忠君愛国の強制教育をうけてきた天皇信仰の国家主義者であった、という精神的事実を思いうかべる必要があるだろう。

岩佐老人は、さいしょ非戦論にふみきろうとしたさい、「私の困惑は甚《はなは》だしかった。私は煩悶《はんもん》に煩悶をかさねた。なぜならば、私は日本人であった。日本帝国第一主義者であった。何にも彼にも、日本国家が基であった」と述懐している。

竹内にしても小成田にしても、仙台の東北学院で押川《おしかわ》方義《まさよし》から愛国主義を吹きこまれ、島貫兵太夫《しまぬきへいだゆう》の力行会の激励をうけて渡米した青年であった。これらの青年たちが、みずからを革命化して、天皇制と対決し、偶像としての天皇を破壊するには、彼らの内部にふかくはいりこんだ天皇神聖観や忠君愛国思想を、急速にかつ暴力的にたたきこわさなければならなかった。つよがり。嘲笑《ちょうしょう》。罵倒《ばとう》。強迫。なんでもいい。天皇をボロクソにこきおろすことによって、内部のカタルシスをはきだしていたのである。暗殺主義や爆裂弾は、そのゲロゲロの排泄物《はいせつぶつ》だといったら、多少のいいすぎになるであろうか。

■架空の爆裂弾

ここでハッキリ指摘しておきたいのは、明治天皇に挑戦した『ザ・テロリズム』が、暗殺主義・爆裂弾という文字の表現にとどまっていて、具体的な実行性のまったくなかった事実である。言論自由国のアメリカという安全基地から、本国の同志を迫害している憎むべき天皇睦仁とその政府に空砲の威嚇《いかく》射撃をこころみただけの話で、実弾はこめていなかった。

わざわざ天長節の日をねらって、領事館と日本人街に、『ザ・テロリズム』の檄文《げきぶん》をいっせいに貼《は》りだしたのも、忠君愛国で固まった彼らの周章《しゅうしょう》・狼狽ぶりを見物して、日ごろのウップンをはらそうとした計画で、通行人の足もとにカンシャク玉を投げてよろこぶ子どもの悪戯《いたずら》と大差がなかった。要するに、「竹内の鉄砲」は、空《から》鉄砲にすぎなかったのである。

しかしながら、この『ザ・テロリズム』事件は、狂熱的な偶像破壊、社会主義者の感情表出というだけで事はすまなかった。理性的な天皇制批判でさえ重大な不敬罪である。まだその上に、暗殺主義と爆裂弾が加わっていたために、おどかされた天皇制国家と出先の領事館がひどいノイローゼにかかって、冷静な判断をうしない、「在米の無政府党革命党が、天皇暗殺の計画をすすめている。本国の同志と連絡をとっているにちがいない」というふうに考えこんでしまった。

あきらかに事実の誤認からうまれた被害妄想である。だが、明治天皇とその政府の社会主義取締策は、この被害妄想の上に発展していった。たとえ威嚇目的であったにせよ、『ザ・テロリズム』の架空爆裂弾のあたえた大衝撃が、本国の同志を援護するどころか、社会主義鎮圧の体制化を促進して、赤旗事件・佐藤悟の不敬事件・電車焼打事件被告の有罪判決に影響し、大逆事件フレーム・アップの検察側に利用された力関係の逆作用というものを直視したい。

渡米中の幸徳秋水が宣言・綱領・党則まで書いてあたえた社会革命党を秋水の分身と考える人があるならば、その分身が天皇の偶像に投げつけた架空爆裂弾の破片が、あやまって秋水自身を傷つけるに至った、という見方もできるであろう。

しかし、すべては結果であり、事後批評である。日本皇帝睦仁君足下あてのオープン・レター、『暗殺主義』第一巻第一号の作製と配布にあたった屋根裏の革命家たちは、いくらハネッカエリの態度や極左的英雄主義のあやまりを非難されても、「あのとき、われわれはそうするよりほかに道がなかったのだ」と答えたにちがいない。天皇制批判がすなおな形でうちだせる時代ではぜったいになかった。暗殺主義や爆裂弾という言葉を動員して、まず彼ら内心の天皇偶像を破壊することなしには、天皇制の権威と存在を否定することができなかったのである。

それが、外形的観察者や権力機関によって、実在の天皇暗殺計画、兇悪《きょうあく》な暴力主義と混同されたり、しいて誤解されたりしたところに、彼らの不幸があった。ほんとうの意味での責任は、むしろ、誤解者や曲解者のがわにあったことを強調しておかねばならない。

とはいうものの、屋根裏の革命家たちが、いつまでも言葉の上での暗殺主義や爆裂弾をもてあそんでいたわけではなかった。『ザ・テロリズム』事件後、日本人街の険悪な空気におされて活動不振におちいり、右派植山治太郎らの脱退でレッド・ハウスの本部も、一時は解散のやむなきに至ったが、屋根裏を出た竹内鉄五郎が、フレスノの葡萄園で働く日本人労働者のあいだにもぐりこんで、明治四一年八月、労働同盟の組織化に成功してからは、社会革命党の活動が、ようやく順調な軌道にのってきた。

この労働同盟は、労働ボスの中間搾取を排除したり、葡萄園主との契約改善をはかったり、労働者の就職の世話をしたりして、労働者の現実利益を守る組合で、たちまち五千名もの労働者があつまってきたところに、無鉄砲・空鉄砲で他の同志をなやました「竹内の鉄砲」の本領発揮があった。

これに勢いをえて、岩佐作太郎がオークランドに土曜社というクラブをもうけて、党員の活動センターをつくり、朝日印刷所を手に入れて、機関紙『労働』の発行にあたるなど、運動の労働者化・現実化というあたらしい発展が見られたのである。また、外務省が制定した外国在留帝国臣民登録規則を利用して、登録手数料をかせごうとした在米日本人会のボスを相手に、植山治太郎がオークランド日本人会をひっぱって反対運動をおこしえたのも、日本人街の閉鎖性をついにやぶった党勢の浸潤力を物語るものであろう。

桑港総領事代理永井松三が、外務省に送った報告書（明治四二年八月三一付）を見ても、この社会革命党の現実的方向転換を無視することはできなかったようである。

「当地方在住無政府党員カ如何《いか》ナル異謀ヲ抱キ、如何《いか》ナル活動ヲナササント企テ居り候哉《や》ハ、当館ノ夙《つと》ニ知ラント欲シ、種々苦心セル処ニ有之候処《これありそうろうところ》、其ノ後表面ニ実現シタル形跡ニ徴《ちょう》シ之ヲ判スルニ、彼等ハ此ノ際兇悪・危険ナル特種《(ママ)》ノ企図ヲ包蔵シ、直《ただち》ニ之ヲ実行セントスルモノニ非《あらざ》ル如ク、只如何《ただいか》ニ其ノ主義ヲ広ク世人ニ宣伝シ、如何ニシテ其ノ勢力ヲ扶植《ふしょく》（※うえつけること）シ、之ヲ培養センカニ関シ苦心シ居《お》リタルモノノ如《ごと》クニ候」

しかし、総領事館は、彼らの革命エネルギーが、偶像破壊の段階をすぎて、労働分野の開拓に進出してきたことを恐れているのであった。

「彼等活動ノ分野ハ、今ヤ昨《さく》ノ如ク桑港附近ノ一小天地ヲ目的トセシ領域ヲ擺脱《はいだつ》シ、東西南北、普及遍達《へんたつ》、加《か》州《しゅう》（※カリフォルニア州）ノ全野ヲ掩《おお》ヒ、徒《いたずら》ニ空理・空論ニ荒《すさ》ム青年書生輩《はい》ノ彼等カ麾下《きか》（※家来）ニ馳走《ちそう》スルニ止《とど》マラスシテ、真正ナル労働者又《また》、彼等ノ爪牙《そうが》（※つめときば）トナルニ至レリ」

すばらしい発展である。エス・エル党（※ロシア社会革命党）的な色彩を脱した社会革命党の成長過程をながめていると、過去の屋根裏時代にひきおこした『革命』事件や『ザ・テロリズム』事件は、破壊的なギャング・エージの革命ゴッコにすぎなかった、ということになるであろう。

だが、ひとたび大逆事件がおこって、幸徳秋水が逮捕されたことがわかると、憤然立ちあがった岩佐作太郎が「天皇及び属僚《ぞくりょう》（※下級官僚）諸卿《しょけい》（※公卿《くぎょう》・大臣）」に署名入りの公開抗議文を送ると同時に、在米日本人社会主義者が総決起して、アメリカ社会主義者・無政府主義者とかたい国際連帯をむすび、日本政府および在米公館を相手どって、秋水処刑反対の全米的な抗議運動の嵐をまきおこした。その事の次第は、後篇のテーマにゆずらねばならない。

■毒薬の調剤師は

社会主義取締りの総元締、内務省警保局の機密文書『社会主義者沿革・第一』（前出）は「米国ニ於ケル日本人社会主義者」の一項目を特設して、そのなかで渡米した幸徳秋水が、おそるべきアナキスト・テロリスト組織の元兇的人物であるかのような見方をしていた。

「三十八年冬、幸徳伝次郎渡米スルヤ、彼等同主義者ニ感化ヲ与ヘシコト尠《すくな》カラス。為ニ一層過激ノ議論ヲ喜フニ至レリ。三十九年夏、幸徳帰国セントスルニ際シ、オークランドニ社会党結党式ヲ挙行シタルカ、是即《これすなわ》チ今日バークレーニ於ケル植山治太郎宅（注、レッド・ハウス）ヲ根拠トシ、邦人及《および》二、三ノ露国人（革命主義者）ヲ含ミテ成レル『アナーキスト・テロリスト Anarchist-Terrorist』（無政府党暗殺主義者）ト称スル団体的集合ノ起リシ源ナリ」

社会革命党のことを指しているのだが、この材料の出所が、領事館スパイの川崎巳之太郎・巽鉄男であった。川崎のほうは、新聞記者の肩書で渡米中の秋水に接触していたし、巽のほうも、レッド・ハウスの本部にもぐりこんで、党員名簿を手に入れていたので、両者の合作というところだろう。

問題は、帝大教授の高橋博士が、幸徳秋水の渡米、社会革命党の結成、『革命』事件、『ザ・テロリズム』事件の内幕話を虚実とりまぜて、右の川崎と巽から競争的に聞かされているうちに、全神経が逆立ち、異常な興奮をおぼえてきたことである。「これを種に」という功名心がもえてきたことである。かねて社会主義者を国家の破壊分子と見ていた博士の眼光に狂いはなかった。「日本皇帝睦仁君ニ与フ」の不敬文書は、持論の前に最高のデータがとびこんできたようなものであった。

まさしく「国家の一大事」である。いったい日本の政府は、なにをボヤボヤしているのか。危険な社会主義者が、まるで野放し状態ではないか。万一至尊《しそん》（※天皇）の玉体《ぎょくたい》（※天皇の体）に危害を加える者が出てきたら、どうするつもりなのか、「憂国の至情」にかられた高橋博士が、事態は一刻の猶予もできないとして、シスコ滞在中に二人のスパイから提供をうけた在米日本人社会主義者の情報をとりまとめた上に博士の私見を加えて、日本政界の権力者、元老山県有朋公爵（或《あ》る筋、ということになっているけれども）に数回にわたって社会主義者取締りの急務を訴えたことから、天長節の日の一大不敬事件が、国内に飛火して、やがて西園寺《さいおんじ》内閣の政変、幸徳秋水の大逆事件にまで波及していったのである。

かりに山県の密命をおびてきていたとすれば、高橋博士は、帝大教授の肩書にかくれて、密偵の使命を十二分にはたすことができた。その代り、最悪の御用学者になりさがった博士は、学者としてうけた尊敬や名誉のすべてをすてなければならないであろう。

渡米中の高橋博士から、東京の元老山県に送られたはずの数通の手紙が、まだ発見されていない。白柳秀湖説・竹越三叉《たけこしさんさ》説を継承して、もし大胆な仮説を立てることがゆるされるならば、博士の手紙の内容は、天長節の大不敬事件の真相なるものを中心として、『革命』『ザ・テロリズム』など、日本では見られない危険印刷物のホット・パーツを紹介し、「ミカドの殲滅《せんめつ》」や天皇暗殺主義をとなえる在米日本人社会主義者の不逞《ふてい》（※けしからぬこと）思想が、すでに帰国した幸徳秋水の「誘導・感化」によって発生したこと、彼らは本国の同志と連絡して何事かもくろんでいること、今のうちに乱臣賊子を退治しなければ、累《るい》を皇帝に及ぼすおそれがあることなどを書きならべて、社会主義者の取締りに熱意のない政府の怠慢を非難し、忠臣山県の奮起をうながしたものであった。

むろん高橋博士は、国際法学者のことだから、社会主義運動の国際情勢が書きそえてあったかも知れないし、また証拠品として、サンフランシスコで手に入れた『革命』や『ザ・テロリズム』の実物が同封してあったように思われる。

しかし、真相の調査といったところで、高橋博士がレッド・ハウスの社会主義者とあって直接に話を聞いて取材したわけではなかった。大部分が二人の密偵の提供してくれた情報であり、間接資料であった。博士自身の愛国的主観は別としても、いきおいスパイ特有の臭気・誇張・偏見・誤解・錯覚・無知・独断が材料にまじりこんでくるのをふせげない、という致命的な欠陥を持っていた。むしろ、事実誤認と被害妄想の拡大再生産に役立っている。

小池総領事も、博士の言動にはあまり信用をおいていなかった様子である。

「高橋カ如何《いか》ナル筋ニ如何ナル報告ヲナシタルヤハ、之ヲ詳《つまびらか》ニセスト雖《いえど》モ、同人従来ノ性行ニ徴《ちょう》シ、多少事ヲ誇大シ、或ハ想像ヲ交ヘタルカ如キコト無之《これなき》トモ難申《もうしがたく》候。若《も》シ本官ノ参考マテニ右同人ノ報告写《うつし》御回送相成《あいなり》候コト相叶《かない》候ハハ幸甚ニ存《ぞんじ》候」

右「同人ノ報告写」が、外務省から小池総領事に回送されたかどうか不明であるが、高橋報告をぜひ読みたいと思うのは、総領事ばかりでない。これからさき百方探索して、高橋博士が元老山県にあてたと思われる報告、元老山県が倒閣資料に配布したと想像されるごく少数のコピー、ひそかにそれを入手して複写したと推定される内務省警保局の極秘資料、外務省政務局に回付されたはずの参考資料、そのうちどの一つでもいいから、明るみに出てきたら、筆者の仮説に確実な裏付けがあたえられるばかりでなく、大逆事件解明の有力な手がかりになってくるであろう。

渡米中の高橋博士から報告書をうけとった元老山県は、鬼の首でもとったようによろこんだ。日本とアメリカにまたがる社会主義者の動静や企図が、手にとるようにわかったし、政敵西園寺・原をたおすのに、有力な攻撃材料ができたからであった。そういう意味で、高橋博士は、西園寺内閣毒殺の調剤師のような役割をつとめている。毒薬の成分は、『ザ・テロリズム』の架空爆弾であり、無政府党員がひそかにたくらんでいるらしいという天皇暗殺の陰謀であった。

すべてが竹越三叉の前出『陶庵公《とうあんこう》』が暴露した筋書のとおりにうごいていた。ただし、「高橋作衛がアメリカから帰ってきて、山県を訪問し」という時間的関係だけは、かなり疑問がある。シスコを中心に在米日本人社会主義者の動静をさぐった高橋博士は、ほかにも外務省からたのまれた移民問題の調査があったので、五月末までアメリカに滞在、イギリスをまわって、一年後に帰国している。

したがって、赤旗事件の以前、元老山県が宮中密奏の倒閣手段に使用したと思われる「ミカドの殲滅《せんめつ》」天皇暗殺主義の毒薬は、博士がまだ洋行中であったから、手紙の郵送、あるいは託送以外に伝達の方法が考えられなかった。

高橋博士が帰国後、目白椿山荘《ちんざんそう》の主人を訪問したとすれば、西園寺《さいおんじ》内閣がたおれたあと、山県の支援で桂《かつら》軍閥内閣ができてからの話であった。元老山県は、高橋報告を送ってくれた博士の努力に感謝し、その功績をたたえたにちがいない。さきの高橋報告にさらに輪をかけた博士のアメリカ土産《みやげ》話が、明治天皇・元老山県・桂首相・大浦《おおうら》内相を一貫した強固な社会主義鎮圧体制のなかで、恐怖の幻影を拡大し、悪先入観を固め、残酷な攻撃性をつよめることに役立っていた。労働者宮下太吉《みやしたたきち》の天皇暗殺計画にしても、むしろ、暴力化してきた天皇制国家の自家中毒と考えたほうが、早わかりするだろう。彼らが大逆事件のチャンスをつかんで、むりやりに幸徳秋水を天皇暗殺団の元兇にまつりあげて抹殺してしまったのも、もとはといえば、この恐怖の幻影と階級的衝動のなせる業であった。

■在米国某氏書翰《しょかん》

かんじんの高橋報告が所在不明で、画竜点睛《がりょうてんせい》をかくうらみがあるが、しかし、現在でも、若干心あたりがないわけではない。戦後版の『明治文化全集』社会篇（昭和三〇年一〇月・日本評論新社）が採録した「米国ニ於ケル日本革明《（ママ）》党ノ状況」のなかにまじっている「在米国某氏書翰」二通が、あるいは高橋作衛博士の手紙ではないか、とおぼろげながら想像されるからである。

編者木村毅《きむらき》の解説が、「この原文は、外務省で石版印刷にして何部かつくったものらしい。たまたまその一部が狩野亨吉《かのうりょうきち》博士の所有に帰し、その文庫が東北大学の図書館におさめられてからは、そこに保存されている。じつは吾々《われわれ》は、こういう文書の存在を全く知らなかったのであるが、東北大学の中村吉治教授によって初めて教えられ、同教授および同図書館の好意で、本全集におさめることを承諾せられた」と、世に出るまでの事情を明らかにしている。

筆者の所見をのべると、この「米国ニ於ケル日本革明《（ママ）》党ノ状況」は、『暗殺主義』事件に関する桑港領事館と外務省の機密往復文書、その他の関係資料（明治四〇年十一月四日から同四一年一月十日まで）が、かなり雑然とつづりこんであって、内務省警保局の編集した前出『社会主義者沿革・第二』中の「米国ニ於ケル日本社会主義者」の原資料にあたるもの。「革命党」を「革明党」にまちがえたのはおかしいが、松原事務代理と入れかわった小池総領事の報告書（明治四〇年一二月二〇付）に「革明党員」と出ているし、当時の外務官僚の頭脳程度を示す誤記の天然記念物といえるかも知れない。

問題の「在米国某氏書翰」が、二通あって、A「在米国某氏書翰抄録」のほうは、月日不明だが、天長節の不敬事件の直後に書かれたもののようである。

「此天長節ニ別紙ノ如キ広告ヲ日本領事館始メ、式場其他日本人ノ居ル方面へ沢山《たくさん》張リシ者アリ。日本人ハ直《ただち》ニ之ヲ取除キタルモ、到頭《とうとう》十一月十一日 The Call ニ掲載セラレ候。カク相成《あいなり》テハ臭処《くさいところ》ニフタヲ為シ置ク訳ニモ参ラス、松原君始メ日本人一同、善後処分ニ付苦心ナシ候カ、名案モナク、寧《むし》ロリンチ致シ、オークランドノ水中ニ嫌疑者ヲ投入スヘシナトノ論モ出テ申《もうし》候」

嫌疑者のリンチ云々《うんぬん》は、対策がなくて途方にくれた領事館・日本人街のイライラした気分と乱暴な長屋的感情論をよくあらわしている。いってみれば、大逆事件も、嫌疑者に加えた国家的リンチのようなものであった。

「小生ノ調ヘタル事実ハ、左ノ如《ごと》クニ有之《これあり》候。二十歳ヨリ二十四、五歳マテノ青年ニシテ、岩佐作太郎・小成田恒郎・倉持善三郎・竹内鉄五郎・小川金治・長谷川市松・村〔植〕山治太郎ト云フ者アリ。此村〔植〕山治太郎ナル者ノ家バークレニ在リヲ根拠トシ、露国人二、三名ト結托シ、エナーキスト・テルリスト、ナル団体目下未タ団体ト云フ程ニテハ無之時々集合ヲ催シ候由ヲ作リ居《お》ル由《よし》」

小生の調べたる事実といったところで、また聞き、受け買い、すべて間接的な伝聞資料にすぎない。

「此ノ集リノ起源ハ、昨三十九年ノ夏此等ノ人幸徳秋水ト云ヘル人ヲ日本ヨリ招待シ、此ノ秋水氏ノ来リシトキニ、兎《と》ニ角《かく》改新党トカ云フ組合ヲ作り、宣言書ヲ出シタル由」

社会革命党が「改新党トカ云フ組合」になっている。

「此等ノ人間ノ崇拝セルハ、ジャック・ロンドント云フ在バークレーノ米人ニ有之《これあり》、此人カ人間ノ祖先ハ猿ナリト云フコトヲ説キ聞カセ、神ノ子孫ナリト云フコトヲ基トスル説ニ反対シテ、諸般ノ議論ヲ立テタル由ナルカ、ソレヲ崇拝シテ此等ノ日本青年ハ不都合ノ事ヲ働クニ至リタル次第ニ候」

アメリカの著名な社会小説家ジャック・ロンドンが、バークレーの町に住んでいて、レッド・ハウスの日本人青年たちに進化論を鼓吹《こすい》した事実の裏付けはないが、『暗殺主義』に出てくる神武天皇猿類説が、進化論の適用であることはまちがいがない。

大逆件がおこったとき、このジャック・ロンドンが、幸徳秋水処刑反対運動の先頭に立って戦っているし、岩佐作太郎ら屋根裏の革命家たちと同志的な接触があったと見ていいだろう。

「偖《サ》テ此不届《このふとどき》ナル五、六名ノ日本青年ハ、昨年十一月頃、日本皇帝ト大統領ロースベルトヲ暗殺スヘキ旨《むね》ヲ宣言セリ。日本人ハ唯《ただ》コマッタル者共ナリト云ヒ居ル間ニ、米国ヨリヤカマシク云ヒタルヨリ、問題ハ大トナリ、日本政府モ心配セシコトアリシモ、此等ノ者共ヲ何トモ処分スルコトカ出来サリシ為、彼等ハ大得意トナリ、時機アル毎ニ不埒《ふらち》ノコトヲ為《な》シ居ル次第ニ候」

これは、『革命』事件をとりあげているのだが、アメリカ最高裁判事の正解を無視して、問題になった、「オーバー・スロー」を依然「暗殺」とした誤訳の固執と再生産が目立っている。

たぶん本書の読者は、このへんまで読んでくると、「某氏書翰」の内容・材料から推して、領事館スパイ川崎・巽のしゃべった情報を高橋博士がまとめたものではないか、という印象をつよめていることであろう。

もう一通のB「在米国某氏書翰」（十二月二〇日接手）は、「不敬事件ニ関スル第二ノ通信」という標題がついており、通信の日付も十二月九日と推定することが可能である。

「昨夜『バークレー』ニ演説会アリ。竹内鉄太〔五〕郎・岩佐作太郎ノ二名、滔々《とうとう》ト暗殺主義ヲ演シ申候。竹内ノ演説ハ『殺人制度ト革命ノ根本義』、岩佐ノ題ハ『国家滅亡』ニ有之、実ニ聞クニ忍ヒサル言語ヲ口外致、先日差上候天長節ノ張紙ト同一ノ主義ニテ、一層甚《はなは》タシキ言ヲ為《な》シタル由ニ候。此演説会ハ、先日ノ張紙ノ筆者ノ誰タルヲ探リ出ス為メニ、人ヲ以テ誘ヒ出シ、自ラ演題ヲ書カシメ、又《また》速記者ヲ物蔭《ものかげ》ニ遣《つかわし》テ速記ヲ取置《とりおき》候由。之ニテ先日ノ張紙ノ筆者カ此竹内ナル事明瞭ニ相成候」

問題の『暗殺主義』はミメオグラフ印刷、日本でいうコンニャク版（※寒天を用いた簡易印刷法）であった。その筆蹟《ひっせき》から筆者を割り出そうとして、かなり手のこんだスパイ工作をやっている。

「其後此私党員段々増加シ二十余人ト相成、一部分ハ桑港ニ来リテ同志ヲ作り居り候由。又領事館ニ出入スル新聞記者一名ヲ引入レテ領事館ノ消息ヲ漏スヨリ、松原法学士ハ大ニ彼等ノ怨《うらみ》ヲ買ヒ、此度《このたび》小池氏来任ノ為メ、松原氏カ其住居ヲ『バークレー』ニ移スヲ機トシ、之ニ危害ヲ加ヘントスルノ計画アリトノ牒報ニ接シテ、松原氏ハ『バークレー』行ヲ見合セ、当分ハ領事館ノ二階ニ住ム事ニ致《いたし》候。右二十名ノ大抵ハ、大言壮語スレトモ実ハ臆病者ナリトノ事ナレトモ、『ダイナマイト』ヲ手ニ入レ次第、何カイタツラヲ為《な》サント欲スル無鉄砲ノ者四名有之候トノコトニテ、人々モソーット処分案ヲ講シ居ル始末ニ有之候」

おもしろいと思うのは、暗殺主義や爆裂弾・ダイナマイトの威嚇《いかく》におびえて、領事館日本人会幹部がオッカナビックリの態度でいたことである。日本人街で爆裂弾は一発も投げられていないし、実害がどこにもなかった。

　また「領事館ニ出入スル新聞記者一名ヲ引入レテ……」というのは、『日米』記者の雨強《うきょう》・鷺谷《さぎや》精一《せいいち》をさしているのであろう。社会革命党のほうでも、鷺谷記者を味方につけて、領事館内部の情報をあつめていたのである。

「彼等ノ中『バークレー』大学ニ通フ者二名アリトノ事ニテ、ソノ者ガ我等ハ自己ノ意志ニ反シテ日本ニ帰サルル事ナシ。又米国ニ居ル間ハ如何ニ言論ヲ逞《たくまし》フスルモ、日本ハ如何トモスル能ハズ。安心シテヤルベシト教《きょう》唆《さ》致候トノコトユヘ、結局彼等ハ大ニ増長シ、又無頼ノ徒ハ之ニ加入スル様ニ相成候虞《おそれ》アリ。実ニ国家ノ為メ心配ノ事ニ有之候」

　在米留学生や労働青年の自由享受と反抗的気分に、にがりきった表情を見せている。

「此等ノ人ハ、幸徳秋水ト気脈ヲ通ジ居《お》ルトノ事、果シテ信ナルヤ否《いな》ヤハ、単ニ書状ノヤリトリヲ為《な》ス事ヲ気脈ヲ通ズルトハ云ヒ兼ネル事ト存ジ候得共《そうらえども》、事柄ノ重キ事故《ことゆえ》一部参考ト為ルベキ事ハ皆申上候」

　他人から聞いた話なので、筆使いはかなり慎重だが、しかし、この機密情報を入手した日本の官憲にとっては、「幸徳秋水ト気脈ヲ通ジテ居ルトノ事」という個所が必要であった。彼らは、危険人物の秋水に焦点をしぼって、移動カメラのように追いかけ、絞首台に追いつめていった。

　右二通の「在米国某氏書翰」は、胴体だけのこして、拝啓の頭部と草々の尾部をきりおとし、発信者と受信者の氏名がわからないようにするための作為がほどこされている。が、その内容・感覚・時期・立場から判断して、サンフランシスコ上陸早々、天長節の『ザ・テロリズム』事件の渦中にとびこみ、領事館スパイと接触した東京帝国大学教授高橋作衛博士が、「憂国の至情」にもえて、東京の同憂者に書き送った手紙と考えるのが、きわめて自然な推定というものであろう。それが、なぜ『米国ニ於ケル日本革明党ノ状況』の中に、外務省・内務省の機密文書といっしょに綴りこまれているのか。この疑問には後章でふれてみたい。

■権力者は不必要

　元老山県に毒づかれたり、高橋博士にたたかれたりしたが、西園寺首相のひきいる日本の政府機関が、在外公館を含めて、社会主義取締りに無関心というわけではなかった。

さきにあげた『革命』第一号が、明治三九年十二月二十日付で発行された直後、「ミカド・王・大統領」の「オーバー・スロー」という表現で国際問題をおこしたとき、おどろいた桑港領事上野季三郎が、すぐ外務大臣林　董《はやしただす》あてに打電してきたし、外務省からの報告をうけた内務省警保局は、同四〇年一月三日、『革命』第一号をおさえるために、新聞紙条例によって国内の発売・頒布の禁止、紙冊《しさつ》差押えの処分をおこなっていた。

その内務省警保局の「排日問題ト日本社会党ニ就テ」（明治四〇年一月八日付）と題する機密文書が、幸徳秋水・森近運平《もりちかうんぺい》の談話をのせている。情報蒐集《しゅうしゅう》の形式で、在米日本人社会主義者と本国の同志の連絡にサグリを入れていたのである。

「日本社会党ノ主脳タル幸徳伝次郎ノ語ル処《ところ》ハ、米国ニ於テ日本新聞カ大統領ヲ暗殺セヨト教唆《きょうさ》ノ文ヲ掲載シタルヨリ、深ク米国人ノ激昂ヲ来シタリト伝フルモ、予ハ未タ米国ヨリ音信ニ接セサルカ故ニ、其詳細ヲ知ルニ至ラス。然レトモ、其間ニハ何等カノ誤解アルニアラサルカ」

日本新聞とは、タブロイド版の『革命』のことであった。『革命』第一号の発行が明治三九年十二月二十日、大統領の「オーバー・スロー」を暗殺と誤解してアメリカ新聞の騒ぎ立てたのが十二月三十日、桑港領事からの入電にもとづいて内務省が国内の発禁処分にしたのが明治四〇年一月三日。したがって、係官の質問に秋水が答えた時点は、たぶん一月三日から八日までのあいだ、ということになるだろう。

「尤《もっと》モ昨年十二月、月刊雑誌ヲ発行シ、其雑誌ハ同月二十日発行スル筈《はず》ニテ、其雑誌トハ社会主義ノ本領ヲ記述スル旨、当時同地在留本邦学生某ヨリ通信アリ。其社会主義ノ本領トハ如何ナル文章ナリシカ、未タ雑誌ヲ見サルカ故ニ明言シ難シト雖《いえど》モ、或ハ世界ノ帝王・大統領ノ如キ権力者ハ不必要ノモノナリ、ナトノ文章ヲ記載セシモノナラン。然ルニ同地ニ於テ社会主義ノ雑誌ヲ発行スル本邦人ハ、皆中学ヲ卒業シタルカセサル者ナレハ、英文ヲ操ルコト能《あた》ハス。其文章甚《はなは》タ曖昧《あいまい》ナリ。然ルニ当時偶々《たまたま》桑港ニ於テ学童問題アリシ際ナレハ、之レ等排日者カ日本新聞ハ大統領ヲ暗殺セヨト教唆セシモノト誤解セシニアラサルカ」「決シテ米国大統領ヲ暗殺セヨトハ言ハサルヘシ。尚《な》ホ詳細ノ事ハ、遅クモ一週間ヲ経過セハ、知ルヲ得ルナラン」

日時と輸送の関係からして、問題の『革命』第一号がまだ到着していなかったらしいが、アメリカ新聞のデマ記事にまどわされることなく、在米日本人社会主義者の実情から推定して、「或ハ世界ノ帝王・大統領ノ如キ権力者ハ不必要ノモノナリ、ナトノ文章を記載セルナラン」「決シテ米国大統領ヲ暗殺セヨトハ言ハサルヘシ」と、キッパリいいきった秋水の判断は、さすがに的確なものであった。「オーバー・スロー」の曲解を否定した点で、アメリカ最高裁判事の意見と完全な一致を見せているではないか。

　帰国した秋水が、日本社会党の団結と前進を考えて、日刊『平民新聞』の発行準備に熱中していたときであった。内務省の機密文書は、さらにつづけて、森近運平の談話をとりあげている。

「同党主幹者ノ一人タル森近運平ノ語ル処ハ、日本社会党員ハ、来ル十五日ヨリ其機関タル『平民新聞』ヲ発行スルニ就キ」「先頃来在米国同志者ト数回交渉ノ上、彼地《かのち》排日問題ノ方法・状況・大統領ノ態度、大使館ノ行動等ニ関スル通信ヲ得、今後内外相呼応シテ本問題ニ関スル運動ヲナサントスル計画中」

　が、取締り当局にとっては、排日問題そのものよりも、幸徳秋水・森近運平《もりちかうんぺい》ら日本社会党の中心人物と、桑港周辺の日本人社会主義者との連絡の事実を確認し、連絡の手段を探知することのほうが、重要な仕事であった。

「在米国桑港本邦社会主義者等ト聯絡《れんらく》ヲ保チ、内外相応シテ運動セント計画シツツアリタルコトハ、推測スルニ難《かた》カラス。現ニ這般《しゃはん》（※これら）内国ニ於ケル発売・販布ヲ禁止セラレタル桑港発行《（ママ）》『革命』ト題スル雑誌中ニ在ル、各国主権者ノ存在ヲ非認シタル論文ノ如キ、其雑誌発送前、既ニ業《すで》ニ同志・同主義者ヨリ、幸徳伝次郎ニ通知越シタルノ一事ヲ以テ見ルモ、亦《また》思半《おもいなか》ハニ過クルモノアラン乎《か》」

　取締り官憲の頭脳は、『革命』第一号をまだ見ていないという秋水が、大統領の暗殺云々の問題について、あんなにハッキリ否定したのも、シスコの同志から前もってよこした手紙に、発行期日ばかりでなく、記事の内容まで知らせてあったからだ、という断定を下していた。

　この一方的な断定の下し方は、「シスコの無政府党暗殺主義者が本国の同志と連絡をとって、なにごとかをたくらんでいる」といった情報がはいってくれば、警察の方向探知機が、まず秋水に疑いの眼を向けるような心証をつくり、宮下《みやした》太吉《たきち》の天皇暗殺計画が発覚すると、証拠のあるなしを考えないで、「秋水ほどの人物が、この事件に関係のないはずはない」と、ひとりでに独断するようなことになって、言葉の正しい意味での想像力を減退させていったのである。

　森近運平についても、大逆事件にまったく関係がなくて、絞首台にかけられたことの理由が、ながいあいだの謎になっていたが、機密文書にあるとおり、海外の同志との連絡係をつとめていたとすれば、過激な天皇暗殺主義の密輸業者として、とくに政府ににくまれる可能性がないわけではなかった。

またその反面、労働者宮下太吉の眼をひらいた森近運平の天皇制批判の教材が、久米邦武《くめくにたけ》の『日本古代史』のほかにも、バークレー版の『ザ・テロリズム』をコッソリ使っていたのではないか、という推定が成り立つような気がするのである。

■機密情報横流し

しかし、在米日本人社会主義者の取締り対策が、一段と積極化してきたのは、やはり、明治四〇年十一月三日、天長節の日に『ザ・テロリズム』の大不敬事件がおこり、激動的なショックをうけてからのことであった。

前任の上野領事が四月十日に休暇をとって帰国して以来、桑港領事事務代理をつとめていた松原一雄が、事件のおこった十一月三日の当日、外務省に「電第一三五号」を以て速報を送り、翌四日、「機密第一五号」を以て「暗殺主義ナル印刷物ニ関スル件」の詳報をとどけてきた。

外務省から情報の回付をうけた内務省では、十一月十一日、新聞紙条例により『ザ・テロリズム』（暗殺主義）第一号を発売・頒布の禁止、紙冊《しさつ》差押えの処分に付した。とはいうものの、『革命』事件のときと同じことで、その法律的効果は、日本国内にかぎられ、アメリカ領土に及ぶものではなかった。

明治天皇に対して、「足下《そっか》ノ命ヤ旦夕《たんせき》ニ迫レリ。爆裂弾ハ足下ノ周囲ニアリテ将《まさ》ニ破裂セントシツツアリ」と、前代未聞の脅迫をおこなった無政府党暗殺主義者、レッド・ハウスの不逞分子をそのまま放任しておくわけにいかなかった。日本の法律が及ばないとしたら、アメリカの法律をかりて、なんとか処罰する方法がないものであろうか。

天皇の官吏である松原領事代理が、地方検事局と移民局、ロシア領事館にまで出向いて相談してみたが、アメリカの刑法では、どんなに過激な文書をつくっても、脅迫その他外見行為に出てこないかぎり、処罰の道がないし、また移民条令でも、無政府主義者の帰化権を禁止し、渡航後三年以内の者なら本国に送還できるが、三年以上の居住権を持つレッド・ハウスの連中には適用規定のないことがわかって、スゴスゴひきあげた。そのころのアメリカは、日本人社会主義者にとって、あばれ放題の天国であった。

十一月八日、不敬事件におどろいた林外相から、折り返し社会主義者の取締り方を電報で指令してきたが、実際問題として取締りの方法が立たないのである。領事館でできることといえば、せいぜい密偵を働かして日本人社会主義者の情報をあつめ、出版物を日本に郵送することがわかれば、先に知らして税関でおさえさせるとか、要注意人物が帰国するときは、早く通報して上陸地の警察に調べさせるとかいった程度の諜報活動であった。それでも、

「米国ニ於ケル邦人社会主義者ニ関シテハ、四十年十一月十五日附《づけ》在桑港領事ノ電報ヲ外務省ヨリ送致アリシヨリ、始《(ママ)》メテ彼ノ地ニ於ケル同主義者無政府党員ナルモノガ、『暗殺主義』ト題スル極メテ詭激《きげき》ナル印刷物ヲ処々ニ貼付シタルコトヲ知り、爾来《じらい》電信又ハ書面ニヨリ、漸次《ぜんじ》其ノ状況ヲ詳《つまびらか》ニスルヲ得タリ」

と、『社会主義者沿革・第一』にあるとおりで、戦慄《せんりつ》的な『暗殺主義』事件をキッカケにして、内務省警保局と外務省政務局との連絡が強化し、出先領事館から外務省のルートを通じて送られてくる在米日本人社会主義者の情報を内務省警保局が整理して報告書にまとめ、社会主義取締り対策の資料に使うような段階にまできていた。鈴木茂三郎《すずきもさぶろう》の『社会文庫』（※明治維新前後以降の民権運動や社会運動に関する諸資料を収集してつくったコレクション）にはいった「米国ニ於ケル日本人社会主義者・無政府主義者沿革」（明治四四年七月）も、この系統に属する極秘文書であった。

天長節の不敬事件があって間もなく、外務省は松原一雄の事務代理をといて、十一月二十二日付であたらしく小池張造を桑港領事に赴任させたばかりでなく、十二月九日付で桑港領事を総領事に、領事館を総領事館に昇格させる、という処置をとった。排日問題も出てきたが、やはり、社会主義取締り強化のための機構改革であった、と見ていいだろう。

ところが、年がかわって明治四一年一月二十三日、外務省の山座政務局長から問い合せ電報がとびこんできて、新任早々の小池総領事をまごつかせた。

「目下問題ト相成《あいなり》居《お》ル革命党員ノ行動ニ関シ、曩《さき》ニ貴地滞在中ノ帝国大学教授高橋作衛ヨリ、屢々《しばしば》或筋ニ詳細ナル報告ヲ送附シ来リ、其材料ハ概《おおむ》ネ貴館ノ調査ニ係ルモノト被認《みとめらる》モノアリ。就《つい》テハ、同党員ノ動静偵察方ニ関シ、同人カ貴地滞在中ニ於ケル挙動、逐一《ちくいち》承知致置クノ必要有之候ニ付、右至急御報告相成度、此段申進候也」

機密漏洩《ろうえい》の疑いがある、なにをボンヤリしているのか、という叱責《しっせき》の意味が言外にふくまれている。

桑港の領事館から東京の外務省へ送られてくる在米日本人社会主義者の情報は、内務省警保局の機密室が厳重に管理して、外部にもれないような仕組みになっていたにもかかわらず、どこで入手したのか、『暗殺主義』の不敬事件などを大げさにとりあげて、「西園寺内閣の社会主義取締りが手ぬるい」といいふらす或る筋の怪放送がながれてきたからふしぎである。政党政治に反感を持つ軍閥の山県が、子分の桂と組んで政権奪取の野望をめぐらし、同じ元老組の松方や井上をおだてあげて、あの手この手と倒閣工作にのりだしていたときであった。

その怪放送のニュース・ソースをあらっているうちに、渡米中の帝大教授高橋作衛博士の所業であることがわかったが、同時に高橋報告の材料が、だいたい領事館報告と重複しているところから、情報横流しの疑いが生じてきた。

在米日本人社会主義者の行動をスパイする高橋博士、そのまたうしろから高橋博士の行動をスパイする日本の政府機関、という奇妙なスパイ合戦がおこなわれていたのである。

外務省の照会電報をうけておどろいた小池総領事が、領事館スパイの川崎と巽をよんで、事情をくわしく調査してみたところ、「泥棒をとらえてみればわが子なり」で、自分の使っている二人のスパイが、高橋博士に機密情報の横流しをしていた事実がわかってきた。監督者として、たいへんな失態といわなければならない。

同年三月十四日、外務省がうけとった電報は、右の調査にもとづく小池総領事の回答であった。

「高橋作衛ハ、客年《かくねん》（※昨年）十一月中旬頃当時《(ママ)》ニ来リ候処、其当時例ノ無政府党員カ天長節ノ当日配布シタル印刷物『暗殺主義』ノ、少クモ当地在留民一部ノ間ニ物議ヲ招キ居リタル際トテ、或新聞記者輩同人ノ来桑《らいそう》ヲ機トシ之ヲ叩《たた》キテ、径行者《けいこうしゃ》（※思いのままに行う者）タル無政府党員ニ対スル制裁方法等ニ関シ、其法律上ノ見解ヲ求メタル等ノコトアリタルヨリ、同人モ自然本件ニ注意スルニ至リ候処」

「此等ノ縁故上、同人ハ『新世界』ト称スル当時《(ママ)》邦字新聞ノ記者ニシテ、且ツ時々本邦『東京日日新聞』等ニ通信ヲ発スル川崎巳之太郎ナルモノ（其当時桑港日本人会ノ幹事ナリキ）ト屢々会談シ、又嘗《またかつ》テ、オークランド地方ヲ視察シタルヨリ、同地日本人会幹事巽鉄男トモ相知ルノ機会ヲ得《え》候。然《しか》ルニ、此両名ハ、無政府党員行動偵察方ニ関シ、本官ニ於テ従来使用シ居タルモノニ有之《これあり》

……」

監督者としては、機密を口外しないようかたく口止め

しておいたのに、両人が帝大教授の肩書を信用して、ついウッカリ高橋博士にしゃべってしまったらしい、という小池総領事の弁解は、すでに述べたとおりである。

「従テ高橋カ或筋ニ致シタル報告カ、或部分ニ於テ本官ノ調査ニ係ルモノト一致スルモノアリトスレハ、蓋《けだ》シ右ノ事情ニ可有之《これあるべく》」

機密漏洩の事実をみとめないわけにいかなかったので、小池総領事は、「両人ノ中川崎ハ前顕《ぜんけん》ノ事情モアリ、旁々《かたがた》種々ノ都合上近来本官ニ於テ之ヲ使用セサルコトト致《いたし》候」と、首切りの処分（あとで再雇用）を明らかにする一方、「此際本邦ヨリ探偵ニ経験アル人物ヲ御派遣相成候モ一策カ」と、熟練した職業スパイの派遣を要求しているのは、素人スパイの失敗にこりたからであろう。

高橋博士に対する折衝過程がよくわからないが、もともと外務省顧問格の国際法学者で、「国家のためにやったのだ」という名分の立つことではあるし、結局のところ、これからは個人的に入手した情報でも、外務省に提供して政府に協力する、といったようなことで妥協が成立したらしい様子であった。

そこで、白柳 秀湖《しらやなぎしゅうこ》の前出『続財界太平記』における穂積陳重《ほづみのぶしげ》博士の証言を思いだしてみたい。高橋博士が「派遣された仕事の外に、何か別の仕事をしてきた」という理由で、外務省から旅費のほかに別の費用をうけとり、その上に元老山県から功労賞の金一封をわたされているとしたら、せっかくの高橋博士の手柄話に、軍閥と外務省の二重スパイのような暗い影がさしてくるのではないだろうか。

大正五年十月五日、山県・桂の後継者、軍閥内閣寺内正毅の手で、この高橋作衛博士が貴族院議員に勅選されたのも、国際法の貢献は別として、社会主義退治の手柄話に花を咲かせた大逆事件フレーム・アップの舞台裏の功労者、という意味があったように思われるのである。

追記。高橋作衛博士の奇怪な行動に対する追及と推理が、その後の新資料の出現によって、確実に裏づけられ、もはや仮説でなくなったことをよろこびたい。

国立国会図書館憲政資料室の所蔵する「山県文書」（マイクロ・フィルム）のうち、二百三十二通を系統的に整理した大原慧《おおはらさとし》の『元老山県有朋への書翰』（昭和三八年六月・東京経済大学誌）が、大逆事件フレーム・アップの背後関係の動きに、うごかしがたい書証《しょしょう》（※裁判で書面の内容を証拠方法とすること）をあたえたからである。

もっとも重要な発見は、すでに大逆事件の予審の終結した明治四三年十一月十九日、東京帝大教授穂積陳重博士から、元老山県にあてた「先年桑港より高橋作衛博士、無政府党員に関し通信有之候節、八束《やつか》（※陳重の弟）を経て御手許《おてもと》に差出し候以来は、別して閣下に於かせられ候とも御配慮被《あらせられ》レ為レ在候事と恐察《きょうさつ》仕居《つかまつりおり》候処、竟《つい》に今回の如き不祥《ふしょう》（※災難。不運）の事あるに至り候段、閣下の胸中窃《ひそか》に御推察申上、恐悚《きょうしょう》（※おそれてすくむ）に耐へざる次第に御座候」という手紙であった。

この文面によって、明治四〇年十一月、桑港の『ザ・テロリズム』事件に肝をつぶした高橋博士の送信先が、大学の同僚穂積陳重博士であり、さらに弟の八束博士〔常磐《ときわ》歌会のメンバー〕の手をへて、元老山県に伝達された経路が、はじめて具体的に判明したわけである。

山県への伝達が、山県の注文によるものか、それとも高橋博士の依頼によるものかは、判断する材料がない。しかし、右の文面の範囲内では、穂積博士の思いつきというか、権門《けんもん》（※官位が高く権勢ある家柄）への「ご注進」であったように思われる。だとすれば、大逆事件フレーム・アップにおける穂積博士の役割は、いままで考えられていたような第三者的なものでなくて、積極的な共犯関係が成立してくるのである。

穂積博士にあてた高橋博士の手紙を入手した元老山県は、強烈なショックをうけ、さっそく数通のコピーをこしらえ、明治四一年一月上旬、山県系のグループと政府責任者に内密に提示した。この極秘資料のなかに前記「在米国某氏書翰」のあったことは、まず断言してまちがいない。

注目したいのは、明治四一年一月十四日、首相西園寺公望《きんもち》から山県にあてた手紙である。「社会主義者云々内相江《へ》御遣《おつかわ》しの写《うつし》、慥《たしか》に落手仕候。内相江も申聞遣《もうしきかせつかわし》候。十分ニ取締方策可二相講《あいこうずべき》一ハ勿論と存候」。内相原敬にとどいた「写」の受領と、取締指示の報告であった。西園寺は、すこしも興奮した様子が見えない。これが、山県の気に入らなかった。そうでなくても、倒閣の裏面工作に狂奔《きょうほん》していた山県は、西園寺首相の態度を非難して、「毒殺」の陰謀をめぐらすに至ったのであろう。なお右の「写」が、内相から内務省警保局にわたされて、「米国ニ於ケル日本革明党ノ状況』のなかの「在米国某氏書翰」になった筋道が、ほぼ推定されるようになったことも書きそえておきたい。

これに反して、山県に満足をあたえたのは、明治四一年一月十三日、宮相田中光顕《たなかみつあき》からの手紙であった。「両《りょう》回《かい》之芳墨《ほうぼく》拝見仕候」「陳者《のぶれば》過激者輩之事ニ付、御焦慮《しょうりょ》之段詳細敬承《けいしょう》（※つつしんで承る）、早速警保局長及警視総監之両人ニ面接ノ上、現今着手の景況承《うけたまわ》り居候処…」

と、アメリカからの帰国者に対する伝染病患者をおそれるような監視ぶりをのべている。

　が、大逆事件との関連において見のがせないのは、山県大御所の「御焦慮《ごしょうりょ》」にこたえて宮廷勢力を代表する田中宮相が「然《しか》ルニ多少之証拠得、告発ニ及候とも、裁判官ニ於テ証拠不十分とか無罪放免と申事ニ取計《とりはからい》候而《て》ハ、却而《かえって》彼等侮慢《ぶまん》之心を生ぜしめ、該《がい》党をして益蔓延《ますますまんえん》せしめ害毒を天下ニ流し候様之事ニ立至《たちいたり》候哉《や》も難計《はかりがたく》、憂慮ニ不堪事《たえざること》ニ御座《ござ》候」と、司法権の独立を否定し、不当介入の姿勢を示していることである。

　同年二月二十三日、山県のブレイン小松原英太郎《こまつばらえいたろう》の手紙は、「先日御示相成《おしめしあいなり》候在米バークレー之無政府党暗殺主義者、革命主義者ノ発表セシ意見・演説・筆記等、篤《とく》ト熟読仕候。実ニ言語ニ絶候輩《やから》ニ有レ之、若シ之カ取締ヲ等閑《とうかん》（※なおざり）ニ付シ候ハハ、誠ニ由由敷《ゆゆしき》大事ニ可二相成一、乍《さりながら》レ去之カ取締着手之方法順序ニ就テハ、慎密之考慮ヲ要スルコトハ、兼々御高慮被レ為レ在《あらせらる》通《とおり》ニ御座候ニ付、平田氏トモ御相談仕《つかまつり》、軽挙ハ相慎《あいつつし》ミ居候義ニ御座候」と調子をあわせ、「先《ま》ツ元老諸公ヨリ内閣へ厳敷《きびしく》御忠告相成、厳重取締ニ着手セシメラレ候方適当之順序ト奉レ存候」と、進言をこころみている。

　西園寺内閣が「毒殺」されたあと、元老山県を背景に、軍閥の桂太郎《たろう》大将内閣が成立したとき、この小松原英太郎が文相に、文中の平田東助《ひらたとうすけ》が内相に、それぞれ起用された事実を思いうかべると、おそろしい謀略の進行が、ハッキリ見えてくるのである。

第七章　千代田城の対決

■山県公には敬具

元老山県有朋《やまがたありとも》は、アメリカ直通の高橋作衛《たかはしさくえ》報告以外にも、手をのばして、政府の機密情報をうけとっていた。この信じがたい事実を裏書きするのが、つぎの外務省関係文書のコピーである。

機密送第一一号
明治四十一年四月廿三日
外務大臣　林《はやし》　董《ただす》
公爵　山県有朋殿
○無政府党員ノ消息ニ関スル報告送付ノ件
無政府党員ノ消息ニ関スル在桑港小池総領事ノ報告ハ、累次及《るいじにおよび》御送付置候処、今般更ニ同領事ヨリ別紙写《うつし》ノ通《とおり》報告有之候ニ付、為参考及御送付候間、御査閲相成度此段申進候也。敬具
〔機密受第九七六号〕明治四十一年四月十八日接受
機密第二〇号

○無政府党員ノ消息ニ関スル件
本件ニ関シテハ、是迄其都度《つど》申進候次第モ有之候処、近日更ニ或方面ヨリ聞込候処ニ依レハ、
一、幸徳伝次郎《こうとくでんじろう》（※秋水《しゅうすい》）ハ、此夏カ秋迄ニハ当地ニ来ル筈《はず》ナル旨、彼等同主義者ノ間ニ伝ヘラルル由ナリ。
一、当地ニアル同主義者ノ一人藤崎隼人《はやと》ノ父某ハ、目下韓国竜巌浦《りゅうがんぽ》ニ在ルヨリ、隼人ハ来月カ来々月頃帰国シ、竜巌浦ニ向フヤモ知レス。
一、本邦ニ在ル社会主義者ノ一人赤羽巌穴《あかばがんけつ》ハ、以前当地ニ在留シタルコトアリテ、当地邦字新聞『新世界』ニ関係セルコトアリテ、今モ猶《なお》折々同社員等ニ消息ヲ通スト云フ。
御参考マテニ右申進候也。敬具。
明治四十一年三月三十日
在桑港　総領事　小池張造
外務大臣　伯爵　林　董　殿

桑港総領事の報告は、いずれも在米社会主義者と日本内地との連絡にかんする情報であるが、こんな素人スパイの聞きこみ程度のものを、もったいぶって機密扱いにしているのが、おかしい。秋水が夏か秋までには桑港に再遊するはず、と同主義者のあいだで取り沙汰されている、とあるけれども、そのころ秋水自身は郷里の土佐中村にひきこもり、『パンの略取』の翻訳に従事していて、再渡米の計画など、どこをさがしてもなかった。

しかし、この総領事報告を読んだ政府首脳、情報担当官は、なんといっても外務省の公文書であるから、未確認情報であることを忘れ、デマ情報だということに気がつかず、秋水の再渡米ということだけで、無用に神経を緊張させていたことであろう。

三月三十日付の総領事報告は、機密第二〇号として東京に船便で郵送され、四月十八日に届いた。外務省の担当官は、機密受第九七六号として、文書受付登録をしておいてから、翌二十三日、関係方面に配布する予定で起案したものである。即ち、これと同文のものが、山県公のほかに内務省・陸軍省、さらに宮内省にも送付されている。が、「敬具」は山県公にしかついていない。

陸軍省・宮内省はともかくとして、行政責任のない元老山県個人にまで、外務省が機密文書を送付することについて、閣議の正式承認、または内相原敬《はらたかし》の諒解をえていたかどうか、すこぶるあやしいものがあった。もし原敬が知っていたら、すぐに送付停止の措置をとったにちがいない。

外務省の山座政務局長から、一月二十三日、桑港小池総領事あてに送られた機密送第三号「革命党員行動偵察方ニ関シ、高橋作衛ノ挙動報告方ノ件」のなかに、「貴地滞在中ノ帝国大学教授高橋《たかはし》作衛ヨリ、屢々或筋《しばしばあるすじ》ニ詳細ナル報告ヲ送付シ来リ云々《うんぬん》」とあり、「或筋」と表現がぼかされているものの、すでに一月中には、元老山県の動き、高橋博士とのつながりが探知され、外務省でも問題視していたのである。

調査の結果、領事館スパイの川崎巳之太郎・巽鉄男が、日本政府のためにあつめた機密情報を渡米中の帝大教授高橋博士に横流ししていたことがわかった。領事にやとわれた素人スパイが、正式の国家公務員かどうかはわからないが、機密漏洩《ろうえい》のあったことは、否定できない事実であった。

しかも、領事館スパイの提供した機密情報が、高橋報告をとおして、西園寺《さいおんじ》内閣の存続をよろこばぬ元老山県のもとに送られ、反政府宣伝の材料に使われていたのだから、まったくおめでたい話である。

政治の常識からすれば、この情報もれをふせぐために、外務省が元老山県の動きをマークするのが当然の措置というものであろう。ところが、実際は右の引用文書が示すとおりで、一元老にすぎない山県個人を政府機関の内務省・陸軍省・宮内省と同等以上に取り扱い、うやうやしく文末に「敬具」をつけて、海外からの機密情報をいちいち送りとどけていたわけであった。（機密送第一一号）という通しナンバーから、継続的に通報がおこなわれていたと考えてまちがいない。

この外務省の通報が、元老山県の請求によるものであったか、あるいは元老山県を恐れたご機嫌とりであったのか、背後の事情がよくわからないけれども、山県の反政府的態度や陰謀的な性癖を十分知っておりながら、海外の機密情報を大臣名でわたして、民間人の高橋報告の裏打ちをするような形で、社会主義不取締りの非難材料に悪用され、西園寺内閣の生命をちぢめたことを思うと、完全な利敵行為である。

■外務官僚の役割

外務省の公文書には「参考のため」とあるが、元老山県が、さきの「写《うつし》」で西園寺の反応をためしたあと、この政府情報を参考にして検討を加えた社会主義者取締りの欠陥を指摘して、直接、治安責任者である内相原敬の注意を喚起するとか、改善策を申し入れるとかしたことはなかった。

現に原敬と顔をあわせる機会があっても、好意的に忠告するどころか、話題にすることを意識的にさけていた腹黒い事実が、『原敬日記』（明治四一年七月二三日付）に書かれている。

「余《よ》が去る一日〔註、六月一日〕大磯に赴くとき、新橋より大磯まで同車し、絶えず談話をなしたるに、一言も政事談をなさず、無論社会党に言及せず。彼の性行は常に斯くの如くなり」

この陰険な元老山県のたくらんでいた倒閣陰謀に、まるで外務省がお手伝いをしたようなものである。ひょっとして、山県系の策応分子が外務省の幹部にいて、責任内閣制度の下では考えられないような元老個人への機密情報の横流しを公然とやっていたのではないだろうか。高橋博士に情報をもらした桑港総領事館の素人スパイのほうが、はるかに罪はかるい。政友会を中心とする政党内閣といわれていた西園寺内閣も、政治の実権は各省官僚がガッチリとにぎって、政党人の思うようにならなかった。実力者の原敬が内相のポストに坐って、八方にらみに国政の統一をはかっていたが、元老・藩閥・軍閥の勢力とうしろで手をにぎった官僚勢力の抵抗にあい、苦杯をのまされることが、しばしばであった。

山県密奏《みっそう》の毒薬には、高橋調剤のほかにも、外務省の機密情報が強化剤としてはいっていたのである。副総理格の内相原敬が、外務省から政敵山県への通報の事実を知らなかったとすれば、原敬もまた日本の官僚に毒杯をのまされた悲劇の政治家、ということになるであろう。

外務省官僚にとって、政府が二つあった、というほうが、問題がもっとハッキリしてくるのではないか。一つは、西園寺・原敬のひきいる近代的政党内閣であった。今一つは、元老・藩閥・軍閥を代表する山県公爵の潜在政府であった。

西園寺内閣の一部分であるはずの外務省が、在外公館から送られてきた機密情報を関係各省に回付する一方、山県の潜在政府にも公文書で提供していた事実。桑港総領事館にやとわれたスパイが、職務上あつめてきた社会主義者の情報を総領事に提出する一方で、帝大教授の高橋博士にもサービスしていた事実。この二つの機密漏洩と情報分裂、および情報分配は、外務省と在外公館をつらぬいた、偶然の一致とは考えられない構造的な共通性、機能的な弱点を持っている。

それは、習性となって外務官僚の背骨を蝕《むしば》んでいる悪伝統のようなものではないだろうか。日本の外務官僚は、ながいあいだ軍閥の侵略主義のお先棒をかついだり、尻ぬぐいばかりしてきた。かげで軍閥の悪口をいう者はあっても、たとえば幸徳秋水が日米戦争を予言したような高い識見と遠い見通しをもって、日本の平和と国民の安全を守るために奮闘した経験がなかった。その機密情報と称するものに真実性・客観性がとぼしく、世界の大勢に対する政府の判断のあやまりを救ったという例を聞いたことがなかった。

戦後の向米一辺倒《こうべいいっぺんとう》は、外務官僚が日本の軍閥をアメリカにのりかえたことを意味している。元老山県と通じて、政府を軍閥に売った外務官僚の悪質遺伝が、今日なお清算されていない証拠であろう。

こうしてみると、山県公宛《あて》の「敬具」の起案文書は、わずか一枚の紙片のなかで、外務省が山県密奏のニュース・ソースであったばかりでなく、西園寺内閣の毒殺、社会主義鎮圧体制の確立、大逆事件の発生に、かくれた役割をはたしていたことを正直に物語っているのである。

このかくれた役割は、桂軍閥内閣の支配下にはいった外務省が、明治四四年一月十五日「特別裁判事件に関する手続説明書」を海外駐在の大・公使に発送し、同時にまた内務省がその英訳文を全国の英字新聞社に配布したとき、ハッキリと顕在的・能動的なものになっていた。

しかし残念ながら、外務省の「手続説明書」は、日本裁判の正当性・文明性を主張して、大逆事件フレーム・アップに対する国際世論の非難を打ち消すだけの、十分な説得力を持っていなかった。

その上、行政官庁である外務省が、被告の有罪を予断したような海外向け宣伝文書を発送してから、三日後の一月十八日に、大審院《だいしんいん》（※明治憲法下の最高の司法裁判所）の死刑判決が出たため、日本政府は裁判所を支配しているのではないか、という疑惑をみずから深めるような結果になってしまった。

が、今はただ、桑港総領事館のあやしげな機密情報をとおして、また元老山県への敬具文書をとおして、大逆事件のフレーム・アップに、外務官僚が参加していた裏面的事実を摘発することだけに筆をとどめておきたい。

■大逆事件の震源地

このへんで、大逆事件フレーム・アップの筋道を立ててみよう。西園寺内閣の下に、原内相のひきいる内務省警保局が、サンフランシスコ周辺の日本人街をさわがせた無政府党革命党暗殺主義者の『ザ・テロリズム』事件におどろき、外務省と協力して桑港領事館の素人スパイにあつめさせていた、在米日本人社会主義者のあまり正確でない機密情報が、さいしょのパン種であった。

のちに大逆事件がおこって、予審決定書を読んだ前内相原敬が、『原敬日記』（明治四三年一一月一〇日付）に、在職当時の仕事を思いだして、

「決定書によれば、幸徳が米国に赴き、同主義に帰依《きえ》し、且《か》つ之を鼓吹《こすい》せし趣なるが、先年米国桑港に於て至尊《しそん》に対し奉りて、頗《すこぶ》る不穏の貼札《はりふだ》をなしたるものありて、爾《じ》来《らい》、其連類日本に之なきや、十分に捜査せしことあり」

と書きとめている。西園寺内閣の時代にも、「日本皇帝睦仁《むつひと》君」を爆裂弾でおどろかした『暗殺主義』を重大な不穏文書として取り扱い、日本にその仲間がいるかどうか、危険な連類の発見につとめていたことがわかるのである。が、横浜港の出入りを警戒して、関係主義者の内偵をすすめる程度であった。原内相は、まだ無理な検挙を命令していなかった。

フレーム・アップという点で目立つのは、領事館スパイの横流しした同じ機密情報が、高橋博士の手にかかってから、そうでなくても雑菌の多いパン種が、異常にふくれあがり、かつ毒性をおびてきたことであった。忠君愛国の元老山県が、その高橋報告と外務省の敬具文書を

資料にして、「社会主義者の取締りが手ぬるい」と、倒閣の火の手をあげたのだから、スパイ政治のおそろしさである。

宮中密奏《みっそう》が明治天皇を大きく動揺させた結果、西園寺に代る桂軍閥内閣の社会主義鎮圧体制ができあがった。内相は大浦兼武《おおうらかねたけ》である。内務省のにぎっている機密情報の累積が、あやしくふくれあがってきた。フレーム・アップの条件がととのってくると、あとはただ、しかけたワナに誰かがひっかかるのを待っておればよかった。

明治天皇の暗殺をくわだてた長野県明科《あかしな》の労働者宮下《みやした》太吉《たきち》の逮捕をキッカケにして、大逆事件の名の下に幸徳秋水以下、社会主義者の大量検挙がおこなわれたとき、前内相原敬の『原敬日記』(明治四三年七月二三日付)が、

「今回の大不敬罪の如き、固《もと》より天地に容《い》るるべからざるも、実は官僚派が之を産出《うみだ》せりと云ふも弁解の辞なかるべしと思ふ」

と、官僚派の「産出」に手きびしい非難を加えているのも、実際にそれだけの理由があったからである。原敬は大不敬罪とよんでいるが、大逆罪という言葉は使っていない。

以上のようなプロセスをたどってくると、天皇制批判と暗殺主義の発祥地という意味で、大逆事件の高天原《たかまがはら》は、社会革命党員がたむろしたバークレーのレッド・ハウスであり、フレーム・アップの起動力という意味で、大逆事件の震源地は、あやしげな機密情報をながした上に情報分裂をおこしたサンフランシスコ総領事館、という二つの構図ができあがるのである。

しかし、舞台がアメリカ大陸から日本の島国に移動してくると、大逆事件の革命基地は、幸徳秋水と管野《かんの》幽月《ゆうげつ》(※幽月はスガの号)が立てこもり、宮下太吉や新村忠雄《にいむらただお》の出入りしていた千駄ヶ谷平民社、ということになるし、山県密奏にうごかされて社会主義者の鎮圧要求を出した明治天皇の千代田城内に、大逆事件フレーム・アップの最大の震源地を設定しないわけにいかない。

この宮城震源地説の証明として、二重橋のなかにはいって、赤旗事件に前後しておこなわれた山県密奏と原上奏の対決点と、明治天皇をおびやかした恐怖の幻影をとりあげてみたいと思うのである。すべてが菊のカーテンでかくされていたために、明治天皇の態度決定から天皇制国家の鉄の爪が急にのびて、社会主義者の肉体に食いこみ、赤旗事件被告・不敬落書事件被告の重罪化、電車焼打事件被告の有罪化をうんだ勢いで、つぎの段階には幸徳秋水の喉笛をねらって大逆事件をひきおこすような、おそろしい反動化・暴力化・犯罪化の決定的瞬間を

つかんだ者が、今までに誰もなかった。

六月二十二日の赤旗事件のあとを追いかけるようにして、西園寺内閣の内相原敬が、六月二十三日、六月二十五日の両日、宮中に参内《さんだい》したことは、すでにのべたとおりである。が、この二十三日の参内で徳大寺《とくだいじ》侍従長にあい、「同人の内話《ないわ》によれば、山県が陛下に社会党取締りの不完全なる事を奏上《そうじょう》せしに因《よ》り、陛下に於《おか》せられても御心配あり、何んとか特別に厳重なる取締りもありたきものなりとの思召《おぼしめし》もありたり」（『原敬日記』）と聞かされて、原敬がおどろき、かつ憤慨した事実をもう一

上・明治天皇
下右・原敬
同左・山県有朋

度確認しておきたい。

内相原敬は、天皇直訴という非常手段で元老山県に出しぬかれてしまったが、社会主義者の取締りに手をぬいたことはなかった。山県がさわいでいる『暗殺主義』の不敬文書事件にしても、内務省警保局をとおして必要な手配はしてあった。さきごろ侍従長まで提出した「取調書」に、在米日本人社会主義者の情報がはいっていたはずだし、二十五日の天皇拝謁《はいえつ》のさいにも、「在米国の社会党に対する処置」を上奏することをわすれていなかった。

もっとも、六月二十三日の『原敬日記』には、侍従長の言葉として、

「山県が他人の取締り不十分なりと云ふも、然《しか》らばとて自分自ら之をなすにも非《あ》らずとて、徳大寺の如《ごと》き温厚なる人の口より此《かく》の如き言を聞くは意外なりき」

「徳大寺の言によれば、山県が右様《みぎよう》に云ふも、陛下に於せられては、今日は昔の如く妄《みだ》りに人を処罰することの出来ぬ事は十分御承知なりと云へり」

徳大寺実則《さねのり》が山県に反感を示し、原敬の肩を持ってくれたような記事があるし、六月二十五日、天皇拝謁のさいにも、

「参内して徳大寺に面会せしに、同人より大体奏上し、

陛下に於せられても、俄《にわ》かに如何《いかん》ともなすべからざる事情を御了解ありたりと云へり」

と、あらかじめ侍従長から報告をうけて、安堵《あんど》した様子が見えている。しかし、これで形勢有利、山県敗退と思いこんだのは、原敬のひとり合点、希望的観測というものであった。

なるほど徳大寺侍従長は、西園寺首相と兄弟の関係で、しぜん内相の原敬にも好意を持っていたであろうし、武断派の山県を内心毛ぎらいしていたにちがいない。が、そこは公卿《くげ》のずるさである。八方美人的なサービスと思わせぶりなものの言い方で、原敬に自己満足をあたえていたのである。

侍従長の好意的な発言にもかかわらず、宮中情勢の悪化と西園寺内閣総辞職の事実が、なによりも明白に、侍従長の言葉を手がかりにした原敬の情勢判断のあまさを物語っているではないか。

■倒閣プログラム

明治天皇に挑戦してきた山県・原の両人がとりあげた対象は、同じ不敬文書の『暗殺主義』であり、その危険な背後勢力の追及である。政府責任者の内相原敬が、在米日本人社会主義者の出入りする横浜港に警戒体制をしいて、捜査努力をつづけていたのに、なぜ元老山県がこれを「手ぬるい」とののしり、今にも爆裂弾が破裂して天地のひっくりかえるような騒ぎ方をしたのであろう。

問題のわかれ目は、近代政治家と旧式政治家の、社会主義に対する認識と態度のちがいであった。天皇制の屋根の下で政党政治の発達をはかろうとしている平民原敬の民主主義的傾向と、天皇制を利用して自己の権勢欲をみたそうとしている元老山県の利己的軍閥主義との激突であった。千代田城の対決は、この一点にしぼられていたのである。

剛腹で聞こえた原敬は、「社会党など寛仮《かんか》せしことなし」といい、事実また組閣当時にくらべて、かなり取締りを強化していた。しかし、六月二十五日の拝謁にさいし、明治天皇に向って、

「将来我社会党に対する処置は、教育、社会状態の改善・取締りの三者相俟つに非ざれば、其功を奏し難き事」

と、いつわりのない意見を奏上した原敬の政治感覚は、現実的・合理的なものの考え方であった。

これに反して、元老山県の社会主義認識は、コチコチの動脈硬化症にかかっていた。誤解と偏見、恐怖と憎悪のとりこになって、国体を害する危険思想、不逞分子は、鎮圧と抹殺以外にない、と考える権力主義のかたまりで

あった。

ましてや、アメリカからの高橋報告や外務省の敬具文書にあるとおり、おそれおおくも上御一人《かみごいちにん》（※天皇の尊称）を「陸仁君」などと君よばわりをするような気狂いじみた無政府党員が、暗殺主義の旗印をかかげ、本国の同志と連絡をとって、「なにごとかたくらんでいる」とすれば、一刻の猶予もゆるせるときでなかった。

政党内閣の存続をよろこばず、軍閥勢力の後継者桂大将と組んで、政権奪取の機会をねらっていた元老山県は、チャンスの到来をよろこんで、「社会主義取締りが手ぬるい」と、西園寺内閣の非難放送を拡大し、宮廷勢力に働きかけていった。

そこで問題になるのは、山県密奏《みっそう》（※ひそかに天皇に申しあげること）の日取りである。赤旗事件のあった六月二十二日の以前において、元老山県が宮中に参内した月日を、宮廷記録あるいは侍従日記などで調べる方法があるかどうか、宮内庁に問い合せてみたが、手がかりになるような資料が見あたらない、という不満足な回答であった。

しかし、民間資料で、山県密奏の日取り推定の手がかりがないわけではない。第一は、元老山県の倒閣プログラムの進行状況から割りだしていく方法である。各種の山県有朋伝のなかでただ一冊、密奏問題にふれた岡義武の『山県有朋』（昭和三三年五月・岩波書店）が、「山県が参内して、前述の上奏を行なったのは、この事件（註、赤旗事件）のあとであろうか」という推定を立てているが、筆者はこの説をとらない。

もともと政党政治のきらいな元老山県の、西園寺内閣に対する悪感情は、予算案をめぐって蔵相阪谷芳郎《さかたによしお》と衝突した養嗣子《ようしし》の逓相《ていしょう》山県伊三郎が、明治四一年一月十四日、辞表提出をよぎなくされたとき、いっそうはげしくもえあがっていた。すぐに、山県系の大同倶楽部・猶興《ゆうこう》（※第二次西園寺内閣時の反政府政党派の一つ。憲政本党につらなる）・憲政本党の野党連合をけしかけて、政府不信任案を提出させたが、一月二十三日、採決の結果、わずか九票の差で否決されてしまった。

ついで西園寺内閣が、内相原敬の画策によって、三月二十五日、山県系の貴族院勢力から、研究会の堀田《ほった》正養《まさやす》と、木曜会の千家尊福《せんけそんぷく》を抜いて、逓相・法相の椅子をあたえ、内閣補強に成功したことも、元老山県にとってつよいショックであった。

しかし、元老山県が政治ヒステリーを爆発させたのは、五月十五日の総選挙で、内相原敬の指揮する政友会が議会の過半数を占める絶対多数の優位に立ったときである。もはや尋常の手段では、西園寺内閣をたおすことができない。この焦躁《しょうそう》感から、元老山県は、仲間の井上《いのうえ》馨《かおる》や松方正義《まつかたまさよし》をたきつけて、ちょうど姑が嫁をいびるような形で、西園寺首相に辞職をせまらせた。

内相原敬が元老井上を訪問したとき、井上がベラベラ内幕をしゃべったことが、『原敬日記』（明治四一年六月二九日付）に出ている。

「近頃に至り、山県が屢々《しばしば》来訪して、此儘《このまま》にては外交・財政甚《はなは》だ不安心なりと内話し、西園寺罷《や》める積《つもり》ならば、早く辞する方、予算編成等の事も之《これ》あるに因《よ》り必要あらんと云ひ……」

「去《さる》七日頃と覚ゆ。西園寺に面会して注意を促したるに、即座に返答し得ざるに非《あら》ざれども、来る十五日には政友会の集会も之あるに因り、其後にしたしと云ふに付《つき》、自分は決して返答を求むるに非ず。只其《ただその》事情を述べて参考に供《きょう》するまでなり、と云ひ置きたり」

元老山県は、ほかの元老をけしかけて外部から西園寺首相の首を真綿でしめさせる一方、山県直系の陸相寺内《てらうち》正毅《まさたけ》に辞職をせまり、西園寺内閣を内部からつきくずすような爆破手段もめぐらしていた。西園寺の話として、『原敬日記』（明治四一年七月二日付）が書きとめた山県の謀略は、のちに日本の軍閥が乱用した最悪のマキアベリズム（※目的のためには手段を選ばない権謀術数）であった。

「寺内は、山県より其職を辞すべき旨勧誘せられたる由《よし》内密に物語れりと云ふ。蓋《けだ》し、山県は之によりて内閣を破壊せんとしたるものにて、寺内が俄《にわ》かに之に応ぜざりしは、内閣破壊の張本人となる事を避けたるが為めならん。山県の陰険は実に甚《はなは》だしと云ふべし」

最後の切札が、とっておきの社会主義不取締りの問題であり、天皇直訴という非常手段であった。そして、あの手この手の倒閣運動のうち、結果から見ると、このもっとも非立憲的な宮中密奏によって、政権奪取の野望を達成したのである。

したがって、山県密奏の日取りは、五月十五日の総選挙後から六月二十二日の赤旗事件まで、という時間の幅のなかにしぼられてくる。

■天皇の中毒症状

第二の方法は、『原敬日記』にあらわれた宮廷の動きから判読していくことである。解読のカギとして、「六月二十三日」の重要記事をもう一度ここでぬきだしてみたい。

「先日、徳大寺侍従長より社会党取締りに関し尋越《たずねこ》したるに付、病中故《ゆえ》警保局長を差し出さんと返事せしに、書面にて送付ありたしと云ふに付、取調書差し出し置きたるも、尚《な》ほ本日参内し親しく侍従長と内談せしに……」

問題は、この「先日」がいつにあたるか、ということである。中傷の目的を持つ元老山県の誇張した密奏により、不安と恐怖におそわれた明治天皇の意を体《たい》して、徳大寺侍従長から、危険な社会主義者の取締り対策に関する問い合せが、治安責任者の内相原敬にあった。

そのとき、あいにく原敬が「病中」であったというから、『原敬日記』の病中記録をひろってみると、五月二十八日から六月九日までの期間にあたっている。

「五月二十八日——皇后陛下御誕辰《ごたんしん》（※誕生日）に付、参内拝賀《はいが》せり。例により親任官並《ならび》に宮内官等に立食を賜《たまわ》りたり。午後、祝《いおう》台湾民政長官の葬儀に列し、帰宅後腹痛甚だし。四、五日前より腸・胃を害し居りたるが、何か食物の障を生じたるものの如し。医薬を早速に用ひたり」

「五月二十九日——閣議の定日なりしも、不快のため出席せず」

「六月一日——先日来、腸・胃の具合宜しからず。公務少しく閑なるに因り、大磯に赴き、古河家の別荘を借用して滞在する事となし、午後二時半、新橋発にて大磯に赴きたり」

この六月一日、元老山県と偶然同伴して、雑談はしたが、社会主義者取締り策にはふれるところがなかった。

「六月四日——赤十字総会来会者に面会のため帰京」

「六月五日——午後出発、再び大磯に赴き滞在。去三日再び下剤を服用して其効を奏し、腸・胃は全快せり。咽喉は未だ全快に至らず」

「六月九日——大分快方に付、帰京」

これで見ると、原敬の病気は、下痢のほかに、風邪をひいていたらしいが、重症というほどのことはなく、大磯滞在も、静養がてらという感じがしている。

しかし、徳大寺侍従長の社会党取締りにかんする問い合せを、いつ、どこで、うけとったか、ということがわからないし、また病中の代理に警保局長をという申し入れに対して、書面でかまわぬという回答のあった交渉が、いつおこなわれたか、ということも明らかでない。

だが、侍従長から問い合せのあった「先日」をこの「病中」の五月二十八日から六月九日の幅にしぼれば、山県密奏の日取りは、それに先立つこと数日、という推定が成り立つであろう。

たまたま新橋から大磯まで同伴した元老山県が、原敬と雑談をしながら、社会党取締りの問題にふれなかったのは、六月一日以前におこなった宮中密奏をわざとかくしていたとも思われるし、もっと意地わるく考えて、東京をはなれた原敬の留守をねらって天皇に直訴したとすれば、六月上旬、ということになるかも知れない。

六月九日に帰京していながら、原敬がすぐ参内しなかったのは、社会主義取締りの取調書の提出で事はすんだもの、と問題をかるく考えていたからであろう。その政治感覚のスキをついて、元老山県の悪質なクーデターが発展していったのである。

渡辺幾治郎の『明治天皇』(昭和三三年二月・宗高書房)に、この山県が伊藤博文をつかまえて「足利尊氏《あしかがたかうじ》がまいりました」と、明治天皇の面前で悪罵《あくば》した話がのっている。同藩の伊藤でさえ、謀叛人《むほんにん》の尊氏にされてしまったのだから、天皇直訴のさいに、山県の毒舌が、危険な無政府党員を野放しにしている西園寺や原の不忠・不臣をどんなトゲのあるきたない言葉でののしったか、凡人の想像をゆるさないものがあった。

しかし、皮肉な見方をすれば、社会主義取締りに関する元老山県の宮中密奏は、たのまれもしないのに、レッド・ハウスの暗殺主義者と爆裂弾をわざわざ千代田城内へはこびこんだような結果になった。ごていねいにも、無政府党員に代って、その強迫状を相手の睦仁君足下にとどけてやったようなものである。

山県密奏の戦慄《せんりつ》的な内容が、明治天皇につよいショックをあたえたと推定することは、けっして不自然な想像ではない。そこへ持ってきて、ちょうど山県の警告を裏書きするような形をとって、宮城に近い神田街頭で、六月二十二日の赤旗事件がとびだしてきたために、形勢がにわかに重大化してきた。

あわてて宮中に参内した内相原敬は、二十五日、明治天皇に拝謁・奏上したときの印象を「陛下に於《おか》せられても、如何《いかん》ともする事能《あた》はざる事情、御了解ありたるが如く拝察せり」(『原敬日記』)と、書いて自分では「御了解」をとりつけたつもりでいたが、西園寺首相の逃避という事情も手つだって、すでに硬化した宮廷の空気をときほぐすことが、ついにできなかった。先手にまわったあくどい山県攻勢の勝利であった。

この宮廷情勢の悪化を公卿の本能で感じとった西園寺首相は、かねて予算の編成難、軍閥の反抗、元老の妨害に苦しんでもいたが、このへんを将棋でいえば投げ場と心得て、内相の原敬にさえ相談しないで、内閣総辞職の決心をしたのである。健康上の理由を表面に立てているが、裏面では山県・桂と政権タライマワシの密約をむすんでおいてから、首相の椅子を投げだして、大磯の安全地帯へ逃避していった。悪戦苦闘する原敬を見殺しにしたも同様であった。原敬は、政党政治の原則と政友会の勢力を守る立場から、西園寺をひきとめようとしたが、力が及ばなかった。

これが、政界の謎とされた西園寺内閣総辞職の真相に近いものであろう。いわゆる憲政の常道からはずれた軍閥山県一派の謀略と宮中密奏でたおれたという意味では、やはり、西園寺内閣は毒殺されたのである。幸徳秋水の批判的な議会否認・直接行動が犯罪的な危険思想とされていたのに、元老・軍閥の利己的な議会無視・内閣破壊の直接行動が、大手をふってまかりとおる不思議の国の日本であった。

だが、すこし見方の角度をずらしてみると、元老山県が一服もった高橋調剤の毒薬にあてられたのは、西園寺ばかりではない。逃げだした西園寺は、まだかるい腹痛の程度ですんだ。いちばん気の毒なおもい中毒患者が、明治天皇ということになるのではないか。

同じ長州系の元老伊藤を逆臣の足利尊氏とののしるくらいだから、元老山県はみずから忠臣楠正成をもって任じていたのであろう。その忠臣山県が、社会主義者のおそるべき陰謀を強調しすぎたあまり、狐や狸の住む宮城の孤島のなかでくらしていて、和歌はすきだが、近代的教養を身につけていたとも思えぬ明治天皇に、偏見と決断を植えつけ未知の社会主義に対する過度の恐怖心をいだかせてしまった。元老山県の所業は、良薬のつもりで毒薬をのませたのと、まったく同じ罪である。その中毒症状は、だいたいヒロポン中毒と似ていて、脅迫観念にとらわれ、被害意識がつよくなり、恐怖の幻影のあらわれてくることであった。

『東京日日新聞』（明治四一年七月五日号）の記事によると、西園寺首相の内閣投げ出しを知った元老山県が、六月二十七日、ふたたび宮中に参内している。

「巷説《こうせつ》には、山県公が外交に関して内閣を弾劾《だんがい》する意味の伏奏《ふくそう》を為したるにも基因すなど云ふも、公の参内は六月二十七日にして、西園寺侯の辞意は、二十五日大磯行の前に既に元老に漏らされたれば、参内の事、之に干《かん》繫《けい》せざるや言ふまでもなし」

御用記者の山県弁護論にすぎないが、六月二十七日は、内相原敬が、西園寺首相にまねかれて東京をはなれた日であった。この日、毒薬の効果をよろこんで再参内した山県は、先見の明をほこるような態度で赤旗事件をカサに、社会主義者の厳重処分を強調し、後継内閣の首班として、明治天皇に、子分の桂大将を売りこんでいたことであろう。

■芯に弱いところ

明治天皇は、近世まれに見る英邁《えいまい》な君主として、りっぱに偶像化されている。戦後に彼の大きな遺産であった天皇制が変革されても、この英邁なイメージが、ほとんどそのままの形でのこっている。

だから、明治天皇の幼児記憶に深刻な恐怖観念があり、内部に臆病風がふいていたといっても、世人はなかなか信用しないであろう。

明治天皇の幼年時代、二歳から七歳まで、遊び相手として宮中でそだてられた木村禎之助の回想が、渡辺幾治郎の前出『明治天皇』にのっている。禎之助は、御乳人《おめのと》木村ライの子どもで、天皇より一つ年下であった。

「御勇武の天稟《てんぴん》は、嫩葉《わかば》のうちよりみち溢《あふ》れたまうた趣があった。御気に召したまわぬことがあり、御怒りあそばされると、随分きびしきことをあそばされた。父帝に無理に御所望あそばされた柿本人麿の土人形を、或日お怒りにまかせて、投げつけて二つにこわされたことがある。母はそれを頂いて家宝としていた。幼い遊戯のうちにも、御気性は能くあらわれていた」

「公卿・大名より献上の玩具などあると、二度までは取りならべて御遊びあそばさるるも、三度目よりは片端しからとってはなげつけ、うち壊したまいて、また御好の木馬に乗らせらるるが例であった。また極めて勝気にましますだけ、極めて性急に在され、少しく御気に召さぬことがあると、直《じき》に小さい御拳《おこぶし》をかためて、誰でも打ちたまうというのが例で、一歳の年下で悪戯《いたずら》ざかりの自分は、御気に逆《さか》いてどの位御拳を頂戴したか知れなかった」

小さいタイラント（※暴君。専制君主）である。幼《よう》にして暴君である。「御勇武の天稟は」などというかざり言葉を使っているが、お相手役をさせられたこの乳母の子どもは、あわれなたたかれ役であり、かわいそうな被害者であった。

カンシャク持ちで、おもちゃはすぐ投げだしてたたきこわす。遊び相手を平気でなぐる。現在の幼稚園でいえば、まず問題児の部類にはいるだろう。中山慶子という天皇の妾の子で、女官たちにとりまかれて、特権意識の下にそだてられた子どもは、わがままな反面、神経が過敏で、外部からの刺激に対して抵抗力がよわい。

維新の風雲が急をつげ、京都の御所を舞台に、蛤《はまぐり》御《ご》門《もん》の戦いがおこった。幕府のクーデターをいきどおった長州兵が武力反乱をおこして、猛烈な市街戦をはじめた。

いわゆるドンド焼けの騒ぎのあったときで、御所内にも砲丸が落下して、女官たちのキャッという悲鳴が聞こえてくる。このとき明治天皇は、佑宮《さちのみや》親王睦仁といい、まだ十二歳の少年であった。

天皇の御養育掛り中山忠能《なかやまただやす》の『日記』（元治元年七月二〇日付）を読むと、「親王南殿に於て御逆上、中御門《なかみかど》等近臣《きんしん》新水を取って走り進上参らせ御正気、高階《たかしな》医師御たた〔せ、脱字か〕還御《かんぎょ》（※お帰りになる）」という記事が出ている。弾丸のとびかう戦争騒ぎにおどろいて、少年睦仁が南殿でヒキツケをおこし、気をうしなってしまった。家来どもがあわてて水をくんできてのませ、いろいろ手当をした結果、やっと息をふきかえしたから、医師が抱いて立ちあがらせ、元の御殿にかえった、というのである。

かなり史実に忠実な立野信之《たてののぶゆき》の小説『明治大帝』第二巻（昭和三二年四月・毎日新聞社）も、この少年睦仁の卒倒事件をとりあげ、宮中に参内した将軍徳川慶喜《とくがわよしのぶ》と孝《こう》明《めい》天皇の問答という形で描写している。

「中段の間で、慶喜はもう一度平伏してから顔をあげて、『こたび、長州人ども、禁闕《きんけつ》（※御所の門）を犯したてまつり、何とも恐懼《きょうく》（※恐れかしこまること）の至りにござりまする』と、お詫びを言上した。『ただいま、御殿にて聞き参らせまするに、親王様におかせられましては、何か急の御不快の御趣……』『大したことではない。はじめて身近に聞いた大砲《おおづつ》の音におどろいて、気を失っただけで、じきに気がついたようだ……若宮は丈夫そうに見えるが、どこか芯に弱いところがあると見える』天皇はそう仰《おお》せられて、ちょっと御顔を曇らせられた」

砲声のショックで気をうしなった少年睦仁は、どこか、「芯に弱いところ」があった。この幼時記憶に刻みこまれた恐怖観念は、大人になっても、よういに消えるものではなかった。

日露戦争の講和条約に不満を持つ東京の市民が、日比谷公園でひらいた国民大会がモッブ（※暴徒）化して、焼打事件がおこり、ついに軍隊が出動して鎮圧にあたるような大騒動になった。明治三八年九月五日の出来事である。軍隊の発砲する銃声が宮城内の明治天皇をおどろかした模様が、渡辺幾治郎の前出『明治天皇』にくわしいし、木村毅《きむらき》の『明治天皇』（昭和三一年七月・至文堂）にも同じような話がのっている。

「当日当番で、御側に奉仕していた侍従石山基陽子爵の談話によると、丁度《ちょうど》夕方のことで、自分は上直で側近に侍《はべ》っていた。日比谷は御濠一つで、ワーワーという叫声が、御座所迄手に取るように聞えて来る。聖上《せいじょう》には御憂慮の余り、御居間から御縁側まで御出ましになって、騒ぎの様子を窺《うかが》っておいであそばされた。その中にズドンと一発銃声が響くと、『アッ憲兵が撃った』と御仰せになって、何とも拝しがたき悲痛の御気色《おけしき》が、見る〱御まなざしのあたりにあらわれ、竜顔《りゅうがん》曇らせたまう御様子を拝した」

軍隊の発砲する銃声に刺激されて、蛤御門の砲声におびえた幼時記憶がよみがえってきて、明治天皇の神経が恐怖の幻影になやまされていた、と見ていいのではないか。

もう一度明治天皇の少年時代にもどるが、即位したばかりの十五歳の新帝が、孝明天皇の夢魔におびやかされる話も、怪談以上の人間的価値を持っている。

『歴史学研究』（昭和二九年七月号）にのったねずまさしの研究ノート「孝明天皇は病死か毒殺か」が、毒殺説の傍証として引用した親王・公卿の宮廷関係文書に注目したい。

「扨此度《さてこのたび》御異例、此儀ハ大行《たいこう》天皇御側の人々、何分異《い》形物《けいぶつ》御話有之候事由也。被現《あらわれ》候由、俗ニ鍾《ショウ》（ママ）馗《キ》ノカタチノヤウニ、ウハサ有之候。剣モモチ候テ□サシ候由也。其後朝方トオク被為有《ならせられ》候由也」

この『朝彦親王日記』（慶応二年五月五日付）によると、五月人形の鍾馗の形をして剣を持った先帝の亡霊が、夜な夜な少年新帝の夢枕に立って、朝方に消えていったのである。

「新帝には毎夜毎夜御枕へ何か来り、御責《おんせめ》申候に付、御悩と申事にて、昨日申上候通《とおり》、御祈禱《ごきとう》被仰付《おおせつけられ》候とか」

岩倉具視《いわくらともみ》の「関係文書」には、迷信ぶかい宮廷が、先帝のタタリをおそれて、加持《かじ》（※まじない）・祈禱をたのんだ事実が出ている。

当時の宮廷は、おそろしい陰謀の府であり、孝明天皇の毒殺説がながれていたくらいだから、側近の警戒も厳重で、それがどこか「芯に弱いところ」のある少年新帝の神経を圧迫して、先帝の夢魔《むま》となってあらわれてきたものであろう。

資本主義の発展と近代国家建設の波にのって成長した明治天皇が、近世まれに見る英邁な君主であったにしても、その内部に人間的なウィーク・ポイントのかくれていた事実と矛盾するものではない。

忠臣山県の誇張した天皇暗殺をねらう無政府党員と爆裂弾の出現が、どこか「芯に弱いところ」のある明治天皇の幼時記憶と恐怖観念を刺激して、あたらしい夢魔におびやかされたという仮説は、十分の真実性を持っている、と考えるのである。

■恐怖幻影の拡大

元老山県の忠義立てで、明治天皇の心配の種が、あたらしく一つふえた。しかも、その「御心配」は、国民の生活に関係のある問題でなく、爆裂弾を持ってどこにかくれているかわからない革命党の暗殺主義者から、どうして自己の生命の安全を守るか、という不安感の発生である。

徳大寺侍従長が、まわりくどい内談の形式で「陛下に於《お》かせられても、御心配あり、何とか特別に厳重なる取締りもありたきものなりとの思召しもありたり」と、原内相につたえた「思召《おぼしめ》し」の具体的な内容は、山県の劇毒注射がきいて、恐怖の幻影におびえた明治天皇が、自己保全の本能から、天皇の権限において強力な社会主義鎮圧の体制化を、みずから進んで要求するに至ったもの、と考えてあやまりはない。

この天皇の鎮圧要求に向って、原内相が「俄《にわ》かに如何《いかん》ともする事能《あた》はざる事情」を説明したとき、世界の大勢や社会主義の必然性、思想の自由にまで言及したかどうかはわからないが、元老山県とは反対の立場から、性急な鎮圧主義でこの難問題が解決するものではない、という信念の上に立って、天皇のよき理解を求めたのは、責任の地位にある政治家として、当然の話であった。

原内相は、日本の将来のことも考えて、明治天皇が山県などの無責任な煽動《せんどう》にのらないで、社会主義の問題や社会主義者の活動にたいして、おちついた態度をとることを希望していたようである。

しかし、不安と動揺のなかにあった明治天皇の神経からすれば、「俄かに如何ともする事能はざる事情」をのべた原内相の上奏内容は、山県が非難したような、無為・無策に近いものと思われたかも知れない。

西園寺内閣の社会主義取締り策については、一年前にも、原内相から上奏報告をうけたことが、明治天皇の記憶にあった。明治四〇年六月四日、住友財閥の別子《べっし》銅山で、賃金切下げに反対する鉱夫の暴動がおこり、七日、軍隊をくりだしてようやく鎮圧した。そのときの『原敬日記』（明治四〇年六月一一日付）をひもといてみると、

「参内して陛下に拝謁し、愛媛県別子銅山に於ける暴動の顚末を奏上したり。陛下に於かせられても、流行的なることを御認めありしものの如し。少数の巡査にては到底鎮撫《ちんぶ》の見込みなきにより、今回も出兵せし事、出兵と同事に警部長の尽力もありたれども、兎《と》に角忽《かくたちま》ち鎮静せし事、社会党の取締に関し今日まで執りたる顚末も序に奏上し、愛媛県の方は、もはや不穏の挙動なく、出兵

せし隊も引上中なるにより、全く安心なる旨《むね》を奏上したり」

二月四日の足尾銅山暴動化の前後から、抑圧された労働者の自然発生的なストライキが、全国的に続発していた。原内相は、これを「流行的」という言葉でかるくかたづけ、別子暴動も軍隊の出動でおさまり、「全く安心なる旨」を強調している。

労働者の暴動は、軍隊の力でおさえつけることができたが、しかし、その反抗が、こんどは天皇暗殺という形で出てきているらしいのである。一年前に「安心せよ」といった原敬が、「俄かに如何ともする事能はざる事情」をならべて、弱腰を見せたことも、明治天皇の気に入らなかった。

結局のところ、明治天皇が、洋医的な原敬のすすめる鎮静剤をしりぞけて、漢方医的な山県がすすめた劇薬入りの興奮剤をのみほしたようなものであった。ここに大逆事件の発生をまねく決定的瞬間があったのではないか。

天皇制国家権力の神経中枢の弱点に、偏見と独断がはいりこんで、一種のケイレン作用をおこし、社会主義恐怖症があらわれてくると、その恐怖の幻影が、まるでスライド映写機のように、天皇の支配する全官僚機構のなかで拡大されていくのである。

とりわけ、権力中枢に集結した司法機関は、警察・検事局・裁判所と名称・役割はちがっても、天皇の安全を守るために、一体となって恐怖の幻影を追いかけまわす機動力と忠誠心を持っていた。法律もまた便利にできていて、社会主義者をつかまえてさえしまえば、あとは証拠があろうと、なかろうと、思う存分に処罰することができる。基本人権や社会正義の観念は、まだ確立していなかった。

山県密奏、赤旗事件、西園寺内閣の毒殺、元老山県を背景とする桂軍閥内閣の出現、これら一連の動きにつれて、社会主義鎮圧の体制化が強化されていく進行過程のなかで、明治天皇の恐怖の幻影が、黒い影法師のようにうごいているのが、『大逆事件』の読者には、拡大レンズを使わなくても、よく見えるだろう。同時にそれは、立憲君主国の日本が、元の君主専制国にあともどりしていく政治の逆コースであった。

六月十六日、東京で司法官会議がひらかれ、宮中に参内した横田大審院長・松室《まつむろ》検事総長が、任命権者の明治天皇から、俗にいうハッパをかけられたとたん、全司法機関が鎮圧強化の方向へ自動的にうごきだしたかと思うと、ちょうど社会主義者を圧搾機にかけたような感じで、電車焼打事件被告の保釈取消し・有罪判決がおこなわれたし、つづいて大量検挙の対象にされた赤旗事件被告の意外な重禁錮、被告の一人佐藤悟《さとうさとる》の無実の不敬罪がつくりだされてきたのである。天皇制国家権力のなかで重要な地位を占める司法官僚は、東京帝大の学閥で固められ、いわゆる最高学府の出身者が多かった。象牙の塔に立てこもり、特権の上にアグラをかいて、社会的体験にとぼしい、という欠点があるにしても、とにかく法律的な専門知識と合理的思考と人間的良心を必要とする高度の知識階級であった。

俸給は、すべて国民の税金でまかなわれていたのに、彼らはみな陛下の官吏である。とくに裁判官は、天皇家の独占する金色十六菊の紋章使用が裁判所にゆるされているという特権によって、みずからを権威づけていた。それだけにまた精神的負担として、たえず天皇の顔色を見ていなければならない。古風な表現をすれば、「宸襟《しんきん》（※天子の心）を安んじたてまつる」ことが、官僚社会の最高責任であり、また最高道徳であった。

だが、今ここで直接の問題になるのは、恐怖の幻影におびえた明治天皇から、司法官僚が社会主義鎮圧要求をうけたときの脳細胞の反応である。平民主義の原敬は、客観的な態度をとって天皇の偏見と独断にまきこまれることなく、精神的健康を示した。それに反して、司法官僚は、条件反射の実験にひとしく、社会主義者にとびかかっていった。そこに彼らの悲しい習性があった。

国民の頭脳と知識を高く代表する存在でありながら、天皇の権威におされると、合理的思考が停止するばかりでなく、宸襟をなやます恐怖の幻影の正体をとりおさえるために、司法官僚の全脳細胞が憎悪と敵意にもえあがり、法律と裁判を悪用して、社会主義者と名のつく者の鎮圧をはかったのであるから、権力のドレイ、天皇の走《そう》狗《く》（※権力者の手先となって働く者）といわれても、弁解する方法がない。

恐れ多くも上御一人をねらう暗殺主義者は、どこにかくれているのだろうか。やがてその恐怖の幻影のなかに信州明科の森林と爆裂弾を持った労働者宮下太吉の映像がうかんできたとき、天皇制国家権力の全機能が反射的にうごいて、大逆事件をつくりあげ、国家犯罪ともいうべき残虐行為をはたらいたのである。

しかし、二十四名の死刑判決と十二名の絞首刑をうんだ天皇制裁判の暴力化は、突然あらわれた国家悪ではない。元老山県の天皇直訴、明治天皇の鎮圧請求があって、赤旗事件の前後から目立ってきた司法権力の変調と迎合のなかに、ハッキリその徴候を見せていた。鎮圧体制を中心にしていえば、赤旗事件は、大逆事件の予告篇であり、また大逆事件は、赤旗事件の完結篇であった。天皇制裁判の暴力化傾向に、社会主義者の大量の血を見なければおさまらない大逆事件フレーム・アップの必然性がひそんでいたことを、この赤旗事件の段階で告発しておきたい。

■一刀両断天王首

堺枯川《さかいこせん》・大杉栄《おおすぎさかえ》・山川均《やまかわひとし》・荒畑寒村《あらはたかんそん》など、在京社会主義者の主力をアッというまにさらっていった赤旗事件の旋風は、そのなかでまた小さい竜巻をおこして、被告の一人を不敬罪にまきこんでしまった。佐藤悟の落書事件が、それである。

「六月二十九日――千家法相来訪し、去《さる》二十二日社会党の暴行に際し取押へたる十六名中、拘留所に於て『天王斬殺すべし』と板壁に箸にて記載したる者あるに因《よ》り、之が処分に関し田中宮相とも内談せり、とて余の意見を求むるにより、余は厳重に処分する方可ならんと返事し、兎《と》に角《かく》明日首相と相談する事となしたり」

法相千家尊福《せんげたかとみ》から内相原敬へ相談のあったこの不敬事件は、赤旗事件の関係者をぶちこんだ神田署の留置場の落書が元になっている。

誰がやったかわからないが、留置場の板壁に、箸の先〔一説では人間の爪〕でこすりつけるようにして書いた十四個の文字を看守が見つけて大さわぎになった。

一刀両断天王首《いっとうりょうだんてんのうのくび》
落日光寒巴黎城《らくじつひかりさむしパリーじょう》

巴黎はパリー。国王ルイ十六世をギロチンにかけたフランス革命の漢詩であった。外国の皇帝の悲惨な末路として読めば、べつだん問題はないはずだが、「天王の首」を類推作用の力で日本の天皇の胴体にむすびつけておいて、一刀のもとに両断したら、たいへんなことになってしまうのである。

物知り木《き》村《むら》毅《き》の『まわり燈籠』によると、少年投書家時代、アメリカから送ってきた『労働』という活字不揃いの粗末な新聞で、この「一刀両断」の漢詩を見たことをおぼえていて、「天皇を時には名で『睦仁』と呼びすてにして、ボロくそにかいているのが非常にめずらしかった」と語っている。右の『労働』（明治四一年九月創刊か）は、問題をおこしてつぶれた『革命』の後釜として、バークレーの岩佐作太郎が、自分で活字をひろいながら発行していたタブロイド判の新聞（月二回）であった。

「幸徳秋水が、自由民権時代によくうたわれた中島勝義のルイ十六世をよんだ詩『一頭両断君主首』をつくりかえた『一刀両断帝王頭』の詩がこの新聞にのっていた」

自由民権時代の壮士連に愛唱されていた「君主首」が、秋水の改作によって「帝王頭」になり、それがまた若い社会主義者にうたわれているあいだに「天王首」にかわってきたものらしい。恐怖の幻影にとりつかれた政府首脳と警察機関が、これをつよく「天皇首」と解釈して、不敬事件をつくりあげたのである。

しかし、無理なフレーム・アップは、かならずシリがわれるもので、内務省警保局の『社会主義者沿革・第二』をしらべてみると、「神田警察署ニ留置中、佐藤悟ハ看守者ノ隙《すき》ヲ窺《うかが》ヒ、其ノ居房留置場内白堊（※はくあ。白壁）ニ『一刀両断天王ノ首』ナル文字ヲ書シタル為、不敬罪ニ問ハレ」とあり、落書の場所が、千家法相報告の「板壁に」と一致していない。

赤旗事件で同時に収監されていた荒畑寒村の『ひとすじの道』（昭和二九年九月・慶友社）は、「監房の板壁に、爪痕《あと》か何かで」と語り、堺枯川の『日本社会主義運動小史』（『堺利彦全集』第六巻・昭和八年六月・中央公論社）にも、「留置場の板壁に」とあるので、筆者は、この二人の証言を信用して板壁説をとっておいたが、そもそも犯罪構成の重大要件たる犯行現場が、白壁だったのか、板壁だったのか、同じ政府機関でありながら、内務省と司法省の報告が分裂しているところに、事実認定のアイマイさがあった。

いや、事実認定など、めんどうな手数はどうでもよろしい。法相・宮相・内相・首相の持ち廻り協議に見られるような権力緊張が、さいしょから厳罰方針をきめていたのである。『原敬日記』で、落書の「天王首」が「天王斬殺すべし」にかわっているのも、まちがいの元が法相の報告にあるのか、内相の記述にあるのか、よくわからないが、政府責任者が枯尾花《かれおばな》を見て幽霊と思いこむような内心の狼狽《ろうばい》、落書の事実から犯意・殺意を無理にひっぱりだして、重大な犯罪に仕立てようとする偏見と予断の支配を物語っている。

さらにつっこんでいえば、単なる「天王首」が「天王斬殺すべし」という殺意をふくんだ行動的な表現にかわったそのかわり方に、問題があるのではないか。オークランドの『革命』紙に出た「ミカドノ顚覆」が、政府報告では、「ミカドヲ殲滅《せんめつ》セント欲ス」という殺人的意図にかわったのと、まったく同型の錯誤をおかしている。両者の共通点に、恐怖の幻影が立ち、無意識のうちに天皇暗殺の脅迫感がうごいていたような気がするのである。

「七月七日――千家法相より、先達《せんだつて》神田警察署に拘留中、不敬の文字を記載せし社会党員なる者の予審終結し、明後日公判に付する事になれり。証人三名あり。又筆跡を照校せしに全く同一にて、犯人否認するも証拠明かなり。裁判官も大概其罪を宥恕《ゆうじょ》（※寛大な心で許すこと）する如き事なかるべしと云へり。田中宮相にも内報する筈《はず》なりと。山県等が忠義顔して取締を云々《うんぬん》するも、現内閣が社会党など寛仮《かんか》（おおめに見ること）せしことなし」

元老山県を立憲政治の敵ときめつけたほどの原敬ではあるが、総辞職のゴタゴタ騒ぎをとおして、明治天皇の鎮圧請求、宮中情勢の硬化が身にしみてわかってきたせいか、犯人の厳罰方針に賛成し、自己弁護をこころみているのを見ても、風圧のつよさがわかるではないか。

天王の首をかけたこの落書の下手人《げしゅにん》と目されたのは、赤旗事件であばれまわった十九歳の少年佐藤悟であった。同じ監房に、森岡永治《もりおかえいじ》と宇都宮卓爾《うつのみやたくじ》もいたのだが、容疑は、一番あばれてにくまれた佐藤ひとりにかかっている。事実、佐藤は落書に関係がなかったらしく、「身に覚えがない」といいはったが、罪状否認のまま不敬罪で起訴され、赤旗事件の同志とは別個の裁判にかけられたのである。

七月十日、東京地方裁判所で公判がひらかれたが、前出『社会主義者沿革・第二』によれば、「七月十一日、東京地方裁判所ニ於テ重禁錮三年九か月、罰金百五十円、監視六か月ニ処セラレ、控訴ヲナシタルモ同月二十二日、棄却ヲ言渡サレ、目下上告中」とあり、同年九月二十二日、大審院で上告棄却の判決を言い渡され、最後のトドメを刺されてしまった。面会はむろんのこと、弁護士をつけることさえゆるされず、非公開のままで短時間にかたづけた文字どおりの暗黒裁判であった。

ところが、竹内善朔《たけうちぜんさく》が『東北評論』第一号（明治四一年五月一五日号）に玲瓏生《れいろうせい》のペン・ネームでよせた通信では、地裁の原判決がかるすぎるといって不服をとなえ、検事のほうから控訴したことになっている。

「佐藤悟君は不敬罪でやられた。七月十日、地方裁判所の三部で論告、同十一日判決、六か月の禁錮だったが、検事の控訴で、同二十二日の早朝、人知れず原判決を取り消して、更に控訴院で三年六か月の宣告があった。之丈《これだけ》等の事は皆秘密で、決して公示しないのだ。僕等は之丈苦心して漸《ようや》く探り得た。彼等は弁護士にも面会させないのだ」「敵は斯《か》の如《ごと》く陰険である。一寸前《さき》は闇の夜よ……咄《とつ》」（七月二二日付）

司法界の空気を検事がリードする傾向がつよかったし、千家法相も事前に「裁判官も大概其の罪を宥恕する如き事なかるべし」と報告していたくらいだから、いくら法的手続をかさねてみても、しょせん助かる見こみはなかった。「一寸前は闇の夜よ」という竹内の捨てゼリフのなかに、政治化してきた裁判に対する不信と、これからさき、どんな目にあわされるかも知れないという深刻な不安が感じられるではないか。

不敬罪とは、「天皇・太皇太后・皇太后・皇后・皇太子・又ハ皇太孫ニ対シ、不敬ノ行為アリタル者ハ、三か月以上五年以下ノ懲役ニ処ス」という刑法第七十四条違反の犯罪行為である。皇太子妃だけが不敬の対象から除外されているのは、皇室の家族制度が、やはり日本の古い家族制度における若い嫁女の無権利の思想を、かたく守っていたからであろう。

戦後の昭和二一年五月十九日、「朕《ちん》はタラフク食ってるぞ。ナンジ人民飢えて死ね」というプラカード事件が、この不敬罪で起訴されて、大きな問題になった。が、二二年十一月二日、東京地裁（裁判長五十嵐太仲）が、不敬罪でなく、名誉毀損罪で判決を下したことから、天皇一族に特別の保護を加え、表現の自由を阻害する不敬罪なるものが、もはや日本に存在しないことを証明したのである。主権在民の日本国憲法の制定で、特権的な不敬罪は消滅したが、不敬感覚はまだ清算されていない。

佐藤悟の場合、箸の先、あるいは爪の先で書いたかすかな落書が、「不敬行為」に該当するかどうかが、まず問題であったし、犯行現場が留置場の板壁か白壁かハッキリしないような事実認定の方法では、三名の証人、筆蹟鑑定といっても、すこぶるあやしいものである。厳罰方針を先にきめておいて、たまたま監房にいあわせた佐藤少年を犯人ということにして、不敬罪の焼印をおしつけてしまうようなひどいやり方であった。

赤旗事件の被告同志は、神田署から東京監獄の未決監にうつされてからも、この奇々怪々な不敬事件の真相をさぐりだそうと苦心していた。「どうも佐藤は真犯人でないらしい」ということになって、佐藤と同じ監房にいた森岡永治と宇都宮卓爾に真犯人の見当をあたってみたが、森岡は宇都宮だといい、宇都宮はまた森岡だといって、罪のなすりあいがおこってきた。

結論が出ないうちに、赤旗事件の判決がおりて、九月九日、堺枯川ら全被告が、千葉監獄で服役することになった。コンクリートの風呂場で集団入浴中たくみに看守の眼をぬすんで、落書事件の査問会をひらくことができた。宇都宮卓爾の答弁がシドロモドロで、どうもあやしいという印象をみんなにあたえてしまった。

　気のみじかい大杉栄が、「君のような卑怯《ひきょう》なやつは、同志とは思わん」とどなりつけて、絶交を宣言。みんなも宇都宮を監獄のなかで村八分にすることをきめたが、さすがに苦労人の枯川は、「証拠のないことだから……」といい、人情家の寒村も、仲間に加わらなかった。

　この程度の不完全な人民裁判では、宇都宮をまだ真犯人ときめつけるわけにいかない。しかし、不敬罪に問われた佐藤少年が、赤旗事件以来、急速に熱度を高めてきた社会主義鎮圧体制のあわれな人身御供《ひとみごくう》であったことはまちがいがない。

　裁判の名をかりた天皇制の暴力。人権と法律を無視した暗黒裁判。「天皇ニ対スル罪」のうち、第一が大逆罪であり、第二が不敬罪であることの内的関連性を考えてみると、「天王首」の落書から無罪の犯人を仕立てあげたこの佐藤悟の不敬事件は、大逆事件のフレーム・アップを用意しはじめた危険な苗床のような感じがしている。

　それにつけても、今年の正月、明治天皇が提出した勅題『社頭の松』にちなんで、「君が代の社頭の松に首くくり」という不吉な狂句をひねり、天皇制への呪詛《じゅそ》と嘲笑をこめた活人画を演じて打ち興じていた枯川・寒村ら直接行動派の一団が、神田街頭における赤旗示威の日を境にして逆に多数警官隊の包囲攻撃をうけ、暗い牢獄に投げこまれて、言論と行動の自由を一切うばわれたばかりでなく、「一刀両断天王首」の落書がたたって、さらに同志の一人が不敬罪のイケニエにされようとは！

　わずか半年間の情勢変化であった。赤旗事件では、山口孤剣の出獄歓迎会が、赤旗をふった瞬間、堺枯川らの入獄送別会にかわっている。この急激な情勢悪化をうんだ低気圧のなかに、神聖な天皇制へのいささかの反抗もゆるすまいとする国家権力の緊張・硬直と、社会主義鎮圧体制の整備・強化が目立っていたし、首領幸徳秋水の上京をむかえる明日の天気図が、とうてい無風・快晴ではありえなかったのである。

第八章　土佐中村町にて

■サカイヤラレタ

　六月二十二日に東京でおこった赤旗事件の報《し》らせが、海山こえて、土佐中村の幸徳秋水《こうとくしゅうすい》のもとにとどいたのは、翌二十三日のことであった。勤め先の『二六新報《にろくしんぽう》』にいたため、あやうく難をまぬがれた守田有秋《もりたゆうしゅう》から打電してきたのである。

「サカイヤラレタスグカエレ」

ちょうど秋水の家の中玄関にいあわせた中学生の義甥《ぎせい》（※義理の甥）富治《とみじ》が、この電報の取次ぎをして、「殺されたのではありませんか」と心配顔でたずねたところ、秋水は「まさかそんなバカなことはないよ」と笑っていた。電文がかんたんなので、くわしいことがわからない。親友の身にどんな異変がおこったのか。秋水は、イライラしながら、詳報の到着を待っていた。

　七月二十七日になって、赤旗事件を報道した東京の新聞がとどき、「サカイヤラレタ」の意味がわかってきた。同志十四名の大量検挙である。その日、秋水がすぐ筆をとって、熊本評論社の新美卯一郎《にいみういちろう》に所感の葉書を送ったとき、とおく東京の空をのぞんで、赤旗のひるがえる激闘の光景を瞼のなかで描いていたことであろう。

「今朝東京の新聞で堺《さかい》等拘引《こういん》されし件が分った。上野の騒ぎではなく、錦輝館《きんきかん》歓迎会の出来事であった。君等も読《よん》だらうから別に申し上げぬ。○何しろ彼等は、公然明白に無政府共産主義を宣言したのだ。当日の捕縛《ほばく》は、即《すなわ》ち其悲死《（ママ）》なる宣言式といふべきものだ。○時勢は猛進する。甚だ愉快だ」

　地方の同志を激励するためか、秋水は、政府の迫害をあとまわしにして、「無政府共産」の旗上げをよろこび、「時勢は猛進する」と、悲壮なヒロイズムを情感的に強調していたのである。

　しかし、在京の同志が大量に投獄されたあと、実際に必要なのは、破壊された組織の回復と運動の再建であった。もえあがる闘志は別として、加重してくる政治的重圧のなかで、運動を前進させていくことの困難さを一番よく知っているのは、やはり秋水その人であったといいたい。

住みなれた東京大久保の家を引き払った秋水は、老母多治子《たじこ》と妻千代子《ちよこ》をつれて、明治四〇年十一月二十三日、土佐中村の郷里にかえった。退京にさいして大阪平民社にあてた挨拶状がのこっている。

「同志諸君。小生は、今月限り東京を引払ひ、一家を挙《あ》げて郷里土佐に移転することになりました。夫《そ》れは、小生の四年越の病気未だ癒《い》へず、いつも寒さの時分に悪くなりますので、今年の冬は成るべくシクジらないやうにしたいのと、荊妻《けいさい》（※自分の妻の謙称）がリウマチで手足が利かなくなったのと、東京の生活費が高くて病人の稼ぎではヤリ切れないのと、其他いろ〳〵の事情に依《よ》るのです」

「併《しか》し、永久に田舎に隠遁《いんとん》する訳ではありません。此寒中を十分用心して、来年春暖の候ともならば、多分健康も恢復《かいふく》しようと思ひますので、恢復次第今度は単身上京して大に活動したい考へです……」

秋水は、腸をいためて下痢がつづき、妻千代子もリウマチの気味で、病気静養の必要があったことはまちがいない。が、経済的にいえば、文筆収入の減少による生活難が、帰郷の大きな理由である。

『中央新聞』や『万朝報《よろずちょうほう》』で一流の新聞記者として活躍したころ、「殿様のようだ」といわれていた秋水ではあったが、平民社の社会主義運動に身を投じてからは、迫害の連続、ながいあいだの浪人暮しで尾羽《おば》打ち枯らし、金欠病が慢性化してきたといえるだろう。

病躯《びょうく》をやすめた郷里の家にしても、なつかしいわが家にはちがいないが、家督と家業（薬種商・酒造業）は、養兄にあたる駒太郎のもので、東京からまいもどった実子の秋水は、むしろ寄食者のような立場におかれていたのである。

この前帰省したときは、洋行がえりのせいか、秋水が、「子どものころに書いた絵馬を見にいこう」と妻の千代子をさそい、めずらしく夫婦連れ立って、中村町からすこしはなれた八幡宮に出かけたことがあった。

「私達は、二台の俥《くるま》を連ねて其処へ出掛けて行ったが、二人の車夫はいづれも秋水の幼友達であった。八幡宮は、幾つも〳〵石段を登った高い坂の上にあったが、境内には欝蒼《うっそう》たる老樹や若木が神々しく繁ってゐた。そして油蝉が身に降りかかるやうに鳴いてゐた。秋水はあれこれと指差し示しながら、余り広くもない境内の事物を私に説明した後で、木の間を洩れる南国の真夏の日光を避けようともせず、幼少の日に自分で描いた絵馬を見上げながら、苦笑と共に何時までもぢっと眺め入ってゐた」

「絵馬と云っても、勿論《もちろん》、それは然《そ》う大きなものではないが、西行《さいぎょう》法師が二人の子供に銀の猫を手渡して居る図であった。いづれも何にか粉本《ふんぽん》（※手本）を見て描いたものであらうが、上手下手はとにかくとして、如何《いか》にも丹念に描いてあったと記憶してゐる。若《も》しかすると、この絵馬は、今でもまだ残って居るかも知れない」

「私には、如何にも感慨深げなその秋水の姿こそ、思ひ出のその愛すべき絵馬にも増して、生涯何《ど》うしても忘れることの出来ないものである」

旧妻師岡《きゅうさいもろおか》千代子の『風々雨々』の一節だが、なつかしい故郷のふところにかえった秋水の感じがよく出ている。

高い石段をのぼる右の八幡宮は、不破《ふわ》八幡宮のことであった。「明治二十四年三月　幸伝郎謹写」と書いた秋水の絵馬が発見されて、現在中村市の郷土館で大切に保存されていることを書きそえておきたい。

しかし、こんどの帰郷は都落ちで、気分的にもそんな余裕がなかった。師岡千代子の話を聞くと、秋水は、書院にひきこもっていて、ほとんど外出しなかったが、たまにさそわれて散歩のおともをしていると、畑の百姓が、仕事の手をやめて、「東京の人ぞのーし」と、ささやきあうのが聞こえてくる。秋水にアメリカの話を聞きにきた町の新知識が、「あちらじゃ、乞食も服をきちょるぞのーし」といった調子であった。白いワイシャツを洗濯屋に出すと、かえって黒くなってもどってきた。

東京化した人間に、つらい文化的孤立のなかにおかれて、秋水は、町で一軒しかない楓屋《かえでや》という本屋に、『中央公論』をとりにいくのをたのしみにしていたそうである。月刊雑誌は、東京の空気をはこんでくる定期便というこ とだろう。

その郷里中村でむかえた明治四一年一月の元旦、年賀状にくばった「病中迎春寄諸友人」と題する漢詩一篇が、よく秋水の流亡の心懐をあらわしていた。

初日射室戸
一声鶯語長
暖依椒酒酔〔註、椒酒はとそ酒〕
春到玉梅香
計拙貧難療
心間疾足忘
故人如問我
淪落《りんらく》在家郷《かきょう》

初日が窓にさしこむ郷里のわが家で、鶯の初音を聞きながら、とそ酒をかさねているうちに酔心地になった。梅の香にのって春がきている。のどかな自然にくらべて、わが身はどうか。生計の道につたなく、貧乏は救われそうにない。年中アクセクばかりしている。もし誰かに聞かれたら、おちぶれていま郷里の家で暮している、と。

淪落（※落ちぶれること）して家郷（※ふるさと）に在り――しかし、この沈痛な自嘲は、自然と人間を運命的に対比させる東洋文人趣味である。詩人秋水は、生活の不利もわが志操《しそう》のため、と不屈の闘魂を言外にうたっている。晴のち曇の感じで、ペシミズム（悲観論）の濃霧におおわれた詩境であるが、暗い敗北感の底に光る革命精神を見おとすべきでない。

■叛乱《はんらん》する権利

べつだん投票できめたわけではないが、平民社結成以来、幸徳秋水は、自然の人望というか、日本の社会主義運動の最高指導者のような地位におされていた。議会政策か直接行動かの論争をめぐって、党派的分裂をおこしてからも、秋水は、無政府共産の旗をふりかざして、つねに革命戦線の最左翼に立っていた。それが、しばらくの帰郷によって、味方の戦列をはなれることになったのである。

明治四一年七月現在、というから、赤旗事件で西園寺《さいおんじ》内閣がたおれたあと、桂《かつら》新内閣が取締り強化の必要にもとづき、政府機関（内務省警保局）の手でつくった㊙の『社会主義者沿革・第一』によると、社会主義者の分派を、片山《かたやま》派・西川《にしかわ》派・木下《きのした》派・堺《さかい》派の四つに分類し、その堺派に「本派ハ初メ幸徳伝次郎ヲ首領トセシカ故ニ幸徳派ヲ以テ目《もく》セラレシモ、其ノ後同人《どうにん》カ高知ニ帰臥《きが》シテ出テサルヲ以テ、堺利彦《としひこ》代《かわり》テ其ノ任ニ当レル為、自然幸徳派ノ名ハ消滅シテ……」という注釈を加えている。それが、大逆事件後にできた『社会主義者沿革・第三』（明治四四年六月現在）では、「伝次郎ハ、其ノ与党タル所謂《いわゆる》柏木《かしわぎ》組ノ総理ヲ堺利彦ニ托《たく》シテ帰省シ……」と、秋水に重点をおいた表現にかわっていた。取締り感覚の微妙な変化を反映するものであろう。

たしかに秋水が土佐に帰郷してからは、後事を託された親友の堺枯川《こせん》が代って中央の指揮をとっていたが、しかし、そのことは、秋水の引退や責任解除をすこしでも意味するものではなかった。

土佐中村に帰郷した秋水は、幸徳酒店の奥書院に起居して、病気静養のかたわら、クロポトキンの『パンの略取』の翻訳に専念していたが、その余暇をさいては『日本平民新聞』『熊本評論』など、地方発行の機関紙に通信を送り、無政府主義と革命思想の普及に努力しつづけていたのである。

なかでも、大阪の『日本平民新聞』（明治四一年三月五日号）によせた、「無政府党大会決議」は、国際会議の決定を日本に紹介した重要な文献であった。

明治四〇年八月、オランダのアムステルダムでひらかれたこの万国無政府主義者大会には、ロンドンからエンリコ・マラテスタ、アメリカからエマ・ゴールドマンやマックス・パジンスキーなど、十一ヵ国九十名の代表者が参加して、意志の統一をはかったが、無政府主義者特有の激烈な運動方針を採用している。

「無政府党は、資本家的及《および》強権的《オーソリタリー》社会の破壊が、一に武装せる叛乱《インサレクション》と暴力の収用《エキスプロプリエーション》に依《よっ》てのみ実行せられ得べき者なること、及び吾人が多少の総同盟罷工と労働組合運動を使用せるが為に、却《かえ》って政府の兵力に対して戦闘すべき一層直接なる手段を忘却すべからざる者なることを思考す」

労働者のゼネラル・ストライキと労働組合運動は、有力な革命手段であるが、革命そのものに代用すべきものではない。直接的な革命手段は、武装叛乱と資本の強制収用だと強調しているのである。

テロリズムについては、

「吾人は、万国無政府党大会が、個人に叛乱《レベリオン》の権利を賛同する旨を宣言すること、猶《な》ほ群集《マッス》のそれに於けるが如くならんことを勧告す。吾人は、極めて恐嚇的《テロリスティック》なる行動（訳者曰く、主として暗殺・狙撃《そげき》をいふ）、殊に其国家及び富豪政治の代表者に対して行はれたる者の如きは、心理的見地より考察せざる可らざるものになることを主張す。彼等は我が社会的不正の恐るべき圧迫が、個人の心理上に与へたる深刻なる印象の結果なればなり」

個人の持つ「叛乱の権利」のなかに、テロリズムもふくまれている。権力者へのテロリズムを奨励はしないが、暗殺・狙撃の行為は、社会的不正や圧迫がまねく心理的反作用の結果として客観的に理解するという態度である。早くいえば弁護論である。

「革命時代、例へば露国《ろこく》現代の如き時に於て、恐嚇主義《テロリズム》は——其心理的性質の外——二様《によう》の目的に益すべし。即ち、暴虐、圧制の基礎を掘り崩すこと、及び懦夫《だふ》の心中に反逆の霊火を燃すこと、是れなり。殊に恐嚇的活動が極めて兇暴なる、極めて憎悪されたる専制主義の代理者《エゼント》に対して行はるる時に於て、然《しか》りとなす」

日露戦争の敗北をキッカケにして、帝政ロシアに労働者・農民の大規模な革命がおこり、社会民主党・社会革命党が活躍していた。それだのに、この決議が、すでに過去のものになったウ・ナロード時代のテロリズムを採用、支持している点に問題があった。

テロリズムは、相互作用的なもので、圧迫の手段をえらばぬ専制政府と絶望的な革命青年との悲惨な闘争の産物にすぎない。ロシア革命が実現してからの史家は、ウ・ナロードの英雄主義・犠牲精神を評価しながらも、「テロリズムがロシアに抬頭《たいとう》したのは、大なる不幸であった。ロシアの革命運動は却《かえ》って二十年の退歩を見た」と批判している。

しかし、日本は、第二インターにつながる社会主義組織をこわされた上に、全体としてはまだ、石川啄木の詩に反映しているようなウ・ナロードの時代であった。天皇の名において迫害をうけ、活動の自由をうばわれてきた若い革命家が、追いつめられた者の反作用として、天皇暗殺の秘密計画をめぐらすまでになった確信形成の道程で、このテロリズムの国際決議からなにほどかの影響をうけたことが想像されるのである。

秋水は、日本の革命運動を前進させるために、アムステルダムの「無政府党大会決議」を紹介した。それがちょうど、興奮しやすい若者の眼の前に強烈な火酒《かしゅ》（※蒸留酒）をおいたような結果になったのではないか。

序章において一部を引用したが、サンフランシスコ附近で天長節の日におこった『ザ・テロリズム』事件を『日本平民新聞』（明治四一年一月二十日号）で報道した秋水の記事にしても、天皇制批判としてうけとった者もあれば、テロリズムに興味をひきつけられた者もいたことであろう。

「去年の天長節の当日、米国桑港附近にて『テロリズム』（暗殺主義）と題する複写版の一新紙を往来に貼付したる者あり。同紙上には、我皇室に対して不敬の言辞を弄《ろう》しありたるやにて、同地日本人間に一大センセーションを惹起《じゃっき》し候由。而《しか》して多数人は、此印刷物を以て、在バークレーの日本社会革命党の諸同志の所為《しょい》なりと疑ひ、現に朝日新聞の如きは、全く彼等の所為なりと断言したる電報を掲げ居たるは、世人の記憶に新なる所に候。『テロリズム』が何事を記せしやは、吾人の知り得る所に非《あら》ざるも、在米の同志は、之が為に四方より激烈なる迫害を受け、領事館は探偵を放って、厳重に彼等を偵察し居れりとのことに候」（一月八日記）

事実の報道のかげに、伝道の意図がうごいていたようである。当時大阪の新聞社につとめていた荒畑寒村《あらはたかんそん》あての葉書（明治四一年二月二日付）の文面では、アナキストとテロリストを区別している。テロリストといっても、まだ天皇暗殺や爆裂弾とむすびついていない。生命がけで働くすごい革命家という程度の意味にとれるのであったが。

「〇土佐は本年に入てから非常に暖かだが、一月・三月は、少しは寒くなるだらう。○東京はアノ都合だから、大阪の孤城を死守するのが尤《もっと》も肝要だ。無暗《むやみ》と東京へ帰りたいなぞ言はずに、到る処故郷と思うて、出来るだけ大阪に種を蒔《まい》て置き玉《たま》へ。○但し、拘引《こういん》されないやう用心専一。○日本各地にアナキストが沢山出来た。テロリストさへもボツ〳〵出来るやうだね」

文中「東京はアノ都合」というのは、一月十七日、金曜講演の屋上演説事件で、堺枯川《さかいこせん》・大杉栄《おおすぎさかえ》ら、多数の同志が検挙されて、運動が一頓挫《とんざ》していたこと。「大阪の孤城を死守」は、森近運平《もりちかうんぺい》の主催する大阪平民社の活動と『日本平民新聞』の発行を手伝っていた寒村に、精力的な奮闘を期待したものである。

しかし、この秋水の葉書は、忠告者の役目をはたさなかった。柄《がら》のわるい大阪の新聞社がいやになった寒村は、間もなく東京にまいもどり、赤旗事件の張本人になってしまった。出獄後、恋人の管野幽月《かんのゆうげつ》をうばった秋水に決闘を申しこみ、ピストルをにぎって湯河原の宿屋へのりこんだ寒村が、大逆事件がおこってからは、仇敵桂《きゅうてきかつら》首相の暗殺をくわだてるなど、多情多感なロシアのテロリストのような行動に走っている。

しかし、これだけのことで、秋水の葉書にあった「テロリスト云々《うんぬん》」が、若い寒村をテロリストに仕立てたと考えていいものか、どうか。ひと口に影響力といっても、その判定はなかなかむつかしいものである。

■暗殺は教育法

それから二年たって、秋水は、天皇暗殺の張本人として逮捕されるのだが、土佐中村に帰省中の六月十日、熊本評論社の新美卯一郎《にいみういちろう》に送ったかなり長文の手紙が、無政府共産の革命思想の内容を明らかにしている。

新美は、社会主義者というよりも、熊本の宮崎民蔵《みやざきたみぞう》がひきいる土地復権同志会の幹部であり、天皇の私有する広大な御料地・御料林の解放を請願するという形で、天皇制と衝突していた志士タイプの男であった。

以下は、その新美の質問に対する秋水の回答である。

「一、無政府共産は、革命を以て直ちに得らるべきか。是《これ》は『革命』てふ語の定義如何《いかん》に依ることです。従来の革命は、多く少数政治家、一個の階級が他の階級に取《とっ》て代るので、要するに政権争奪に過ぎない。上からやればクーデター、下からやれば革命と名〔づ〕けたのですが、今後の社会的革命は、大分是とは趣きを異にして、人民大多数の革命であらうと思ひます。少数階級が人民の名に依りて、或は人民を踏台にして他の階級を倒すのでは何にもなりません。今後の革命は二、三豪傑のやるのでない。革命党・ジャコバン党（フランス革命当時の過激な共和派の政治団体）などの一党一派のやるのでない。平民全体がやるのです」

　階級独裁でなく、人民全体の革命を主張している。

「木は自ら長じ、花は自ら開き、果は自ら生ずるのだが、それにも矢張《やはり》園芸家の技術と労力は必要です。革命は成るのだけれど、夫《そ》れには革命家が一般人心を開拓し、思想界を耕耘《こううん》し、種子を蒔《まい》て萌《も》へるのを待つので、一面から云へば、革命を起す、為すとも云ひ得られましやう」

　革命における革命家の役割を説いた秋水独特のたくみな比喩である。

「一、共産は人間の権利なりや。

　権利と云ふ語には、法律上の権利などと混ずるので語弊がありますが、英語のライトなりとは云ひ得ようと思ひます。で、革命を行ふの権利もあるのですが、革命と云ふ者《（ママ）》は、少数人の行ひ得るものではない、多数人民の行ふて、若《も》しくば多数人民が中（※衷）心より承諾して初めて成功する者《（ママ）》です。少数人が多数人を圧迫するのは無理だと思ひます。個人の自由を束縛する者です。革命を以て、少数者が暴力を以て政治的権力を獲得する者と解すれば、是れ危険なる誤解です」

　支配階級が逆宣伝に使う、いわゆる暴力革命を真正面から否定している事実に注目せよ。しかも、秋水は、この「危険な誤解」のため、絞首台にかけられるのである。

「一、革命で共産制が実現されざる場合如何《いかん》。

　以上の意味で言へば、多数平民が共産制を信じ、少くも之《これ》に反対するの意なきに至らば、実現されないことはないと思ひます。総同盟罷工《ひこう》や一揆、反乱や、暗殺手段や、其他革命の手段方法に就《つい》ては、無政府党中にも種々議論があり、其国、其社会の事情に依つて違ふでしやうが、孰《いず》れにしても、多数平民が自覚して居なければ、孰れの革命も、少数英雄の餌になつて了《しま》ふのです」

「故に我等の第一着《ちゃく》の事業は、平民の教育・思想の開拓に在るのです。ストライキの煽動《せんどう》も、暗殺・暴動の如きも、矢張《やはり》一種の教育法として認められています。バクーニン等は、之を行為の伝道（プロパガンダ・オブ・デイード）といって、言葉の伝道に対して其必要を叫んでゐます」

　秋水の基本路線は、平民の教育・思想の開拓であった。暗殺が一種の教育法とみとめられている、といっても、バクーニン哲学の説明であって、秋水が暗殺を煽動していたわけではない。

　しかし、大逆事件の捜査中、警察へ押収された新美あての手紙が、天皇暗殺計画の証拠資料の一つにされてしまった。前記『社会主義者沿革・第三』が、とくにこの「革命で共産制が実現されざる場合如何」の回答部分を引用して、秋水が暗殺主義を煽動したとする犯意の証明に使っている。

天皇暗殺計画に熱中した宮下太吉《みやしたたきち》・新村忠雄《にいむらただお》・管野《かんの》スガ子は、秋水が紹介したバークニンの行為の伝道に走って失敗したという見方もできるであろう。この暗殺計画が、天皇制国家の迫害がうみだしたものか、それとも秋水の煽動がもたらしたものか、その判定は本書の読者の自由判断にまかせておきたい。

「一、何等かの威圧を要するか云々。

無政府主義は、万人の自由を尊ぶので、他人を強制することは嫌ひます。故に共産制に賛成しない人は、勝手に我々無政府社会を脱して孤独の生活をするが良い。我々は彼の自由を束縛するの権利はない。されど、彼にして自分が賛成しないといふだけでなく、更に来《きた》って我々の共産制を破壊せんとすれば、我々は之を防禦《ぼうぎょ》せねばならぬ。之に敵対せねばならぬのです。革命の如きも、他人を威圧するのではない。我々多数平民が、自由権利を以て無政府共産を実行せんといふ時に、政府・資本家が之を妨げんとするが故に彼等に敵するのです」

「我々は、他人の自由を尊重して威圧を加へない。而《しか》し自分の自由を防護するのには敵人を討伐せねばならぬ。革命は、平民の自由防護・自由恢復の為である。他人を威圧するのではない」

威圧・強制をともなわぬ平和革命の思想である。しかし、天皇・政府・資本家が妨害を加えてきたならば、自由を守るために実力で排除しなければならない、という結論が出てくる。

ここで重視したいのは、秋水の根本思想が、平和と自由を重んずる人民革命に立脚していたことである。たまたま暗殺に言及しているが、いわゆる暴力革命の必然性はどこをさがしても出てこない。

大逆事件で投獄された秋水は、「無政府主義者は暗殺者なり」と頭からきめてかかった当局者の偏見と、無理解を憤って、獄中から弁護士に訴えた手記がのこっている。神崎清編『大逆事件記録・獄中手記』(昭和二五年六月・実業之日本社)収載。

「無政府主義の革命といへば、直ぐ短銃や爆弾で主権者を狙撃《そげき》する者の如くに解する者が多いのですが、夫《それ》は一般に無政府主義の何者たるかが分って居ない為であります」

「成程《なるほど》、無政府主義者中から暗殺者を出したのは事実です。併《しか》し、夫れは同主義者だから必ず暗殺者たるといふ訳ではありません。暗殺者の出るのは、独り無政府主義者のみでなく、国家社会党からも、共和党からも、自由民権論者からも、愛国者からも、勤王家からも沢山出て居ります」

「要するに、暗殺者は、其時の事情と其人の気質と相触るる状況如何によりては、如何なる党派からでも出るのです。無政府主義者とは限りません」

しかし秋水の必死の訴えも、天皇制裁判の耳に入らず、彼を含めた二十六名の被告を救いだすことができなかった。

■故山の青年よ

うとうと眠りつづけているような土佐の山間の町にも、やはり、時代と人心の変化があった。

「故郷とは申せ、小生が生れてより十五歳までの間の馴染に過ぎず、其頃のことは、印象大方朧《おぼ》ろげになりしが上に、今は人も家も山川の景色さへも変り果てて、昔の面影は殆どなくなり候。小学校・中学校も立派になり、道路も出来、人力車も出来、実業家も輩出し、教育普及し、事業勃興し、人は皆知恵が出来て儲けることが上手になり候由にて候」

十五歳までの馴染《なじみ》、というのは明治一九年、十六歳のとき高知へ出て、木戸《きど》明《あきら》の遊焉《ゆうえん》義塾《ぎじゅく》に寄宿、ついで上京したまま、東京の人間になってしまったからであろう。

秋水が『日本平民新聞』（明治四一年一月二〇日号）によせた「海南評論」（※「海南」は故里土佐中村の意）は、前記「病中迎春寄諸友人」の年賀状につづいて、郷里の生活を知らせた消息文であった。

「小生には幸ひ親切なる親戚ありて、小生の為めに猫の額ほどなる邸宅を保存しくれたるが故に、安んじて膝を容《い》るるを得候。小生の健康は、尤も寒気と運動とを忌み候より、常に六畳の一室に籠居《ろうきょ》して炬燵《こたつ》を離れ得ず、語るべき友もなく、楽しむべき道楽もなき身は、日に二回配達の郵便物が無上の慰藉《いしゃ》（※慰めいたわること）にて、宛《えん》として（※あたかも）未決監中の生活に御座候」

だが、秋水は、ふるさとの家で冬眠していたわけではない。

「併しながら、此未決監的病室も、決して閑散なること能はず、毎日中央地方の新聞・雑誌に目を通し、諸処の原稿を催促され、各地同志への通信を認《したた》むるだけにても、夕方には全く疲れ果て候て、肝心の読書も著訳も懈《おこた》りがちにて候。親戚の人々は『御退屈でしやう』と同情致しくれ候へども、中々退屈どころではなく、大繁忙にて候」

海南の一隅にいても、秋水はたえず眼を海外の動向にそそぎ、全国の同志と通信をかさねていた。が、郷党の青年と無交渉だったわけではない。『高知新聞』（明治四一年一月一日号）に寄稿した「懐しき故山の青年諸君よ。予は土佐に生れたる一個の社会主義者也」ではじまる「病間放語」は、青年の情熱に訴えようとした秋水の文書伝道であった。

「故山の青年諸者。四十年前封建打破の革命家、二十年前憲政創始の革命家の血液は、是れ諸君の血管に沸々たるの血液なるに非ずや。而も怪しむに堪へたり。近時諸君が絶えて革命の語を口にする無きや。我土佐の青年諸君は果して革命を好愛せざる乎」

坂本竜馬・中岡慎太郎・板垣退助・片岡憲吉・林有造・中江兆民・植木枝盛・中島信行・奥宮健之等々、南国土佐がうんだ革命史上の人物は枚挙にいとまがない。だが、青年にとって、問題は過去よりも未来である。

「クロムエルの伝記、米国独立戦争、仏国大革命史、四十八年の革命史、コンミュン一揆史、明治維新史、自由党史を読んで、眉軒《あが》り髪指すと云ふ乎。是れ固《もと》より可也。然れども是れ過去の革命也。歴史の革命也。諸君は独り過去の革命、歴史の革命を好愛して、将来の革命、活ける革命を好愛せざる乎」

ここで秋水が持ちだしてきた活ける革命の肖像画は、マルクスでなくて、バクーニンであった。

「欧洲無政府党の祖師バクーニン先生、其名著『神と国家』の劈頭《へきとう》に喝破《かっぱ》して曰く、進歩の要素たるもの三つ、労働・思想・反抗是れ也と。労働は即ち生産を意味し、思想は学術を意味し、反抗は革命を意味す。今や生産は饒多《じょうた》ならざるに非ず。学術は発達せざるに非ず。欠くる所は、一の反抗の精神のみ。見よ。生産饒多なるも常に富貴者に壟断《ろうだん》せられ、学術発達するも唯だ紳士閥に独占せられて、其徳沢は一般生民に及ぶなき者、唯だ彼等が反抗の精神を欠けるが為に非ずや」

「果然、今日の社会は猶ほ反抗の精神の振作を要す。革命の気分の勃興を要す。世が進歩を要求するの間は、革命は死す可らず。将来に之れ無かる可らず。現在も亦之れ無かる可らず」

秋水は、帰郷の途中、十一月三日、大阪平民社の集会においても、労働・科学・反抗のバクーニン哲学を説いたが、この集会に出席した森近運平《もりちかうんぺい》・武田九平《たけだきゅうへい》・岡本《おかもと》穎一郎《えいいちろう》・三浦安太郎《みうらやすたろう》の四名が、大逆事件の渦巻にまきこまれている。

「社会主義者は革命主義者也。社会主義者は革命家也。警視庁が昨年の調査に依れば、全国の社会主義者とす。想ふに、彼等が見て以て社会主義者となす所の中、風声鶴唳《ふうせいかくれい》に驚くを例とす。想ふに、彼等が見て以て社会主義者となす所の中、多くの社会政策家、若くは国家社会主義者を包含すべきが故に、真個の社会主義者は猶《な》ほ甚《はなは》だ少数なるべし。然れども、仮に之を警視庁の三分一とするも、亦《また》八千を下らず。予自身の胸算に依るも優に五千を超ゆ可し。而して彼等は、全国各府県、各階級、殆ど在らざるの所なく、且年々急速の度を以て増加し居れるは事実なり」

「今の日本に革命家なく、革命の兆なく、革命の運動なし。革命は過去の物也、歴史の物也と思はば、是れ大なる謬《あやま》り也。文明の日本、〓勝《がしょう》の日本、樺太を領し、朝鮮を保護するの日本、三井と岩崎の日本に於ても、革命は確かに活ける問題なり」

警視庁調査の二万五千は、なにを根拠にしたものかわからないが、予算獲得のために水まし数字を発表することは、日本の官庁の伝統的な技術である。前記『社会主義者沿革・第一』になると、明治四一年七月現在、現実の取締り対象として、社会主義者とみとめられる者が全国でわずか四百六十名、そのうち活動家を九十八名にしぼっている。秋水が胸算用ではじきだした五千も、潜在的社会主義者、出版物の読者や講演会の聴衆まで入れた影響力の範囲を数字化したものであろう。

「眼を転じて支那を見よ。漢人は決して『瀕死の病人』に非ず。『眠れる獅子』は今正に醒《さ》めんとす。文明の輸入は、一面国民的自覚を促すと同時に、一面に於ては民生思想・権利思想・革命思想を養成して、中流子弟相率ゐて革命運動に投ずるの状、恰《あたか》も一千八百六十年代の露国革命運動の初期に髣髴《ほうふつ》たるものあり」

「而して仏国及び日本等に留学し、若くは亡命せる革命党青年の多数に至っては、最早《もはや》旧時の満人排斥、中国恢復、憲政創始、若くは共和政治に甘んずるものに非ずして、更に所謂《いわゆる》民生主義、即ち社会主義を主張せざるなく、其尤《そのもっとも》も進歩せる者に至っては、共産的無政府主義、若くは個人的無政府主義をすら熱心に唱導して、絶えず幾万の雑誌・小冊子を其本国に密輸入しつつあり。斯《か》くして支那が遠からずして、世界革命史上に於ける第二の露国たるべきは、少しく眼識ある者の決して疑はざる所也」

誰よりも早く、秋水は、ロシア革命に次ぐ中国革命の成功を予見していたのである。張継・劉光漢・章炳麟・胡漢民・宋教仁ら、中国の亡命革命家と亜洲和親会《あしゅうわしんかい》をむすび、『社会主義神髄』『社会主義 長広舌《ちょうこうぜつ》(※大雄弁)』『総同盟罷工論』など、秋水の訳著が漢訳されて、中国本土へ密輸出されていた事実を思いあわせるとき、中国革命の先導に対する秋水の貢献は、けっしてかるいものでない。

「印度に於ける独立運動が三、四年来頓《とみ》に熾盛《しじょう》を加へて、英国政治家を困惑せしめつつあるは、新聞紙の頻《しき》りに報ずる所也。予は東京に在りて多くの印度青年を見たり」「比律賓《フィリピン》人、安南《アンナン》（※ベトナム）人、朝鮮人中、亦《また》気概あり学識ある革命家、決して尠《すくな》きに非ず」

秋水の筆陣は、アジアの植民地解放運動からヨーロッパの非軍備運動にまでおよんでいたが、この革命家の訴えが、山間土佐の青年にどの程度コダマしえたであろうか。

■金をとる演説会

明治二十四年四月、秋水が二十一歳のとき、天下に志を立てて上京してから、東京の生活にしばられて、一度も郷里の土をふまなかったのが、明治三九年六月、アメリカから帰朝すると、その足で十五年ぶりに中村町のわが家に帰省している。約二ヵ月の滞在中、洋行帰りというので地元有志の歓迎をうけたらしく、八月三日に中村町、七日に入野村、二十六日に後川村岩田、と三ヵ所で秋水の演説会をひらいた。残念ながら、演説の内容はわからないけれども、社会主義者の秋水がそうした機会を活用して、郷土の精神開発につとめていたと考えて差し支えなかろう。

政府が毛虫のようにきらう社会主義者でも、秋水は依然として天下の名士であり、幸徳の家は土地の名望家である。こんどの帰郷をむかえて、秋水のもとに、若き日の歌人橋田東声《はしだとうせい》が、郷土の先輩として教えを乞いにやってきたし、町の青年有志のあいだからも、「めずらしい社会主義の話を聞かしてほしい」という注文が持ちこまれていた。翻訳の仕事と健康の状態にかまけて、つい延びのびになっていたその演説会が、大阪の同志森近運平の来訪をキッカケにして、中村町でひらかれることになった。

大阪平民社を解散した森近は、瀬戸内海航路の汽船にのり、伊予高浜港をへて、五月二十六日、土佐宿毛《すくも》港についた。秋水が迎えにきていた様子と、二人の友情が、森近の同志岡本穎一郎にあてた手紙（明治四一年五月三一日付）でわかるのである。

「二十六日午後一時、宿毛港に着いた。小艇から見れば、岸の茶店の二階に、秋水兄が立って居る。七里の陸路を態態《わざわざ》迎へに来て呉《く》れたのである。僕が訪問すると云ふが、大分嬉しかったものと見える。車の上で大きな声で話し乍《なが》ら、夕刻に中村町へ着いた。小雨は降り出したが、湯に入って汗を流し、相対して一盞《いっさん》を傾けた時の心地は、真に言ひ難いものであった。それから翌日の夜まで語り続けた。其結果、秋水兄は聊《いささ》か疲れたと云ふ。僕もやはり頭がはっきりせぬ。町の青年は、頻《しき》りに演説会を開いて呉れと請ふ」

遠路の来訪、久しぶりの面談、つもる話の数々であった。

「彼れや軍《いくさ》破れ身創《きず》つける落武者に似もやらず、肉体も、精神も、乃至《ないし》口先も極めて達者に、勇気勃々《ぼつぼつ》として、頗《すこぶ》る小生が日頃の欝懐《うっかい》を慰《い》したるのみならず。更に当地方の一般人心に一大センセーションを惹起《じゃっき》せしめ候」

と、秋水が、熊本評論社に通信（六月八日付）を送っている。この落武者の旅行目的は、気分転換と運動再建の相談にあったわけだが、秋水の住む中村町へとびこんできて、さっそく社会主義伝道の片棒を元気よくかつぎあげることになったのである。

中村町青年有志が主催して、五月二十九日の午後七時から幸徳秋水・森近運平の社会主義演説会を小姓町の幡《は》多《た》郡公会堂でひらくことが決定された。おどろいた警察は、会主の野安青年をよびだしておどかす一方、署長が管内数ヵ村の駐在巡査を非常召集して、厳重な警戒体制をとった。中央から弾圧方針の指令がきたらしい。なにしろ勝手のわからぬ社会主義の演説会なので、鬼が出るか蛇が出るか、田舎署長が神経過敏になるのも、ある意味では無理がなかった。

演説会の責任者である会主《かいしゅ》の野安青年を、おどかしたり、すかしたりして中止させようとしたが、効き目がないとわかると、入場券を発行して傍聴人の数を制限するように申し渡したのは、できるだけ手続きをめんどうにして、演説会をしめあげていく陰険な妨害工作のあらわれであった。

さて、当日の演説会は、午後八時近く、会主野安青年の開会の辞にはじまり、ついで登壇した森近運平が「万民安楽の法」と題して、一時間ばかり熱弁をふるった。そのあいだに聴衆がだんだんふえて、四百名をこえるありさま。「万民安楽の法」は、クロポトキンの『パンの略取』の第二章「ウェル・ビーイング・フォア・オール」にちなんだものらしい。「この理想をどうして実現するかは、つぎの幸徳君の演説で明らかにされると思う」と結んで、森近が演壇をおりかけたとき、臨監《りんかん》の警部が、うしろからよびとめた。

「ただいまの演説は、治安妨害とみとめて、中止を命じます」

すかさず森近は、

前列左から幸徳秋水、森近運平

「ハアそうですか。演説はすみました」

とやりかえした。

「イヤ、解散。解散を命じます」

理屈をいえば、演説中ならまだしも、演説が終ってからの中止命令。会主でない弁士への解散命令伝達は、筋がとおらない。

「なぜ解散するか」

「解散の理由をいえ」

真打ちの秋水の演説が聞きたくてあつまっていた聴衆は、理由のわからない解散命令に腹を立ててさわぎだした。明治二十五年の選挙大干渉のとき以来、中村町の演説会で解散の声を聞いたことがなかったのである。逆説すれば、臨監警部の解散命令が、吏党・民党にわかれて抗争した町民の、古い自由民権の血の記憶を刺激したともいいうるだろう。

会主の野安青年は、やむなく解散を宣言したものの、演説会をすぐ談話会にきりかえようとして、警部と交渉していたが、ぜんぜん相手にされない。「命令に反抗するのか」と、どなりつけ、数名の警官が野安君をつかまえて、むりやりに場外へひきずりだした。

ガラス戸がバリバリこわれる音。会場のそとでは追いだされた聴衆が、ガヤガヤさわいでいた。警官の持っている提灯は、絶好の攻撃目標であった。暗闇のなかで警官隊におそいかかった者があるらしく、提灯がおどりくるったかと思うと、ズタズタにひきさかれ、小石や木片が憎しみをこめてとんできた。

町家の軒下に、小さな人だかりがいくつもできて、口々に警察の横暴をののしっている。赤旗事件は、社会主義者と警官隊のはでな衝突であったが、この演説会の不法解散は、警察と町民の対立に発展して、小さい暴動をはらんだ不穏な空気があたりにながれていた。

演説会をつぶされた秋水は、同志森近をともなって、宿舎の幸徳酒店までひきあげたが、ゾロゾロいっしょについてきた青年有志が、「会場を用意してひきつづき談話会をひらきたい」というのである。その熱意にうごかされた秋水は、「じゃあ、ここで……」と、酒屋の店先を急場の会場にして、社会主義の伝道をはじめた。

一時間にわたって、社会主義の反対論に論駁《ろんばく》をこころみながら、革命の必然を説き、「よしんば首をかけて鎮圧する者があっても、真理は最後の勝利者である。月給のために迫害を加える者は、どうしたって正義のために戦う者の敵ではない」と結論して、せまい会場をうずめる百五十名の聴衆にふかい感動をあたえた。終了したのは、もう夜中の十二時に近かった。

警察は、なにを恐れたのか、解散を命じた社会主義演説会の延長と見られるこの無届集会に、指一本つけることをしていないのである。

小さい田舎町のことで、二十九日の演説会さわぎが、大きな空気の波動をおこした。

警察の解散命令に憤慨した町の人たちは、「もう一度演説会をやりなおして、秋水先生の社会主義を聞きたい」といいだし、「こんどあんな真似《まね》をしたら、タダではおかない」という巷《ちまた》の声が聞こえてきたので、警察は、よびあつめた数十名の警官の召集を解除することができなかった。

こうした町民有志のつよい要求にもとづいて、第二回の社会主義演説会が、六月一日の午後七時から、前回の幡多郡公会堂でひらかれたのである。

解散にそなえてか、こんどは秋水がさきに登壇して、「金持と社会主義」という題目で一時間二十分ばかり、熱烈な伝道をこころみ、ついで森近が「社会進歩の理法」という演題をかかげて、約四十分間、史的唯物論の概念をわかりやすく説いて、四百名をこえる聴衆の耳をかたむけさせていた。

会場内外の警戒は、ものものしかったが、今回は中止もなく解散もなく、無事に演説会が終ったのは、町民の無形の圧力が働いていたと見なければならない。入口で傍聴料を二銭払いこんだ聴衆は、もし臨監が解散を口にしようものなら、いっせいに不服をとなえて、ほんとうにあばれだしたかも知れなかった。

幸徳富治の談話によれば、中村町の演説会で傍聴料をとったのは、このときがさいしょである。少年時代の友人で自由党系の顔役になっている宇賀雄という男が「演説会に金をとるとは、いったいなにごとか」とどなりこんできた。しかし、「会場費を申しうけるのだ。君たちとちがって、われわれ社会主義者は貧乏だから、こうしたやり方をする」と、秋水が答えたので、「それも、そうだ」ということでおさまったらしい。

「従来の演説会の如きは、旧政党の拡張演説、衛生の幻燈演説、議員候補の演説などを義理一片に聞けるのみにして、演説てふ者は面白くなき者と確信して、之が為に傍聴料を払ふなどは夢想だもせざりし所に候。然るに、警察の無法に対する反動は、益々《ますます》社会主義演説を聞くの熱心を長ぜしめ、遂に傍聴料を払うて弁士を招くの一新例を此地に開くに立ち至り候。レヴォルトの精神が、如此《かくのごとくに》して全国の隅々に蔓延《まんえん》し行くを想像するに足るべく候」

秋水が『熊本評論』（明治四一年六月二〇日号）によせた通信（六月八日付）の論法では、はじめて傍聴料がとれるようになったという中村町演説会の革命に、警察が相当お手伝いをしたことになるのではないか。

■警察は虎の如し

演説会の開催をめぐって、警察の緊張と迫害がかもしだした異様な空気は、町民の意識の底によどんでいた自由民権の血を刺激して、一方では警察に対する軽侮と反感を高め、他方では社会主義に対する好奇心と同情を強めるような結果をうんだらしい。おかげで、森近の持ってきた伝道用の小冊子『社会主義大意』（堺枯川著、一部三銭）が、町民の手から手へとぶようにさばけていった。

「当町は僅《わず》かに千戸に足らざる小市街にて、思想界の進歩は極めて遅く、如此《かくのごとき》興奮を見るのは意外のことにて候」

「小生は、之に依《よっ》て日本国家の金城《きんじょう》鉄壁と頼める警察力が案外に薄弱なることと、平民の意気・精神の頗《すこぶ》る旺盛なることの一端を見得たるを喜び申候」

前記の通信では「レヴォルト」という言葉を使っていたが、保守的に固まった山村の郷里で、抵抗の精神を発見することのできた秋水のよろこびは、ちいさいものでなかった。

「警察の無法は重ねて云ふ迄もなく、演説会の斯くも盛大なりしは、固《もと》より幸徳兄の個人的勢力にも依るべしと雖《いえど》も、現社会に対する不平の気、既に到る所に充《み》ち満ちたるを証する者にあらずや。快なる哉《かな》。同志諸君。勝

利の時は今や目前に迫れり」〈五月三〇日付〉

森近も、同じ熊本評論社へ通信を送っているが、「勝利の日は目前に」というのは、性急と誇張の所産であろう。

町民のかくれた抵抗精神を発見してよろこんだ秋水も、しかし、演説会以来手をかえ品をかえて、蛇のようにからみついてくる警察の迫害が、さすがに腹にすえかねたと見えて、六月六日、激烈な抗議文をしたため、『高知新聞』（推定）に投稿した。「幸徳氏より来書」とことわって、「驚くべき警官の迫害」という見出しをつけた記事が、それである。

「安芸・富田両君足下。爾後《じご》久濶《きゅうかつ》多罪。小弟は今爰《ここ》に我県の筆政を司《つかさど》れる両君に向って、日本の立憲下に起れる一怪事を報道すべき責務を感じ、且其《かつその》光栄を有し候。一怪事とは何ぞや。当幡多郡中村警察署が、小生等社会主義者を迫害するの余《あまり》、延《ひい》て当中村の淳良《じゅんりょう》なる町民に対して、頻《しき》りに謂《いわ》れなき侮辱を与へ、脅嚇《きょうかく》を試み、其営業を妨害し居《お》れるの事実に候」

演説会を圧迫した警察は、ひきつづき、秋水の友人らをよびだして、「社会主義者のいうことを信用してはいかん」とか、「社会主義者と交際してはならん」とか、不当な干渉を加えていた。秋水の身辺は、出入りともに数名の尾行をつけて、「殆ど盗賊を監視するが如き有様」であった。

旧端午の節句の日、秋水が親戚の者もいっしょに、遠来の森近を案内して、四万十川にボラ釣に出かけたところ、警察がなにをまちがえたのか、下流の下田港で社会主義の演説をやるのではないか、と心配して、数名の巡査を下田港へ急派するような騒ぎになった。

筆者にいわせると、この警察の神経過敏は、けっして笑いごとではない。上京の途中秋水が紀州の新宮に立ちよったとき、四万十川のボラ釣ではないが、熊野川名物のエビすくい（一説には鮎食い）にさそわれた舟遊が、検事局の手にかかって、おそろしい天皇暗殺・爆弾製造の密議に仕立てあげられてしまったのだから。

六月五日、入野村の親戚の病人を泊りがけで見舞いにいくと、はや数名の巡査が張込みにきている。六日の夕方、中村町にかえってみたら、秋水の住居の前に、制服・帯剣の巡査が交代で立番していて、出入りの人を一々誰《すい》何《か》しているではないか。

秋水の住居といっても、親戚幸徳駒太郎《こまたろう》の酒店であった。駒太郎は、この前の総選挙のとき、たのまれて大石正巳《まさみ》の応援をしたことはあるものの、政党・政派に関係のない純粋の商人である。その親戚の酒店の前に、昼夜の別なく、制服と角袖《かくそで》の巡査が二人張番に立って、酒を買いにくるお客まで一々誰何して、名前を手帳につけているのだから、「当人の感ずる恐怖と侮辱と、店主が営業上の迷惑」は、まったくひどい人権侵害・営業妨害といわなければならない。

「両君よ。当地の如き片田舎に於ては、二十世紀の今日に於ても、警察の威嚇は虎の如し。一言の抗議を許さず候」

「小弟は、別に何等の評論を加へざるべし。事実は何物よりも有力なる評論にて候。小弟は唯だ此事実、斯《かか》る怪事実が猶《な》ほ今日の社会に現在すてふことを、両君の新聞紙に依て我県民に知らしめ、我県民一般の聡明なる批判と判断とを得んことを切望する者にて候」

この新聞切抜きは、秋水の母幸徳多治子遺愛のスクラップ・ブック（社会文庫所蔵）のあいだから発見されたもので、紙名と年月日がわからないし、高知県民の反応もつかめない。しかし、母の多治子《たじこ》が秋水の抗議を大切にとりあげ、切抜き帳にはさんで今日までつたえてくれたのである。

中村町に二週間滞在した森近運平は、六月八日の朝出立、二里さきの下田港から大阪行の汽船にのることになった。つぎの旅程は、紀州新宮に住む禄亭《ろくてい》・大石誠之《おおいしせいの》助《すけ》の訪問である。

秋水は、甥の幸徳武二郎をつれて、下田港まで森近を見送りにいった。相かわらず、数名の警官が追いかけてきたが、そのうちの一人が、森近のあとから汽船にのりこむ姿を見た。

「嗚呼《ああ》、森近兄は、旋風のごとく来り、旋風のごとくに去れり。独座欄に依れば、雲渺々《びょうびょう》として小生はまた元の単調寂寞の生活に返れり。向ひの谷陰になく時鳥《ほととぎす》、声々病夫の暗愁を催すのみに候」

演説会は大当りであったが、運動再建の相談はまとまるところまでいかなかった。万事は、クロポトキンの翻訳ができて、秋水が上京してから、東京でおちあって方針をきめよう、といった程度のボンヤリした話であった。あるいは二人の雑談のなかで、大阪平民社をたずねてきた革命的労働者、宮下太吉の噂が出ていたかも知れなかったが。

■わが最善の事業

「サカイヤラレタスグカエレ」という赤旗事件の電報が、秋水のもとにとびこんできたのは、森近運平が立ち去ってから半月目の出来事であった。妻千代子の話だと、秋水は「こうしてはいられない、みんなにすまない」といって、電文をくりかえし読んでいたそうである。

同志の救援、組織の回復、運動の再建――すぐにも上京したいところだが、しかし、思想家の秋水として、現在進行しているクロポトキンの翻訳を途中で投げだすことは、どうしてもできなかった。

「『パンの略取』の翻訳を兀々《こつこつ》とやってる。少し続けると直ぐ病にさはるので、中々捗取《はかど》らぬ。併《しか》し、此書一冊の翻訳が数年の伝道にまさると思ふので、忠実にやってる。六月一パイはかかるだらう」

東京巣鴨監獄在監中の石川三四郎《いしかわさんしろう》にあてた葉書（三月一日付）を見ても、この翻訳の仕事に、秋水がどんなにうちこんでいたかがわかるのである。

昨年の七月からとりかかっていた仕事であったが、赤旗事件の突発は、秋水の病軀《びょうく》に鞭打って、翻訳の完成を急がせることになった。

日に夜をついで、最後の仕上げを急いだ結果、七月の半ばにようやくの思いで翻訳の仕事ができあがった。そのとき、秋水がふかい感慨をこめて書いた「訳者引」がのこっている。

しかし、巣鴨平民社から出版した『麵麭《パン》の略取』が、訳者の安全を守るために、この「訳者引」をはぶいていたので、ほとんど誰の目にもふれることがなかった。


「予《よ》は社会運動者としては聊《いささ》か自ら期する所がある。而《しか》も儒生《じゅせい》学者としての予は、世の政治家・法律家の如く世人をして強《し》て自己の意見に服従せしめんとする者ではない。先輩の著作を紹介するも、自己の研究を発表するも、唯だ之を以て自己と世人と共に倶《とも》に真理に一歩近づくの資料とするに外ならぬ。而して予は、世界第一流の学者の手に成り、近世屈指の大作と称せらる本書の如きは、必ず我日本の朝野に向って多少の新知識を供し得べきを思ふが故に、此翻訳を企てたのである。若《も》し夫《そ》れ、其所説の是非・当否に至っては、読者宜《よろ》しく自ら研究し、批評し判断すれば良いのである」

秋水は、理性の使徒であり、病的な狂信者ではなかった。無政府主義の伝道も、「真理」に近づいていく努力であった。

「予が、著者クラポトキン翁より本書翻訳に関する承諾を得たのは、去年七月の初めであった。直ぐ取掛って僅か三十枚ばかり書くと、程なく社会主義夏期講習会の準備や開催やで、翌八月中まで多忙を極め、九月に入ても、更に社会主義金曜講演の発起などで、落ちついて筆が執れぬ。次で寒冷の気の催す頃より、数年来の持病なる予の慢性腸加答児《カタル》と、妻の僂麻質斯《リウマチス》との病状が段々悪く、療養も生活も出来なくなったので、愈々《いよいよ》同十月東京を引払って故郷の親戚へ寄食することにした」

秋水のほかに、大杉栄《おおすぎさかえ》も、『パンの略取』をとりあげて、「自由合意」の一章を『日本平民新聞』（明治四一年一月一日号）に発表しているが、その後大杉は投獄されたし、全訳の完成は秋水の自己責任になってきたのである。

「途中の淹留《えんりゅう》（※久しくとどまること）や行李《こうり》の安頓やらで、一、二か月（ママ）を空過《むなしくすご》し、漸《ようや》く本年一月の半ばより再び訳稿を続くことを得た。而も病気の苦悩と生活の困難とは、何処《どこ》までも付て廻るので、常に心力を本書の執筆のみに専らにすることは出来ず、一日書いては三日休み、五日書いては十日も捨て置くといふ風で、気ばかり焦っても仕事は捗取《はかど》らず、初めて稿を起せしより殆《ほとん》ど一年の長きを経、漸く本年七月仲旬に至って全部を完成するを得た。其イクヂなさ、実に慚愧《ざんき》に堪へぬ次第である」

ほの暗いランプの火影《ほかげ》で、あえぎあえぎ、翻訳に心血をそそいでいた秋水の姿が、目にうかんでくるようではないか。

「顧みれば、予が東京を去りて後ち、十か月間に於ける時勢の推移、人事の変化は、実に驚くべきものがある。此間に於て、日本の社会主義者は、所謂直接行動派と議会政策派との二つに分裂した。議会政策派は、更に片山・西川の両派に分裂した。政府が直接行動派に対する迫害は、益々激を加へて来た。東京に於ける同志が公私の集合は、殆ど出来なくなった」

「大阪平民記者も、熊本評論記者も、屢《しばし》ば罰金・禁錮の刑を受けた。東京金曜会の講演者も、六名一時に禁錮せられた。陸軍部内の同志は、一々尾行せらるることとなった。東京の同志は、漸次《ぜんじ》に多く職を失ひ、家を失ひ、皆な飢えに迫って来た。彼等の中で、或は工場に留り、或は腕車《わんしゃ》（※人力車）を挽《ひ》き、或は俗歌の読売せるは、未だ幸福な方である。而して、遂に先月二十二日、『無政府共産』『革命』の赤旗は、帝都の街頭に翻へって、十余名の青年男女は、一網打尽に縛に就き、一昨年電車事件に連座した数名の同志も、亦其《またその》保釈を取消されて獄に下るに至った。今や社会主義的運動は、一時火の消へた如くである」

秋水の翻訳は、この運動の闇夜にかかげる一点のともし火であった。受難の嵐のなかの裸ローソクであった。

「半夜衾《ふすま》を蹴て立ち、衣を褰《かか》げて走らんとせしこと、幾度であったらう。而も予が境遇と健康と其他の事情とは、之を許さない。予は、此際に於ても猶隠居して本書の翻訳を続けることが、予が為し得る、且つ為さざる可からざる最善の事業なるを確信したので、涙を呑《の》んで、机に向った。我親愛なる友人・同志の災厄や、尊貴なる運動の頓挫《とんざ》を坐視して、兀々《こつこつ》として筆を執った」

　心血をそそいだ『パンの略取』の翻訳ができあがって、秋水は、やっと文筆の重労働から解放されたのである。しかし、すぐさま上京の仕度に追われて、ユックリ休養をとるひまがなかった。

　旧妻師岡千代子の『風々雨々』が、その上京前夜の緊張した秋水の表情をとらえている。

「家庭にあって言葉の少い秋水はいよいよ無口な笑はない人間になって行った。何《ど》うかすると、机に向ったまま、翻訳の手を休めて、窓の外の狭い庭の一隅を見詰めながら、じっと物思ひに沈んで居たが、その眉宇《びう》には、決心にも似たものが、次第に濃く現はれるやうになった。なまじっかな行動よりも意義があると云って、自分自身を慰めて居た。『パンの略取』の翻訳も、やがて不満足ながらも一通り終った。すると、秋水は私に後事を托して、その訳稿を携へて急いで上京した」

　後事を託して、といえば聞こえはいいが、手足まといの妻の千代子をあとにのこして行ったのであろう。

■門出の盃ごと

　秋水の上京――行動開始は、形容してみると、槍《やり》ぶすまをかまえた敵陣のなかへ単身のりこんでいくようなものであった。しかし同志に連絡した上京の計画からは、険悪な暴力的対決といったような感じをすこしもうけない。

「近日の事実は、云ふに忍びない。僕は愈々《いよいよ》二十日過に発足する。天候不順で身体がよくないから、途中が長くかかるかも知れぬ。多分会へないだらう。パンの翻訳は殆ど出来た。多少修正を加へて居る。上京の後、出版の計画して見るつもりだ」

　電車焼打事件の吉川守圀《よしかわもりくに》にあてた七月一日付の葉書である。この秋水の葉書が東京についたころ、すでに吉川は保釈を取り消されて、東京監獄につながれていた。

「翻訳は愈々出来上った。四、五日中出発する。新宮にも立寄って、今後の相談するつもりだ」「翻訳の出版が一寸困難と思って居たが、書肆《しょし》が引受けなければ、自費でやる外はない。柏木《かしわぎ》達は少しは長くやられるかも知れぬが、君が出て来たら、一運動しよう」

　森近運平にあてた七月十五日付の葉書が、大阪堀河監獄の気付になっている。六月八日、下田港で秋水と別れた森近は、紀州新宮に向い、大石禄亭の家で十日ばかり滞在したのち、大阪にもどったが、七月三日、上告中の新聞紙条例違反事件が、大阪控訴院で禁錮二ヵ月の判決をうけて、ただちに服罪、堀河監獄に収容中の身の上であった。

右を見ても左を見てもギセイ者だらけ。いわば死屍《しし》累々《るいるい》である。しかし、秋水はまだ、出版と運動の希望をすてず、破れかぶれといった調子をどこにも見せていなかった。

いよいよ七月二十一日に中村出発ときまったその前夜、秋水を中心に、妻千代子、母多治子、養兄幸徳駒太郎夫妻、長姉福島民野夫妻、次姉谷川牧子夫妻をはじめ、親戚十数名があつまって、送別の宴をひらいた。

列席者のなかにいた義甥《ぎせい》幸徳富治の古い記憶によると、秋水は、赤旗事件などの話にふれて、「しょせん畳の上では往生できない自分だから、お母さんのことをよろしくたのむ」とさり気ない様子で後事を託していたらしい。

前途になにが待ちうけているかわからない。革命家の悲壮な決意、暗い運命の予感が、この遺言めいた秋水の言葉になったのであろうか。

しかし、同じ親戚でも、従妹の岡崎照子（当時小野姓）は、「従兄秋水の思い出」（社会経済労働研究所編『幸徳秋水評伝』昭和二七年一二月）のなかで、まったく別な証言をしている。

「兄（秋水）は東京へ単身出かけることになった。それは、もう生活資金が尽きたので、いつ迄も駒太郎兄に世話をかけるのも心苦しいから、上京して売文生活をして働いて来ようというのであった」

出立の朝、親戚一同が幸徳家にあつまって、門出を祝った。別れを惜しむ酒盃のほかにかんたんな膳部が出たらしいが、家をはなれてとおく旅立つ者の安全と健康を祈る昔ながらの儀式である。そのとき、玄関わきの四畳の中敷居に腰をかけていた照子の母の小野英子が、秋水をつかまえて忠告をあたえた。

「伝次郎さんよ。今度東京へ行っても、又先のような危いものは、どうしても書かれんぜ。お母さんも、もう七十一じゃけん、いつどんなことがあるかも知れんから、お母さんの生きている間に、ふたたび牢に入るようなことをしてはならんぜ」

この叔母の英子は、神風連《しんぷうれん》に暗殺された熊本県令安岡《やすおか》良亮《りょうすけ》の娘で、秋水の母多治子の弟小野道一と結婚したが、小学教師をつとめているシッカリ者であった。「先のような危いもの」とは、『平民新聞』の筆禍《ひっか》事件をさしていたが、英子の発言には、親類一同の憂慮と迷惑を代表する重みが感じられた。

彼女の心配がわからないわけではないし、秋水は、あえて忠告にさからおうとしなかった。

「叔母さん。それは大丈夫ですよ。こんどは、けっしてそんなことはせん。歴史の本を書いて金をつくるのが目的でいくのだから、安心して下さい」

子ども心に、その問答をそばで聞いていた英子の娘照子は、「あのときの秋水が嘘をついたとは思われない」と語っているのである。しかし、義甥富治と従妹照子と、この一見相反するような二つの証言は、多少の記憶ちがいがまじっているにせよ、ともに真実に近い内容を持っているのではないだろうか。

故郷の肉親と別離の情を惜しむ秋水の心理状況に、玉砕と瓦全《がぜん》（※なにもしないでいたずらに身を保つこと）、献身と保身の交錯する人間感情の明滅があったにしても、べつだんふしぎではなかった。上京してからの秋水が、大逆事件にまきこまれて畳の上で往生できなかったことも事実であれば、天皇暗殺計画からはなれて湯河原で歴史の本『大日本戦国史』を書いていたこともまた事実であった。

大審院検事局が、大逆事件の架空構成上、この秋水の七月上京をことさら重視して、暗殺道中スゴロクの振りだしにおいたことは、すぐ次章で明らかにしたいが、幸徳秋水らの処刑後につくられた内務省警保局の『社会主義者沿革・第二』（糸屋寿雄《いとやとしお》所蔵）が、「出発ノ前夜、親戚ヲ会シテ別宴ヲ開キ、一同ニ対シ今回上京セハ再ヒ故山ノ土ヲ踏ムコトナカルヘシト語リ、駒太郎ヲシテ同情ノ涙ヲ濺《そそ》カシム」という事実をとりあげて、秋水の犯意の証明にしているのも、一面的で、「先入観」の標本のようなものであろう。

門出《かどいで》の盃ごとが終って、秋水が家を出るとき、クロポトキンの翻訳原稿のほかに、家伝貞宗の名刀をたずさえていた。警察は、暗殺用の武器——などと気をまわしたかも知れないが、実際は売食いの材料で、東京で金にかえて生活費のたしにするつもりの古刀剣であった。

しかし、死の旅の門出といおうか、この日を最後として、やはり秋水は、生きてふたたび郷里のわが家にかえってこなかったのである。

ここで、幸徳家につたわる一個の伝説を記録しておきたい。

酒店の奥書院に陣どった秋水が、『パンの略取』の翻訳に没頭していたころであった。富治少年や親戚の子どもが、となり座敷にあつまって、コックリさんという遊びに夢中になっていた。三本の棒を組み立て、その上にのせたお盆をまわして、まわった回数で、「六年さきにお嫁にいく」とか、「二十年さきに社長になる」とか、未来の運命をあてる占い遊びである。

子どもたちがキャアキャアさわいでいるのにつりこまれたらしく、筆をおいた秋水が、「おい、社会主義の時代はいつくるんだ。コックリさんに聞いてくれ」といった。コックリさんにお伺いを立てて、お盆をまわしてみると、三十五回まわったので、富治少年が「三十五年するとくる」と答えた。「そうか。三十五年すると、われわれの世の中になるぞ」と、秋水がよろこんでいたという。

もとより、コックリさんの占い遊びは、児戯、座興のたぐいにすぎない。しかし、ふしぎなことに、敗戦の惨苦をへて、革命家秋水を抹殺した天皇制国家の絶対権力、大日本帝国の軍隊が崩壊した年昭和二十年は、ちょうどコックリさんの予告したとおり、三十五年目のめぐりあわせであった。

土佐中村に住む幸徳富治は、あのときの占いが的中したもの、と今でもかたく信じている。

第九章　幸徳秋水の上京

■月夜熊野川に

　大審院の死刑判決書（明治四四年一月一八日）は大逆罪の成立経過として、このときの秋水の上京と新宮上陸をきわめて重大視している。

「明治四十一年六月二十二日、錦輝館《きんきかん》赤旗事件ノ獄起ルヤ、被告幸徳伝次郎《こうとくでんじろう》ハ、時ニ帰省シテ高知県幡多《はた》郡中村町ニ在リ。当局ノ処置ヲ憤慨シテ其後図《そのこうと》（※後々のはかりごと）ヲ為《な》サント欲シ、其訳スル所ノ無政府共産主義者ペートル・クロポトキン原著『麺麭《パン》ノ略取』ト題スル稿本ヲ携ヘ、七月上京ノ途ニ就キ、被告大石誠之助《おおいしせいのすけ》ヲ迂路《うろ》（※回り道）和歌山県東牟婁《むろ》郡新宮町ニ訪《おとな》ヒ、被告成石平四郎《なるいしへいしろう》・高木顕明《たかぎけんみょう》・峯尾節堂《みねおせつどう》・崎久保誓一《さきくぼせいいち》ニ会見シテ、政府ノ迫害甚《はなは》タシキニ由《よ》リ反抗ノ必要ナルコトヲ説キ、越エテ八月、新宮ヲ去リテ被告内山愚童《うちやまぐどう》ヲ箱根林泉寺《りんせんじ》ニ訪ヒ、赤旗事件報復ノ必要ナルヲ談シ……」

　予審判事の意見書（明治四三年一一月一日）は、新宮町で幸徳秋水と大石誠之助とのあいだに爆裂弾製造の共同謀議を成立させている点で、もっと積極的なものであった。

「意ヲ決シテ同年七月中上京ノ途ニ就キ、途次被告誠之助ヲ紀州新宮町ニ訪ヒ、誠之助及同地ノ同志者被告平四郎・節堂・顕明・誓一等ト会見シ、説クニ政府ノ迫害ニ対シテハ反抗ノ必要アル旨《むね》ヲ以テシ、大ニ革命ヲ鼓吹シ、尚《な》ホ誠之助ト一夜舟ヲ熊野川ニ浮ヘ、爆弾製法ニ付談スル所アリタリ」

　さらに大審院検事事務取扱いの小山松吉に至っては、前出『日本社会主義運動史』のなかで、

「幸徳の大逆事件といふのは、其の決意は明治四十一年の七月であって、さうして七月から八月に亙《わた》り、主なる同志に話しをして同意を得てゐる。而《しこう》して、明治四十二、四十三、此の二箇年の間準備をしてをった」

と極言して、天皇暗殺の決意が秋水の上京からはじまるとし、暗殺に必要な爆弾製造計画のそもそもの発端を熊野川舟中の密議なるものにしぼりあげていたのである。

「幸徳は中村町に居って、赤旗事件で政府の主義者に

対する一網打尽のやり方に憤慨して、紀州に行き大石等の同志に対し大に政府に反抗しようと云《い》ふことを説き、月夜熊野川に舟を浮べた際に、大石に向って爆弾の製造を頼み、両人密議をして居る」

大審院検事局で苦心惨憺《さんたん》、この大逆事件構図をつくりあげたとき、「月夜熊野川に舟を浮べて密議すると云ふ事は、詩的であり、小説的である」とよろこんだ検事がいたが、客観的な事実の証明がなく、詩人や小説家のように、「詩的であり、小説的である」と、空想的なフィクションをもてあそんで、死刑犯人を製造されたのでは、まったくたまったものでない。

天皇暗殺と爆弾製造をさいしょに計画したという秋水と大石の「両人密議」が、前記の内務省警保局『社会主義者沿革・第二』では、もひとつ輪をかけて、秋水に紀州組五名を加えた計六名の共同謀議に拡張されていたのである。

幸徳秋水とともに、「五人〔註・大石・成石・高木・峯尾・崎久保〕屢《しばしば》相会シ、或ハ寺院ニ於テシ、或ハ大石宅ニ於テシ、或ハ夜間熊野川ノ舟中ニ於テス。舟中談擲弾《てきだん》（※手榴弾）ノ事ニ及ヒ、謀議頗《すこぶ》ル熟セリト言フ」

材料の出所は、大審院検事局と思われるが、大逆罪構成の焦点にしぼった熊野川舟中の密議が、両名であったり、六名であったりして、不正確もはなはだしい。

真実はどうなのか。天皇制の司法機関のいうような大逆罪に該当する犯罪行為の予備、天皇暗殺と爆裂弾製造の共同謀議が、はたして実在していたのであろうか。

七月二十一日、下田港を出発した幸徳秋水は、大阪行の汽船にのりかえるため、いったん高知港で下船して桟橋附近の高瀬屋支店（推定）に投宿した。同旅館で偶然出あった横田金馬《よこたきんば》は、中江兆民《なかえちょうみん》の同門で新派壮士劇の草分けであった。若き日の秋水は、壮士劇の脚本を書いたこともあるが、今はもう新派劇創始の考証をしているいとまがない。横田金馬の古い手紙をのせた塩田庄兵衛編『幸徳秋水の日記と書簡』（昭和三〇年一一月・未来社）にゆずって先を急ごう。

翌二十三日、高知をあとにした秋水は、大阪で紀州航路に乗りかえて、二十四日の夕方六時、新宮からすこしはなれた勝浦港に上陸した。同志大石禄亭《ろくてい》（※禄亭は号）らの出迎えをうけて、同夜は勝浦に一泊したが、一昨年の十月、東京で大石ドクトル（※大石誠之助は医師）の診察をうけて以来、久しぶりの対面であった。翌二十五日の朝、人力車をつらねて新宮町にはいり、大石医院で靴をぬいだのである。

長途の船旅と、山坂の多い五里の道のりをゆられてきた病弱の秋水は、かなり疲労を感じていたようであった。そのせいか、京都で雑誌『新社会』を出している嶋中雄三（先代中央公論社長嶋中雄作の兄）にあてた手紙は、あまり元気がない。

「小生は病気がまだ良くないが、『パンの略取』の翻訳も出来たし、長く引込んでも居られぬので、兎《と》も角《かく》一度上京して入獄者及びその家族をも見舞ひ、迫害の様子を視察し、兼て『パンの略取』出版の周旋《しゅうせん》もしたいと思って、去二十一日出発当時（ママ）迄《まで》やって来た。ここで大石兄に種々運動の相談もするつもりであった。然るに、二十五日に当地に着した時は、長途の航海で又々病気がわるくなり、動くことも出来ないで、今猶《なお》滞在療養して居る始末だ。此二、三日大分よくなったから、五、六日もすれば上京出来ようかと思って居る」（七月三一日付）

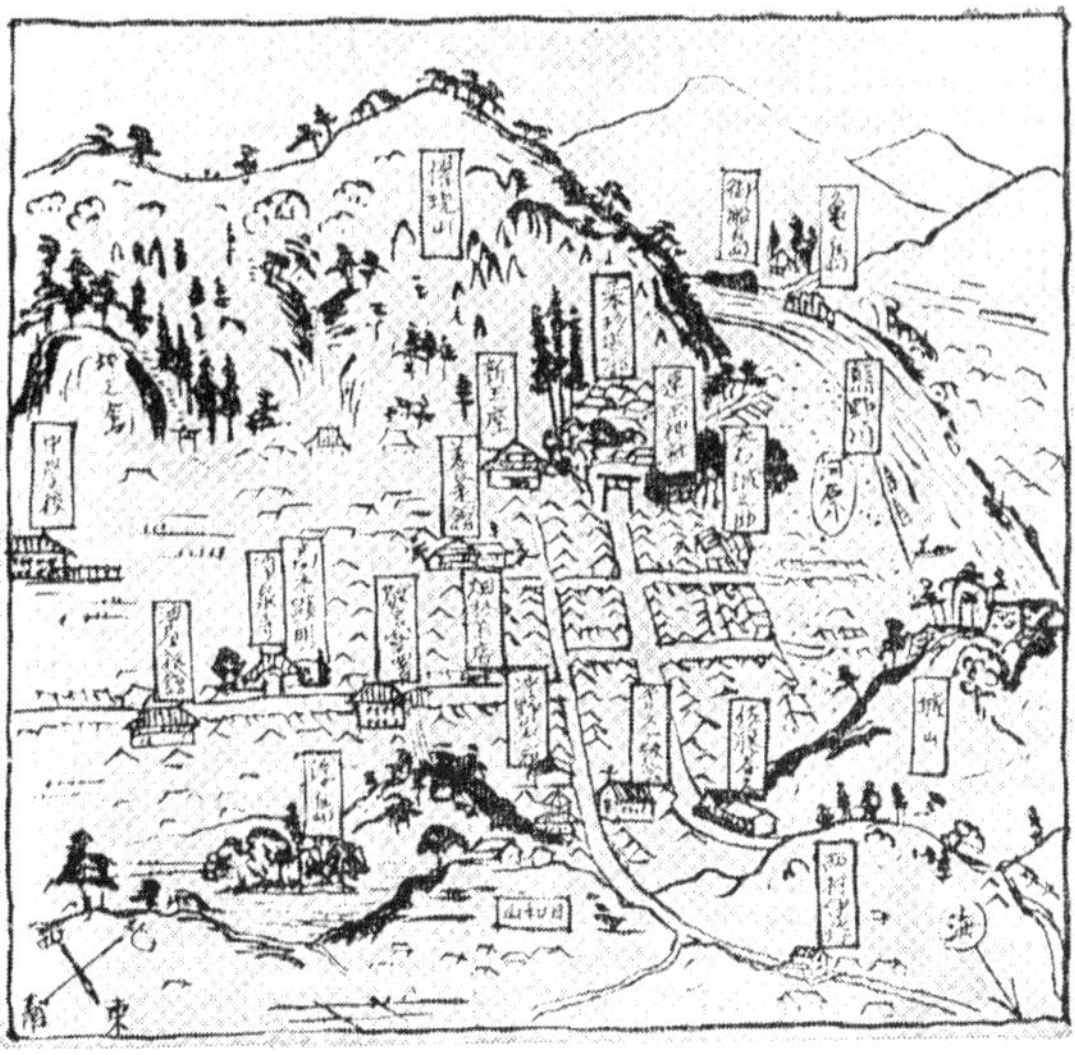

新宮町全景（西村伊作・画）

　しかし、秋水は、病床に横たわるほどの病人でなく、新宮滞在中、大石ドクトルの周囲にあつまっていた高木顕明・峯尾節堂・成石平四郎・崎久保誓一らの訪問をうけているし、馬町にある浄泉寺《じょうせんじ》でひらかれた談話会にも出席して、社会主義の講演をおこなっている。

　節堂の記憶によると聴衆は三十人くらいであったが、「社会が崩壊する原因は、経済状態にもとづくもので、徳川がたおれたのもそのためであった。現今の日本の経済状態をみると、貧富の懸隔《けんかく》（※かけ離れている）が甚だしく、無政府共産主義を実行すべき適当な時期である。世人は無政府共産主義をこわがっているが、ロシアのクロポトキンのように、自分の地位や名誉をすてて主義のためにつくしている高潔な人もある」と語って、多大の感銘をあたえた。

この浄泉寺の住職が高木顕明で、門徒に被差別部落住民の多いところから、「エタ寺」とさげすまれ、差別と偏見と戦っているうちに、社会主義へ接近した宗教改革者であった。秋水の講演も、差別部落問題を背景とした貧乏からの解放論ではなかったか、と思われる。

なお右の談話会は、大石ドクトルを中心とした新宮における社会主義の伝道機関で、さきに大阪の森近運平がきたときも、警官臨席の下に集会をひらいていた。

そして、秋水の出発が近づいたころ、大石ドクトルが送別会をかねて、新宮の名所熊野川の舟遊びにさそったのである。日時がハッキリしないが、筆者の推定では、八月一日から三日までのあいだにしか、その可能性がない。

■革命家と火薬商

検事小山松吉が、大逆罪のはじまるそもそもの密議を新宮の仮設舞台へ持ってきたのは、被告の内山愚童を取調中、八月十二日、新宮から箱根の林泉寺にきたとき、秋水が「熊野川の写真を見せた」という自供を検事局発明のひきのばし機械で極端に拡大した結果である。同志の竹内善朔《たけうちぜんさく》(七月二六日付)や姪の小野照子(八月四日付)にあてた熊野川百景の絵葉書がのこっているから、愚童に見せた写真というのも、たぶんこの印刷絵葉書のことであろう。

「幸徳がどこかで秘密に話をしたいと要求した。大石が瀞八丁《とろはっちょう》が宜《よろし》からうと云ふので、そこへ舟を出して月見をした。その舟の中で幸徳が大石に向って、今度政府に対してどこまでも反抗してやらねばならぬが、必要なのは爆弾である。自分は欧羅巴《ヨーロッパ》の主義者の使ふ爆弾に付いて色々の書物を調べたが、西洋のやうな精巧なものは日本では到底出来ない。日本は日本で別に簡単なものを作りたいが、君は医者であるから十分研究して貰《もら》ひたいと云ふことを呉々《くれぐれ》も頼んだ処《ところ》、大石が承知した。それでは一つ作らうと云ふことで別れた。其話を幸徳が箱根林泉寺に来て内山に話をした」

小山検事は、愚童の自白がほんとうかどうか、たしかめるために、翌二十二日、秋水をよんで調べてみたというのだが、

「幸徳は其の事を聞くと顔色を変へてしまった」「それを言はなければ大石は軽い刑で済むだらうと幸徳は考へて居《お》ったのでありましたが、到頭《とうとう》さう云ふことが判《わか》ったので、幸徳は已むを得ず実は其の通りであると内山の供述通りの事実を認めたのであります」

愚童の自供からついに秋水が口をわったというこの熊

野川の密談の具体的な内容は、前記『日本社会主義運動史』の自慢話に出ているだけで、検事聞取書がのこっているわけではない。

もっとも、小山検事らの聞き取りを参考にしながら、リレー式に被告の尋問を進めていた予審判事の潮《うしお》恒太郎・河島台蔵が、熊野川の舟遊びを問題にして、関係者三人の取調べをおこなったことは事実である。小山検事に対して重大な自供をしたという十月十二日のあくる日、十月十三日に河島判事がさっそく愚童を東京地裁の予審廷によびだしているのは、検事と判事の緊密な一体化を示すものであろう。

「問　参考人ヲ幸徳カ訪問シテ来タ時ニ、是《こ》レマテ申立タ外ニ何ニカ未タ漏シタ事カアリハシナヒカ。

答　是レマテ申上ケタ如《ごと》ク、幸徳ハ吊合戦《とむらいがっせん》ヲシナケレハナラヌ。何ニ由井《ゆい》正雪《しょうせつ》位ノ事ハ出来ル、ト云《い》フ咄《はなし》ヲ致シタ末、大石カラ私ニ遣《つかわ》テ呉《く》レト申シタトテ、九谷焼ノ壱輪差シヲ鞄ノ中カラ出シテ呉レ升《まし》タカ、其壱輪差シヲ出スト同時ニ、紀州新宮ノ絵葉書カ十枚許《ばか》リアル中テ、壱枚熊野川ノ絶壁ノ絵葉書ヲ私カ見テ、是レハ良ヒ景色テハナヒカ、ト申シマシタラハ、幸徳ハ今度大石ト此処へ舟ヲ浮ヘテ爆裂弾製造ノ咄ヲシタト申シ升タ。依テ私ハ、大石ハ医者ノ事テアルカラ、ソンナ研究ハ疾《はや》ク済シテ居ルノテハナヒカ、ト申スト、幸徳ハ外《ほか》ノ薬ト違ッテ未タ研究ハシテ居ラヌカ、然シ、素人ノ遣《や》ルノトハ違ッテ道カ明テ居ルカラ、研究ハ早ヒタロウト申シ、大石モ其時ニ其製法ノ研究ヲ遣ッテ見様《みよう》ト申シタ、ト云ヒ升タ。

問　其時ニ如何ナル薬ヲ合セレハ大概出来ルト云フ見込ミテアル、ト云フ様ナ咄ハシナカッタカ。

答　ソンナ事ハ申シマセヌテシタ。」（第八回調書）

なるほど、この愚童の自供では、爆弾の研究を秋水にたのまれて、大石が「製法の研究をやってみよう」と、実行をひきうけたことになっているが、小山検事談の「それでは一つ作ろう」というほど調子のつよいものではなかった。

つづいて、十月十七日、潮判事の係りで秋水の取調べがおこなわれたが、現存する『訴訟記録』（神崎清所蔵）では、熊野川の舟遊びのさいに爆裂弾の製法を話題にしたというだけの供述であって、小山検事談のような、秋水がカブトをぬいで、「実は其の通りである、と内山の供述通りの事実を認めた」という形跡が、どこをさがしても見あたらないのである。

「問　新宮滞在中、大石ト夜分熊野川ニ舟ヲ浮ヘテ遊ンタ事カアルタロウ。

答　左様《さよう》テス。

問　其舟ニハ誰々乗ッテ居タカ。
答　私ト大石ト船頭ト思ヒマス。外ニ人カ乗ッテ居タカ否ヤ、能ク覚ヘマセヌ。
問　其際、大石ト爆裂弾製造ノ方法ヲ研究シタテハナイカ。
答　研究シタト言フ事ハアリマセヌカ、私カ大石ニ対シ、爆裂弾ノ製造方法ヲ知ッテ居ルカト尋ネタルニ、大石ハ知ラヌト答ヘマシタ。
問　其際、革命ノ話カ出テ、夫《そ》レニ要スル爆裂弾ノ製造ヲ尋ネタノテハナイカ。
答　私ハ革命ヲ遣《や》ルニシテモ、又《また》ストライキヲ遣ルニシテモ、場合ニヨッテハ爆裂弾ヲ要スルカモ知レヌト思ヒ、一寸《ちょっと》聞ヒテ見タ丈《だけ》テス。
問　其方ハ、大石ヨリ英書ノ百科辞典ヲ借リ、爆裂弾製造ノ方法ヲ調ヘテ見タテハナイカ。
答　大石宅ニ百科辞典カアリマシタカラ、一寸調ヘテ見マシタカ、遂ニ判リマセヌテシタ。」（第十三回調書）
大石誠之助の取調べは、やはり潮判事の係りで、十月十五日、十月二十一日の両日にわたって、同じような質問をくりかえしているが、大石ドクトルの供述が、獄中で打合せをしたとも思えないのに、具体的な共同謀議のなかった点で、秋水の供述とピッタリ一致していた。

「問　夜分被告ハ幸徳ト共ニ熊野川ニ舟ヲ浮ヘテ遊ヒシカ。
答　左様テス。
問　幸徳ハ舟中テ暴力革命ヲ起コサネハナラヌカラ、爆裂弾ノ製法ヲ知リ度《た》ヒトハ言ハサリシカ。
答　具体的ノ話テハアリマセヌカ、幸徳ハ革命ノ時ニハ爆裂弾カ要ルカ、其製法ヲ知ラナイカト申シマシタカラ、私ハ知ラナイト言ヒマシタ。
問　其際ハ、其方ト幸徳ト船頭ノミ居ッタノテハナイカ。
答　私ト幸徳ノ外ニ、其舟ヲ貸シテ呉レタ人モ居ッタト思ヒマス。」（第十二回調書）
予審判事は、これ以上つっこんだ取調べをしていないし、またできなかったのであろう。事実は、秋水が爆裂弾の製法を聞いたが、大石ドクトルが「知らない」と答えた、というだけの話であった。大石は博学の医者ではあったけれども、爆裂弾製造に必要な化学知識は持ちあわせていなかったようである。小山検事が摘発したような「大石が承知した。それでは一つ作ろう」という天皇暗殺に必要な爆裂弾製造の共同謀議の成立を裏書きする自供と証拠が、予審廷で固まっていないとすれば、熊野川の密議なるものは、大逆事件フレーム・アップの伝奇的創作ということになるのではないか。

　大審院の法廷は、死刑判決を急ぐためか、被告に有利な証人申請を一切却下した。しかし、筆者は、問題の熊野川の舟遊びに同行した二人の証言者を発見している。一人は、新宮の牧師沖野岩三郎《おきのいわさぶろう》であり、いま一人は、その舟遊びの舟をこいだ船頭の天野流水《あまのりゅうすい》であった。

　沖野牧師の直話によれば、大石ドクトルが遠来の秋水に「瀞《とろ》八丁の模型を見せよう」といって、熊野川下流の亀島のあたりに舟をうかべたのである。小山検事のいう瀞八丁は、熊野川のはるか上流で、河口の新宮からとても日帰りのきくところではなかった。

　秋水と大石ドクトルのほかに、同行者は、船頭の天野流水、友人の沖野牧師と成石平四郎、親戚の中口光三郎（火薬商）、東大生の井出義行、大石の長男舒太郎《のぶたろう》、付添の女中を入れて計九名、この顔ぶれを見てもわかるように、革命党の秘密会議でなく、親戚や家族をまじえたピクニック気分の川遊びであった。うたがえばこれも、一種のカモフラージュということになるのだろうが。

　舟中で雑談をしているうちに、爆裂弾の話が出た。しかし、「革命家秋水と火薬商（中口）、医者（大石）と坊主（沖野）、役者がそろっているな」と、沖野牧師が得意のジョークをとばしてまぜっかえしたので、ぶっそうな爆裂弾は煙になって消えてしまった。

　船頭をつとめた流水・天野日出吉の証言では、その日の昼間、亀島《かめしま》と御舟島《みふねじま》のあいだに舟をこぎだしたといっている。秋水らは、柄のついた小さなタモ網でエビすくいをしてあそんでいたが、急に雨がふりだしたので、明るいうちにひきあげてきた。ぜったいに夜分ではない。

　この二人の事実証言は、大審院検事局が「月夜熊野川に舟を浮べ……」と、ごていねいに書割《かきわり》（※舞台の背景）の月まで書きそえた大逆罪の共同謀議なるものの不存在証明に役立っている。要するに、月夜の密議は、彼らが大逆事件をむりやりに成立させるための幻想的な創作劇の一幕であったというほかはあるまい。

■佐藤春夫の証言

　さいきん、この熊野川の舟遊びについて、またあたらしい証言者が登場してきた。『わんぱく時代』（昭和三三年六月・講談社）を書いた詩人佐藤春夫《さとうはるお》である。

　詩人の父、佐藤豊太郎は、新宮町の開業医で、同業の関係から大石ドクトルとも交際していた。幸徳秋水が新宮にきたとき、大石ドクトルが日ごろの交友関係をたどって歓迎会の回状を沖野牧師や佐藤医師にまわしたらしいが、「わしは北海道へ行く前でいそがしかったし、また気がかりな患者があって行かないでしまった。会場はたしか乙基《おとも》で、アユ食いをするとかいうのであった」という父親の話を聞いている。送別会と歓迎会、エビすくいとアユ食いの誤差があっても、熊野川の舟遊びであったことにはまちがいない。

後日、大逆事件の全国的検挙が、新宮の町に波及してきたとき、大石ドクトルの友人の一人が、「その歓迎会に出席したろうと調べられて、当日はぜんそく発作のため不参という事実を日記を証拠に申し立てて、追及を免れた」という息のつまりそうな話も、春夫少年は、父親の口から聞かされていた。

「ちょうど暑いさかりで、幸徳の歓迎は新宮町の西北隅にあたる乙基の瀬にあった鮎のやなを会場にした」「乙基は熊野川が千穂ヶ峰のうら手をしばらく北流して来て急に大きく東へ曲り流れるあたりにある浅瀬で、その対岸の深い淵に亀島や、やや下流に御舟島などがある。乙基河原の舟中に催された歓迎の宴が果てたところで、主客は興に乗じて舟を対岸の亀島に移した」「この島の高さは平均四メートルもあろうか、崖や頂には雑草や灌木なども生え、川島としてはかなりな大きさである」

「島をめぐって舟着きを求め、人々は舟中に残したまま、社会主義者たち数人は同志の親睦をという幸徳とともに島に登り、あたりをはばかり声をひそめて、明科《あかしな》（※長野県）で密造の爆弾使用の方法を謀議して、天皇暗殺の可否及びその手段について語っているとき、老若二人のいかだ師が大石の姿を島の上に見つけ、いかだを乗り捨て島に登って一座に加わったと言われている」

これが、詩人春夫の『わんぱく時代』に織りこまれた新宮の革命伝説である。同じ新宮の関係者であっても、沖野牧師がすべてを「一場の茶話」として戯画化してしまうのにくらべて、春夫少年の記憶は、熊野川の舟遊びから亀島に上陸して、虚無党奇談に出てくるような爆裂弾の使用法、天皇暗殺の密談を立ち聞きしている。

首謀者の労働者宮下太吉が、明科の山中で爆裂弾の実験にはじめて成功したのが、明治四二年十一月のことであるから、それより一年三ヵ月も前に、上京の途次新宮を訪れた秋水は、明科の山中で密造したという爆弾を元にして天皇暗殺の計画をめぐらすような可能性を持っていなかった。第一、宮下自身が、愛知県の亀崎鉄工所で働いていて、秋水との連絡をまだつけていない。春夫少年の脳裏に刻みこまれた『大逆事件』には、時間の無視があり、事実と空想の混同が見られるのである。

しかし、政治権力者の犯罪的なフレーム・アップとちがって、熊野川の舟遊びにうかんだ詩人春夫の革命的幻想は、少年期の反抗心・好奇心がとけこんだうつくしい結晶体でこそあれ、『わんぱく時代』の文学的価値をいささかもそこなうものではない。

それどころか、詩人春夫は、この熊野川の舟遊びが、なぜ大石ドクトルの命取りになったのか、その政治的理由をハッキリ見ぬいていた。

「たとい亀島の上で天皇暗殺を児戯に類すると否定していたとしても、天皇暗殺用という事を知って爆弾の製法を宮下らに伝授して、それに必要な薬品を供給した者と想定された限り、大石は罪を免るべくもなかった」

「狼の羊を食おうとする場合、どんな言いわけがあろうとも、結局、狼は羊を食うものだと、イソップ物語が我々に教えている」

詩人のするどい眼光が、分あつい裁判の書類や監獄のカベをつきぬき、大逆事件の作為と権力者の意図を見やぶっていることにおどろきたい。

「然《しか》らば真実の大逆事件とは何か。当時、天皇は神聖にして犯すべからずと法で定められていた。その天皇を、事もあろうに暗殺などとあるまじき不敬事を種に国民を煙にまいて、支配階級擁護の具に供し、あまつさえ天皇陛下の赤子十二人の虐殺を国家の権威を借りて断行した事件で、時の政府とその手先の裁判官どもこそ真実の大逆罪と、僕は信じている」

新宮の詩人佐藤春夫は、真実を守る文学者の権威において、大逆事件が国家権力を不当に乱用した重大な国家犯罪であることをハッキリ宣告したのである。

革命家秋水とのつながりはどうか。当時十六歳の中学生であった春夫少年は、新宮に半月ばかり滞在した秋水を見かける機会がなかった様子である。が、秋水がたずさえていた『パンの略取』の翻訳原稿は、その年の暮に秘密出版となって、全国にばらまかれ、新宮では大石ドクトルの手をへて佐藤医師にわたされた一部が、明治四五年六月、十八歳になった春夫少年の目にふれている。この奇縁にむすばれた少年詩人が、大逆事件の描く波紋のなかに、また再登場してくることを予告しておこう。

新宮に上陸した幸徳秋水が、検事局にうたがわれても仕方がないほど、爆裂弾の製法につよい関心を向けていたのは、たしかなことのようである。しかし、現実の問題として、秋水の考えていた運動方法は、けっして過激なものではなかった。

「目下我党の通信機関がなくては困るが、是はどうかして東京に置きたいと思ふ。どうしても東京でやれなければ、京都でも大阪でも出来る処でやる外《ほか》はないが、成《な》るべく東京で出来るやうな世話をしてみるつもりだ。小生自身今日の健康では、到底自ら劇務に当ることは出来ないが、九月には森近も出て来るし、何とか相談が出来ようかと思ふ」

「孰《いず》れにしても、一度上京した上でなくては、小生自身の生活方法も住所も極《き》まらぬのだから、ハッキリした相談は出来ないが、大兄の方は出来る限り発行を続けて居て貰《もら》ひ度《た》い」

「一言して置きたいのは、今後の雑誌はホンの通信・連絡の機関に留るので、実際の伝道は演説ですることになるだろう」

さきにあげた嶋中雄三あての手紙の後半で、秋水は、中央の通信機関の設置を説いている。合法運動にまだ見切りをつけていなかった。

桂《かつら》新内閣による鎮圧体制の強化を見こし、対抗手段として耳に訴える演説をとりあげていたが、上京後の秋水は、一回も演説会をひらいていない。いや、政府の迫害がひどくて、ひらけなかったのである。

たとえ小さなものでも、新聞なり雑誌なりの通信機関をつくろうと思えば、先立つものは、やはり資金の問題であった。新宮滞在中、秋水は、大石ドクトルに資金の相談を持ちかけたらしいが、話がまとまらなかったようである。大阪の森近《もりちか》がたずねてきたときも、資金の提供をたのまれたのに、大石ドクトルはことわっている。ときどき仲間の失業者をひきとったり、運動に寄付をしたりして、同志からドル箱のように思いこまれていた大石ドクトルも、金がありあまるほどの資産家というわけではなかった。

■神宮の分捕砲《ぶんどりほう》

資金の調達が、思わしくはかどらない。爆弾の製法もわからない。東京の守田有秋《もりたゆうしゅう》から、しきりに上京をうながしてくる。秋水の新宮を旅立つ日が近づいていた。
その出発の前、熊野川上流の請川《うけがわ》村に住む成石平四郎《なるいしへいしろう》から、餞別《せんべつ》の意味をこめた送金がとどいたので、秋水が丁重な礼状を出している。成石青年は、イカダ乗りの労働者を組織するために、みずからイカダ師になったほど運動に熱心な男であった。
「先日は失礼。昨日は御懇篤《ごこんとく》（※親切で手厚い）の御手紙、難有拝誦《ありがたくはいしょう》。其上大枚の阿堵物《あとぶつ》（※金銭）御恵投《ごけいとう》、千万感謝。菓子料と有之候へども、菓子代にはちと多過ぎ候間、酒肴代に使用致すべく、無遠慮頂戴致置《えんりょなくちょうだいいたしおき》候。不取敢《とりあえず》右御礼旁々《おんれいかたがた》。猶《なお》小生明日出発、一先《ひとまず》東上之心得に候間、御承知被下度《くだされたく》候」（八月三日付）
この成石平四郎の感化をうけた兄の勘三郎《かんざぶろう》が、やがて単独で爆裂弾の製造をこころみ、熊野川の河原で実験して失敗するのである。

また浄泉寺住職の高木顕明からも、秋水の出発について問合せがあったらしく、大石ドクトルの返事を書いた葉書がのこっている。

「唯今扱店より三輪崎《みわのさき》へ聞合し候処、本日は浪高くして同港より乗船出来ざる由。勝浦から乗るとしても、最《も》早《はや》時間の間に合ひ不申候間、兎《と》に角《かく》本日は幸徳の出発を見合せ可申候段、御通知申上候」（推定・八月四日付）

秋水は、八月四日新宮を出発という予定を立てたが、海があれて乗船が不可能になり、それがまた連日の荒天つづきで足どめを食ったような形になっていた。暴風雨の襲来で海上の交通が杜絶《とぜつ》（※とだえる）すると、新宮は陸の孤島になってしまうのである。

「四日に立つ積《つも》りであったら、波が高うて船が来ず、待てる中に昨日から暴風雨になった。裏二階で蒲団被《ふとんかぶ》て寝て居る」（八月七日付）

堀河監獄在監中の森近運平《うんぺい》にあてた葉書を読むと、嵐にとじこめられて屈託した秋水の姿がよく出ている。

当時、新宮から上京するには、汽船で勝浦から大阪に出るか、三輪崎あるいは木ノ本から鳥羽をへて名古屋に出るか、二つのコースがあった。秋水は、いくらか距離のみじかい鳥羽まわりで帰京するコースをえらんでいたが、なかなか天候が回復しないし、ジリジリしてきて、むりに便船を求め、八月八日の夜おそく、三輪崎港から出帆、ようやく上京の途につくことができた。

「昨夜半漸《ようや》く乗船。暴風・激浪を凌《しのい》で、今朝鳥羽《とば》に上陸、此地に放浪せり。明朝伊勢参宮とシャレて、陸路名古屋に向はんとす。気楽なりといふ勿《なか》れ。到処《いたるところ》偵吏《ていり》（※刑事）の包囲中に在り。於二見浦客舎《ふたみがうらきゃくしゃにおいて》」（八月九日付）

東京の守田有秋に送った二見ガ浦の絵葉書は、秋水の帰京の先ぶれである。だが、天皇制国家の聖地といわれた伊勢神宮に参拝して、はたして彼はなにを見、なにを感じたであろうか。

つぎの日、長野善光寺大勧進の丸茂天霊《まるもてんれい》にあてて、即興の短歌五首を書いて送った分捕砲の絵葉書が、秋水の感情の動きを物語っている。

「熊野新宮なる禄亭《ろくてい》（※大石誠之助）兄の家に滞在する半月。一昨夜風雨を冒して乗船、昨朝鳥羽に上陸、二見ヶ浦に放浪す。今朝参宮としゃれた。歌よみならぬ人の歌をお目にかけん。

○土佐を出る時

文明の力、嘲《あざ》みて二千年
土佐日記《とさにき》の儘《まま》の浪よ嵐よ

○熊野にて
三熊野《みくまの》の午王《ごおう》の鴉《からす》吐ける血に
革命の旗そめてぞ誓ふ

○尾行巡査を憐む
妻子あるか曠野《おくの》の虎の蹤《あと》を嗅《か》ぐ
猟狗《りょうく》にも似し人の活計《たつき》よ

○二見浦にて
さながらに猟矢《さつや》遁《のが》れし雁《かり》ひとつ
二見ヶ浦にわれ落ちてこし

○大神宮にて
神路山《かみじやま》ふるき宮居に新しき
幾門《いくもん》の砲敵はいづくぞ」（八月一〇日付）

「歌よみならぬ人」の秋水の歌は、ロマンティックな明星調に近いものであるが、土佐沖をながれる黒潮のうねりをながめて、悠久の時と原始の力を思い、熊野誓文《せいもん》によせて革命の誓いを立て、秋水のあとを追う警吏のいやしさをあわれむ一方、追われるわが身を雁ひとつにたとえるなど、旅情・旅愁のなかにもはげしい闘魂がもえているではないか。

神宮の前にならべた日清戦争・日露戦争の分捕砲を見て、参拝人が「国威の発揚」を感じ、知らず知らず軍国主義を讃美していたとき、ひとり秋水が、古い天皇信仰のなかへたくみに持ちこまれた軍国主義・侵略主義の示威をとりあげて、「幾門の砲敵はいづくぞ」と、その砲口の前に立ちはだかるような敵愾心《てきがいしん》を示しているのである。

秋水に、すぐれた漢詩の作品は多いが、短歌はめずらしい。荒天と暗夜のなかの航海で、秋水の身を託した小汽船が木の葉のようにもまれているうちに、これまた難航をつづける運動の前途を思いうかべ、激浪に抗して——といったようなつよい感情が昂《たかぶ》ってきたのではあるまいか。伊勢参宮からうまれた五首の短歌は、その欝《うっ》積《せき》した感情のリズムが、久しぶりに秋水の胸の琴線《きんせん》をかきならして、みそひと文字（※三十一文字。短歌の異称）の定型をとったと見るべきものであろう。

■大逆罪の質問を

八月八日、大石ドクトルと別れて新宮を旅立った秋水の足どりは、九日、二見ガ浦の旅館に投宿、十日、伊勢神宮に参拝してから、名古屋の親戚松本安蔵方で一泊、十一日の夜行列車で東海道線を走り、十二日の朝、国府《こう》津《づ》駅（神奈川県小田原市）で下車、箱根山中の林泉寺に内山愚童をたずねて二泊、赤旗事件公判に間にあわせようとして、十四日に入京、芝浦の竹芝館に投宿、という順序になっている。

南国土佐の郷里をあとにして、二十四日目の着京であり、家族をつれて都落ちしてから十ヵ月ぶりの東京であった。しかし、赤旗事件で有力な同志をうばわれた東京は、味方の陣地というよりも、政治権力の槍ぶすまにとりまかれた敵地の感じがふかかったにちがいない。

この上京の途次、秋水が十日の夜、名古屋で一泊した親戚の松本安蔵は、実をいうと、名古屋控訴院の判事であった。安蔵の妻須賀子と秋水の妻千代子《ちよこ》が姉妹であったところから、裁判所の判事と社会主義者が否応《いやおう》なく義兄・義弟の関係でむすばれていたのである。

勤王の国学者師岡正胤《もろおかまさたね》の血筋をひく松本須賀子は、なかなかの女傑で、妹婿の秋水に、「代議士の選挙に打って出てはどうか。資金はなんとかするから」と、たびたびすすめたことがあったらしい。秋水の名声・才幹を惜しんでの話だが、一つには、社会主義の運動をつづける親戚がいて、判事をつとめる夫の地位に迷惑がかかってきては、という女らしい打算の働いていたことも否定できなかった。

妹の千代子が、従順な妻でありながら、どうも秋水との間柄がシックリしなかった理由の一つは、姉の須賀子の内政干渉的な言動に、妻の千代子が左右されるのをきらっていたからであった。しかし、離縁話はいずれのちほど持ちだすとして、ここで特筆しておきたいのは、名古屋滞在中、革命家秋水が義兄の松本判事に大逆罪について質問したというかくれた事実である。

大逆罪とは、「天皇・太皇太后《たいこうたいごう》・皇太后・皇后・皇太子又ハ皇太孫ニ対シ、危害ヲ加ヘ、又ハ加ヘントシタルモノハ、死刑ニ処ス」という刑法第七十三条に該当する最高・最悪の犯罪をさしている。大審院の特別権限に属し、一審にして終審、くだいていえば、待ったなしの死刑一本である。制定当時から、条文はあっても、適用の必要はおこるまいとされていたが、その本質は、大日本帝国憲法第一条「天皇ハ神聖ニシテ侵スヘカラス」の天皇安全保障法であり、叛逆者を抹殺するための法律化されたギロチンであった。

旧妻千代子の直談《じきだん》によれば、大逆事件がおこって秋水が検挙されたときに、立場のちがう義兄の松本判事が、「いつか秋水が名古屋にきたとき、大逆罪について法律的な質問をしていたくらいで、いろいろ研究して知っているのだから、あんなばかな真似《まね》をするとは、どうしても思えない」と語って、義妹の千代子をなぐさめてくれたというのである。

松本判事のいうとおり、大逆罪のおそろしさについて、秋水がかなりふかい予備知識を持っていたとするならば、電気知識のある人間が危険な高圧線をさけてとおるのと同じ意味で、あぶなっかしい天皇暗殺の仲間に首をつっこむはずがないという理性的な推定を成立させて、秋水無関係の弁護材料に役立てることもできるであろう。事実また秋水は、明治四二年九月のある時期をのぞいて、暗殺計画の共同謀議に加わることをさけていた。

　しかしながら、秋水はなんの必要があってわざわざ大逆罪の質問をしたのか、天皇暗殺の下心があったのではないか、というふうにわるくカンぐってみると、検事局をよろこばせるような結果になりかねない。

　そこで、八月十日を時点とした、秋水の心理曲線の動きを考えてみると、伊勢神宮の分捕砲とぶつかった革命感情の波動が、そのまま名古屋までつづいている。人民革命・人民教育の基本方針に変りはないが、政府の迫害の本質が、天皇制国家から出てくる暴力であることを思うと、この暴力の根元を排除する努力が、天皇の存在にふれてくる場合がないとは限らなかった。

　名古屋の義兄が法律の専門家なのをさいわい、おそらく秋水は、革命運動の将来が天皇制国家と正面衝突したとき、天皇自身にその影響がおよぶような危機的場面を仮定して、大逆罪にかんする質問をこころみたものであろう。

　だが、それはあくまで仮定もしくは想定とよばるべき非現実の世界であって、検事局をよろこばせるような天皇暗殺の具体的動機や意志は、秋水のどこにも実在しなかったと断言できるのである。

　名古屋から箱根に至る道程は、秋水が『熊本評論』（明治四一年九月五日号）によせた通信文をひろげてみることにしたい。

　「名古屋の親戚の家に留る一日、警犬は五月蠅《うるさ》く付纏《つきまと》って居る。十一日夜十二時の夜汽車に投じ、翌朝七時国府津に着き、函嶺《はこね》の険を攀《よ》じた。想ひ出多き山よ。谷よ。我れ年十七、保安条令で退去を命ぜられ、此《この》山路の雪に行き悩んだのも、早や二十年の夢となった」

　思いおこせば、明治二十年十二月、時の伊藤内閣が、保安条令なるものを制定して、反対分子を帝都三里外に追放したとき、自由民権の土佐人なるが故に、十七歳の秋水までが、退去命令をうけたのである。東海道を徒歩で下り、雪の箱根の山道をふんで都落ちしたが、「帰路実に寒かりし。飢たりし」と書いた日記に、少年の実感がこもっていた。

　この保安条令の種本は、ビスマルクの社会党鎮圧法であり、責任者の内相がほかならぬ山県有朋であった。

二十年の昔とはいっても、いま箱根の山道をこえていく革命家秋水の前には、元老山県をバックとした桂内閣の社会党鎮圧策が牙《きば》を鳴らして待ちかまえている。保安条令は、まだ帝都追放でことがすんだが、天皇制国家から出てくる暴力は、法律の名をかりて社会主義者の首をしめにかかろうとしているのではないだろうか。

「大平台の林泉寺に愚童和尚を訪うて二泊した。彼れは、手飼の家鴨《あひる》を殺して御馳走《ちそう》した。恐ろしい坊主である。

山寺の夜ふけて鳴くを何と問へば、
梟《ふくろ》と答へ寝返る和尚」

箱根山中における秋水と愚童の革命問答で、いったいなにが語られていたのか。間もなく愚童の大胆不敵な秘密出版が出てくるから、そのくだりで二人の会談の内容にふれるつもりである。

梟の鳴く林泉寺で、秋水が獄中の吉川守圀《よしかわもりくに》を思い出し、消息をかねて慰問状を書いて送った。

「去月二十一日郷を発し、大石禄亭の家に半月ほど厄《やっ》介《かい》になり、伊勢路を経て、本日漸く此処《ここ》まで着た。一両日静養の後ち帰京して、堺らの公判を聴きたいと思ふ。君、健康は如何《いかん》。御自愛を祈る」（八月十二日付）

実に簡潔で要領をえた名文である。千葉監獄の獄吏におさえられて、在監中の吉川の手にはいったのが、明治四二年の三月、発信して八ヵ月もたっていたが、しかし、秋水の葉書を読んだ瞬間、新宮の大石ドクトル、箱根の内山愚童、赤旗被告の堺枯川《さかいこせん》、戦列にもどってきた幸徳秋水、それからそれへと熱っぽい連想が夏の雲のようにわいてきた、と述懐している。

■どよめく法廷

八月十五日午前九時、東京地方裁判所第二号法廷で、神田街頭を震撼《しんかん》させた赤旗事件の第一回公判がひらかれようとしていた。堺枯川・大杉栄《おおすぎさかえ》・山川均《やまかわひとし》・荒畑寒村《あらはたかんそん》ら十四名の被告人が、看守につきそわれて入廷し、元気よく被告席のベンチにすわった。紅一点どころか、管野《かんの》スガ子《こ》・神川《かみかわ》マツ子《こ》・小暮《こぐれ》れい子《こ》・大須賀《おおすが》さと子《こ》と四名もの革命婦人がならんでいるのは、法廷風景としてまったくめずらしい。

見わたすと、傍聴席は、大入満員である。はみだした連中が、「入れろ」「入れるな」で廷丁《ていてい》（※いまの廷吏）ともみあっている。傍聴人がこんなにおおぜいおしかけてきたのは、赤旗事件に対する興味もさることながら、社会主義の女はどんな顔をしているのか、いっぺん顔が見たいという旺盛な好奇心が働いていたからであろう。

もちろん、守田有秋・竹内善朔・堺ため子《こ》・堺真柄《まがら》など、被告の同志や家族がつめかけてきていたし、日本の同志と手をつないだ清国・朝鮮の留学生の姿も見うけられた。

さきの屋上演説事件の裁判のときと同じように、被告は、雄弁家・熱弁家ぞろいで、弁護人を必要としていない。が、かよわい婦人被告のためにたのんでおいた弁護人の卜部《うらべ》喜太郎・井本常作の顔もそろい、あとはただ裁判長と立会検事の入廷を待つばかりであった。

そのときである。しばらく東京をはなれていた幸徳秋水が、突然この法廷に姿をあらわしたのは。

「時に満廷俄《にわ》かに動揺《どよめ》きて、秋水来る、秋水来る、と低声《こごえ》に甲より乙、丙より丁に、木の葉のさやぎの如く伝へられ候。これ曩《さき》に南海の怒濤《どとう》を蹴りて紀州に上陸し、更に東海道を急行したらしき幸徳氏の、倏忽《しゅっこつ》（※たちまち。にわかに）として折柄《おりがら》新聞記者席に現れたるに依る。氏は実に其前夜、箱根より探偵数輩に尾行せられつつ入京せられたるなりき」

竹内善朔が『東北評論』（明治四一年九月一日号）に送ったレポート「官吏抗拒《こうきょ》（※手むかいしてこばむ）事件第一回公判記」は、古風な文体のなかにも、秋水がのりこんできたときの法廷の空気のどよめきを活写している。「秋水来る」のささやきは、囚《とら》われの身となった被告たちが、百万の援軍の到着をよろこぶ喊声《かんせい》のこだまであった。

そのあいだに、島田裁判長、立会《たちあい》の古賀検事の入廷がおこなわれたが、頃合はよしと裁判長が公判の開廷を宣したとき、被告席のベンチから大杉栄がスックと立ちあがって、「裁判長。おおぜいの傍聴人がはいれないでいるから、慣例により、もっと大きな法廷にかえてもらいたい」と、法廷変更の要求を持ちだしたのは、先制攻撃を加えて、公判進行の主導権をにぎろうとしたものであろう。

しかし、島田裁判長は、「今日は許可できないが、後日の参考のために聞いておく」と、かるく体をかわして、予定どおり各被告の事実審問にはいっていった。その事実審問のなかで、裁判長が「被告は無政府主義者であるか」と、一人一人に質問のメスを入れている。これでは、事実審問に名をかりた思想裁判であり、天皇制国家の踏絵である。危険な落し穴に気づいた被告は、裁判長の投げ縄をさけながら、たくみな陳述をおこなっていた。

裁判長「被告は無政府主義者であるか」

堺枯川「いや、社会主義者である」

裁判長「無政府共産という言葉を使ったことはないのか」

堺枯川「共産という言葉は、社会主義者一般にみとめられ、かつ信じられているが、自分から進んで無政府という言葉をまだ使ったことはない」

島田裁判長の同じ質問に対して、被告人たちの示した反応は、つぎのとおり。

山川均「自分から無政府主義者を名乗ったことはないが、無政府主義の説明如何《いかん》によっては、社会主義者はみな無政府主義といってよろしい」

村木源次郎《むらきげんじろう》「キリスト教社会主義者のつもりであったが、入獄後は、無政府主義にかたむいてきた」

佐藤悟《さとうさとる》「無政府主義も社会主義も、窮極《きゅうきょく》の目的は同一である」

森岡永治《もりおかえいじ》「主義としては、無政府共産主義を抱懐《ほうかい》（※心の中にいだく）している」

大須賀さと子「社会主義の研究をし、社会主義の傾向はあるが、まだ主義者としての資格はないように思う。むろん、無政府主義については、十分の知識がない」

小暮れい子「目下社会主義の研究中だから、まだ無政府主義について、ハッキリ理解していない」

神川マツ子「主義者として自分は、社会主義者・無政府主義者、そのいずれともまだきまっていない。近い将来に発表する機会があると思う」

管野スガ子「自分はもっとも無政府主義に近い思想を持っている」

大杉栄・荒畑寒村の答弁資料の見あたらないのが残念であるが、二人とも闘志満々、威勢のいい発言をしたものと考えてかまわないだろう。

婦人被告のうち、三人が「研究中」「まだきまっていない」とアイマイな態度を見せたのに、ひとり管野スガ子だけが、危険な踏絵の上に立って、敢然と無政府主義の思想告白をおこなっている。

記者席にいた秋水は、ふかい感動をおぼえた。年少の同志荒畑寒村の愛人として、また有能な婦人記者として、幽月《ゆうげつ》・管野スガ子の名前を知っていたものの、幽月女史の顔を見、勇敢な言動にふれたのは、このときがはじめてである。虚無党文学の革命婦人を管野幽月のなかに発見した秋水のよろこびが、やがて自由恋愛に発展していく序幕・法廷見染めの場であったといえよう。幽月のひとみにもまた、短躯《たんく》の秋水が一個の英雄としてうつっていたにちがいない。

事実審問は、さらに予審決定書や巡査口供の予審調書を元にすすめられていったが、各被告がこもごも立って、猛烈な法廷闘争を展開し、事実誤認・事実無根を訴えているうちに、午後五時、閉廷となった。

筆をとって秋水が、遠く『熊本評論』（明治四一年九月五日号）によせた「同志諸君」は、この日の裁判傍聴記である。

「午前九時に僕が駈《かけ》つけた時は、傍聴席は最早《もはや》満員で入ることが出来ぬ。公廷の開放《あけはな》ちたる扉《ドア》の前に立て見入ると、被告席の同志諸君が一斉に僕を見つけて満面に笑を湛《たた》へてドヨみ渡つたのには、僕は覚えず胸迫つて涙が落ちた。愛する人々よ。親しき人々よ。なつかしき人々よ。今は諸君と言葉を交すことも出来ぬのだ」

「僕は辛《かろ》うじて新聞記者席に割込《わりこ》んだ。証拠調べの了《おわ》らんとする時、大杉君は突立つて、『其《その》三個の赤旗は果して予等の持ちしものと同一なりや。今一度示して下さい』と要求し、故《こと》さらに廷丁をして正面に広げさせた。鮮血滴るが如き赤地に、『無政府』『無政府共産』『革命』の白字は鮮かに示された。廷丁の旗を捲き了《ま》るや、大杉君は首を廻《めぐ》らして特に僕を省み、アレ見たかと言はぬばかりに、心地善《よ》げに一笑した。快男児、僕は彼れが言はんと欲する千万言を此《この》一笑の中《うち》に読み得たのである」

以心伝心。証拠調べの形をかりた赤旗の展示は、大杉と秋水の二人を千両役者にして、まるで革命劇の悲壮なヤマ場を見ているような気がするではないか。

追記。この革命的伝統をかざる赤旗のうち、「革命」一本は堺枯川の家にかえり、「無政府」「無政府共産」の二本は、もどされて大杉栄の近代思想社（大久保百人町）にあったが、大正十二年九月、関東大震災にまぎれて大杉が憲兵隊の手で虐殺されたあと、無政府主義の孤塁《こるい》を守る労働運動社（本郷駒込片町《こまごめかたまち》十五番地）にうつされていた。

その大杉虐殺から一年おいた大正十三年九月、復讐《ふくしゅう》の鬼となった村木源次郎（赤旗事件の登場者）・和田久太《わだきゅうた》郎《ろう》が、仇敵《きゅうてき》とねらう大将福田雅太郎《ふくだまさたろう》の狙撃《そげき》事件をおこしたとき、労働運動社の家宅捜索にのりこんできた警視庁小林特高課長・根本係長が二本の赤旗を押収していったまま、いまだに返還してこない。

しかし、赤旗事件を記念して、近代思想社を背景に、堀保子《ほりやすこ》・大須賀さと子と「無政府」「無政府共産」の赤旗をうつした写真（近藤憲二《こんどうけんじ》所蔵）だけが現在のこっていて、わずかに昔の面影をしのばせているのである（口絵写真）。

■警官の禁止命令

被告がわの要求を入れて、赤旗事件の第二回公判が、八月二十二日午前九時、四百人は入る東京控訴院第一号大法廷でひらかれた。傍聴席は満員で、廊下にまであふれている。しかし、そのなかに目つきのわるい私服刑事が、かなり多数まじっていた。ひろい法廷への移動も、裁判所の寛容をあらわすように見えるが、被告の訴えにほとんど耳をかしてなかったことが、あとで判決の蓋《ふた》をあけてみるとハッキリわかった。

証人審問に先立ち、「裁判長」と、婦人被告の管野幽月が発言を求めたので、法廷の空気がサッと緊張した。胸を病む幽月は、「前回は気分がわるくて、思うようにしゃべれなかったので、補充陳述をしたい」といい、許可された。

「自分は赤旗の奪い合いには、まったく関係がないのに、警察の入口で巡査にひどい乱暴をうけた。予審調書には跡《あと》かたもないことを羅列している。とても病身の自分にはできそうもない犯罪事項である。社会主義者なるが故を以て罪の裁きをうけるのなら、甘んじてうけよう。しかし、巡査の非法行為をおおわんがために、犯罪を捏《ねつ》造《ぞう》（※でっちあげ）して入獄をしているというのなら、ぜったいに我慢できない」

幽月は法廷のヒロインとなった。この痛烈な論駁《ろんばく》は、秋水をふくめた傍聴人ばかりでなく、裁判長までうごかしたようであった。しかし、赤旗事件で無罪になった幽月も、大逆事件では、もっと大きな犯罪の捏造のために、死刑にされるのである。

証人として出廷した巡査横山玉三郎は、堀保子から大須賀さと子の手にわたされた最後の赤旗「無政府」を押収した官吏であった。

横山証人「高商前にいくと、柳の木の下で二人の婦人が赤旗を立てていた。すなおにわたさないから、実力でとりあげたが、その後二人の婦人は、自分のあとをつけて、神田署までやってきた」

裁判長「その二人の婦人とは、誰々であるか」

なにがおかしいのか、横山証人が、笑いながら、「この人だろうと思います」と神川マツ子を指さしたのは、自信の不足をおぎなったものであろう。もう一人の婦人については、「記憶がない」と答えた。

指をさされた神川被告が、カンカンになって怒りだしたのも、無理はない。横山証言は、たいへんな人ちがいであった。高商前の柳の木の下で、横山巡査と赤旗を争ったのは、大須賀さと子と堀保子の二人である。そのころ、神川マツ子は管野幽月と連れ立ち、神田署に引致《いんち》（※引っぱっていく）された荒畑寒村を見舞いにいっていたのだから、横山巡査と、柳の木の下でドジョウならぬ赤旗の取合いをしたこともなければ、同巡査を尾行しながら神田署へいった事実もなかった。

神川被告に、おそろしい見幕でかみつかれた横山証人は、顔色が青ざめ、態度がシドロモドロになってきた。そして、勢いにのった神川被告から、「だろう、だろうのあやふやな証言で、われわれを罪におとしいれようとするのは、けしからん」と、コテンパンにやっつけられてしまった。

この事実誤認は、柳の木の下で二婦人から押収した赤旗をかついで、横山巡査が神田署へひきあげてきたとき、玄関前で出合いがしらに「その旗をかえして下さい」と迫ってきた神川マツ子の顔が、記憶の印画紙につよく焼き付けられて、自分のあとをつけて旗をとりかえしにきたものと思いこんだ同巡査の錯覚に原因があったらしい。

他の被告の行動にかんする警官十三名の口供《こうきょう》(※供述)書《しょ》も、横山巡査の実例が示すとおり、ずいぶんあやふやで、デタラメなものが多かった。あの街頭の大混乱、押しあいへしあいのなかで、誰がなにをしたか、正確に再現するのは、容易なわざではない。

しかし、問題は、こうしたデタラメな口供や証言が、ほとんどそのまま予審決定書に採用され、また検事論告となって、一方的な判決の下されることであった。被告にしゃべらせはするが、訴えの事実をとりあげない、基本人権、おかまいなしである。

とくに赤旗事件にかんしては、天皇制国家の権力機関である警察・検事局・裁判所が、犯罪事実の厳格な証明よりも、社会主義者を一網打尽にとらえ、法律という名のベルト・コンベヤーにのせて、監獄にぶちこんでいく暴力化の傾向が、一段とつよまってきていた。

被告十四名の罪名は、治安警察法違反・官吏抗拒罪である。提出された証拠品は、赤旗三本、「革命歌」掲載の『日本平民新聞』(明治四一年一月一日号)一枚、畳針一本しかない。

立会検事古賀行倫の検事論告がはじまった。「しずかに聞いてもらいたい」と前置きして、被告席をにらんだのは、検事の威厳を示したつもりなのであろう。

「本件は、しごく単純な事件で、被告らが、巡査の禁止命令に違反抗拒したかどうか、証拠によって事実の有無を審査すれば、それで十分である。よって、犯罪状況の証拠を観察していくと、三本の赤旗のうち一本は、被告堺利彦の家で保存されていた由緒のあるもの。他の二本については、証言がまちまちだが、男性被告の全部が旗の製作に関係したといわなければならない」

赤旗の製作者は、大杉と寒村の二人、手つだったのが百瀬・山川・宇都宮・佐藤の四人である。検事がそれを男性被告の全部十名に拡大してしまった。

「被告は『赤旗はわれらの生命なり。かるがるしくわたせない』と公言していたのだから、白昼赤旗を街道にひるがえして、なおかつ治安警察法に違反せざる行為と信じていたとは思われぬ。被告中には学者ともいわれるほどの人がいて、この道理のわからぬはずはない。必定《ひつじょう》（必ずそのようになること）、彼らは当初から違反行為と信じて、計画したものにちがいない。したがって、赤旗の掲揚を見て警官が禁止命令を出したのは当然である」

検事の作戦は、赤旗の革命的ロマンティシズムを利用して、まず確信犯をつくりあげ、共同謀議による集団的計画犯罪という大きな想像図を描いている。しかし、治安警察法には、示威行為の制限・禁止はあっても、赤旗を禁止する規定はなかった。また既成の事実として、出獄歓迎会などに赤旗の示威行進がおこなわれていたのは、すでになんどか見てきたとおりである。

「被告らは禁止命令を聞かなかったというけれども、禁止命令は言語だけで表現すると限っていない。行動でこれを表示することもできる。警官がだまって赤旗をとりあげることも禁止命令であり、法行為である。とにかく、言語なり動作なりで、巡査が禁止命令を発したことは、事実に相違ない。にもかかわらず、被告らが命令にしたがわなかったのだから、各被告とも治安警察法違反に相当することは明らかである」

赤旗事件を法律的にしぼってみると、この警官の禁止命令が重要な争点であった。「禁止を命令した」というのは、大森巡査部長ひとりで、ほかの巡査はみな「知らない」と証言している。もしも裏付けのない大森証言が採用されなければ、赤旗事件全体がくずれてしまうばかりか、逆に警官隊の暴行が職権乱用罪にかわっていく。この弱点を一番よく知っているはずの立会検事が、ドイツ仕込みの法理論をふりかざしたのも、ここを先途と必死の防戦につとめていたわけである。

「あとで多数の巡査のために拘引されたが、被告らが当初、巡査の法律行為を妨害して、高商前までひきずっていったのは事実で、明らかに官吏抗拒罪が成立する。彼らは、手を出さぬとか、腕力でやらぬとかいうが、巡査の行為を不法行為だとののしった言葉の反面は、彼らが抗拒したという事実を暗黙のうちに自認したのと同じことである」

さらに古賀検事は、横山証人の敗北がよほどくやしかったのであろう。神川マツ子が巡査と被告のあいだを仲裁したという陳述をとりあげ、「法律の執行をしている執行官に対して仲裁できる理由がない」と、キメつけておいて、最後の求刑にはいった。

「これを要するに、主観的、また客観的に観察しても、被告らの罪は、予審終結決定書に記載された罪状に相当するものといわなければならない。ことに被告らは、あくまでも現代の制度と戦い、主義を実行しようとしているのだから、累犯《るいはん》の危険性がすこぶる高い。これをすてておくと、現代の社会に一大害悪をながす恐れがあるので、よろしく今において厳罰を加え、法律のゆるすかぎりの極刑に処せられんことを希望する」

これで攻撃精神にもえた検事論告が終り、島田裁判長が一時休憩を宣した。

■制服をきた暴漢

午後再開された法廷は、四名の婦人被告を守る弁護人の弁論の舞台であった。

「本件はしごく簡単である。証人によばれた警官が、自分のことさえハッキリいえない始末だから、判官《はんがん》諸公は、直接事件に関係した被告の言を信じて裁判するよりほかに方法があるまい。本件の四婦人が問題の赤旗の持込み・奪合いになんら援助をあたえた事実がないのに、あいまいな警官の証言を根拠として、判事が予審を終結・決定したのは、弁護人として遺憾である」

さいしょに立った弁護士井本常作は、右の冒頭陳述からはいって、担当した小暮れい子・大須賀さと子・神川マツ子・管野幽月ら四被告の無罪をそれぞれ主張し、「被告らが巡査に対して、口頭で二、三反抗的言辞《げんじ》をはいたことがあったにせよ、暴力で反抗したのでないかぎり、官吏抗拒ということができない。公平な裁判によって、無罪の判決を期待する」とむすんだ。

あとをうけた弁護士卜部喜太郎は、個々の被告の弁護よりも、集中的に赤旗事件の犯罪構成の法律的弱点をつく作戦があたり、正面のひな壇にならぶ裁判官は別として、被告と傍聴人にふかい感銘をあたえながら、強力な論陣を展開していった。

「本件は、社会党員と巡査の旗取りにはじまって、また旗取りに終ったしごく簡単な事件である。問題になった赤旗の掲揚に対して、被告らは禁止命令が出なかったというし、証人の巡査十三名も禁止命令を知らなかったと証言している。ただひとり大森巡査部長だけが、禁止命令を出したというが、真疑のほどはうたがわしい。先刻証人に喚問された横山巡査は、とにかく神田署を代表して出廷したのだろうが、予審廷とまったくちがった、あいまいな証言をしていた。ほかの十三名の巡査をよんでみても、十三名の横山巡査が不得要領《ふとくようりょう》（※要領をえない。真意がどこにあるのかまったくつかめない）な証言をするのと同じことだから、予審の決定書の文章がどんなにうまく書いてあろうが、ぜんぜん虚偽の証言というほかはない。虚偽の証言をもって被告の罪を裁判することができないのは、自明の理である」

ついで、治安警察法違反の手続問題に論及して、明快な論断を下した。

「しかし、一歩ゆずって、あとから禁止命令が出たものと仮定して考えてみても、元来治安警察法第十六条の命令を出して、もし被告らがしたがわなかったときは、警官がすぐ同法第二十九条によってすぐ捕縛・拘引すれば、それで十分。警官がなにを好んで子どもの運動会のように旗取りなどをする必要があろうか。第一、警官には旗をとりあげる権利がないのである」

治安警察法の第十六条とは、「街頭其ノ他公衆ノ自由ニ交通スルコトヲ得ル場所ニ於テ、文書・図書・詩歌ノ掲示・頒布・朗読又ハ放吟《ほうぎん》又ハ言語・形容其ノ他ノ作為ヲ為シ、其ノ状況安寧《あんねい》・秩序ヲ紊《みだ》シ、若《もし》クハ風俗ヲ害スルノ虞《おそれ》アリト認ムルトキハ、警察官ニ於テ禁止ヲ命スルコトヲ得」という警官万能の規定であるが、赤旗類をとりあげる権限はあたえていない。

禁止命令にしたがわなかった場合の第二十九条は、「第十六条ノ禁止ノ命令ニ違背《いはい》（※そむくこと）シタル者ハ、一か月以下ノ『軽禁錮』又ハ二十円以下ノ罰金ニ処ス」という処罰規定で、ごくかるい軽犯罪程度のものにすぎなかった。

赤旗事件の大杉栄・荒畑寒村らが、赤旗をひるがえし、革命歌をうたいながら、街頭示威にうつろうとしていたのは事実であるが、禁止命令を出したのか出さなかったのか、誰にもわからないような状況下で、警官隊が第十六条の権限をのりこえて、イキナリ赤旗にとびかかって押収しようとしたところに、官憲の不法行為があり、衝突と混乱の原因があった。

この赤旗を警官隊にとられまいとしたり、とりかえそうとして、街頭でもみあった行為が、いつのまにか公務執行妨害となり、刑法第九十五条の「公務員ノ職務ヲ執行スルニ当り、之ニ対シテ暴行又ハ脅迫ヲ加ヘタル者ハ、三年以下ノ懲役又ハ禁錮ニ処ス」という官吏抗拒罪にひっかけられたのである。

しかし、赤旗事件の大乱闘をうんだそもそもの原因までさかのぼれば、その動機をつくった挑戦者のがわに、警官隊の権限をこえた不法行為に責任があった、といわなければならない。

卜部弁護士は、たくみな比喩《ひゆ》でこの警官隊の不法行為をとりあげて、全被告の無罪を主張していた。

「とにかく被告らが錦輝館の門を出ると、巡査のような帽子をかぶり、巡査のような制服をつけ、巡査のようなサーベルをつるした一隊の暴漢が突然あらわれて、イキナリ被告らの持っていた赤旗を奪取しようとした。おどろいた被告らは、旗をとられまいとして極力争ったが、多勢に無勢で警察署へついにひきずっていかれたとしたら、そして、被告らが監獄に投げこまれたとしたら、はなはだ奇怪千万な出来事ではないか。しかも、本件は、このような次第でつくりあげられたのである。ただ行政法によって、旗を一時あずかることはできるが、本件のような場合ではない。しかも、実際に旗をうばいとろうとしたのは、行政官庁でもない、行政官でもない、一大森某およびその他の十数名だったではないか。もしかりに被告らが、赤旗の代りに数百円の金子《きんす》（※貨幣。金銭）を持っていたとしたら、そして、警官の服装をした一隊の暴漢がこれを奪取しようとした場合だったら、事件はどんな成り行きを示すだろうか」

法律の正しい執行から逸脱した警官隊のおそろしさは、暴力団にまさるともおとるものではない。

「こうしてみると、十数名の警官の行為は、不法行為である。もちろん、被告らがこれに対して防衛したところで、官吏抗拒罪の成立する理由がない。曲《きょく》（※正しくない）は警官にあって被告らにないからである。本弁護人は、以上の理由をのべて、被告の全部に無罪の決があたえられることを希望する」

卜部弁護士の弁論は、まだ終らなかった。こんどは、検事席に向って、

「最後に、検事閣下は、社会主義者は累犯の恐れがあるから、厳罰に処せよとのことであったが、法律は一視《いっし》同仁《どうじん》（※すべての人を平等に待遇する）で、罪のない者を罪に落すことはできない。判官諸公には、十分冷静なご判断を乞うものである。ただいたずらに主義者を牢獄に投じて、彼らを鎮圧したと思うのは、たいへんな誤解であって、むしろ笑うべき姑息《こそく》な社会主義取締法というのそしりをまぬがれない」

胸のスーッとするような弁論であった。もともと卜部弁護士は、社会主義の同情者ではなかったが、官憲の不法行為と虚偽の証言によって、社会主義者の犯罪を故意に製造していく国家権力のあり方に憤慨して、基本人権と社会正義を守る法律家の立場から、すすんで弁護をひきうけ、裁判ずれした新聞記者に「近来の大弁論」といわせたほどの法廷感動をよびおこしたのである。

■山県系の一派が

卜部弁護士のあとをうけた堺枯川が、裁判長の指名で立ちあがった。弁護人を必要としなかった男性被告の自己弁論である。

「検事の論告によれば、厳罰に処せよとの請求であったが、もし社会主義者なるが故に罰せられていいものなら、被告らは甘んじて刑に服していい。だが、法律には『社会主義者となるものは罰すべし』という明文を見うけない。理由なく、いたずらに厳罰に処せよとは奇怪至極、お笑い草ではないか。検事は赤旗の『無政府』という文字にだけ重きをおいて、文字の内容についてはすこしも聞かなかった。内容をヌキにして、ただ厳罰に処せよだけでは、不条理千万である」

文学に明るい枯川は、「内容ヌキで『無政府主義』という言葉を処罰するつもりなら、日本の文壇にはいってきた無政府主義思想のニイチェやトルストイまで処罰しなければならないことになるだろう」と、文学を楯《たて》にとって、思想弾圧の鋒先《ほこさき》と戦っていた。

「もし単に旗をひるがえしただけで治安に害ありというのなら、あの広告隊のかかげるライオン歯磨の旗も、クラブ洗粉の旗も、治安に害がある。警官はこれらの広告隊とも衝突しなければならないことになる。あるいは思う、今回のことは、山県系の一派が西園寺内閣に対する……」

外界との接触を一切遮断されていても、枯川は、そのおどろくべき洞察力をもって、弾圧の原因と本質をりっぱに見ぬいていたのである。

このとき、古賀検事があわてふためいて立ちあがった。

「被告！　そんなことは、本件になんら関係がない。もしそんな弁論をつづけるのなら、憲法の条文によって、公開禁止を要求する」

島田裁判長も、検事の異議申し立てをとりあげて、被告の陳述をおさえた。

「そんなことにふれないほうがいい。でなければ、やむなく公開の禁止を宣言しなくてはならない」

むろん、ここは演説会場ではない。が、西園寺内閣の政変にまで発展した軍閥山県系一派の策動と、社会主義者を一網打尽にした赤旗事件とのあいだに、関連性があったか、どうか。警察の検挙と検事の起訴に、鎮圧的な意図があったか、どうか。法廷は、赤旗事件の発生原因と犯罪構成の真実を明らかにする責任があると思われたのに、裁判長が検事に協力して、被告枯川の口を封じ、天皇制国家権力の実態にふれることをゆるさず、くさいものにフタをしてしまったのである。

しかし、法廷戦術になれた枯川は、すこしもひるまず、たくみに論鋒《ろんぽう》を一転して、天皇制国家の警察機関に攻撃を向けていった。

「判官諸公、警察官の証言の信用できないことは、一々数えきれないが、予審廷にタタミ針を証拠品に持ちだしてきて、『これでわれわれをついた』と捏造《ねつぞう》的な証言をのべている。考えてみると、このタタミ針にしても、騒擾ののち数千の群集のうち、誰か一人が落したのをひろってきて、われわれに罪をなすりつけようとしたのである。要するに、警官は、被告に利益のある事実を一言もしゃべらない。人をおとしいれる材料ならば、片言隻語《へんげんせきご》（話のはしばしのちょっとした表現）をひろいあつめてきて、不利な証言をデッチあげようとした証跡《しょうせき》（※証拠となる形跡）が歴然としている」

しかし、枯川は、国民の生命・財産の安全を守る警官を頭ごなしに非難しているのではなかった。

「われわれは、かならずしも巡査を敵視するものではない。彼らもまた薄給にあまんずる労働者だから、巡査もわれわれもともに平民階級であって、われわれの味方ではあるけれども、あまり道理をわきまえないで、いたずらに政府の代表者になって、権力を乱用するようであっては、断じてその罪をゆるすことができない。あくまで彼らの陋劣《ろうれつ》（※いやしく劣っている）な心事と卑屈な行為を攻撃しなければならない」

満場が水を打ったようにシーンとしずまりかえっていた。警官をさばいた枯川は、こんどは古賀検事の論告を槍玉《やりだま》にあげて、

「検事。私が赤旗の製作や持込みに関係したようなことを論告されたのは、いかにもコジツケである。『革命』という旗は、私の家に保存してあった由緒のある赤旗だといわれたが、私はあの旗の製作にさえ関係していない。もし由緒があるとすれば、六歳になる愛児の真柄《まがら》が、いつも大道を持ってあるいて、なんら故障なく警官の前を通過していた、という由緒があるだけのことである」

この枯川の痛烈な皮肉は、いかなる刃物よりもするどく、立会検事の心をえぐったであろう。

「さきほど検事は、神川マツ子君に、巡査と被告のあいだを仲裁できる理由がない、仲裁と称して赤旗をうばいとったのだろう、と論告されたが、実際仲裁ということは、今日までしばしばおこなわれている。げんに山口《やまぐち》孤剣《こけん》君を上野停車場に出迎えたときも、大騒動がおこったのを石川三四郎《いしかわさんしろう》君が、警官と同志のあいだにはいって、たえず仲裁していたのは、たしかな事実である。またわ

れわれが神田署に拘引された晩なども、わが党の士が警官に対して不平を訴えて大騒ぎになり、持てあました警官が、とうとう私に頭をさげて、同志をなだめ、騒ぎをしずめてくれと頼みにきたので、やっとあの騒ぎがしずまったではないか。検事はこのような事実があるにもかかわらず、なおかつ同志と官吏とのあいだに、仲裁の不可能をいい立てる勇気があるか」

結論を出すときがきた。枯川は、しりめつれつな警官たちの証言によって、犯罪者にされることの不当を鳴らして、

「こんなでたらめな巡査の証言によって裁判をされるのでは、日本裁判所の裁判をうけているような心地がしない。まるで警察署という名の裁判所で、下級警察官の裁判をうけているような感じである」

と、天皇制警察国家の本質を喝破《かっぱ》したのは、同時にまた、行政権の圧迫をうけて独立性をうしなってきた裁判所のみじめさを痛烈に批判したものである。

「要するに、われわれには、なんの罪もない。完全に無罪である」

権威をはばからぬ枯川の大胆な弁論に、満員の傍聴人は手に汗をにぎりしめていた。法廷の空気が異常な熱気をおびていたのも、酷暑のせいばかりではなかった。

■これで一段落だ

赤旗事件の判決言渡しは、八月二十九日、元の東京地方裁判所第二号法廷でおこなわれることになっていた。

予定の午前九時をすぎても、なかなか開廷の運びにならない。傍聴席は相かわらず満員の盛況であるが、今までになく多数の廷丁がくりだされて、厳重な警戒にあたっている。そのものものしい空気のなかに、早くも「有罪判決」の予感がただよっていた。

被告席の十四名は、元気がいい。傍聴席を向いて、顔見知りの誰彼れに笑顔の挨拶を送ったり、かたわらの同志と小声で話しこんだりしている。退屈な時間をしのいでいるようでもあり、判決の不安を押し殺しているようでもあった。

午前十一時、やっと島田裁判長があらわれて席につき、判決文の朗読にはいったが、どうしたわけか、熟練者にも似ず、態度に落ちつきがなかった。判決文を持った手がふるえているので、被告席の寒村たちが「見ろよ、裁判長がふるえているぜ」と、軽蔑した調子でささやきあっていた。ある新聞の切抜き（紙名不詳）も「蛇の如き執《しつ》拗《よう》の眼光《まなざし》で凝視《みつむ》る被告等に稍《や》や気遅れしたか、少しく狼《ろう》狽《ばい》気味にて」と書かれたほどで、裁判長のビクビクした

様子が、周囲に奇異の感をあたえ、裁判官がよく口にする法廷の威厳なるものをみずからそこねていたらしいのである。

主　文

被告大杉栄ヲ重禁錮二年六月ニ処シ罰金二十五円ヲ附加ス　但シ前発罪ノ刑重禁錮一年六月ヲ通算ス

被告堺利彦及《および》森岡永治ヲ各重禁錮二年ニ処シ罰金二十円ヲ附加ス

被告荒畑勝三及宇都宮卓爾ヲ各重禁錮一年六月ニ処シ罰金十五円ヲ附加ス

被告百瀬晋・村木源次郎及佐藤悟ヲ各重禁錮一年ニ処シ罰金十円ヲ附加ス

被告徳永保之助及小暮れいヲ各重禁錮一年ニ処シ罰金十円ヲ附加ス　但シ五年間刑ノ執行ヲ猶予《ゆうよ》ス

被告山川均・大須賀さと・及木暮れいハ治安警察法違反被告事件ニ付《つき》孰《いず》レモ無罪

被告神川マツ及管野スガハ各無罪

被告山川均ヲ重禁錮二年ニ処ス

被告大須賀さとヲ懲役一年ニ処ス　但シ五年間刑の執行ヲ猶予ス

判決の主文につづけて島田裁判長は理由書を読みあげていたが、被告席がザワザワして、まるで聞きとれない。神川マツ子と管野幽月の二人だけが無罪。小暮れい子と徳永保之助、大須賀さと子が執行猶予付。真先にあばれた大杉栄は、先頭罪で一番量刑がおもかったが、前発罪（電車焼打事件の兇徒《きょうと》聚集罪《しゅうしゅうざい》）の一年六月が通算されて、実質は一年延長のようなことであった。

半年前の屋上演説事件は、一月半ないし一月の刑ですんでいる。こんどの赤旗事件も、枯川らは「二、三ヵ月避暑にでもいくつもりで」と、あまく考えていたらしいが、蓋《ふた》をあけてみたら、意外なほど重い判決が出てきて、被告たちの脳天をガーンとたたきつけたのである。

判決の言渡しが終ると、島田裁判長はソソクサと立って、退廷しかけたが、被告席から「裁判長！」という寒村の怒声が、カンシャク玉のようにとんだ。

「裁判長！　神聖なる当法廷において、弱者が強者のために圧迫された事実が、明瞭《めいりょう》となったことを感謝します。いずれ出獄の上お礼をいたします」

無礼な発言である。だが、この寒村の抗議は暴力団のお礼参りと同じ性質のものなのであろうか。

ついで大杉栄も、「裁判長！」とよびかけたが、感情が激しすぎて言葉にならない。

おどろいた裁判長は、額に手をあてて、
「今日は判決を言い渡したまでのことだ。不服があるなら、控訴するがよい」
といいのこして退廷を急いだ。大杉が「ム、ム、無政府党万歳」と、どもりながらさけべば、他の被告も「無政府党万歳」を連呼して、不当な判決に対する不満と憤激の爆発が、法廷で連鎖反応をおこしていた。

そのあいだに、判・検事がドアの向うへ姿をけした。付添の看守は、被告があばれだすと困ると思ったのか、すぐに手錠をかけてしまった。不敬罪のくっついた佐藤悟が、ドラ声をはりあげて、「これがいわゆる法律だ。われわれは、ただ実行！　実行！」とどなりあげた。大杉栄の豪傑笑いと山川均のさびしげな笑い。看守に追い立てられながら、「ああ、革命は近づけり」と、被告たちのうたう革命歌の合唱が法廷の廊下を渦巻いている。退廷していく堺枯川が新聞記者席の前にさしかかったとき、毎回傍聴にきている盟友の幸徳秋水とたがいに顔を見合わせて、思わず苦笑いした。

まったくひどい判決である。管野スガ子、神川マツ子の二人は無罪、徳永保之助、木暮れい子の二人は執行猶予付きだが、予想したよりもはるかに重い刑罰であった。判決文には、三人の判事、島田鉄吾・竹田孝太郎・宮城長五郎と裁判所書記の市橋敏雄が署名していたが、この不当判決の疑問をとくには、開廷の時刻が予定より二間遅れたことと、さきほど記者をふしぎがらせた宣告態度の動揺をもう一度思いだしてみる必要があるのではないか。

「島田裁判長は何故《なにゆえ》にや、有罪宣告に付き胸中穏かならざる者の如く、法廷列席の際より挙止例ならず見受けしが、判決文を読み上ぐるに至っては、手戦《おのの》き声慄《ふる》ひ、顔色蒼白《そうはく》、片手に前額を押へながら、漸《ようや》くにして宣告を了《りょう》せり」

秋水の同志、竹内善朔旧蔵の「赤旗事件スクラップ」中新聞切抜き（明治四一年八月三〇日か、紙名不詳）に、半狂人のようにとりみだした島田裁判長の姿が描写されている。これは、ただごとでない。

むろん、赤旗事件被告の勇敢に戦った法廷闘争の圧力も影響していたであろうが、そればかりではない。法服の任務と判事の良心のあいだにはさまれた島田裁判長が、内面の矛盾に苦しみながら、裁判長の立場上、自信のない判決を強制したためにおこった態度の動揺と精神の苦悩、という印象をうけとるのである。

たしかに三本の赤旗をめぐって、争奪と乱闘の事実はあった。しかし、純法律的に見ると、警官の証言はアイマイで分裂しているし、証拠というほどのものもない。有罪にするか。無罪にするか。卜部弁護士や堺被告の弁論にも一理があるし、三人の判事の意見がなかなか一致しなかった。

結局のところ、被告の有罪と重刑を決定したのは、公判廷の結論というよりも、上部機関の大審院長を通じて伝達されてきたと思われる社会主義者の厳罰方針ではなかったのか。

陛下の官吏として、この天皇制国家権力の最高意志にさからうことはできないにせよ、その範囲でなしうる量刑の軽重や無罪者の増減について、三人の判事のあいだで、まだ論争がつづいていた。開廷の予定時刻がかなりおくれたのも、おそらく最後まで完全な意見の統一が見られなかったからであろう。

もはやこれ以上開廷が延期できないというギリギリの事情におされて、仕方なく島田判事は裁判長席についたものの、自信の欠除、良心の呵責《かしゃく》が、あの判決態度の見苦しい動揺と混乱をうむ原因になっていたと推定されるのである。

こう考えてくると、赤旗事件の法廷には、社会主義鎮圧体制下におかれた裁判官のかすかな良心のひらめきがまだあった。しかし、それが二年後の大逆事件の法廷になると、鶴裁判長の態度は淡々として、能面のように無表情で、むしろ冷酷そのものでさえあった。

八月十四日に上京して以来、赤旗事件の公判にかよいつめていた幸徳秋水は、この判決の日の感想を『熊本評論』(明治四一年九月二〇日号)に発表して、全国の同志に訴えている。

「八月二十九日の午前、赤旗事件の処刑宣告せらるるや、『無政府党万歳』の三唱は、満廷を震撼《しんかん》して、十四名の被告が続々廷外に拉《らっ》し去らるる時、赤衣の堺利彦は、新聞記者席に座せる余の前を過ぎ、相見て共に苦笑した。余は小声に『身体を大切にせよ』と告げると、彼れは大声に『これで運動も先づ一段落だ』と答へた」

まさしく一段落である。

「然《しか》り、我党の運動は、是《こ》れで一段落を画するのだ。此《この》処刑と共に、今まで最も活溌に、最も有力に働いて居た同志は、永らく獄中に鎖《とざ》される。一切の集会・演説は出来なくなる。通信・伝道の用に供する新聞・雑誌は、一つも存在しなくなる。即ち、従来の『社会主義運動』なる者は、今回の『無政府共産』の赤旗出現を一期《いちご》として、全く国内に其迹《そのあと》を絶ち、資本家政府は、天下太平・国土安穏を謳歌《おうか》するのだ」

秋水の指摘するとおり、赤旗事件の判決は、社会主義鎮圧体制の確立を意味するものであった。

「併《しか》し、一個の段落は、全部の文章の終りでない。一段落の終るのは、一層強い、一層深い、一層大きな、一層波瀾《はらん》ある他の段落を出《いだ》さんが為めではない乎《か》。知らず、資本家政府の謳歌は、果して何時《いつ》まで続くであらう乎。余は、我が運動と熊本評論が両《ふた》つながら、茲《ここ》に一段落を画するのを見て、唯《た》だ我が友堺と共に一番の苦笑を発するに止めて置く」

必要なのは、報復であり、反撃である。言外の天皇をふくめて、資本家政府に枕を高くして寝ることをゆるさない、と大見得をきりたいところを、さすがに秋水の文章は、感情の露出をきらい、苦笑のブレーキをかけていた。

しかし、とおくは『ライン新聞』の先例にならい、近くは週刊『平民新聞』の自爆をまねて、全紙を赤刷にした『熊本評論』終刊号の紙面で読むと、インクの色の反射のせいか、この革命家の眼が赤く充血したような凄愴《せいそう》感のみなぎっていることにおどろく。

赤旗事件の段落は、これで終った。だが、四面楚歌のなかで、「一層強い、一層深い、一層大きな、一層波瀾ある他の段落」をつくりだそうとした秋水の孤軍奮闘も、労働者宮下太吉《みやしたたきち》の天皇暗殺計画がわざわいして、ともども絞首台の階段下に追いこまれるような羽目《はめ》におちいってしまった。

そして、一代の革命家幸徳秋水は、明治天皇の恐怖の幻影の犠牲となって、計十二名の死刑囚とともに、大逆事件という日本歴史の大段落をみずからの血文字で色どったのである。

大逆事件略年表

神崎清・大野みち代共編

明治三八年（一九〇五）

一一月一四日　幸徳秋水、「天皇の毒手」をのがれて、横浜から伊予丸に乗船して渡米。二九日シアトル着。

一二月五日　幸徳、サンフランシスコ着。岩佐作太郎・倉持善三郎・岡繁樹、かねて文通のあった無政府主義者アルバート・ジョンソンらに迎えられて平民社桑港支部に着く。フリッチ夫人に紹介される。

一二月九日　幸徳、邦字新聞『日米』、『新世界』両新聞記者の晩餐会に招待される。

一二月一四日　幸徳、エイテル方の社会党小集会に出席。ハワード街のアメリカ社会党桑港本部を訪ねて入党の手続をとる。

一二月二三日　幸徳を訪ねて、フリッチ夫人治者暗殺のことを論ず。

一二月二六日　帰国前の片山潜が幸徳を訪ねる。

明治三九年（一九〇六）

一月一一日　幸徳、『日米』に「日米関係の将来」を発表して、日米戦争の不可避性を警告し、日本の敗戦を予言、戦争抑止のために両国労働者階級の平和連帯を説く。

一月一四日　幸徳、サンフランシスコ日本人福音会で、第一回日本人社会主義研究会開催。

一月二一日　幸徳、オークランドのメール・ホールにおけるロシア革命「赤色日曜」記念集会で「同胞の革命は世界革命の先鋒なり」と露国革命を助けるために全力を尽くすべき旨を講演する。

一月二二日　幸徳、サンフランシスコのリリック・ホールで、ロシア革命同情会に出席、ロシア革命支持演説をする。

二月一一日　幸徳、第二回社会主義研究会に出席。

二月一九日　幸徳、米国社会労働党本部を訪問。

二月二四日　西川光次郎らの「日本平民党」は堺利彦らの「日本社会党」に合同、「日本社会党」結成。

三月二〇日　幸徳、『光』にロシア革命を讃美した「一波万波」を発表。

四月七日　幸徳、オークランドで社会主義研究会開催。

四月一八日　幸徳、サンフランシスコ大震火災にあい、その様相を資本主義滅亡の劫火とみる。

五月二〇日　幸徳、『光』に地震の見聞を「無政府共産制の実現」という題で通信。

六月一日　オークランド、テレグラフ街の社会党本部で、竹内鉄五郎・小成田恒郎・岩佐作太郎・倉持善三郎ら在米同志五〇名が集って「社会革命党」の結党式をあげる。幸徳はその宣言・綱領・党則を執筆。
六月五日　幸徳、サンフランシスコから香港丸で、帰国の途につく。二三日横浜着。
六月二八日　幸徳、日本社会党の歓迎演説会で「世界革命運動の潮流」という演題で暗殺を否定し、ゼネラル・ストライキの必要を説く。
七月四日　幸徳、妻千代子と共に帰省の途につき、七日高知県宿毛着。九月七日東京に帰る。
一二月二〇日　在米日本人の「社会革命党」はバークレーにおいて『革命』誌発刊。第一号の「カリフォルニヤにおける日本社会党の運動」の記事の中でミカド・王・大統領の顚覆を暗殺の煽動と曲解されて問題となる。いわゆる「革命事件」。

明治四〇年（一九〇七）

一月四日　『革命』、国内で発禁。
一月一五日　日刊『平民新聞』発刊。
二月四日　足尾銅山坑夫暴動。
二月五日　幸徳、日刊『平民新聞』に「予が思想の変化」を公表。
二月七、八日　幸徳、足尾事件に関連して家宅捜索を受ける。
二月一〇日　幸徳、『革命』一二号に論説「革命」掲載。
二月一七日　日本社会党第二回大会において幸徳の直接行動論と田添鉄二の議会政策論との論争。
二月二二日　日本社会党結社禁止。
四月一四日　日刊『平民新聞』発行停止命令により七五号で終刊。
四月二五日　赤い表紙の『平民主義』隆文舘から発刊。即日発禁。
五月八日　幸徳、〝Social General Strike〟訳了。
六月一日　森近、『大阪平民新聞』発刊。のち『日本平民新聞』と改題。直接行動派の全国機関誌となる。
六月二日　片山、西川ら週刊『社会新開』発刊。社会主義者硬軟両派の対立がこの頃より激化する。
六月二〇日　九州で、松尾卯一太・新美卯一郎ら『熊本評論』発刊。
七月　岡林寅松・小松丑治、「神戸平民倶楽部」をつくる。
八月一日―一〇日　社会主義夏期講習会を東京で開催。新村忠雄ら参加。
八月一九日　イギリス独立労働党のケア・ハーディ来日。

幸徳、堺らと交流。
八月三一日　牛込清風亭で清国留学生を中心とした社会主義講習会で幸徳講演（アモイの『衡報』、パリの『新世紀』に発表されている）。中国人張継ら参加。
八月三一日　片山・田添ら議会政策派は「社会主義同志会」を結成。
九月六日　堺・幸徳・山川均ら直接行動派は「金曜会」を結成して講演会をつづける。
一〇月二七日　幸徳離京。一一月二四日高知県中村町着。
一一月三日　サンフランシスコで『暗殺主義』（ザ・テロリズム）一巻一号として「日本皇帝睦仁君に与ふ」という公開状が無政府党暗殺主義者の名で配布される。日本へも密送される。「天長節不敬事件」。
一一月三日　幸徳、帰郷の途中、大阪平民社の歓迎会に立寄る。森近運平・武田九平・小松丑治ら参加。
一一月八日　東京帝大教授高橋作衛博士、外務省顧問としてサンフランシスコに到着、滞在中、領事館スパイ川崎巳之太郎・巽鉄男と接触、ザ・テロリズム事件の情報を同僚穂積陳重博士に送る。同博士が弟八束博士を通じて元老山県有朋にとどけた結果、宮中密奏、倒閣手段に利用される。いわゆる「在米国某氏書翰」
一二月一三日　宮下太吉、亀崎から出張の途次、大阪平民社へ森近を訪問して、森近から天皇制の虚構をはじめて聞く。
一二月　幸徳、ロラーの〝Social General Strike〟を『経済組織の未来』と題して金曜社から秘密出版。

明治四一年（一九〇八）

一月一日　幸徳、『日本平民新聞』に、一一月三日の「天長節不敬事件」を報道。
一月一四日　西園寺首相、山県有朋からの在米社会主義者取締り強化の資料送付と申入れに回答。
一月一七日　金曜会屋上演説事件。
一月一八日　宮下、亀崎での友愛義団の演説会のあと片山潜に天皇制の問題を持ち出して意見を求めたが片山の回答に満足せず。
二月一日　宮下は、出張の途次大阪で森近に普通選挙と直接行動について質問する、『将来の経済組織』を借りる。
三月五日　幸徳、『日本平民新聞』に「牢獄哲学」を発表。
四月一二日　地方官会議の最終日にあたり、原内相は秘密会を開いて社会党取締り、風俗上の取締りについて内訓。
五月五日　『日本平民新聞』二三号で弾圧のため廃刊。

附録「農民のめざまし」発行、禁止。
五月一五日　新村忠雄ら『東北評論』発刊、発禁。
五月二二日　大阪平民社解散。
五月二六日　森近、中村町へ幸徳を訪ね、今後の運動方針について相談。
五月二九日　中村町で幸徳ら社会主義演説会を開いて弾圧される。
六月一〇日　幸徳、新美卯一郎からの質問に答えて、無政府共産の革命思想について返書を送る。
六月二二日　神田の錦輝館で、各派合同の山口孤剣出獄歓迎会。いわゆる赤旗事件の挑発により、堺枯川・山川均・大杉栄・荒畑寒村・管野幽月ら一四名投獄。
六月二三日　原内相、宮中に参内して徳大寺侍従長の内話により、山県密奏の事実と、明治天皇に「何んとか特別に厳重なる取締りもありたきものなり」という思召し（鎮圧要求）のあることを知っておどろく。
六月二五日　原内相、明治天皇に社会主義取締り対策について上奏。
六月二六日　元老山県、明治天皇にふたたび密奏。
六月二九日　原内相ら、赤旗事件被告を収容中の神田警察署留置場の壁に「一刀両断天王首」ときざんだ落書の不敬事件の厳重処分を決定。
七月四日　第一次西園寺内閣総辞職。
七月一一日　佐藤悟、落書犯人として不敬罪で起訴され、東京地裁で重禁錮三年九月、罰金一五〇円、監視六月の判決。二二日控訴棄却。
七月一四日　第二次桂内閣成立。内相に官僚派の平田東助、警保局長に三重県知事の有松英義を起用。
七月二一日　幸徳、クロポトキン『麺麭の略取』の訳稿をたずさえて上京。
七月二五日～八月八日　幸徳、和歌山県新宮町に医師大石誠之助を訪ねる。高木顕明・峯尾節堂・成石平四郎・崎久保誓一らの訪問をうける。大石らと熊野川に舟遊びをし、その時大石に爆弾の製法を聞く。鳥羽・二見浦・伊勢神宮・名古屋を経由して上京。
八月一二日　箱根に内山愚童を訪問。
八月一四日　東京着。柏木九二六に居住（平民社）。
八月一五日　赤旗事件の公判開廷。幸徳、傍聴席に姿をあらわす。
八月二九日　赤旗事件の判決。官吏抗拒罪および治安警察法違反として、堺枯川・大杉栄ら十名に重禁錮二年六か月、二年、一年六か月、一年と罰金刑を併課。徳永保之助ら三名は執行猶予付。管野幽月・神川マツ子だけが無罪。

九月二三日　森近上京。平民社に同居。
九月三〇日　内山、印刷機購入のため上京。幸徳に「収用」の意味を聞く。
九月三十一日　平民社、巣鴨二〇四〇番地に移転。森近・坂本同居。
一〇月末　内山、『入獄記念 無政府共産』（小作人はなぜ苦しいか）を秘密出版。平民新聞の読者名簿によって発送。
一一月三日　宮下、『入獄記念 無政府共産』のリーフレットを送られる。
一一月一〇日　宮下、東海道線大府駅を通過する明治天皇のお召列車拝観のため集まった群衆に『無政府共産』を配布。日本で初めて反天皇制の革命宣伝を公然と行う。
一一月一〇日　大石出京。
一一月一九日　大石、平民社を訪問、パリ・コンミュンの暴動、一夜にして天下をとる法など、幸徳の革命放談を聞く。二十二日まで滞在。のちに天皇暗殺の共同謀議と曲解される。
一一月二十五日　松尾卯一太、平民社を訪問して新聞の再刊計画を相談。
一一月二六日　森近、平民社の近くに一戸を借り、妻繁子と同居。
一一月二八日　新村、『東北評論』の署名人として逮捕、禁錮二か月。
一二月一日　大石、東京からの帰途、大阪の村上旅館で、武田九平・三浦安太郎・岡本穎一郎らと茶話会を開く。東京のみやげ話。

明治四二年（一九〇九）

一月一四日　内山、上京して幸徳を訪問。『エキザミナー』紙の切抜き「花束仕掛と時計仕掛けの爆弾の図」を見る。
一月一五日　幸徳の妻千代子上京、平民社に同居。
一月二二日　大石、新宮の自宅に旧正月の年始客として、成石・崎久保・峯尾・高木らを招く。東京のみやげ話。
一月三〇日　予約募集『麺麭の略取』。平民社訳としてこの日の日付で発行届出。発禁。署名人の坂本清馬に罰金三〇円。
二月五日　新村、出獄後上京して幸徳を訪ね、平民社に同居。
二月一三日　宮下、上京して幸徳を訪う。森近をも訪ねて、迷信打破のために天皇暗殺の決意を語る。両名とも賛成せず。

二月二八日　坂本、管野の問題で幸徳と衝突し、平民社をとびだす。
三月一日　幸徳、妻千代子と協議離婚、毎月十二円の送金を約束。
三月一〇日　松尾、『平民評論』を熊本で発刊。発禁。
三月一八日　平民社、千駄ケ谷九〇三に移転。
三月二九日　新村、紀州の大石方へ出立。薬局生となる。
五月二一日　内山、越前の永平寺へ向う途中、大阪の平民倶楽部で三浦安太郎・武田九平らと会談。
五月二二日　内山、神戸の海民病院に岡林寅松・小松丑治を訪問、爆烈弾の製法を尋ねる。
五月二五日　幸徳、管野と共に発禁覚悟で『自由思想』を創刊。連続発禁のため二号で廃刊。
五月二九日　内山、国府津駅で出版法違反事件により逮捕、家宅捜索の結果ダイナマイトが発見される。
六月六日　宮下、亀崎より明科製材所に転勤の途中、平民社を訪ね、天皇暗殺計画の実行を語る。幸徳に反応なく、管野に反応あり。一〇日に明科着。
六月二二日　新村、新宮の速玉神社境内で大石・成石・峯尾らと赤旗事件一周年の記念集会をひらく。
六月二五日　宮下、名簿の移送により、長野県社会主義者として松本署明科駐在所の監視下におかれる。
七月一五日　『自由思想』の発禁後頒布の罪により、病床の管野を拘引。
七月一八日　成石兄弟、大石医院を訪ね、爆裂弾材料の鶏冠石・塩素酸加里をもらう。しかし、ワセリン油を入れる不爆発の製法を教えられて、実験に失敗。
七月二一日　成石兄弟、新宮の養老館に大石・新村を招待。泥酔した兄勘三郎、やるべしやるべしと叫ぶ。
八月七日　新村、宮下の依頼により大石医院の通帳で畑村薬店から塩素酸加里一ポンドをとりよせて発送。
八月二〇日　新村、大石医院をやめ三輪崎から葉書を送る。
八月二九日　幸徳が、赤旗事件被告村木源次郎・百瀬晋の出獄歓迎会を平民社でひらく。
九月一日　管野、出版法違反で罰金計四〇〇円の判決。本人の身柄釈放となり、平民社にもどる。その直後、政府の迫害を憤慨した管野・新村が、宮下の天皇暗殺計画に参加することをきめ、幸徳も一時賛成にかたむく。
九月二八日　新村、明科に宮下を訪ね、爆裂弾製造の共同謀議。
一〇月八日　管野、脳充血のため意識不明に陥る。
一〇月上旬　古河力作、平民社で管野、新村より暗殺計画加入の勧誘をうける。
一〇月一二日　宮下、新村善兵衛より送付の薬研を入手。
一〇月二〇日過　奥宮健之、平民社を訪ね幸徳に依頼された自由党式爆裂弾の処方をつたえる。幸徳が加減し、新村から宮下に通報。
一〇月二六日　幸徳、スペインの無政府主義者フェレル博士の死刑に抗議。○安重根、ハルピン駅頭で朝鮮統監伊藤博文を暗殺。
一〇月三〇日　管野、加藤病院に入院。
一一月三日　宮下、明科の大足山中で爆裂弾の試発に成功。平民社に通報したが、応答なし。
一一月三〇日　管野、病気快方に向かい、退院して平民社にもどる。幸徳、生命の尊重を説いて管野に暗殺計画の放棄をすすめる。
一二月七日　奥宮健之と長谷川昌三、正月の餅代かせぎに穏田の行者飯野吉三郎を訪問。幸徳秋水の不穏の計画をにおわせ、調停費として一万円を要求。
一二月八日　飯野、有松警保局長に連絡、局長は金をやらずに情報だけとれと回答。
一二月三十一日　宮下、爆裂弾の材料をカバンに入れて上京、平民社に一泊。

明治四三年（一九一〇）

一月一日　平民社の新年会。幸徳・管野・新村が宮下の持参したブリキの空罐を投げてあそんだが、共同謀議にはいらず。宮下は不満。
一月五日　幸徳、川田倉吉の愛人社新年会のために、勅題「新年雪」のざれ歌を書く。「爆弾の飛ぶよと見てし初夢は千代田の松の雪折れの音」
一月二三日　管野・新村・古河の三名、平民社で御馬車と投弾者の配置図を描き、暗殺の方法を謀議したが、未決定。幸徳を除外。
一月二六日　明科駐在所小野寺巡査、宮下がブリキ罐を注文した聞きこみを松本署長に報告、極秘内偵の指示をうけ、事件発覚の端緒となる。
二月六日　新村、明科に宮下を訪ね、決行の時期について謀議。きまらず。
二月二五日　赤旗事件の荒畑寒村、千葉監獄より満期出獄。
三月二二日　幸徳と管野、友人のすすめにより、千駄ケ谷の平民社をたたんで、湯河原温泉天野屋に投宿。著述の生活にはいる。
四月二三日　宮下、爆裂弾の再実験をもとめた管野の手紙をうけとる。

四月二四日　宮下、部下の新田融にノミトリ粉を入れるためと称して、小さなふたつきブリキ罐の作製をたのむ。

四月二六日　宮下と新村、姨捨山で爆裂弾再実験の場所をさがしたが、見つからず。

五月一日　管野、罰金が支払えず、換金入獄のために上京、千駄ケ谷の増田謹三郎の家に投宿。〇宮下、部下の清水太市郎（工場スパイ）の妻小沢玉江と姦通して、動揺おこる。

五月九日　寒村、ピストルをふところにして湯河原温泉天野屋を訪ねる。幸徳・管野不在のために無事。

五月一四日　新村、明科に宮下を訪ねて動揺を知る。

五月一七日　小野寺巡査、工場スパイ結城三郎よりブリキ罐の情報を入手。〇管野、新村の報告により、暗殺計画の破綻を予感。古河を加えて三人で実行のクジをひく。一番の管野と二番の古河が実行組。新村一泊。

五月一八日　管野、換金刑のため東京監獄に入獄。新村、古河をたずねて、前夜のクジ引をご破算にする。

五月一九日　新田融、料理屋にさそわれ、警察に宮下からブリキ罐製造をたのまれた事実をしゃべる。

五月二〇日　宮下、下宿の家宅捜索でブリキ罐三個発見される。

五月二一日　宮下、清水太市郎をたずね、八日にあずけた白木の箱が爆裂弾の材料であることをつげ、天皇暗殺計画の秘密をあかして、同罪だとおどす。

五月二二日　宮下、清水にだまされて、木箱を工場内の機械場にうつす。〇清水、密告のために西山所長の官舎をたずねたが、不在。〇宮下、清水の妻小沢玉江に馳け落ちをせまってことわられる。

五月二三日　松本署長、宮下のブリキ罐をたずさえて、長野県警察部の指揮をあおぐ。

五月二五日　清水、自宅で警察の取調べをうけて、宮下の暗殺計画をしゃべり、爆裂弾材料をかくした工場内の機械場へ案内、証拠品として押収させる。〇長野県下の警察署長会議に出席した松本・屋代の両署長、長野地裁検事局三家検事正をたずねて、事件処理についての指揮をあおぐ。〇宮下、爆発物取締罰則違反容疑で松本署に連行される。〇新村、自宅から屋代署へ連行される。〇新村善兵衛、弟忠雄の拘引を幸徳・大石に知らせた葉書が押収され、共犯として連行される。〇松本署長、宮下・新村兄弟・新田のほか、幸徳・管野・古河を爆発物取締罰則違反の現行犯と認定。

五月二七日　長野の三家検事正、事件処理のため上京して松室大審院検事総長の指揮をあおぐ。〇東京地裁の小原検事、長野に急行。
五月二十九日　宮下、長野の和田検事と東京の小原検事に、爆製弾の使用目的を自供。
五月三一日　長野の三家検事正、刑法第七三条該当として、事件を検事総長に送致。○松室検事総長、横田大審院長に幸徳ら七名の予審開始を請求。○横田大審院長、予審開始を決定。予審掛に東京地裁の潮判事らを任命。（主任は、末弘大審院判事）○東京の高野検事を新宮に急派。
六月一日　幸徳、湯河原の門川駅前で逮捕。
六月二日　幸徳、潮判事に供述拒否。○管野、武富検事に供述拒否。
六月三日　管野、小原検事に自供。○新宮の大石誠之助ら、家宅捜索をうける。
六月四日　小林検事正、事件の不拡大を声明。
六月五日　有松警保局長、事件の不拡大を声明。○新宮の大石、起訴決定。同日拘引。
六月九日　管野、獄中より針文字の手紙を横山弁護士に送る。
六月一一日　岡山の森近運平、起訴決定。○神戸の小山検事正、大審院検事事務取扱を命じられ、事件の捜査主任となる。
六月一四日　森近、自宅より拘引。
六月二〇日　司法省の首脳会議で、事件の拡大方針を決定。（推定）
六月二六日　紀州の成石平四郎、爆発物取締罰則違反として処分。
六月二七日　奥宮健之の起訴決定。二八日、東京の自宅より拘引。
七月一日　東京の武富検事、紀州田辺に出張。
七月四日　東京の小林検事正・高野検事、応援のため紀州田辺に出張。移動捜査本部を編成。
七月七日　新宮の峯尾節堂・崎久保誓一・高木顕明の起訴決定。
七月一〇日　成石勘三郎の起訴決定。
七月一四日　成石平四郎の起訴決定。
七月二〇日　横浜監獄で服役中の内山愚童を東京監獄に移監して、取調べを開始。
七月二六日　坂本清馬、浮浪罪で芝警察署に拘引。○東京の武富検事、熊本に急派。
七月二七日　平田内相、桂首相にあてて「社会主義に対する愚見」を提出。
八月一二日　熊本の松尾卯一太・新見卯一郎・佐々木道元・飛松與次郎の四名、起訴決定。

八月九日 坂本清馬、起訴決定。

八月二一日 東京の小林検事正・武富検事・小山検事、大阪に出張して、移動捜査本部を編成。

八月二八日 大阪の武田九平・岡本穎一郎・三浦安太郎の三名、起訴決定。

八月二九日 神戸の岡林寅松・小松丑治、起訴処分を保留。○赤旗事件の山川均・森岡、千葉監獄より満期出獄。山川は、三〇日岡山に帰郷。

九月二日 赤旗事件の堺枯川、千葉監獄より東京監獄に移監。二二日に満期出獄。

九月八日 元老山県、渡辺宮相を通じて明治天皇に意見書「社会破壊主義論」を提出。

九月二一日 ロイター通信、天皇暗殺計画の未然発覚を世界各国に報道。

九月二八日 神戸の岡林寅松・小松丑治の二名、起訴決定。

一〇月二一日 松室検事総長と有松警保局長が共同して、予審終結のさい、新聞・雑誌の報道を抑制するための「警告事項」を事前に通牒。

一〇月二七日 内山愚童、起訴決定。被告人二六名となる。○幸徳、今村・花井両弁護士に弁護を依頼。

一一月一日 松室検事総長、全員有罪の「意見書」を横田大審院長に提出。○潮予審判事ら、主任末弘判事の名をかくして、全員有罪の「意見書」と「訴訟記録」「証拠物写」を横田大審院長に提出。○横田大審院長、鶴・末弘判事ら七名をもって特別刑事部を構成し、審案をゆだねる。

一一月六日 松室検事総長、「本月九日午前一〇時公判開始決定相成筈」と、決定の事前漏洩をおこない、「警告事項」を実行にうつすよう通牒。

一一月八日 小村外相、河村司法次官から送付された「検事総長のとりきめた公表事項」にもとづき、各国駐在日本大使・領事に訓令。

一一月九日 松室検事総長、東京の新聞社の責任者を大審院に招集し、懇談のかたちで「警告事項」をおしつけ、違反者の厳罰を言明。○大審院特別刑事郎を構成する鶴丈一郎（裁判長）・志方鍛・鶴見安義・末弘厳石・大倉鈕蔵・常松英吉・遠藤忠吉の七判事、公判開始を決定。刑事訴訟法の規定に反して、そのまま公判担当判事となる。ただちに協議会をひらき、公判開始期・非公開の方針を決定。

一一月一〇日 東京監獄の被告、接見・通信の禁止を解除。

一一月一二日 エマ・ゴールドマンら、幸徳秋水らの処刑に反対する抗議書を内田駐米大使に提出。
一一月一六日　東京監獄の被告に公判開始日を通知。
一一月二一日　幸徳、「基督抹殺論」を脱稿。
一一月二二日　エマ・ゴールドマンら、幸徳秋水らの処刑に反対する最初の抗議集会をひらき、ニューヨーク・アピールを採択。これより抗議運動が、全米とヨーロッパに波及。
一一月二三日　大審院、一時貸与の念書をとって、一一名の弁護人に「訴訟記録」「証拠物写」を配布。
一一月二六日　アメリカの岩佐作太郎、「日本天皇及び属僚諸卿」にあてた幸徳処刑反対の公開状が、税関の目をのがれて大阪にとどく。
一一月二七日　幸徳の母多治子、養子駒太郎にともなわれて中村より上京。二十八日堺枯川の案内により典獄室で獄中の秋水と面会。二九日離京。
一一月二九日　赤旗事件の大杉栄、東京監獄より満期出獄。
一二月一〇日　鶴裁判長、特別裁判を開廷、ただちに傍聴禁止を宣告して、非公開の秘密審理に入る。松室検事総長、公訴事実の冒頭陳述。宮下・新村忠の供述。
一二月一二日　管野・古河・新田・新村善・幸徳の供述。
一二月一三日　幸徳・森近・奥宮・大石・高木・峯尾・崎久保・成石平・成石勘の供述。
一二月一四日　松尾・新見・飛松・佐々木・坂本の供述。〇弁護人平出修、与謝野鉄幹にともなわれて森鷗外を訪問。
一二月一五日　内山・武田の供述。
一二月一六日　岡本・三浦・岡林・小松の供述。
一二月一八日　幸徳、誤解された暗殺と革命の関係、作為された調書のまちがいを正すために、反駁の書を磯部・花井・今村の三弁護人に送る。
一二月一九日　幸徳・森近・管野・宮下・新村忠・新田・新村善の供述。
一二月二〇日　幸徳・奥宮・成石平の供述。〇特別傍聴席をもうけ、一日一〇名を限り交代で弁護士の傍聴を許可。
一二月二一日　高木・峯尾・成石勘・崎久保・大石・松尾の供述。
一二月二二日　松尾・新見・佐々木・飛松・内山・武田・岡本・三浦・岡林・小松・幸徳の供述。補充審問を終了。
一二月二三日　弁護人の証拠調べ。坂本・奥宮・三浦・松尾・新見・佐々木・飛松のために証人喚問を申請。
一二月二四日　弁護人の証拠書類閲覧。証人申請理由の補充説明。検事の反対意見陳述。〇鶴裁判長、合議の結果、証人申請を全部却下。
一二月二五日　検事論告に入る。平沼検事の総論。板倉検事の各論。松室検事総長の全員死刑求刑。
一二月二七日　弁護人の弁論。花井の総論。今村の各論。
一二月二八日　弁護人の弁論続行。半田・尾越・平出・川島の各論。○幸徳多治子、郷里中村にて死亡。堺枯川、その訃報をたずさえて大審院におもむき、花井・今村・両弁護人と相談の結果、休廷中の幸徳・管野につたえる。
一二月二九日　弁護人の弁論続行。川島・宮島・安村・吉田・鵜沢の各論。磯部の結論。松室検事総長の補充論告。被告人の最終供述。磯部弁護人の補充結論。鶴裁判長、結審を宣告して閉廷。
一二月三〇日　堺枯川、東京監獄の幸徳に面会して、革命運動の授受をおこなう。
一二月三一日　堺枯川、四谷区南寺町の自宅で売文社を開業。

明治四四年（一九一一）

一月一五日　大審院特別裁判の七判事、判決文に署名。○東京監獄の被告に一八日の判決日を通知。○平沼検事、大審院判事より判決主文を聞き、桂首相に報告（推定）。○河村宮内次官、元老山県の密命をおびて、渡辺宮相を訪問。○小村外相、「逆徒判決証拠説明書」を各国駐在日本公使館に送付。その英訳文を在日英字新聞社と外国通信社に配布して問題化。
一月一六日　河村宮内次官、桂首相を訪問して、元老山県の内意を伝達。○桂首相・渡辺宮相、判決および恩赦の上奏手続きについて協議。
一月一七日　渡辺宮相、判決および恩赦の手続きを明治天皇に内奏。○河村宮内次官、「閣下御考慮の通り」と、小田原古稀庵の元老山県に報告。
一月一八日　鶴裁判長、幸徳以下二四名に刑法第七三条を適用して、求刑どおり死刑を判決。また管轄外の爆発物取締罰則違反事件を長野地裁に差戻すこともなく、新田に懲役一一年、新村善に懲役八年を自判。○判決に不満をもつ被告ら、法廷で万才をさけぶ。○桂首相、判決文写をたずさえて参内し、明治天皇に上奏。○明治天皇より特赦すべきものについての御沙汰。○桂首相、待罪書（進退伺い）を明治天皇に提出。
一月一九日　桂首相、特赦減刑対策の臨時閣議をひらく。○明治天皇、死刑囚一二名の特赦を裁可。○岡部法相、東京監獄の木名瀬典獄に特赦状を交付。○東京監獄で伝達式。岡林・岡本・小松・坂本・崎久保・成石勘・佐々

木・三浦・高木・武田・飛松・峯尾の一二名、無期懲役に減刑。

一月二〇日　明治天皇の御沙汰書（平田内相執筆）により、桂首相および関係閣僚の待罪書を却下。○新田、新村善、千葉監獄に送監。

一月二一日　佐々木・峯尾の二名、千葉監獄に送監。○坂本・飛松・崎久保・高木の四名、秋田監獄に送監。○岡林・小松・成石勘・武田・三浦・岡本の六名、長崎の諫早監獄に送監。

一月二二日　坂本・飛松・崎久保・高木の四名、秋田監獄に収監。

一月二三日　岡部法相、死刑執行の指令を東京監獄に伝達。○岡林・小松・成石勘・武田・三浦・岡本の六名、長崎の諫早監獄に収監。

一月二四日　東京監獄の絞首台で、幸徳・新見・奥宮・成石平・内山・宮下・森近・大石・新村忠・松尾・古河の一一名に死刑執行。

一月二五日　東京監獄の絞首台で、管野に死刑執行。○幸徳・奥宮・内山・大石の死体、落合火葬場へ。○森近、古河の死体、東京帝国大学医科大学が約束の解剖を拒絶。○在米日本人の同志岩佐作太郎・岡繁樹ら、サンフランシスコの朝日印刷所で幸徳事件刑死者追悼会をひらき、一月二十四日を日本革命の国際的記念日と決定。

一月二六日　森近・古河の死体、落合火葬場へ。○松尾・新見・成石平の死体、落合火葬場へ。○桂首相と西園寺政友会総裁、大逆事件の不問と政権授受の密約をかわして「情意投合」を声明。

一月二七日　奥宮の遺骨、巣鴨の染井墓地に埋葬。○内山の遺骨、箱根林泉寺の共同墓地に埋葬。

一月二八日　牧師植村正久、富士見町教会で大石誠之助遺族慰安会をひらく。○管野の死体、淀橋正春寺に埋葬。

一月二九日　宮下・新村忠の死体、雑司ケ谷の東京監獄共同墓地に埋葬。○ニューヨーク市ウェブスター・ホールで、幸徳死刑の大きな抗議集会がひらかれ日本領事館に抗議デモ、警官隊と衝突。

一月三一日　新村忠の遺骨、巣鴨の染井墓地に埋葬。○のち屋代町の生蓮寺墓地に改葬。

二月一日　幸徳秋水の『基督抹殺論』出版。○新見の遺骨、大江村の新見家墓地に埋葬。

二月二日　大石の遺骨、新宮の南谷共同墓地に埋葬。

二月六日　松尾の遺骨、豊水村松尾家の墓地に埋葬

二月七日　幸徳の遺骨、中村町の正福寺墓地に埋葬。○

森近の遺骨、高屋町の森近家墓地に埋葬。
二月一二日　日米の社会主義者・無政府主義者、サンフランシスコ市ゴルーデン・ゲート街のジェファソン・スクエア・ホールで、大逆事件の殉難志士追悼大演説会をひらく。
二月一七日　宮下の遺骨、甲府光沢寺の宮下家墓地に埋葬。
二月一九日　成石平の遺骨、請川村の成石家墓地に埋葬。
二月二一日　国民党の犬養毅、大逆事件および南北正閏問題の内閣問責決議案を提出。政友会の反対により少数否決。
二月二日　堺枯川、「忘れ難き夜」の記念集会をひらく。
三月二四日　古河の遺骨、市ヶ谷道林寺の墓地に埋葬。

大正三年（一九一四）

六月二四日　高木、秋田監獄で自殺。
九月三〇日　坂本清馬、法相尾崎行雄にあてて無実の罪を訴えた獄中上申書を提出。再審請求の萌芽。

大正四年（一九一五）

七月二四日　新村善、千葉監獄より仮出獄。

大正五年（一九一六）

五月一八日　三浦、諫早監獄で自殺。
七月一五日　佐々木、千葉監獄で獄死。
一〇月一〇日　新田、千葉監獄より仮出獄。

大正六年（一九一七）

七月二七日　岡本、諫早監獄で獄死。

大正八年（一九一八）

三月六日　峯尾、千葉監獄で獄死。

大正九年（一九一九）

四月二日　新村善、大阪で死去。

大正一四年（一九二五）

五月一〇日　飛松、秋田刑務所より仮出所。

昭和四年（一九二九）

四月二九日　成石勘、長崎刑務所より仮出所。武田、長崎刑務所より仮出所。崎久保、秋田刑務所より仮出所。

昭和六年（一九三一）

一月三日　成石勘、請川村で死去。
四月二九日　岡林・小松、長崎刑務所より仮出所。
一〇月一日　坂本、秋田刑務所から高知刑務所へ移送。

昭和七年（一九三二）

一一月二九日　武田、大阪で死去。

昭和九年（一九三四）

一一月三日　坂本、高知刑務所より仮出所。

昭和一二年（一九三七）

三月二〇日　新田、東京で死去。

昭和二〇年（一九四五）

一〇月四日　小松、京都で死去。

昭和二二年（一九四七）

二月二四日　岡林・坂本、特赦申請により刑の効力を失う。

昭和二三年（一九四八）

六月二六日　飛松・崎久保、特赦申請により刑の効力を失う。
九月一日　岡林、高知で死去。

昭和二八年（一九五三）

九月一〇日　飛松、山鹿町で死去。

昭和三〇年（一九五五）

一〇月三〇日　崎久保、市木村で死去。

昭和三五年（一九六〇）

二月二三日「大逆事件の真実をあきらかにする会」が発足。以後、毎年一月二四日前後に東京、その他で記念集会をひらく。

昭和三六年（一九六一）

一月一八日　坂本清馬・森近栄子《ひでこ》（森近運平の妹）の両名、鈴木義男・森長英三郎ら一〇名の弁護人を代理人として、新証拠一〇点をそえて東京高等裁判所に再審請求を提訴。○その後、第一刑事部の係属となり、長谷川成二（裁判長）・関重夫・小川泉・金本和雄・上野敏の五判事が審理を担当。立会検事は長谷多郎・平山長の二名。

昭和三八年（一九六三）

九月一三日・一四日　坂本清馬、出廷供述。

一一月二九日・一二月二〇日　荒畑寒村、証言。

昭和三九年（一九六四）

一月一三日・一四日　長谷川裁判長、岡山県へ出張、森近栄子他四名の証言。

三月一一日　築比地仲助、証言。

五月八日　崎谷一郎、証言。

七月一五日　日本弁護士連合会、市ヶ谷刑務所（旧東京監獄）の刑場跡に刑死者慰霊塔建立。

九月二五日　神崎清、証言。

昭和四〇年（一九六五）

一月二〇日　大内兵衛・我妻栄・宮沢俊義・大河内一男・南原繁の五博士、再審開始決定を裁判官に要請。

一月二九日　事実調べの最終日で、弁護人の意見陳述。

〇上野判事、長野県に出張して不在。

一月三〇日　長谷川判事、浦和地方裁判所長に転任発令。

二月一日　五名の判事が決定のための合議をおこなったというが、浦和の所長に転任した長谷川判事は、裁判長の資格を喪失。したがって、この違法の「決定」は無効。

一二月一日　東京地裁、再審請求の棄却決定を公表。

一二月一四日　最高裁に特別抗告。

一二月一五日　東京地裁第一刑事部（樋口勝裁判長）、特別抗告は理由がないとの意見書を付して、最高裁へ送付。

一二月一六日　最高裁の第三小法廷、柏原語六（裁判長）・横田正俊・五鬼上堅盤・田中二郎・下村三郎の五判事が審理を担当。

昭和四一年（一九六六）

六月二日　両請求人および弁護士九一名、衆議院訴追委員会に長谷川裁判長の訴追請求状を提出。

七月二六日　最高検、本件申立ては理由がないものとする検事平出禾の意見書を提出。

九月二〇日　第三小法廷、事件審理を大法廷にうつすことを決定。

九月二八日　学者および事件関係者、最高裁に要望書、訴追委員会に請願書を提出。

昭和四二年（一九六七）

二月一日　長谷川判事、上申書を提出。
七月五日　最高裁大法廷（裁判長横田正俊）、原決定の欠陥をみとめず、特別抗告の棄却を決定。
一二月二〇日　衆議院裁判官訴追委員会（委員長中村梅吉）、軽微を理由に長谷川判事を訴追しないことに決定したむねを通知。

昭和四六年（一九七一）

七月一一日　東京都渋谷区代々木三―二七の正春寺墓地に建設された管野スガの記念碑（根府川石）の除幕式を挙行。碑の表面には売文社堺利彦の書いた「くろかねの窓にさし入る日の影の移るを守りけふも暮しぬ」という幽月の獄中吟が彫られ、碑の裏面には、「革命の先駆者管野スガここにねむる　一九七一年七月十一日　大逆事件の真実をあきらかにする会　これを建てる　寒村書」という荒畑寒村の撰文が刻まれている。

昭和四七年（一九七二）

九月二三日　甲府市相生町光沢寺の墓地に建設された宮下太吉記念碑の除幕式を挙行。碑の表面には、「我にはいつにても起つことを得る準備あり」という石川啄木の詩・墓碑銘の一節を書いた秋山要の銘文があり、裏面には、「革命的労働者宮下太吉ここにねむる　宮下は一八七五（明治八）年九月三〇日甲府市魚町八三番地に生まれ、長じて機械工となり、黎明期日本の労働運動に挺身し絶対の権力にはばまれ、天皇制批判からいわゆる大逆事件の陥穽に落ちて一九一一（明治四四）年一月二四日処刑さる　郷土を同じくするわれら彼の先駆的役割をしのび、大逆事件の真実をつたえんがため碑を建つ　一九七二年九月二三日　宮下太吉建碑実行委員会」という碑文がある。

昭和五〇年（一九七五）

一月一五日　大逆事件の最後の生き証人・坂本清馬が、中村市右山の県立西南病院に入院治療中、気道閉塞で、この日午前九時三八分絶命した。行年八九歳。一月二四日、中村市幡多文化センターで追悼会、三月一四日、東京神田駿河台の雑誌記念会館で追悼集会が開かれた。
一二月一〇日　大逆事件再審請求者の一人であった森近栄子が、午前二時二五分、大阪府下の娘の家で、老衰のために死亡した。行年七八歳。

著者略歴

1904（明治37）年、香川県に生まれ、神戸二中、大阪高校を経て、昭和3年、東京帝大国文学科卒業。東京帝大新人会会員。戦後、文部省児童文化審議会会長、厚生省中央児童福祉審議会委員、労働省婦人少年問題審議会委員、東京都児童福祉審議会委員、児童憲章制定委員、子どもを守る会副会長、第五福竜丸平和協会常任理事、品川革新区政をすすめる会代表などを歴任。

主な著書に『現代婦人伝』（中央公論社）、『大逆事件記録・新編獄中手記』（世界文庫）、『実録幸徳秋水』（読売新聞社）、『山谷ドヤ街』（時事通信社）、『神崎レポート・売春』（現代史出版会）などがある。

1979年、逝去。

『革命伝説　大逆事件』（全4巻）刊行編集委員
山泉　進　「大逆事件の真実をあきらかにする会」事務局長
　　　　　明治大学副学長・法学部教授
堀切利高　平民社資料センター代表
大岩川　嫩　「大逆事件の真実をあきらかにする会」世話人

資料協力：山泉進、初期社会主義研究会

■DTP/伊藤琢二
■装丁/渡辺美知子デザイン室

革命伝説　大逆事件　1　黒い謀略の渦

2010年6月30日　第1刷発行

著　者　**神崎　清**
監　修　**「大逆事件の真実をあきらかにする会」**
発行者　**奥川　隆**
発行所　**子どもの未来社**
〒102-0071　東京都千代田区富士見2-3-2　福山ビル202
電話 03(3511)7433　FAX 03(3511)7434
振替 00150-1-553485
E-mail：co-mirai@f8.dion.ne.jp
http://www.ab.auone-net.jp/~co-mirai
印刷・製本　株式会社シナノ

ISBN978-4-86412-003-6 C0021